biblioviel

Christoph Kirchhoff / Anja Grube (Hrsg.)

Gottesdienst Impulse

Konzepte, Modelle und Bausteine für
eine situationsgerechte Gottesdienstarbeit

Die Deutsche Bibliothek -
CIP-Cataloguing-in-Publication-Data
A catalogue record for this publication is available from
Die Deutsche Bibliothek.

© biblioviel Verlag + Agentur für Presse, Buch und Neue Medien
Südring 16, 44787 Bochum
Fon: 0234 / 91389-0, Fax: -15
post@biblioviel.de   www.gottesdienst-impulse.de   www.jugendgottesdienst.com
Gesamtprogramm unter: www.biblioviel.de

Gottesdienst Impulse
Redaktion: Rita Brauers, Christin Bucko, Katja Hampe, Karen Klages, Viktoria Rosenthal,
Sabine Vieler
Lektorat: Thorsten Hanson
Satz: biblioviel Verlag + Agentur
Umschlag: Anja Neumann

Inhaltsverzeichnis

Vorwort des Verlegers

»Sonntags-Special« und »GOTTspecial« sind nicht nur spannende Namen für zwei Gottesdienst-Angebote - sie könnten für die gesamte Sammlung stehen, die wir mit diesem Buch vorlegen. Denn alle hier versammelten Gottesdienste sind »special«, gehen einen besonderen Weg, Menschen zu erreichen und ihnen einen Begegnungsraum zu bieten.

Die Vielfalt soll auch Ihre Arbeit inspirieren - Ihnen Impulse geben, auch wenn sie mit ganz anderen Zielgruppen oder vor einem anderen sozialen und kulturellen Hintergrund arbeiten. Oft sind es Details, die die einzelnen Gottesdienste besonders spannend machen. Ein Arrangement, eine interessante Aktion, eine mutige Predigt, ein beeindruckendes »Mitgebsel« als Erinnerung an den Gottesdienst. Der »Soldaten-Gottesdienst« beispielsweise soll nicht in erster Linie Militärseelsorgern neue Anregungen geben, sondern ein Beispiel für die Vielfalt sein - ein Impuls für die Arbeit in der Dorfgemeinde, bei der Schülerseelsorge oder der Betreuung von Senioren. Es ist nicht die Vielfalt der Zielgruppen, die diese »Impulse«-Sammlung ausmacht, sondern die Vielfalt der Wege, auf denen diese angesprochen und berührt werden.

Dafür, dass wir so viele Gottesdienste, Konzepte und Bausteine lesen durften, danke ich ganz herzlich. Schon für die erste Version, mit der wir uns nur einen Eindruck verschaffen wollten, ob etwas in diese Sammlung passt, haben sich viele Pfarrerinnen und Pfarrer oder Mitarbeitende enorme Mühe gemacht, haben Fragmente zusammengetragen und alles in ein ordentliches Format gebracht. Die vielen Wünsche unserer Redaktion wurden überall erfüllt, so gut wie keine Frage blieb unbeantwortet. Auch das, was nun im Buch nicht veröffentlicht worden ist, hat bei der Arbeit sehr geholfen und wird weiterhin in unsere Arbeitshilfen einfließen; denn es ist eine große Hilfe, beispielsweise acht verschiedene Gottesdienste für Geschiedene zu lesen, gerade auch wenn nur einer veröffentlicht werden kann.

Für das große Engagement beim Zusammentragen, Sichten und Bearbeiten danke ich unserer Redaktion, ganz besonders Anja Grube und Christoph Kirchhoff, die das Projekt ein Jahr lang geleitet haben.

Sie, liebe Leserinnen und Leser, möchte ich ermutigen, uns auch weiterhin Materialien aus Ihrer Arbeit anzubieten. Denn nur mit Ihnen können wir weiterhin Bücher aus der Praxis für die Praxis machen. Ergänzende Angebote finden Sie unter www.gottesdienst-impulse.de

Alles Gute für Ihre weiteren Gottesdienste wünscht

Timo Rieg

Einführung

»Eine heutige liturgische Sprache sollte zeit- und lebensoffen sein. Gebete, die keinen Kontakt mit echten Lebenssituationen [...] haben, lassen nicht nur Anknüpfungspunkte zur inneren Identifikation des Beters vermissen, sie haben auch nichts von der Menschwerdung Jesu verstanden, also von seinem Einbruch in Zeit und Geschichte.« (Richard Hartmann: Für eine zeitoffene Sprache in der Liturgie. In: Der Hirschberg, 4 / 2002)
Was für einen Gottesdienst braucht eine zunehmend individualisierte Gesellschaft, in der für viele Menschen die Lebensrisiken immer weiter ansteigen? Was für einen Gottesdienst braucht eine Gesellschaft, die sich immer mehr entkirchlicht und in der christliches Glaubenswissen verlernt wird? Kann man sie deshalb als »glaubensmüde« bezeichnen? Braucht die Gesellschaft überhaupt noch einen Gottesdienst? Oder braucht sie viele verschiedene Gottesdienstformen? Braucht die Gesellschaft gar nichts - oder alles? Gottesdienste für bestimmte Zielgruppen könnten eine Antwort auf die gesellschaftlichen Veränderungen unserer Zeit sein.

Nach unserer Wahrnehmung, dass Gottesdienstangebote zunehmend für bestimmte Zielgruppen gestaltet werden, könnte man bereits eine Distanziertheit der Gottesdienstgemeinde zu den traditionellen Vollzugsformen des Glaubens unterstellen. Die Gottesdienstmacher halten es offenbar für notwendig, die Liturgie an die Bedürfnisse der Gottesdienstgemeinde anzupassen. Der universelle Gottesdienst am Sonntagmorgen, der bisher als das Zentrum des Gemeindelebens galt, ist offenbar nicht mehr in der Lage, sämtliche Untergruppen zu integrieren. Zielgruppengottesdienste dagegen können liturgische Formen wieder verständlicher machen, indem sie das traditionelle christliche Glaubenswissen mit anderen Worten, Symbolen und Methoden ausdeuten und auf den Verstehenshorizont einer Zielgruppe hin zuspitzen.

Im Jugendgottesdienstbereich geht beispielsweise eine Tendenz in die Richtung, spektakuläre Eventgottesdienste, die sich nur noch wenig von Konzerten oder Volksfesten unterscheiden, zu feiern. In vielen Gottesdiensten tauchen Anspiel-Szenen, eine Mitmach-Aktion oder eine knackige Rockband auf (siehe Timo Rieg (Hrsg.): »Jugendgottesdienst Powerpack«). Das Spektakuläre wird zur Normalität. Performance ist Standard. Das Alte wirkt fast schon exotisch - fast schon wieder interessant. Werden alte Liturgieformen zu neuen Liturgieformen?

Die vorliegende Materialsammlung enthält die ganze Spannbreite: die traditionelle, sich über Jahrhunderte entwickelnde Liturgie, die durch ihre Klarheit in der Struktur brilliert und durchaus für bestimmte Zielgruppen immer noch sehr attraktiv erscheint, bis hin zum detailliert inszenierten, durchgestylten Gottesdienst-Event für die christlich Orientierten in unserer »Spaßgesellschaft«. Dadurch enthält »Gottesdienst Impulse« eine Fülle von unterschiedlichen Gebetstexten, Geschichten und szenischen Anspielen ebenso wie viele Liturgie-Bausteine, die sich aus dem Gottesdienstgeschehen in andere Kontexte transferieren lassen.

Das Buch ist einerseits Dokumentation von durchgeführten Gottesdiensten - aus unterschiedlichsten Gemeindekontexten und überkonfessionell. Andererseits ist es ein Materialband zur Inspiration und Weiterbenutzung in der praktischen Arbeit. Die Gottesdienstentwürfe bleiben in ihrem jeweiligen, situationsbedingten Kontext erkennbar, so dass jeder für sich ein nicht nachzustellendes Unikat darstellt. Gleichzeitig sind die Abläufe so erläutert und schematisiert, dass sie von Gottesdienstpraktikern nachvollzogen und in die eigene gemeindliche Situation transformiert werden können.

An manchen Stellen haben die Autoren noch einige persönliche Anmerkungen eingefügt, um die Verknüpfung von Person und Konzept zu verdeutlichen. Denn es ist natürlich klar: Ein in dieser Art wirklich stattgefundener Gottesdienst lässt sich schwerlich in Buchform pressen. Er ist untrennbar mit der Ausstrahlung der Gottesdienstgestalter, den Rahmenbedingungen der Gemeinde und der situativen Atmosphäre verbunden. Deshalb ergänzen die Kontaktdaten der Autoren die Komplettentwürfe, für einen regen Austausch unter Praktikern.

Anja Grube und Christoph Kirchhoff

Kapitel I

»Etwas andere«
Gemeindegottesdienste

Für die meisten Menschen ist die Ortsgemeinde das Zentrum des Glaubensvollzugs. Ob sie nun daran partizipieren oder nicht - jeder weiß, wo er im Zweifelsfall Ansprechpartner finden könnte, um sich mit religiösen Fragestellungen anzuvertrauen. Noch sind auch die großen Kirchen in der Lage, flächendeckende Gottesdienstangebote zu machen und damit im gesellschaftlichen Gesamtbild präsent zu sein.

Diese »etwas anderen« Gottesdienste können zum Teil auf eine vergleichsweise stabile Kerngruppe Bezug nehmen, die sich noch relativ stark an die Ortsgemeinde gebunden weiß. Die Gottesdienstgestalter wohnen in der Regel noch im Dorf oder im gleichen Stadtteil wie ihre Gottesdienstbesucher und können so eine bessere, persönliche Ausstrahlung und fortwährende Verbindlichkeiten entwickeln. Gottesdienste sind hier keine »Einmal-Beziehungserlebnisse«. Es können daher leichter Gottesdienst-Reihen aufgebaut werden, die sich langfristig etablieren können.

Um aber die Streuungen des Angebots zu mindern und gleichzeitig die Attraktivität der Gottesdienste zu steigern oder einen gewissen Zusatznutzen zum »üblichen« Gottesdienst zu bieten, entwickeln die Gemeindepfarrer neue Gottesdienstformate. Diese stärkere Profilierung des Gottesdienstes bietet die Möglichkeit, Menschen zu erreichen, die sich einem christlichen Lebensvollzug zwar (immer noch) verbunden fühlen, denen aber der Anlass oder das entscheidende »Verkaufsargument« in letzter Zeit gefehlt hat. Auch im Gemeindegottesdienst halten somit Alternativ-Formen Einzug, die an ungewohnten Orten, zu ungewohnten Zeiten stattfinden und mit ungewohnten Liturgieformen und Medien aufwarten.

Ein integrativer Familiengottesdienst wie der »Wuselgottesdienst« besticht durch die Lockerheit und Offenheit, mit der die Inhalte den Kindern nahgebracht werden - zur Freude auch der Eltern, die sich ebenso eingeladen fühlen können. Der »Kartoffelgottesdienst« bezieht regional bekannte Traditionen der Landbevölkerung mit ein und stiftet so ein Gemeinsamkeitsgefühl der Besucher im Gottesdienst.

Der »interkulturelle Gottesdienst«in Hamburg nimmt eine jährliche Tradition auf, die an das Zusammenleben der Ansässigen in diesem Stadtteil geknüpft ist. Durch die Einbeziehung der verschiedenen Bevölkerungsgruppen wird aus der Not eine Tugend des nachbarschaftlichen Zusammenlebens gemacht. Kontinuierliche Gemeindeentwicklung und ein Gefühl der Zusammengehörigkeit braucht es, um eine Gemeinde an politischen Fragestellungen wie beispielsweise die Asylproblematik zu interessieren und sie zu mobilisieren. Daneben kann auch - wie der »Schacht-Konrad-Gottesdienst« zeigt - eine gemeinsame Betroffenheit aufgrund von lokalen Problematiken eine Ortsgemeinde heranbilden.

In der *»Jazzkirche«* und den *»Zeitensprüngen«* zu bestimmten geschichtlichen Ereignissen rückt eine bestimmte kulturelle Ausdrucksform ins Zentrum des Geschehens. Diese Gottesdienste für speziell Interessierte finden neben dem üblichen Programm statt und stellen vielleicht ein Stück liturgischen Luxus dar, um eine bestimmte Elite anzusprechen.

Die *»Werkstattgottesdienste«* bringen ebenfalls ein abwechslungsreich-differenziertes Angebot für Interessierte, das die persönlichen Erfahrungen der Teilnehmer beflügeln will. Ein anderer Pfarrer verlegt seinen Gottesdienst in einen Kinosaal - in der heutigen Zeit gleichsam ein Raum, in dem Pseudo-Gottesdienste auf hollywood'sche Art zelebriert werden - bleibt aber mit seiner Liturgie beim unverdächtigen *»Kopfkino«.*

Stadtteilbewohner unterschiedlicher Religionszugehörigkeit

Christlich-muslimischer Gottesdienst in Hamburg-Mümmelmannsberg

Der Stadtteil Mümmelmannsberg wurde als letzte Hamburger »Trabantenstadt« 1972 auf den Feldern im Osten Hamburgs gebaut. Starke Fluktuation der Bevölkerung gehört zu seiner Geschichte. Etwa 23% gehören der ev.-luth. Kirche, ca. 14% der röm.-kath. Kirche und ca. 15% verschiedenen Moscheen außerhalb des Stadtteils an.

Christlich-muslimischer Dialog findet seit langem im Rahmen der Gottesdienste zu den jährlichen »Internationalen Freundschaftsfesten« für Familien des Stadtteils und zur Schulanfängerbegrüßung statt. Sie sind Versuche, zwei sich fremde Religionen einander näher zu bringen, gegenseitigen Respekt auf- und Misstrauen abzubauen. Dazu gehört auch der innerchristliche Dialog, beispielsweise der Kontakt zu indonesischen Christen oder pfingstlerischen Christen aus Ghana, die ebenfalls im Stadtteil ansässig sind.

Pfarrer Christoph Touché betont: »Es soll keine dritte, die zwei Religionen mischende Praxis entstehen. In der Gottesdienst-Liturgie gibt es klare Trennlinien zwischen muslimischen und christlichen Teilen. Verbindendes soll im Gottesdienst deutlich werden, aber auch Unterschiede sollen ansprechend verständlich werden. So werden wechselseitiges Verstehen und eine fundierte Kritikfähigkeit ermöglicht. Gerade im kritischen Dialog entstehen ja der Reichtum und die Freiheit der Vielfalt.« Am Ende des Gottesdienstes wird von den Teilnehmern als symbolische Handlung ein buntes Freundschaftsband geknüpft. Unterschiedlichkeit und Verbindendes sowie die Aussage des Sprechers auf der Bühne werden durch ein sichtbares Netz von verschiedenenfarbigen Bändern symbolisiert.

»Ebenbild Gottes«

Glockengeläut/ Gebetsruf
Einleitung/ Begrüßung
Christliche Musik
Lesung aus dem Koran
Muslimische Musik
Lesung aus der Bibel
Auslegung
Musik
Christliches Gebet
Muslimisches Gebet
Türkische Version des muslimischen Gebets
Netzknüpflied und Aktion
Muslimische Musik
Segen

Benötigte Materialien

Beim Freundschaftsfest wird der Gottesdienst von einer Bühne aus geleitet, da ja die kirchliche Kanzel fehlt. Benötigt werden eine Musik- und Verstärkeranlage, außerdem bunte Bänder, z.B. aus Stoff.

Ablauf

Glockengeläut/ Gebetsruf

(Glocken vom Band; muslimischer Gebetsruf wird live gesungen.)

Einleitung und Begrüßung

(Eine lange Fassung in deutsch, eine kurze Fassung in mehreren Sprachen)

Liebe Mümmelmannsberger und Mümmelmannsbergerinnen, liebe Gäste von außerhalb! Nach der vielsprachigen Begrüßung eben begrüße auch ich Sie noch einmal herzlich zu unserem »13. Internationalen Freundschaftsfest« und besonders zu diesem christlich-muslimischen Gottesdienst.

Wir beginnen dieses große Fest unseres Stadtteils wieder mit einem Gottesdienst, weil die meisten von uns Kraft zum Leben erfahren im Kontakt zu Gott. Gott, verstanden als eine nicht sicht- oder greifbare und dennoch Mut machende Kraft. Da ist ein Heiliger Geist der Hoffnung, der die meisten von uns immer neu ergreift. Da sind wir, als so vielfältige Menschen geschaffen »nach Gottes

Bild» - »Wir vielen Menschen, das Ebenbild des einen Gottes», das steht im Mittelpunkt unserer heutigen interreligiösen Begegnung.

Diesem Gott und seinem Geist begegnen wir mehr oder weniger geborgen in unseren unterschiedlichen Traditionen: einer christlichen oder muslimischen, vielleicht hinduistischen oder schamanischen Tradition. Zu diesen Traditionen gehören unsere unterschiedlichen - das können Sie gleich ja selbst miterleben - Körperhaltungen, Gesänge, Texte und Gebete. Verbunden mit einer mehr oder weniger vertrauten Tradition entdecken wir eine fremde Tradition. Wir erfahren Verschiedenheit - wir erleben Gemeinsames.

Dazu begrüße ich ausdrücklich jetzt Sie, die den Gottesdienst gestaltenden Vertreter verschiedener Konfessionen: Sie, Brother E. von der ghanaischen Pfingstkirche, Sie, Herr M., von der Moschee am Berliner Tor, Sie, Frau H. von der katholischen Gemeinde Mümmelmannsberg, Sie, Herr M. von der christlich-indonesischen Kirche. So leben wir heute die Verschiedenheit und zeigen nachher mit dem Knüpfen des Freundschaftsbandes unsere Verbundenheit. Wir lernen uns langsam kennen, mit diesem Gottesdienst, auf dem Fest, am Stand der evangelisch-lutherischen Gemeinde, mit Verständnis und mit Kritik. Herzlich Willkommen! Gott segne diesen Gottesdienst!

Christliche Musik

Lesung aus dem Koran (Sure Al-Hudschurat (49), 14)
»O, ihr Menschen, wir haben euch als Mann und Weib erschaffen und euch zu Völkern und Stämmen gemacht, dass ihr einander kennen möchtet. Wahrlich, der Angesehenste von euch ist vor Allah der, der unter euch der Gerechteste ist. Siehe, Allah ist allwissend, allkundig.«

Muslimische Musik

Lesung aus der Bibel (Gen 1, 27-28)
»Und Gott schuf den Menschen nach seinem Bild, nach dem Bild Gottes schuf er ihn. Er schuf ihn als Mann und Frau.«

Auslegung
Liebe Mümmelmannsberger und Mümmelmannsbergerinnen, als Menschen verschiedenen Glaubens, als Menschen gar keinen Glaubens und als Menschen, die suchen nach einer überzeugenden Sprache für die Erfahrungen mit der transzendenten Kraft unseres Lebens sind wir heute hier. Wir Christen lesen wie die Juden in unserer Bibel, im Buch des ersten Bundes, des sogenannten ersten Testaments: »Und Gott schuf den Menschen nach seinem Bild, nach dem Bild Gottes schuf er ihn. Er schuf ihn als Mann und Frau.«

Heute und für unser »13. Internationales Freundschaftsfest« hier in Mümmelmannsberg sagt die Bibel uns, was wir Menschen in ihren Augen eigentlich sind. Kein einziger von uns hier auf diesem Platz ist ein Produkt des Zufalls. Geschöpfe Gottes sind wir vielmehr, das heißt unser Leben hat einen Sinn. Wir werden gebraucht. Kein einziger ist überflüssig. Kein einziger muss weg. Ausländerfeinde mögen sich ärgern, die Resignierten mögen sich wundern, lieblose Eltern erschrecken, die Arbeitslosen staunen: Ja, wir, die Geschöpfe Gottes, sind viel wert!

Da hörten wir außerdem: »Geschaffen als Mann und Frau«. Liebe, die Lust an Sexualität, Sehnsucht, Vatertag, Muttertag, typisch Mann, typisch Frau... all diese Stichworte mögen uns dabei durch den Kopf gehen. Ich denke: Wir sind geschaffen für ein Leben in Beziehung. Einsamkeit möge die Ausnahme sein. Und ich denke:»In Beziehung« - aber natürlich auch homosexuell, auch lesbisch, auch schwul! Da möchte ich jetzt und heute die feiernden Menschen in St. Georg, am heutigen so genannten »Christopher Street Day« grüßen.

Da hören wir drittens und zuletzt:»Geschaffen nach Gottes Bild, nach seinem Bild«. Sehen wir uns um! Betrachten wir unseren Nachbarn, die nette Frau, den freundlichen Mann da neben uns! »Geschaffen nach Gottes Bild!« Menschen - und Abbilder Gottes! In dem Menschen neben mir kann ich Gott selbst kennen lernen. Wir sind schon da, und doch erst werdend. Wir sind weit mehr als die, die wir hier sind. Wir sind noch schöner, freundlicher, mutiger, sozialer...! Gott hat uns geschaffen mit großer Vision. Gott hat uns geschaffen mit Sehnsucht und Traum. Da haben wir alle eine Ahnung davon, wer wir hier in Mümmelmannsberg und wer wir hier auf diesem »Internationalen Freundschaftsfest« auch noch sein könnten.

So kann ich zusammenfassen: Die Würde von uns Menschen hier in Mümmelmannsberg ist nicht mehr zu übersehen, wenn wir zeigen: Kein einziger unter uns ist überflüssig! Wir leben in Beziehungen und unsere Kontakte machen uns reich. Wir haben noch Träume und sind so die Botschafter Gottes in unserer Welt. Amen.

Musik *(Christlicher Chor)*

Christliches Gebet
Lebendiger und barmherziger Gott, zum vierten Mal sind wir gemeinsam als Christen und Christinnen und als Muslime und Muslima vor Dich getreten. Zum vierten Mal haben wir vor Dir gebetet und gesungen.
Wir bitten Dich: Deine Kraft und Deine Barmherzigkeit erfülle die Herzen aller Gläubigen in Mümmelmannsberg und in Hamburg. So hoffen wir, dass das Verständnis für die Unterschiede zwischen uns wächst, dass Du, unser Gott das

Interesse für die Anderen stärkst, dass Versöhnung uns gelingt, wenn das Streiten uns getrennt hat, dass politisch Mächtige unseres Landes die politisch Schwachen verstehen.

Lebendiger und barmherziger Gott, manchmal haben wir einander verletzt: Schenke Du uns Heilung! Manchmal trampeln wir herum auf den Nerven unserer Nachbarn: Dann schenke uns das Wort »Es tut mir leid!« Manchmal wollen wir resignieren: Dann schenke Du uns Mut! Manchmal werden wir hart: Dann öffne uns das Herz! Manchmal sagen wir: »Ich, ich, ich« - dann erinnere Du uns: Geschaffen hast Du uns nach Deinem Bild! Unsere Augen öffne Du für die Anderen!

So komme Dein Frieden zu uns nach Mümmelmannsberg, so lasse uns endlich frei werden in Deinem Geist. Amen.

(Gebet wird in Kurzfassung auf Polnisch, Ungarisch und Spanisch übersetzt.)

Muslimisches Gebet

Aufgegangen war über uns der Mond! Von dem Hügel des Veda. Dank dem Herrn von uns gebührte, der Einladung von Allah.

Du bist die Sonne, Du bist der Mond, Du bist der Glanz über dem Glanz. Du bist der Lichtstrahl vom Sternenschwarm. O Geliebter, o Du Prophet.

Für uns auserwählter Bote, durch erhabene Einladung gekommen, hast Du Ehre gegen diese Stadt. O Geliebter, herzlich willkommen.

O Du, Dir Prophet versprachen wir von der Wahrheit uns nicht zu trennen. O Du, der Stern der Fröhlichkeit, mit deiner Liebe sind wir erfüllt.

Türkische Version des muslimischen Gebets:

Ay dogdu üzerimize
Veda tepelerinden
Sükür gerekti bizlere
Allaha davetinden

Sen günessin sen bir aysin
Sen nur üstüne nursun
Sen süreyya isigisin
Ey sevgili ey Rasul

Ey bizden secilen elci
Yüce bir davetle geldin
Sen bu sehre seref verdin
Ey sevgili hos geldin

Ey Rasul sana söz verdik
Dogruluktan ayrilmayiz
Sen ey esenlik yildizi
Senin sevginle doluyuz

Netzknüpflied und Aktion

(Vor der Bühne beginnt das Knüpfen des »Friedensnetzes«. Vor der Bühne, vor und zwischen den Sitzbänken der ca. 300 BesucherInnen des Festes verteilen HelferInnen (und die Akteure auf der Bühne) die vorbereiteten Bänder. Jeder, der will, verknüpft sein Band mit den Nachbarn, ein- oder mehrmals.)

Lied »Friedensnetz« (Janssens/ Willms)
(Als Abschluss heben am Ende alle gemeinsam das geknüpfte lange Freundschaftsband hoch und es wird beim Zelt des Fest-Standes der Kirche aufgehängt. Dort sind alle auch besonders zu einem Nachtreffen eingeladen.)

Muslimische Musik

Segen

Gott segne uns in unserer Verschiedenheit! Gott behüte unser Verbundensein und unsere Gemeinschaft! Gott lasse leuchten das Licht seiner umfassenden Wahrheit! Gott erhebe sein Angesicht der Liebe über uns, seinen verschiedenen Kindern. Und Gott schenke uns seinen Frieden, hier in Mümmelmannsberg, in Hamburg und auf unserer schönen Erde! Amen.

Kontakt:
Christoph Touché
Havighorster Redder 46
22115 Hamburg
040-71603332
christophtouche@gmx.de

Gemeindemitglieder auf der Suche nach persönlicher Erfahrung

»Werkstatt und Musik«-Gottesdienst in Böblingen

Seit sechs Jahren werden, immer am vierten Sonntag des Monats um 11.00 Uhr, »Werkstattgottesdienste« gefeiert. »Wir wollen Menschen wieder für den Gottesdienst begeistern, die der traditionelle Gottesdienst nicht mehr oder noch nicht erreicht.« So formulierte 1997 der ursprüngliche Initiator dieser Gottesdienste, Pfarrer Ulrich Herrmann, die Zielsetzung. »Werkstatt« hat nichts mit Basteln oder Handwerken, sondern eher mit Experimentieren zu tun. Die »Werkstattgottesdienste« versuchen, in offeneren Formen und moderner Sprache eine Ergänzung zum Traditionsgottesdienst anzubieten. Dabei werden immer wieder neue Dinge ausprobiert, ohne die klaren, wiedererkennbaren Grundformen zu verlassen. Räume sollen geöffnet werden für junge Familien, Paare, Singles und jung Gebliebene, denen die eigene, ganz persönliche religiöse Erfahrung und Spiritualität neben der Gemeinschaft im Gottesdienst wichtig sind.

Bei den »Werkstattgottesdiensten« wechseln sich vier unterschiedliche Formen regelmäßig ab. Jede dieser Formen wird von einem ca. fünfköpfigen Team entwickelt. Die Teams stehen in regem Austausch und arbeiten eng zusammen am letztendlichen Ziel des Projekts: Das Gotteshaus soll zu einem Menschenhaus werden, in dem Menschen unserer Zeit mit ihren Fragen und Zweifeln, mit ihren Hoffnungen und Wünschen vorkommen.

»Werkstatt und Musik« - nennt sich die Form, die biblische Botschaft vor allem über Musik zu vermitteln sucht. Es wird viel gesungen, auch mehrstimmig, und musiziert. Häufig werden musikalische Gäste eingeladen.

»Werkstatt zum Gespräch« - ein kommunikativer Gottesdienst, bei dem an Stelle der Predigt das Gespräch unter den Gottesdienstbesuchern tritt. Eingeleitet durch einen kurzen Impuls, endet das Gespräch mit einem pointierten Text und einer kurzen Stille.

»Werkstatt aus der Stille« - ein meditativer Gottesdienst mit einfachen Gesängen, kurzen Impulsen und Hinführung zu 8 Minuten Stille, ähnlich wie bei Taizé-Gebeten. Der Gottesdienst beginnt bereits in der Stille, und führt erst am Ende wieder aus der Stille heraus.

»Kleine Kirche« - ein Gottesdienst für Erwachsene und Kinder, der sich in Form und Inhalt an Kindern orientiert.

»Den Klang Gottes hören - meine Lebensmelodie singen«

Glockenläuten, Stille
Musikalische Eröffnung
Begrüßung
Lied: »Singt dem Herrn ein neues Lied, denn er tut Wunder«
Einführung
Lied: »Mit Freuden will ich singen«
Lied: »Wie schön leuchtet der Morgenstern«
Text: »Psalm 98: Singend und summend«
Gebet
Stilles Gebet
Lied: »Schweige und höre«
Aktion: Vom Klang Gottes zu meiner Lebensmelodie
Lesung (1. Sam 16, 14-23)
Überleitung
Lied: »Gott ist gegenwärtig«
Text: Mein Atem geht
Gedanken
Abschluss
Lied: »Gott gab uns Atem, damit wir leben«
Fürbitte
Vaterunser
Lied: »Du meine Seele singe«
Abkündigungen
Segen
Musikalischer Ausklang
Kirchencafé

Benötigtes Material/ Vorbereitung:

Ein großer Raum ohne feste Bestuhlung. Als Instrumente stehen Klavier und Monocord im Mittelpunkt. Der Altar wird aus einem großen Brett, Steinen und Tüchern konstruiert. Die Instrumente sind im Raum verteilt, die Teilnehmer sind kreisförmig um den Altar herum versammelt, auf dem das Monocord zusammen mit einer Kerze platziert ist. Weitere Orffsche Instrumente sind im Raum verteilt.

Ablauf

Glockenläuten, Stille

Musikalische Eröffnung

Begrüßung

Lied »Singt dem Herrn ein neues Lied, denn er tut Wunder« (Aus: »In love with Jesus«)

Einführung

Kantate - singt! Ein idealer Sonntag für die »Werkstatt und Musik«. Kantate: Um die heilsame Wirkung von Musik und Gesang geht es an diesem Sonntag. Wir wollen heute den Blick stärker auf die Musik legen: wie Musik, wie Töne, wie Saitenspiel das Leben heilsam verändern kann. Stimm- und tonmäßig kräftig unterstützt werden wir heute durch eine Musiktherapeutin.

Musik, Töne berühren uns in einer tieferen Schicht, in unserer Seele, in unserem Herzen, als ganzer Mensch. Einige Musikinstrumente, die uns dabei helfen sollen, sehen Sie hier schon aufgebaut. Hören, berühren lassen, den eigenen Ton und die eigene Lebensmelodie finden und erklingen lassen, das ist der kleine-große Weg, den wir in diesem Gottesdienst gehen wollen. Beginnen wollen wir mit den Tönen, die wir selbst erzeugen, oder, normaler ausgedrückt: mit singen. »Greift voll in die Saiten und jubelt laut«, werden wir in den Psalmen animiert - so beginnen wir mit zwei Liedern.

Lied »Mit Freuden will ich singen«

Lied »Wie schön leuchtet der Morgenstern« (EG 70)

Text »Psalm 98: Singend und summend«
»Singen und summen lässt sich ein neues Lied,
nicht zu verstummen ist, was im Lied geschieht;
auf neue Weise Hoffnung sehen -
singend und summend durchs Leben gehen,
singend und summend durchs Leben gehen.

Heitere Töne wollen ein Lobpreis sein
für all das Schöne - es kommt von dir allein,
dir, Gott, mit deinem reichen Segen:
Nimm unser Jauchzen als Dank entgegen,
nimm unser Jauchzen als Dank entgegen.

Pauken, Trompeten spielen dir fröhlich auf.
Höre ihr Beten, es steigt zu dir hinauf.
Meere verströmen Lobgesänge,
Bergwinde wirbeln im Chor der Klänge,
Bergwinde wirbeln im Chor der Klänge.

Himmel und Erde eint das stets neue Lied:
dass Frieden werde, dass nicht mehr Leid geschieht.
In solchen Weisen Hoffnung schauen -
singend und summend auf Gott zu bauen,
singend und summend auf Gott zu bauen.

Klänge und Worte, sie erklingen hier für dich.
Erklingen in uns, auch wenn sie noch ganz frisch.
Lass sie uns finden dir zu Ehren,
um so durch deine Musik heil zu werden,
um so durch deine Musik heil zu werden.«
(In: Eugen Eckert: Gott ist mein Lied, ist meine Macht - Lauterborner Psalmen.
Strube Verlag, München-Berlin, Abdruck mit freundlicher Genehmigung)

Gebet

»Gott, Lieder weckst Du in mir. Töne gibst Du in meinen Körper. Klänge verbinden mich mit dir. Lass mich summen und singen, mich hingeben an das Lied der
Freude. Du stimmst mich ab auf deine Stimme. Du gibst mir den Geschmack der
Freiheit. Atme mich frei, damit ich ganz bin, ganz bei mir, ganz bei dir, ganz in
gelöster Freude. Angenommen bin ich dann im Haus der Freude, geborgen und
frei. Bewahre mir und allen dieses Haus, denen, die singen in ihrem Herzen,
denen, die weinen in ihrer Seele, denen, die trauern im Haus ihres Lebens.
Amen.«
(In: Helge Adolphsen: Minutengebete. Kreuz Verlag, Abdruck mit freundlicher
Genehmigung)

Stilles Gebet

Lied »Schweige und höre« (»sing mit«)

Aktion

Vom Klang Gottes zu meiner Lebensmelodie
Hören, wahrnehmen, sich öffnen, berühren lassen von dem, was im Raum
schwingt.
(Monocord schwingt - alle kommen in der Mitte zusammen)

Lesung (1. Sam 16, 14-23)

»Der Geist des Herrn war von Saul gewichen; jetzt quälte ihn ein böser Geist, der vom Herrn kam. Da sagten die Diener Sauls zu ihm: Du siehst, ein böser Geist Gottes quält dich. Darum möge unser Herr seinen Knechten, die vor ihm stehen, befehlen, einen Mann zu suchen, der die Zither zu spielen versteht. Sobald dich der böse Geist Gottes überfällt, soll er auf der Zither spielen; dann wird es dir wieder gut gehen. Saul sagte zu seinen Dienern: Seht euch für mich nach einem Mann um, der gut spielen kann, und bringt ihn her zu mir! Einer der jungen Männer antwortete: Ich kenne einen Sohn des Betlehemiters Isai, der Zither zu spielen versteht. Und er ist tapfer und ein guter Krieger, wortgewandt, von schöner Gestalt, und der Herr ist mit ihm. Da schickte Saul Boten zu Isai und ließ ihm sagen: Schick mir deinen Sohn David, der bei den Schafen ist. Isai nahm einen Esel, dazu Brot, einen Schlauch Wein und ein Ziegenböckchen und schickte seinen Sohn David damit zu Saul. So kam David zu Saul und trat in seinen Dienst; Saul gewann ihn sehr lieb, und David wurde sein Waffenträger. Darum schickte Saul zu Isai und ließ ihm sagen: David soll in meinem Dienst bleiben; denn er hat mein Wohlwollen gefunden.
(mit Ton)

So oft nun ein Geist Gottes Saul überfiel, nahm David die Zither und spielte darauf. Dann fühlte sich Saul erleichtert, es ging ihm wieder gut und der böse Geist wich von ihm.«

Überleitung

Da wurde es Saul leichter ums Herz. Das Harfenspiel erreicht ihn, berührt ihn, so wie uns dieser eine Ton. Da schwingt etwas, kommt etwas in Bewegung und das Schwere wird weggenommen oder zumindest erträglich. Saul wird berührt und das hat Wirkung.
(Kurze Pause, nur Monocord zu hören)

Lied »Gott ist gegenwärtig« (EG 165)

Text »Mein Atem geht« (Kurt Marti)

»Mein Atem geht -
Was will er sagen?
Vielleicht: Schau! Hör! Riech! Schmeck! Greif! Lebe!
Vielleicht: Gott atmet in dir mehr als du selbst.
Und auch: In allen Menschen, Tieren, Pflanzen atmet er wie in dir.
Und so: Alle drei
Freude den Sinnen!
Lust den Geschöpfen!
Friede den Seelen.«

Gedanken

Ich finde zu mir, ich finde meinen eigenen Ton.

(Alle sind in der Mitte, am Altar, nahe beim Monocord, und nehmen den gehörten Ton mit auf den Weg durch den Raum)

Ich bin in der Mitte, bei Gott, und nehme meinen Ton mit auf den Weg nach draußen, in die Welt, treffe, begegne dort anderen Tönen, bleibe dabei oder verändere, komme zur Mitte zurück, finde meinen Ton wieder, nicht im Außen verlieren, meine Lebensmelodie, meinen Ton, aber auch mit der Ermutigung, Kraft für Außen.

(Klavier, pentatonisch - Töne aufnehmen, nachwirken lassen, zurück zu den Stühlen gehen)

Abschluss

Saul hat den Klang Gottes gehört. Er dachte, er wäre von Gott verlassen. Er war nicht verlassen. Im Gegenteil: Gott hat ihn erreicht, berührt, gestärkt, aber über einen für ihn ungewöhnlichen Weg, im Klang, in der Musik. Gott in den ganz einfachen Dingen spüren, zum Beispiel in einem Ton. Meinen Ton finden, meine Melodie. Mich nach außen wenden. Meine Lebensmelodie leben. Nichts Großes - aber meines.

Der Klang Gottes hat Saul berührt, Gottes Nähe hat ihn berührt. Vielleicht können auch wir den Klang Gottes in den ganz einfachen Dingen hören, wahrnehmen. »Nur« in einem Ton - und uns dadurch berühren, bewegen lassen. Den Klang Gottes auch in den ganz einfachen Dingen hören, meinen Ton, meinen Klang in der Mitte finden und mich dann auf den Weg nach außen machen. Hören, mich finden, mein Leben in die Hand nehmen, immer wieder zur Mitte kommen und so unsere Lebensmelodie singen, tanzen, schmettern. Den Klang Gottes hören und meine Lebensmelodie finden. Zu mir finden, zu Gott finden. Nichts Großes, aber meines.

Lied »Gott gab uns Atem, damit wir leben« (EG 432)

Fürbitten *(frei formuliert)*

Vaterunser

Lied »Du meine Seele singe« (EG 302)

Abkündigungen

Segen (nach Pierre Stutz)
»Mich jeden Morgen in die Mitte des Zimmers stellen.
Hinstehen, zu mir stehen.
Jeden Morgen auf die Stimme, den Ton Gottes hören.
Hinhören und meinen Ton finden.
Jeden Morgen vor aller Leistung mich erinnern, dass Leben ein Geschenk ist.
Und mich dann aufmachen meine Lebensmelodie zu spielen.
Jeden Morgen Gott um seinen Segen bitten:
So segne Gott das, was in mir berührt wird, das, was klingen will, das, was
schwingt und mich zum Aufbruch in die Welt ermuntert.
So segne Gott dich und mich heute und an jedem Tag. Amen.«

Musikalischer Ausklang

Kirchencafé

Kontakt:
Hans-Martin Walker
Murkenbachweg 106
71032 Böblingen
07031-280178
hmwalker@t-online.de

Gottesdienste ohne Orgel, Predigt, Liturgie

»Sonntags-Special« in Schweinfurt

Das »Sonntags-Special« ist ein monatliches, alternatives Gottesdienstangebot in der Christuskirche Schweinfurt, jeweils zusätzlich zum agendarischen Hauptgottesdienst. Unter der Überschrift: »Musik ohne Orgel, Verkündigung ohne Predigt und Nachdenken ohne Liturgie« ermöglicht das »Sonntags-Special« alle möglichen spirituellen Angebote von einer Matinee bis hin zu einem Themengottesdienst (»Talk am Altar«). Einmal im Jahr verlässt das »Sonntags-Special« die kirchlichen Räume und geht bewusst »unter die Leute«. An einen Baggersee, in eine Fabrikhalle, in eine Diskothek oder, wie im vorliegenden Fall, in ein Kino mit Kneipe. Ansprechen lassen sich von diesen, in einem sechsköpfigen Team vorbereiteten, Angeboten bis zu 200 Erwachsene, Jugendliche und Kinder, die nicht unbedingt im agendarischen Gottesdienst beheimatet sind.

»Walk of Fame«

Begrüßung vor der Türe
Tonband mit Glocken der Christuskirche
Bandvorspiel: »You make my day«
Begrüßung
Lied: »Singt Gott, unserm Herrn«
Zum Thema: »Walk of Fame«
Lied: »You're always here«
Erzählung als Film: Die Josefsgeschichte
Lied: »Ich glaube an den Vater«
Talk am »Walk of Fame«
Lied: »Gott schenkt Freiheit«
Fürbitten
Vaterunser
Segen
Lied: »Gottes guter Segen«
Lied: »Tears in heaven«

Ablauf

Begrüßung vor der Türe
*(Jede/r bekommt einen Stern, auf den er seinen Namen schreiben soll
(Stifte!!), ein Liedblatt, dazu ein Feuerzeug und eine Wunderkerze. Beim
Hineingehen werden die Besucher gebeten, ihren Stern auf dem »Walk of
Fame« (lange graue Stoffbahn) hinzulegen.)*

Tonband mit Glocken der Christuskirche

Bandvorspiel »You make my day«

Begrüßung
Ein Rabbi wird von einem Kettenraucher gefragt, ob man beim Beten auch rauchen darf. Der Rabbi sieht den Fragenden verwundert an und antwortet streng:
»Nein. Beim Beten darf man nicht rauchen!« Aber dann entspannen sich die
Gesichtszüge des Rabbis wieder und er wendet sich dem Fragesteller erneut zu
und sagt: »Vielleicht hast du aber nur falsch gefragt. Hättest du mich gefragt, ob
man beim Rauchen beten darf, hätte ich ,Ja' gesagt, denn beten darf man
immer!«
Heute morgen geht es uns ähnlich. Die Frage, ob man einen Gottesdienst nun
unbedingt in einem Kino feiern muss, würde auch ich verneinen. Aber warum
eigentlich nicht, wenn wir heute morgen sowieso in einem Kino sind, auch einmal über Gott nachdenken, reden und sogar singen? Gottesdienst feiern darf
man auch immer und überall - und hier und jetzt auch. So tun wir das, was wir
vorhaben, nun im Namen Gottes, des Vaters und des Sohnes und des Heiligen
Geistes.

Lied »Singt Gott, unserm Herrn«

Zum Thema »Walk of Fame«
»Walk of Fame«, die Straße der Berühmtheiten in Los Angeles-Hollywood. Hier
sind in die Straße Sterne mit Namen von Berühmtheiten eingelassen. So etwas
wollen wir sehen. Hier spürt man das Flair von Ausstrahlung, Glitzerwelt, Ruhm
und Geld. Da möchte ich nahe dran sein, da möchte ich in Berührung kommen
mit dem Licht der Stars. Eigentlich möchte ich selbst gerne auch so ein Stern,
so eine Berühmtheit sein. Im Mittelpunkt stehen, überlegen müssen, wie ich das
Geld, das ich verdiene, überhaupt ausgeben kann. Von den Leuten bewundert
werden, auf Tausenden von Leinwänden dieser Welt zu sehen sein.

»Mein größtes Problem«, so hat einmal ein in der Wirtschaftskrise kaltgestellter
Manager hinter vorgehaltener Hand, aber total ehrlich gesagt, »Mein größtes
Problem ist, dass ich nicht mehr wichtig bin!« Kein Gelächter, keine Häme, son-
dern beifälliges Nicken in dem Kreis, in dem er es gesagt hat. Jeder weiß, wie

wichtig es ist, wichtig zu sein. Nicht unbedingt nur für Massen, sondern für irgend jemanden. Wichtig zu sein bestimmt unser Selbstwertgefühl. Schon der 7-jährige, fußballbegeisterte Florian möchte von seinem Trainer lieber hören: »Florian, morgen ist ein wichtiges Spiel, da brauche ich dich,« als hören zu müssen.: »Florian, wenn du morgen keine Zeit hast - macht nichts, wir kommen auch mal ohne dich zurecht.«

Jeder Mensch will wichtig sein, O.K. Aber ich sage auch: Jeder Mensch muss wichtig sein, sonst gibt es am Ende nur noch Psychiater, Psychotherapeuten und Psychologen. Im Schweinfurter Tageblatt stand diese Woche zu lesen, dass sich die Depressionen und psychischen Erkrankungen seit 1950 verzehnfacht hätten. Ich behaupte, dass viele Ursachen auch in einem schwindenden Selbstwertgefühl des Menschen liegen.

Bleibt zuletzt nur noch die Frage: Ist jeder Mensch wichtig, oder gibt es nur einige wichtige Menschen und andere sind eher unwichtig? Ich erinnere, dass wir beim Hereinkommen jeder und jede einen Stern auf unserem »Walk of Fame« hingelegt haben. Liegt das vielleicht daran, dass dieser »Walk of Fame« nicht in Hollywood, sondern in einem Gottesdienst ausgelegt ist?

Lied »You're always here«

Bei einem Gottesdienst in einer Kino-Kneipe muss man einen Film zeigen. Da das an der großen Leinwand im Kino momentan aber nicht möglich ist - sonst müssten wir jetzt alle umziehen - behelfen wir uns so. Jeder ist sein eigenes Kino. Verdunkeln können wir, indem wir die Augen schließen, und ich projiziere Ihnen den Film auf Ihre innere Leinwand:

Erzählung als Film »Die Josefsgeschichte«
Er hieß Josef und hatte noch elf Brüder. Nein, er war nicht dieser Sohn Jakobs aus dem Alten Testament, auch wenn seine Geschichte ähnlich war. Josef Silberstein hieß er und er war der Sohn des Schuhfabrikanten Israel Silberstein am Münchner Odeonsplatz. Josef war der Intelligenteste der zwölf Söhne, er war strebsam und ehrgeizig, so recht nach dem Willen des Vaters. Ihm wollte der Vater später einmal die Firma übergeben. Aber dazu kam es nicht. Wir schreiben das Jahr 1925, als im kargen Besprechungszimmer der Firma Silberstein die Türe aufgerissen wurde. Josef betrat den Raum, in dem bereits seine Brüder saßen. Es galt einige Aufträge und Angebote der Firma aus dem Ausland abzusprechen. Der Vater hatte sich krank gemeldet und Josef nahm, wie selbstverständlich, auf seinem Sitz Platz. Als hätte er auf diesen Augenblick gewartet. Ohne Umschweife begann er zu reden: Ich habe eine Vision für unser Unternehmen. Wir werden expandieren. Wir werden bessere Schuhe herstellen, als alle Schuhfabriken im

Lande. Wir werden kleinere Fabriken aufkaufen, wir werden die Arbeitsplätze verdoppeln und ich werde der Chef sein.«

Erst waren die Brüder sprachlos, dann spotteten sie. »Du wirst schon sehen«, murmelte der Älteste, »vielleicht können wir ja expandieren, aber Chef wirst du nicht.« Er stand auf und ging, und die anderen folgten ihm. Jahre gingen ins Land. Die wirtschaftliche Not der damaligen Zeit ging auch an der Firma Silberstein nicht vorbei, Leute mussten entlassen werden und die Machtverhältnisse seit 1933 taten ein Übriges. Josef war dennoch immer optimistisch.

Seine Brüder waren vor ihm auf der Hut und immer in Lauerstellung, ob sie ihm beim Vater oder sonstwo nicht schaden könnten. Da wurde einer von ihnen, Sharon, in der Nacht offensichtlich vom Teufel geritten. Er heckte einen Plan aus. Er ließ sich am nächsten Abend in der Firma einschließen, schlich in das Arbeitszimmer von Josef und fälschte die Steuerunterlagen. Todmüde von der Arbeit der Nacht verfasste er am nächsten Morgen ein anonymes Schreiben an den Gauleiter, und äußerte darin die Vermutung, dass die Firma Silberstein dem Staat Steuern vorenthielt. Tags darauf, um 7 Uhr, standen sie dann vor dem Tor, NS-Schergen und Steuerfahnder. Josef Silberstein wurde verhaftet, und nur den sehr guten Beziehungen des Vaters zum Münchner Stadtrat war zu verdanken, dass der Rest der Familie auf freiem Fuß blieb.

Josef blieb zwei Wochen in Untersuchungshaft, dann wurde er für schuldig erklärt. Schließlich war er Jude. Und für Leute wie ihn hatte man in Dachau immer noch ein Plätzchen frei. Acht Monate musste sich Josef bei fast unmenschlicher körperlicher Arbeit quälen und nur seinem Optimismus und seinem Vertrauen auf den Gott Israels war es zu verdanken, dass er überlebte. Da wurde er eines Tages zum Lagerkommandanten geschickt. Nein, nicht in die Folterkammer, sondern in dessen Arbeitszimmer. Als sie nur noch zu zweit im Raum waren, begann der Lagerkommandant ohne Umschweife: »Silberstein«, sagte er, »ich bin in wirtschaftlichen Schwierigkeiten. Ich habe ein Vermögen aus diesem Unternehmen abgezweigt und in Kürze kommt die Wirtschaftsprüfung. Ich habe gehört, du kannst Bilanzen fälschen.« Da entgegnete ihm Josef, dass er noch nie Bilanzen gefälscht habe, sich aber mit Bilanzen bestens auskenne. Seitdem war Josef Tag und Nacht in der Buchhaltung. Und tatsächlich, die Betriebsprüfung kam, und keiner merkte etwas. Josef hieß Müller seit diesen Tagen und führte ein akzeptables Leben. Er war öfters auch privat zu Gast bei der Familie des Lagerkommandanten, und er setzte sich, so gut es ging, für seine Landsleute im Konzentrationslager ein.

Nun gut, die Frau des Lagerkommandanten fand Gefallen an Joseph. Als einmal ihr Mann und die Kinder aus dem Hause waren, lud sie ihn ein. Alles war ziemlich eindeutig, aber Josef wehrte ab. So etwas war nicht seine Sache. Am nächsten Tag erreichte ihn wieder ein Befehl zum Lagerkommandanten. Der Ton aber war hart und barsch. Die Frau hatte ihrem Mann erzählt, er, Josef, hätte bei ihr ein Abenteuer gesucht. Joseph hieß plötzlich wieder Silberstein und wurde noch am Abend für den Transport nach Auschwitz überstellt. Joseph wusste, dass das sein Ende war. Früh morgens wurden sie auf Güterwagen verladen und schon bald rollten sie in Richtung Osten. Josef gegenüber saß ein Wachmann. Er war einer, für den er nach einer brenzligen Situation ein gutes Wort beim Lagerkommandanten eingelegt hatte. Aber der Wachmann schaute durch Josef hindurch, als hätte er ihn noch nie gesehen. Als der Zug auf offener Strecke hielt, herrschte ihn der Wachmann an, er solle die Tür einen Spalt öffnen, um zu sehen, was los wäre. Joseph tat es. Als aber der Zug wieder anfuhr, spürte er, wie ihn von hinten jemand anstieß. Er verlor das Gleichgewicht und fiel aus dem Zug auf den Bahndamm. Mit einem Schlag wurde die Waggontür über ihm zugeschoben. Kein Schuss, nichts. Der Zug beschleunigte langsam, dann verlor sich sein Rattern am Horizont. Josef war frei.

Irgendwie gelangte er nach Amerika zu seinem Onkel nach Detroit. Und irgendwie kam er dort bei dem Automobilkonzern Ford unter. Und weil er wirklich etwas verstand von guten Autos, von Geld und Management, fand man ihn bald als geachteten Berater in der Chefetage. Als er wieder einmal bei seinem Onkel zu Besuch war, legte dieser ihm ein Schreiben vor - von seinen Geschwistern. Die Zustände in Deutschland, so stand da zu lesen, seien mittlerweile so katastrophal, dass es nur noch eine Überlebenschance gäbe, nämlich nach Amerika auszuwandern. Doch das würde ein Vermögen kosten. »Du würdest es vielleicht können«, sagte der Onkel noch zu Josef Silberstein. Der war in dieser Nacht sehr nachdenklich. An Schlaf war nicht zu denken. Als er am Morgen das Haus verließ, ging er nicht ins Büro, sondern zur Bank. Er überwies viel Geld an eine Tarnadresse nach Deutschland. Und als er in einen Fernschreiber die Nachricht tickerte: »Ihr gedachtet es böse mit mir zu machen, aber Gott hat alles zum Guten gewendet«, da strömten ihm Tränen aus seinen Augen.

Lied »Ich glaube an den Vater«

Talk am »Walk of fame«
(Zwei Teilnehmer aus dem Vorbereitungskreis, sowie für den Talk eingeladene Gäste, eine Jugendsozialarbeiterin, ein Familienvater und ein Informatikstudent, sitzen auf Barhockern am Tresen mit Blick zur Gemeinde. Es geht in dem Gespräch um drei kurze Themenkreise.)

A. zum Film Ist der Film nur eine Schnulze, oder ist er mehr?

Antworten der Teilnehmer Man kann sehr hoch kommen, aber auch wieder tief fallen. Man muss an mehr glauben, als an die eigene Kraft...

B. zum »Walk of fame« Josef Silberstein hat Karriere gemacht, vom Sohn eines kleinen Münchner Schuhfabrikanten zum Vorstands-Berater bei Ford in Detroit. Sind eigentlich nur diese Leute, die sich von unten durch allerlei Windungen des Schicksals hocharbeiten, für einen Stern auf dem »Walk of Fame« berufen? Oder was zeichnet eigentlich den Menschen aus, was sind denn grundsätzlich »herausragende Leistungen«? Wofür hätte denn Josef Silberstein einen Stern verdient?

Antworten der Teilnehmer Josef hat nicht aufgegeben, er hat den Brüdern verziehen, ihnen geholfen, nicht den Erfolg als seinen Verdienst angesehen...

C. zum Thema »Leistung« Der Film hat deutlich gemacht, dass es nicht Josefs Verdienst war, dass er oben angekommen ist. Wir verdienen unsere Karrieren nicht, sondern wir verdanken sie. Müsste nicht jede/r einen Stern auf dem »Walk of Fame« bekommen, so wie heute zu Beginn des Gottesdienstes hier im »KuK«? ... Auch die NS-Leute?

Antworten der Teilnehmer Jeder ist im Stande, Gutes zu leisten. Diese Leistungen müssen, unabhängig von ihrer größeren oder geringeren Bedeutung, gewürdigt werden. Sie sind als gleichwertige Geschenke anzusehen, mit denen uns Gott erfreuen und helfen will.

Fazit
Auf dem Walk of Fame werden Leistungen bedacht, die nach den Maßstäben dieser Welt herausragend sind. Wir würden ergänzend auch denen Sterne geben, die in ihrem Alltag, mit ihren auch noch so kleinen Fähigkeit Besonderes leisten, auch wenn die große Öffentlichkeit diese Leistungen nicht wahrnimmt. Gott verleiht letztlich jedem einen Stern, weil jede/r als sein Geschöpf etwas Besonderes ist.)

Lied »Gott schenkt Freiheit«

Fürbitten
Gott, unser Vater, wir danken dir für diesen schönen Sonntag. Wir danken dir für den Gottesdienst hier am »Walk of Fame«. Wir danken dir, dass wir alle dir auf diesem Weg einen Stern wert sind, dass du jedem von uns einen Stern auf diesem Weg zugedacht hast. Keine besondere Leistung ist notwendig in deinen Augen; einfach dein Geschöpf zu sein, macht uns für dich so wertvoll. Hab Dank, Herr, dass wir in deinen Augen und damit überall auf der Welt wichtig sind.

Guter Gott, wir bitten dich heute für alle, die sich um einen Stern am »Walk of Fame« dieser Welt mühen. Oft ist dieser Weg hart und anstrengend. Wir bitten dich für die, die auf diesem Weg auf der Strecke bleiben und darunter leiden. Lass sie erkennen, dass sie deshalb eben nicht wertlos oder minderwertig sind. Und wir bitten dich für die, die diesen »Walk of Fame« unserer Welt erfolgreich bewältigt haben. Dass sie auf dem Boden bleiben, dass sie nicht selbstherrlich werden, dass sie ihren Ruhm nutzen, das Gute in der Welt voranzubringen.

Gott, unser Vater, wir bitten dich für Menschen, die unter mangelndem Selbstbewusstsein leiden. Nicht nur für die, die gerne wären, wie andere, die die Stars bewundern und verehren, als wären sie wie du. Wir bitten dich auch für die, die sich auch in ihrer Familie, in der Schule, am Arbeitsplatz oder in ihrem Bekanntenkreis minderwertig vorkommen. Die ständig um Anerkennung ringen, deren ganzes Verhalten manchmal ein einziger Schrei nach Liebe ist. Lass sie und uns erkennen, dass du allein die Erfüllung dieser Sehnsucht bist. Dass wir von dir so gewollt sind, wie wir sind, und dass es so gut ist. All das, was wir heute in dieser Welt und was wir in unserem Blickfeld noch auf dem Herzen haben, sprechen wir jetzt aus in dem Gebet, das alles, was zu beten ist, umfasst.

Vaterunser

Segen
Gottes Segen sagt uns auch, dass wir in seinen Augen ganz besondere Sterne sind. Wir können uns das noch einmal deutlich machen, indem wir jetzt bei dem Segenslied unsere Sterne noch einmal leuchten lassen.
(Gottesdienstbesucher entzünden zum Segen ihre Wunderkerzen.)

Lied »Gottes guter Segen«

Lied »Tears in heaven« (Eric Clapton)

Kontakt:
Martin Steinbach
Maibacher Straße 50
97424 Schweinfurt
09721-41101
christuskirche-sw@gmx.de

Moderne Gedenkgottesdienste

Gedenkgottesdienste »Zeitensprünge« in Lünen

Wer würde nicht gerne einmal durch die Zeit reisen?! In der Wirklichkeit ist uns solches (glücklicherweise!?) verwehrt, aber in Gedanken kann man schon mal einen Zeitensprung wagen!

In unregelmäßiger Folge, etwa viermal im Jahr wollen die »Zeitensprünge« Raum öffnen zum Gedenken, Nachdenken, Weiterdenken. Diese Andachten richten sich an alle, die Interesse an geschichtlichen Ereignissen und Personen der Zeitgeschichte haben und sich in gottesdienstlichem Rahmen erinnern möchten. Die Idee zu den Zeitensprüngen entwickelte sich bei der Umsetzung von Gedenkgottesdiensten und anderen Veranstaltungen in unterschiedlichen Kontexten. Den letzten Anstoß für den Ansatz der regelmäßigen Gottesdienstreihe gaben viele Gespräche mit Gottesdienstbesuchern und - besucherinnen, die mit ihrem Interesse die eigene Idee zu Erinnerungs- und Gedenkgottesdiensten bestärkten.

Die Zeitensprünge werden mittlerweile seit mehreren Jahren regelmäßig von einer kleinen Zahl, etwa 15, Gemeindeglieder angenommen. Dazu kommen - je nach Thema - noch andere Interessierte. Die Vorbereitung beginnt in der Regel mit der Jahresplanung. Dann werden die Themen festgelegt und in dem Zusammenhang erste Recherchen über verfügbares Material angestellt. Obwohl die Vorbereitung doch einige Mühe und Zeit erfordert, bereichert die Durchführung sehr. Die kritische Begleitung der regelmäßigen wie der gelegentlichen Gottesdienstbesucher und -besucherinnen ermutigen immer zu einer nächsten Runde.

Bei der Ausgestaltung wird auf die verschiedenen zugänglichen Quellen und Medien (Buch, Foto, Film, Ton) zurückgegriffen, und es werden auch persönliche Erfahrungen, Erinnerungen und Kommentare der Ausführenden eingebracht. Gelegentlich gibt es - je nach Thema - Kooperationen des Gottesdienst-Verantwortlichen mit anderen, nicht unbedingt gemeindebezogenen Akteuren (Musiker, Medienpädagogen, Literaten u.a.). Es gibt keine festgelegten Tage oder Zeiten; der Ansatz des jeweiligen Zeitensprunges richtet sich nach dem zu erinnernden Ereignis. Die Zeitensprünge haben im Laufe der Zeit ein großes Spektrum der erinnerten Themen und Ereignissen aufgenommen. Es reicht von kirchengeschichtlichen Daten (z.B. Eröffnung der erste Brot-für-die-Welt-Aktion, Todestag H.J. Iwands) über weltgeschichtlich interessante Daten (Währungsreform, Eröffnung Brandenburger Tor) bis zu kulturel-

len Ereignissen (Geburtstag von Erich Kästner, Todestag Marilyn Monroes, Uraufführung des Films Casablanca).

Die Zeitensprünge haben einen kleinen, festen liturgischen Rahmen, der aus der Begrüßung und Eröffnung, Liedern, Psalmlesungen und Gebeten besteht. Die Gestaltung des thematischen Teiles richtet sich nach dem Anlass und den dazu verfügbaren Mitteln. Dabei gibt es keine religiöse Überhöhung von profan-geschichtlichen Ereignissen, auch wenn ihrer in gottesdienstlichem Rahmen gedacht wird. Das Erinnern mit seinen allgemeinen wie persönlichen Ausprägungen als grundlegender Bestandteil eines bewusst gegenwärtigen und auch auf Zukunft ausgerichteten Lebens steht im Vordergrund.

»Imagine there's no heaven... 8. Dezember 1980«

Musik
Begrüßung und Eingang
Lied: »Gott gab uns Atem«
Lesung (Jes 9, 1-6)
Musik: »God«
John Lennon... Biographisches: Ein Bursche zwischen Nowhere Man und Gott
Kindheit zwischen Auntie Mimi und Mum Julia
Video-Clip: »Mother«
A Working Class Hero: Aufbrechen und Durchbeißen der The Fab Four
Video-Clip: »I am the Walrus«
Beatlemania: Rausch und Kater des Starruhms
Video-Clip: »The ballad of John and Yoko«
Ein Leben mit doppelter Fantasie
Video-Clip: »Give peace a chance«
Video-Clip: »Jealous guy«
Das gewaltsame Ende am 8. Dezember 1980
Video-Clip: »All you need is love«
Stille Zeit
Musik: »Watching the wheels«
Gebet
Vaterunser
Lied: »Unterm Pflaster liegt der Strand«
Segen aus Irland
Musik: »Imagine«

Ablauf

Musik »I'm Losing You« (CD: John Lennon & Yoko Ono: Double Fantasy, Apple Records 1980)

Begrüßung und Eingang

Heute vor 20 Jahren, am 8. Dezember 1980, wurde John Lennon vor dem Dakota Building am Central Park in New York ermordet. Wir wollen heute Abend einen Zeitensprung versuchen, uns in die Zeit hineinversetzen, in der sein Leben verlaufen ist. Wir wollen eines Mannes gedenken, der zu den populärsten und einflussreichsten Musikern in der 2. Hälfte des 20. Jahrhunderts gezählt wird. Seine Talente reichten aber durchaus weiter. John Lennon machte als Schriftsteller, Schauspieler, Aktionskünstler, Exzentriker und Friedensaktivist auf sich aufmerksam. Besonders aber war er für unzählige junge Leute in den sechziger und siebziger Jahren Idol, Vorbild und Identifikationsfigur bei ihrer Suche nach lebenswerten Orientierungspunkten. Wir gedenken dieses Mannes in einem gottesdienstlichen Rahmen, wohl wissend, dass John Lennon mehr als kritisch gegenüber allen Glaubenssystemen war. So sind wir zusammengekommen im Namen des Gottes, der die Menschen aller Völker und Hautfarben zu seinen geliebten Kindern erklärte, der seinen Sohn in die Welt sandte, damit er die Gräben der Zertrennung zuschüttet, der dafür ermordet wurde und auferstand, damit sein Geist durch alle Zeiten hindurch Männer und Frauen ermutigt, für Gerechtigkeit, Freiheit und Menschenwürde aufzustehen und einzutreten. Amen.

Dank an Knut T.-B. und Michael B. für die gemeinsame Vorbereitung dieses Zeitensprünge-Gottesdienstes. Der Gottesdienst will keine umfassende, schon gar nicht objektive Biographie, Würdigung oder Kritik bieten, sondern facettenartige, persönliche Erinnerung. Einige der Video-Sequenzen belassen wir in ihrer originalen englischen Sprache. Nach dem Zeitensprung ist dann noch Gelegenheit zum persönlichen Austausch, Klönen.

Lied »Gott gab uns Atem«

Lesung (Jes 9, 1-6)

»Das Volk, das im Dunkeln lebt, sieht ein großes Licht; über denen, die im finsteren Land wohnen, leuchtet ein Licht auf. Du, Gott, schenkst ihnen große Freude, darum jubeln sie laut. Sie freuen sich, wie beim Einfahren der Ernte. Du zerbrichst das Joch der Fremdherrschaft, das auf ihnen lastet, und den Stock, mit dem sie zur Zwangsarbeit angetrieben werden. Die Soldatenstiefel, deren dröhnenden Marschschritt sie noch im Ohr haben, und die blutbefleckten Soldatenmäntel werden verbrannt. Denn ein Kind ist geboren, der künftige König ist uns geschenkt. Man wird ihn nennen: umsichtiger Herrscher, mächtiger Held, ewiger Vater, Friedensfürst. Seine Macht wird weit reichen, und dauerhafter Frieden wird einkehren. Er wird auf dem Thron Davids regieren, und seine Herrschaft wird für immer Bestand haben, weil er sich an die Rechtsordnungen Gottes hält. Gott, der Herr der ganzen Welt, hat es so beschlossen und wird es tun.«

Musik »God« (CD: John Lennon/ Plastic Ono Band, Apple Records 1970)

John Lennon Biographisches - Ein Bursche zwischen Nowhere Man und Gott John Lennon »bewies, dass man seiner Vision folgen, seine Talente entfalten, frei seine Meinung sagen kann - dass man alles vermag, wenn man es nur wagt. In einer Zeit der Angepasstheit lehnte er es ab, nach irgend etwas anderem als nach seiner eigenen Fasson zu leben. Er sang und schrieb, was er glaubte, und er vertraute darauf, dass wir ihm zuhörten« - resümierte die Musikzeitschrift »Rolling Stone« nach seinem Tod. »Wenn es überhaupt Genies gibt, dann bin ich eines, und wenn nicht, dann ist es mir schnuppe.« Meinte er selbst über sich in einem Rolling-Stone-Interview von 1970. Die Einschätzungen John Lennon's unterscheiden sich ungefähr so stark, wie die Haltungen, die er im Verlauf seines Lebens eingenommen hat, die Musik, die er geschrieben und produziert hat - oder wie sein äußeres Erscheinungsbild.

»Für die einen war er Begründer und kreativer Kopf der Beatles, für die anderen derjenige, der die Band nach gut zehn Jahren ihres Bestehens auseinanderbrechen ließ. Mal wurde er als hemmungsloser Egomane und Selbstdarsteller angeprangert, mal würdigte man seinen engagierten und selbstlosen Einsatz für Minderheiten, Frieden und Völkerverständigung. Den einen galt er als Multitalent, dessen Ausdruckmöglichkeiten mit der Musik, der Malerei, der Schreibe und dem Spiel noch lange nicht erschöpft waren, andere verpönten ihn als aufgeblasenen Popanz, der den Betrachtungen einer ernsthaften Kritik unmöglich standhalten könne. »Seine eigene Persönlichkeit war ebenso widersprüchlich zusammengesetzt wie sein Publikum. Abwechselnd konnte er sensibel sein oder flatterhaft, bezaubernd oder widerlich, fürsorglich oder verantwortungslos, orthodox und auch wieder unkonventionell. Vermutlich konnten wir alle einen Teil von uns selbst in ihm wieder erkennen: Gut und Böse und auch das Mittelmäßige, Gleichgültige.« - versucht einer seiner Biographen die Zerrissenheit zu beschreiben, die John Lennon ausmachte und umgab.
(Richard Baskin: John Lennon - Leben und Legende, S. 9)

»Wir sahen einen gewöhnlichen, gottbegnadet mit außergewöhnlicher Begabung; eine rastlose Seele, die das Bedürfnis und auch das Zeug dazu hatte, ihre ureigensten Gedanken und Erlebnisse, ihre Hoffnungen und Ängste, ihre Höhen und Tiefen mitzuteilen.«

»Man konnte anders denken, sich über ihn ärgern oder über ihn enttäuscht sein, man konnte ihn aber schwerlich ignorieren: die elementare Kraft seiner Persönlichkeit ließ das nicht zu.« *(Baskin)*

Unbestritten scheint insgesamt jedoch zu sein, dass John Lennon einer der stilprägendsten Musiker der sechziger und siebziger Jahre war, und über seinen Tod hinaus bis in die Gegenwart bleiben sollte, was die Elaborate der heutigen Britpop-Bands wie Oasis oder Blur zeigen. Und dabei hatte ihn seine Tante Mimi gewarnt: »Gitarrespielen ist ein nettes Hobby, John, aber du wirst dir nie dein Brot damit verdienen können.« *(um 1958, Baskin, S. 47)*

Kindheit zwischen Auntie Mimi und Mum Julia
Auch wenn damals der steile Aufstieg zum Superstar und seine teilweise schrillen Eskapaden noch nicht abzusehen waren: Still und brav waren seine Auftritte wohl nie. Als er am 9. Oktober 1940 um 6.30 Uhr im Entbindungsheim in der Oxford Street auf die Welt kam, krachten gerade die Bomben der deutschen Luftwaffe auf die Hafenanlagen und benachbarten Stadtteile Liverpools nieder. Die Schlacht um England war in vollem Gange. In das Geburtsregister wurde der Name John Winston Lennon eingetragen. Der zweite Vorname wurde durch einen - vorübergehenden - Anfall von Patriotismus zu Ehren des standhaften britischen Premierministers gewählt. Den ersten soll Tante Mimi bestimmt haben, wie überhaupt Tante Mimi - eine der vier Schwestern seiner Mutter - zu einer bestimmenden Person im frühen Leben des gerade geborenen Knaben werden sollte. Seine Mutter Julia Lennon (geborene Stanley) war eine unbeschwerte, lebenslustige Frau. Sie legte manchmal ein verantwortungsloses, häufig gar exzentrisches Verhalten an den Tag: »Sie war amüsant und lustig«, erzählte Mimi dem Beatles-Chronisten Hunter Davis. »Nie hat sie das Leben oder seine Widrigkeiten ernst genommen.« John's Vater Fred Lennon war bei der Geburt seines Sohnes gerade mal wieder nicht zu Hause, und daran war nicht nur sein Job als Schiffssteward Schuld. Die Ehe von Julia und Fred war folglich auch nicht von langer Dauer. Ein gemeinsames Familienleben gibt es fast gar nicht. John lebte seit seinem zweiten Lebensjahr mehr oder weniger ganz bei Tante Mimi und Onkel George. John ist Mimi später für das, was sie für ihn getan hat, sehr dankbar: »Sie war wirklich sehr gut zu mir. Die Verhältnisse, in denen ich aufgewachsen war, müssen ihr große Sorgen gemacht haben. Sie muss ständig hinter meinen Eltern hergewesen sein, sie sollten doch an mich denken und dafür sorgen, dass dem Kind nichts zustößt. Da sie ihr vertrauten, haben sie mich dann ihr überlassen.« *(John gegenüber Hunter Davis, S. 14)*

Dass John tatsächlich aber unter der Situation sehr gelitten hat, zeigen einige seiner späteren Songs.

Video-Clip »Mother« (CD: John Lennon/ Plastic Ono Band, Apple Records 1970)

A Working Class Hero Aufbrechen und Durchbeißen der The Fab Four
John wuchs in Dovedale auf, einem der eher heruntergekommenen Arbeiterviertel Liverpools. Dort lernte er auch, sich im wahrsten Sinn des Wortes nach den Gesetzen der Straße durchzuboxen. »Garantiert auf dem besten Wege, ein Versager zu werden... hoffnungslos.« So stand es 1955 in John's Schulzeugnis. Dementsprechend verlief auch seine Schulkarriere, zunächst in der Grundschule und dann - nachdem ihn seine Intelligenz und ein Minimum an Fleiß durch die Aufnahmeprüfung gebracht hatten - auf der Quarry Bank Grammar School. Die Lehrer bemerkten, dass der Junge künstlerisch talentiert und sehr aufgeweckt war, mussten aber auch mit seiner scharfen Zunge zurechtkommen und einem streitlustigen Possentreiber die Stirn bieten.

Gegen Ende seiner Schulzeit begann John sich für Pop-Musik zu interessieren, obwohl dies etwas war, wovon Mimi ihm stets abgeraten hatte. John hatte nicht die geringste musikalische Ausbildung. Aber er brachte sich selbst bei, Mundharmonika zu spielen. Onkel George hatte ihm eine billige gekauft. Ein paar Ereignisse brachten dann die Dinge weiter ins Rollen: die Veröffentlichung des Songs »Rock around the Clock« von Bill Haley and the Comets 1954 und die Auftritte des englischen Musikers Lonnie Donegan mit seiner Skiffle-Band. Sie machten Musik auf leicht zu beherrschenden Instrumenten, wie Waschbrett oder Teekistenbass. Sogar die Gitarre, das schwierigste Instrument in der Band konnte von jedem gespielt werden, der wenigstens ein paar Akkorde beherrschte.

Dann trat 1956 noch Elvis Presley auf die Bildfläche, und damit war die Welle in Bewegung gebracht. Überall schossen Bands hervor, die munter drauf loshauten. Natürlich hatte auch John bald eine, sie hieß The Quarrymen. Alle trugen Halbstarkenkluft, das Haar hoch und glatt nach hinten gekämmt wie Elvis. Die Quarrymen spielten auf Parties, LKW-Ladeflächen, in Lagerhallen, überall wo es sich gerade machen ließ. Einige Monate später brachte einer von Johns Freunden einen jungen Burschen aus einem anderen Stadtteil mit, der zu allem Übel tatsächlich Gitarre spielen konnte, Paul McCartney. »Das war der Tag«, erinnerte John sich später. »Mit dem Augenblick, da ich Paul kennen lernte, kam alles ins Rollen.« Paul stieg bei den Quarrymen ein. Er selbst brachte einen weiteren Neuling mit, der auch noch wesentlich jünger war, aber noch besser auf der Gitarre spielte: George Harrison. Es folgten viele kleine Auftritte in vielen kleinen Kneipen mit noch viel kleinerer Gage. 1957 wechselte John von der Grammar School zur Kunstakademie. Dort lernte er Stu Sutcliffe kennen, der bald zur Band stieß, obwohl er kein Instrument spielen konnte. Auf der Akademie traf John auch Cynthia Powell, mit der er sich anfreundete, obwohl oder gerade weil sie so ganz anders war. Cynthia sollte Jahre später Johns erste Ehefrau werden.

Die Geschichte, die folgte, ist weithin bekannt: Aus den Quarrymen wurden die Moondogs und dann die Silver Beatles. Die Band machte sich in Liverpool dann auch weniger durch ihre Raufereien als durch ihre immer besser werdende Musik einen Namen, bekam Engagements im Cavern Club und in der Casbah. Es folgten kleine Tourneen in das Umland und durch Schottland - und dann 1960 das erste Engagement im Kaiserkeller in Hamburg. Bei ihrem zweiten Aufenthalt in Hamburg - sie spielten da schon im ersten Club auf der Reeperbahn, dem Star-Club - bekamen sie die unglaubliche Chance, den bekannten Sänger Tony Sheridan bei der Plattenaufnahme für seinen Song »My Bonnie is over the Ocean« zu begleiten. Der Durchbruch war zwar noch nicht geschafft, aber angebahnt.

Denn eben diese Platte hörte der ambitionierte Musikalienhändler Brian Epstein. Er holte die Band zu sich, ließ sie Probeaufnahmen - auch mit eigenen Songs - machen, bot sich als Manager an, verordnete ihnen einen neuen Schlagzeuger, einen derben Burschen namens Richard »Ringo« Starr, der bis dahin bei der Liverpooler Konkurrenz-Band Rory Storm and the Hurrycans getrommelt hatte, und erhandelte mit diesen Demo-Aufnahmen den ersten Schallplattenvertrag.

John Lennon bildete mit Paul McCartney in der Folge die Doppelspitze der Band. Lennon-McCartney-Songs wuden zu einem Markennamen und einem Garantieschein für Nummer-Eins-Hits in Großbritannien, den USA und weiten Teilen der Welt. Und mit diesem Aufstieg stieg auch das Selbstbewusstsein, vor allem des immer noch sehr von sich eingenommenen John Lennon. Mit den Beatles wurde er zu einem der größten Superstars der neuen Generation.

Video-Clip »I am the Walrus« (Beatles)

Beatlemania - Rausch und Kater des Starruhms
Geadelt mit dem MBE und verteufelt bei den Platten- und Bücherverbrennungen in den USA als Reaktion auf die Feststellung »Wir sind berühmter als Jesus!«. Johns Kreativität war mit den Werken der Beatles aber noch lange nicht erschöpft:
Buch: In his own write (1964)
Buch: A Spaniard in work (1965)
Film: How I won the war (Richard Lester, 1966)

Und er bewahrte auch weiter seine Haltung als Provokateur bei. Vor dem letzten Stück während einer Galavorstellung vor der königlichen Familie im Prince-of-Wales-Theatre rief er ins Publikum: »Für unsere letzte Darbietung möchte ich Sie um Hilfe bitten: Die Leute auf den billigen Plätzen klatschen in die Hände, und die übrigen rasseln einfach mit ihren Juwelen.« Aber an der Bedeutung und Anziehungskraft dieses Quartetts kamen selbst die konservativen Briten nicht vorbei - und sei es auch nur wegen des wirtschaftlichen Schubes, der durch den Verkauf der Musik, der Mode, die sich daran anschließt, ausgelöst wurde. Den - von vielen als zweifelhaft angesehenen - Höhepunkt der Beatlemania bildete 1965 die Verleihung des Ordens »Member of the British Empire« durch die Queen an die Gruppe. Zweifelhaft vor allem auch für John Lennon, der ihn später - gewürzt mit seinen bissigen Kommentaren, an das Königshaus zurückschickt, was ihm nicht gerade viele Freunde unter den königstreuen britischen Bürgern und Bürgerinnen einbrachte.

Die Kehrseite des Ruhmes erfuhr John überdeutlich, als er sich bei einem Fernsehinterview zu dem sicher nicht ganz verkehrten, aber immerhin gewagten Satz aufschwang: »Das Christentum wird verschwinden... Die Beatles sind jetzt populärer als Jesus.« Die meisten frommen Amerikaner waren empört. Die Radiostationen in den USA spielten keine Beatles-Stücke mehr, kirchliche Organisationen veranstalteten spontane Schallplattenverbrennungen. Und: Johns Bemerkung war eine willkommene Gelegenheit für alle Konservativen, auf die ganze Jugendkultur einzudreschen.

Video-Clip »The Ballad of John and Yoko« (Beatles)

Ein Leben mit doppelter Fantasie
Mit der Popularität wuchs nicht nur der Druck, das Abrücken von den schlichten Geschehnissen, die Anziehungskraft von Drogen, das Ausufern von Eskapaden, sondern auch Johns Unzufriedenheit.

Ihm wurden die Ausdruckformen und Festgelegtheiten in und mit der Band zu eng. Später äußerte er sich zornig über die »kommerziell einträgliche, persönlich aber verheerende Entfremdung, die er als Markenartikel der Kulturindustrie erfahren habe.« *(Das neue Rocklexikon, S. 529)*

Zunächst betäubte er diese Wahrnehmung abwechselnd mit Alkohol, Sinnsuche in fernöstlichen Meditationsübungen oder weiteren Provokationen in der Öffentlichkeit. George Harrison kommentierte die Situation: »Deinen eigenen Raum zu haben, Mann, das ist ungeheuer wichtig. Deshalb waren wir zum Untergang verurteilt, weil wir das nicht hatten. Wie Affen im Zoo: sie sterben. Du verstehst schon - alles will auch mal seine Ruhe haben.« *(Baskin, S. 109)*

Eine Wende in Johns Entwicklung leitete eine zunächst unscheinbare Begegnung ein. Am 9. November 1966 besuchte er die private Vernissage einer Ausstellung, in der Erwartung, auch so etwas wie eine Orgie zu erleben. Was er vorfand, waren Exponate einer avantgardistischen Künstlerin - ausschließlich progressive, entschieden extravagante Kunst. John staunte nicht schlecht: Da lag ganz unschuldig ein frischer Apfel auf einem Gestell zu einem Preis von 200 Pfund,

und ein Stückchen weiter eine Tüte Nägel für läppische 100 Pfund! »Ich hielt es für reinen Schwindel - was zum Teufel soll das darstellen?«, erzählte John später. »Wo bleibt denn die Orgie? ... Alles war ganz ruhig.«

Als die »merkwürdige«, kleine Frau, Yoko Ono, dem millionenschweren Beatle vorgestellt worden war, reichte sie ihm ein Kärtchen mit der simplen Aufschrift: »Atme!« John war verblüfft, reagierte aber höflich mit einem kleinen Japser. Als nächstes erblickte er eine Leiter, die zu einer an der Decke aufgehängten Leinwand hinaufführte; an einem Kettchen baumelte da oben ein Fernglas herab. Er kletterte ganz hinauf und sah durch das Fernglas, um ein Wort zu lesen, das dort in winziger Druckschrift geschrieben stand. »Man steht also auf dieser Leiter - man fühlt sich wie ein Idiot, weil man jeden Augenblick runterfallen könnte - und schaut da hindurch. Und da steht einfach ‚Ja'. ... Dieses schlichte ‚Ja' veranlasste mich, in einer Galerie zu bleiben, die Äpfel und Nägel zur Schau stellte, anstatt einfach hinauszugehen.«
John fühlte sich in seinem Sinn von dem Humor, der in Yokos Erzeugnissen zum Ausdruck kam, angesprochen und angezogen. Im Laufe der nächsten eineinhalb Jahre sahen John und Yoko sich gelegentlich wieder, und sie sandte ihm auch unentwegt mysteriöse, humorige Briefchen mit lapidaren Anweisungen wie »Tanze« oder »Beobachte alle Lichter, bis es dunkelt«.
Welchen Eindruck diese Frau auf ihn machte, schien er selbst zuerst nicht wahrzunehmen. Seine damals Noch-Ehefrau Cynthia meinte Jahre später: »Als ich Yoko das erste Mal sah, da wusste ich, dass sie für John die Richtige ist. Es war rein instinktiv; die Chemie stimmte, und die geistige Aura, die die beiden umgab, war beinahe identisch.« *(Baskin, S. 151)*
Ab Mitte 1968 traten die beiden dann fast nur noch gemeinsam auf: Yoko war bei den Proben und Aufnahmen der Beatles so selbstverständlich wie keine der anderen Frauen dabei; John begleitete sie zu Ausstellungen und anderen Anlässen. John selbst brachte teilweise abstruse Sammlungen von eigenen Kunstwerken in die Öffentlichkeit. Und das fand beileibe nicht nur Zustimmung, sondern eher Missfallen und Ablehnung. »Das Problem ist wohl, dass ich mein Image nun endgültig ruiniert habe«, vertraute er einem Reporter an. »Die Leute hätten mich weiter gern nach ihrem eigenen Geschmack. Nett und liebenswert soll ich sein. So war ich aber nie. Schon auf der Schule hieß ich nur ‚Lennon'. Keiner wäre auf die Idee gekommen, mich knuddelig zu finden!«

Es kam noch schlimmer. Auf Schritt und Tritt mussten John und Yoko die Missbilligung ihrer Mitmenschen über sich ergehen lassen - und das waren zumeist bösartige, beleidigende Attacken. Dazu kam, dass in der Presse und dadurch auch bei einem Teil der Fans Yoko die Schuld für die zunehmende Entfremdung zwischen den vier Beatles gegeben wurde. Eine Wechselwirkung stellte sich ein: Die öffentliche Diskreditierung verschärfte sich, John und Yoko würzten sie durch provokante Auftritte in der Öffentlichkeit. Die Verletzungen, die sie dabei erfuhren, traten erst später zutage. Selbst viele der treuen, wohlmeinenden Freunde standen teilweise verständnislos davor, so etwa als die beiden ihre erste gemeinsame Platte - Unfinished Music No.1 - Two Virgins - Ende 1968 heraus brachten. Auf dem Cover posierten sie nackt stehend, und aus den Plattenrillen quoll »eine lose Folge von Vogelgezwitscher, Blähungen (in Stereo), Ono-Gekreische, Kneipenklavier, zu langsam abgespielter Bänder und anderer großartiger Erinnerungen. Was sollte damit eigentlich bewiesen werden?« *(Roy Carr/ Tony Tyler - The Beatles. Eine illustrierte Dokumentation, S. 75)*

Im März 1969, nach der Scheidung von Cynthia, heirateten John und Yoko auf Gibraltar. Die Trennung der Beatles war da schon so gut wie beschlossene Sache, nur zwei Alben, »Abbey Road« und »Let it be«, sollten vertragsgemäß noch veröffentlicht werden. »John und Yoko? Manche Leute halten die beiden für verrückt, aber John hat einfach zu sich selbst gefunden«, kommentierte Ringo Starr. Und Paul McCartney meinte später: »In gewissem Sinne war es ein Exorzismus - und wohl auch eine Aufräumaktion. John musste uns aus dem Weg räumen, um für sich und Yoko Platz zu schaffen.« Und darüber hinaus weiter die Auseinandersetzung mit der eigenen Popularität - mit all' ihren Licht- und Schattenseiten, wie die folgende Szene verdeutlicht:

Video-Clip »Give peace a chance«

Friedensarbeit und Gewaltfreiheit. Auch die weitere Entwicklung ist schon Geschichte: Bed-Ins; das Ergebnis einer viermonatigen Urschrei-Therapie in Kalifornien ist auf John's wohl intensivstem und persönlichstem Solo-Album John Lennon/ Plastic Ono Band zu hören. Versendung von Baumsamen an alle Staatsoberhäupter, Teilnahme an Anti-Kriegs-Demonstrationen und andere Aktionen folgten. Auch dazu eine kleine Bild-Dokumentation.

Video-Clip »Jealous Guy«

Das gewaltsame Ende am 8. Dezember 1980
Im Oktober 1975, genau am Geburtstag seines Vaters, wurde auch John und Yoko's Sohn Sean geboren. Da Yoko sich nicht vorstellen konnte, fortan ihr Leben als Hausfrau und Mutter zu verbringen, entschied John, sich zumindest für eine Weile ausschließlich dem Haushalt und der Begleitung des kleinen Erdenbürgers zu widmen. Es wurden dann allerdings doch fünf Jahre daraus, in denen er sich aus dem Music-Business »in die Stille der Liebe und nicht der Gleichgültigkeit« (John) zurückzog, während Yoko das Familienvermögen verwaltete und mehrte. Im Sommer 1980 bereitete das Paar dann sein Comeback in die Musikszene vor. Eine große Menge Songmaterial war in der Zwischenzeit ent-

standen. In zahlreichen Aufnahmesessions wurde die Platte »Double Fantasy« eingespielt, deren Veröffentlichung John allerdings nicht mehr erleben sollte.

Am Nachmittag des 8. Dezember 1980 wurde John beim Verlassen des Dakota-Gebäudes, in dem sie ihre Wohnung hatten, von einem jungen Mann um ein Autogramm gebeten. John gab es ihm, wie immer bereitwillig und freundlich. Als er gemeinsam mit Yoko gegen 22.45 Uhr wieder vor dem Dakota-Gebäude ankam, stand der Mann immer noch dort. Als sie aus dem Wagen stiegen, John voran, erscholl ein Ruf: »Mr. Lennon!« Während John sich noch umwandte, wurde er von einem Kugelhagel erfasst: Mark Chapman hatte sich in Gefechtspose hingehockt und feuerte seine 38er auf ihn ab. Vier Kugeln schlugen John in den Rücken und den linken Arm. Johns Körper war bereits erschlafft und zerstört, als die sofort herbeigerufenen Polizisten ihn in einen Wagen hoben. Im nahegelegenen Roosevelt-Hospital arbeitete ein Team von sieben Ärzten daran, ihn noch zu retten, doch Dr. Stephen Lynn gab später bekannt, John Lennon sei bei der Ankunft bereits tot gewesen; er sei dem massiven Blutverlust erlegen, der auf schwere Verletzungen der lebenswichtigen Blutgefäße im Brustraum zurückging. Als offizieller Zeitpunkt des Todes wurde 23.07 Uhr Ortszeit angegeben.

Video-Clip »All you need is love« (Beatles)

Stille Zeit

Musik »Watching the wheels« (CD: John Lennon & Yoko Ono: Double Fantasy, Apple Records 1980)

Gebet

Vaterunser

Lied »Unterm Pflaster liegt der Strand«

Segen aus Irland
Der Herr sei dein Freund, der dir die Erde schenkte, und den Himmel als Dach darüber. Er mache deine Tage hell. Wie das Glitzern der Gischt auf den Wogen, weiß wie den Schnee in den Bergen, wie das Wollgras auf dem Feld, wie das Gewand eines Engels - und so segne dich Gott.

Musik »Imagine« (CD: John Lennon: Imagine, Apple Records 1971)

Kontakt:
Horst Prenzel, Königsheide 49b 44536 Lünen
0231-873481. prenzel@ev-kirchengemeinde-brambauer.de

Kinder zwischen eins und fünf mit Anhang

Wuselgottesdienst in Bochum

Die Idee für den Wuselgottesdienst wurde mehr oder weniger aus der Not heraus geboren, denn es gab weder in der Gemeinde einen Kindergottesdienst, noch Angebote für junge Familien.

Die Konzeption sieht vor, dass der Gottesdienst allein auf die Kinder ausgerichtet ist. Das bedeutet, dass Gebete, Lieder, Geschichte und Aktion kindgerecht aufbereitet werden. Auf den üblichen Spagat von Familiengottesdiensten (Teile für Kinder, Teile für Erwachsene - oder vielleicht doch noch eine kleine Predigt) wird hier verzichtet. Kinder werden mit dem Kirchraum und mit der Feierform »Gottesdienst« vertraut gemacht.

Eiserne Grundregel ist: Es darf gewuselt werden. Kein Kind muss irgendwo still sitzen, aber jedes darf. Ansonsten sieht das Konzept vor, dass die Kinder sich - je nach Alter - das aus dem Gottesdienst mitnehmen, was sie verstehen, was sie interessiert und was sie schön finden.

Erwachsene erleben ihre Kinder auf ganz neue Art und Weise in einer für sie meist ungewohnten Umgebung. Erwachsene dürfen sich beteiligen - beim Gebet, bei den Aktionen, bei den Liedern - aber sie müssen es nicht. Von daher ist der Wuselgottesdienst ein »niederschwelliges« Angebot für Erwachsene, die mit den Kindern kommen.

Man kann einen solchen Gottesdienst gut allein durchführen, aber hat man eine kleine Vorbereitungsgruppe, dann erleichtert es die Sache natürlich - gerade beim Austeilen von Liedblättern, den Mitgebseln und bei den Aktionen. Konzipiert ist der Gottesdienst auf ca. 30 Minuten. Glockengeläut und Orgelvorspiel gehören aus Kinderaugen »zu einem richtigen Gottesdienst« standardmäßig dazu. Die Lieder werden mit Gitarre begleitet oder a cappella gesungen. Im Anschluss an den Wuselgottesdienst gibt es Mittagessen im benachbarten Kindergarten, wo sich Erwachsene unterhalten und austauschen können und die Kinder Spielmöglichkeiten haben.

Vorbereitungszeit muss man einplanen für die Liedblätter, die ansprechend gestaltet sein sollten, für das Basteln der Mitgebsel und natürlich für das Geschichtenerzählen. Vor dem Gottesdienst sollte genug Zeit sein, im Kindergarten oder Gemeindehaus die Tische einzudecken und auf so viele Besucher vorzubereiten.

»Vertrauen trägt«

Glockengeläut
Orgelvorspiel
Begrüßung mit Themennennung
Votum
Lied: »Wo zwei oder drei in meinem Namen versammelt sind«
Gebet
Die Erzählung vom sinkenden Petrus
Anschließendes Kurzgespräch mit den Kindern
Lied: »Du bist da, wo Menschen leben«
Aktion: Mit Vertrauen sich tragen lassen
Lied: »Du, Gott stützt mich«
Vaterunser
Lied: »Wenn wir jetzt weitergehen«
Segen
Hinweis auf die Mitgebsel und Einladung zum Mittagessen

Vorbereitung/ Material

Plakate, Pressemitteilungen, Liedblätter
Kurbelkino mit der biblischen Geschichte (wurde im Rahmen eines Kinder-
bibeltages von älteren Kindern gemalt)
Betttücher und Decken
Mitgebsel für die Kinder (Schwimmkerzen in kleinen Schälchen)

Ablauf

Glockengeläut

Orgelvorspiel

Begrüßung mit Themennennung
Guten Morgen! Schön, dass ihr euch alle heute auf den Weg in unsere Kirche gemacht habt! Im Gottesdienst heute geht es um Vertrauen. Wisst ihr, was Vertrauen ist?
(Antworten abwarten oder aufnehmen, dann erklären)

Bei Mama oder Papa zum Beispiel können wir uns darauf verlassen, dass uns nichts passiert. Die passen auf uns auf. Und sich so sicher zu sein, dass uns ein anderer Mensch nichts tut, oder uns beschützt vor Gefahren, das ist Vertrauen.

Das gibt es auch bei Freunden und Freundinnen. Manchmal erzählt man ihnen ein Geheimnis, das man niemand anderem erzählt. Und wir können sicher sein, dass sie es nicht weiter erzählen und das Geheimnis kaputt machen. Das ist auch Vertrauen. Und da gibt es noch viel mehr, und darum geht es heute im Gottesdienst.

Wir wollen singen und feiern, eine Geschichte hören und sehen und was ausprobieren.

Votum

Lied »Wo zwei oder drei in meinem Namen zusammen sind«

Gebet

Wir wollen beten: Lieber Gott, wir danken dir, dass du heute bei uns bist. Und auch, wenn wir woanders sind, dass du uns niemals vergisst. Amen.

Die Erzählung vom sinkenden Petrus
(zu Kurbelkinobildern)

Jesus und seine Freunde waren an einem See. Und sie waren dort nicht allein, sondern da waren ganz viele Menschen, denen Jesus von Gott erzählte. Als es Nachmittag war, sagte Jesus zu seinen Freunden: »Steigt ihr doch schon mal in das Boot und fahrt auf den See, wenn ich fertig bin mit erzählen, dann komme ich nach.« Am Abend gingen die Menschen nach Hause und Jesus stieg auf einen Berg, um zu beten. Ganz allein war er dort und er fand die Ruhe herrlich.

Das Boot mit seinen Freunden war jetzt schon weit draußen auf dem See, als plötzlich ein starker Wind aufkam. Er schaukelte das Boot hin und her und die Wellen wurden höher und gefährlicher. Als Jesus fertig war mit Beten, da wollte er zu seinen Freunden, wie er es versprochen hatte. Und jetzt haltet euch fest: Jesus nahm kein Boot, um zu ihnen auf den See zu kommen, er schwamm auch nicht - sondern er lief über das Wasser zu ihnen hin. Auf dem Wasser lief er, als sei es eine Straße oder ein Weg.

Als seine Freunde ihn kommen sahen, da erkannten sie ihn nicht gleich, sondern sie erschreckten sich sehr - wer hat schon mal jemanden auf dem Wasser gehen sehen! - und sie dachten, es wäre ein Gespenst, was da auf sie zukommt. Die Freunde hatten richtige Angst und schrieen. Und Jesus sagte zu ihnen: »He, ihr müsst keine Angst haben, ich bin es, Jesus!« Einer der Freunde von Jesus, Petrus, sagte zu Jesus: »Wenn du Jesus bist, dann befiehl mir, zu dir zu kommen. So dass ich auch auf dem Wasser gehe.« Da sagte Jesus: »Petrus, komm zu mir her!« Daraufhin stieg Petrus ganz mutig über den Rand des Bootes - und tatsächlich - er konnte auf dem Wasser stehen. Vorsichtig setzte er einen Fuß vor den anderen und kam ganz langsam auf Jesus zu. Doch auf einmal wurde ihm klar, was er da tat, und Petrus dachte: »Man kann doch gar nicht auf dem Wasser gehen! Der Sturm und die Wellen sind da - darauf kann man doch nicht laufen!« Als Petrus das dachte, begann er langsam in das Wasser einzusinken. Und er kriegte Angst und schrie: »Jesus, hilf mir!« Und Jesus streckte Petrus seine Hand entgegen und packte ihn und hielt ihn fest. Und er sagte: »Mensch Petrus! Glaubst du mir denn gar nichts? Warum hast du gezweifelt, dass das Wasser dich tragen kann, wie ich es dir gesagt habe? Hast du kein Vertrauen?«

Dann stiegen Jesus und Petrus in das Boot ein und gleichzeitig legte sich der Wind und die Wellen wurden kleiner und dann war der See ganz ruhig. Die anderen Freunde im Boot hatten das alles angesehen. Als Jesus im Boot war, da knieten sie vor ihm nieder und sagten: »Du bist wirklich Gottes Sohn!«

Lied »Du bist da, wo Menschen leben«

Aktion Mit Vertrauen sich tragen lassen
(Jetzt sind freiwillige Eltern sehr willkommen. Im Altarraum liegt ein Stapel mit Bettüchern und Decken. Je zwei Erwachsene schaukeln in einem Tuch/ einer Decke ein Kind.)
(Anmerkung: Anfangs schaukelten nur die Vorbereitenden, aber ganz fix kam eine Menge Eltern dazu, so dass jedes Kind auch mehrmals geschaukelt werden konnte - und nicht nur von den eigenen Eltern oder Verwandten!)

Anschließendes Kurzgespräch mit den Kindern
Sagt mal - was wäre denn passiert, wenn einer die Decke los gelassen hätte? - Dann wäre man runtergefallen - genau. Und wart ihr euch denn sicher, dass da keiner loslässt und ihr runterfallt? - Na klar!! - Seht ihr, das ist, was Vertrauen meint. Ihr alle wart euch sicher, ihr habt darauf vertraut, dass euch niemand fallen lässt.

Lied »Du, Gott stützt mich. Du, Gott schützt mich. Du, Gott, machst mir Mut.«

Vaterunser
(Schlusskreis vor dem Altar)

Lied »Wenn wir jetzt weitergehen«
(Das Lied wird mit folgenden Tanzschritten begleitet:)

Wenn wir jetzt weitergehen, dann sind wir nicht allein
(acht Schritte im Takt nach rechts)
Wenn wir jetzt weitergehen, dann sind wir nicht allein
(acht Schritte im Takt nach links)

Der Herr hat uns versprochen
(Arme weit offen nach oben gestreckt)
bei uns zu sein
(Arme vor der Brust überkreuzen)

Der Herr hat uns versprochen
(Arme weit offen nach oben gestreckt)
bei uns zu sein
(Arme vor der Brust überkreuzen)

Segen
(Hinweis auf die Mitgebsel und Einladung zum Mittagessen)

Anmerkungen

Der Wuselgottesdienst fand in einem zweimonatigen Rhythmus statt. Es wurden vier Lieder pro Gottesdienst verwendet, von denen maximal zwei wechselten. Gebete in Reimform sind für dieses Alter das Richtige. Wenn die Eltern die Gebete ein paar mal mit den Kindern sprechen, dann können sie sie ganz schnell auswendig.

Die Geschichte wurde nie einfach nur erzählt, sondern immer mit Darstellungen verbunden (Dias, großkopierte Bilder, eine bunte Kinderbibel, Kurbelkino, gespielt mit Playmobilfigürchen, als Stationenlauf mit verschiedenen Hilfsmitteln oder, oder, oder).

Es macht keinen Sinn, im Gottesdienst zu erklären, was ein Wuselgottesdienst ist, weil sich eine solche Erklärung in größerem Umfang an die Erwachsenen richtet. Für »Neu-Wuseler« sollte daher ein kurzes Informationsblatt zur Verfügung stehen. Hinweise zum nächsten Wuselgottesdienst sind auf der Rückseite der Gottesdienstprogrammblätter zu finden; ebenso eine kurze Ansprache an Erwachsene und Kinder, den Kasus, die Jahreszeit, die Lebenszeit o.ä. betreffend.

Die Ankündigung der »eisernen Grundregel«, das Wuseln, löste bei den Erwachsenen Erstaunen und Skepsis, bei den Kindern Freude aus. Das Interessante dabei war: Ich habe noch keinen Wuselgottesdienst erlebt, bei dem es beim Erzählen der Geschichte nicht totenstill war und alle Kinder wie gebannt um mich herum saßen! Bei den Erwachsenen passierte Ähnliches wie bei den Kindern: Die Erwachsenen beteten und sangen mit, beteiligten sich an den Aktionen und hörten darüber hinaus den Geschichten nicht weniger gespannt zu als die Kinder!

Die Besucher zog der Wuselgottesdienst durch Mund zu Mund-Propaganda schnell weit über Gemeindegebiet hinaus an. Fast immer waren es über 100 Besucher.

Auch Taufen können gut in einem Wuselgottesdienst stattfinden, mit selbstverständlich verkürzter Liturgie, einem intensiven Taufgespräch mit den Eltern und der richtigen Themenwahl (Taufe, Tauferinnerung, Wasser, Heiliger Geist etc.). Taufen sollten aber die Ausnahme bleiben.

Kontakt:
Mona Rieg
Evangelische Kirchengemeinden Ober-Gleen und Kirtorf
Am Kaplaneiberg 7
36320 Kirtorf
Telefon: 06635/329

Gottesdienste in der Region

Kartoffelgottesdienst am Tag der Regionen in Herford

Im Kreis Herford wurde durch große Plakate zum »Tag der Regionen in Herford« eingeladen. Auf dem Programm standen folgende Veranstaltungen:
- »Kartoffelgottesdienst« in der Radewiger Jakobi-Kirche
- »Markt der regionalen Möglichkeiten« und »Bauernmarkt« auf dem Gänsemarkt und dem Radewiger Kirchplatz
- »Zwischen Himmel und Erde«, Mittagstisch und Informationen mit dem Landfrauenservice
- »Kaffee Regional«, mahlen, kneten, backen und probieren im Gemeindehaus Radewig
Zu dem »Kartoffelgottesdienst« kamen Landwirte, Handwerker, Jäger, Künstler, Lehrer usw. mit Frauen und Kindern aus Dörfern und Städten des Kreises Herford. Der »Kartoffelgottesdienst« war also für eine ungewöhnlich inhomogene Gemeinde geplant. Die Jakobi-Kirche wurde in diesem Zusammenhang als eine Kirche der Herforder Innenstadt genutzt. Sie fand sich zum Kartoffelgottesdienst gut gefüllt mit ca. 200 Personen vor.

»Seht die Kartoffeln auf dem Feld!«

Orgelvorspiel
Begrüßung
Lied: »Du hast uns deine Welt geschenkt«
Eingangsvotum
Eingangspsalm (Ps 104, 24. 1. 23. 27. 33)
Gebet
Lesung (Ps 104, 1. 10-15. 24. 27f. 33f)
Halleluja-Spruch (Ps 104, 33)
Halleluja
Glaubensbekenntnis
Lied: »Wenn ich, o Schöpfer, deine Macht«
Informationen über die Kartoffelpflanze
Lesung: »Eine Reise in die Geschichte«
Orgel-Zwischenspiel: »Nun danket alle Gott«
Deutsche Redensarten zur Kartoffel
Lesung: »Das Kartoffellied« von Matthias Claudius
Zwischenspiel
Das Problem
Das Kartoffeldenkmal von Biziker
Lied: »Die güldene Sonne bringt Leben und Wonne«
Ansprache
Kartoffellied
Meditation
Beschluss
Gang zum Altar
Vaterunser
Schlussversikel (Ps 104, 13b. 33a)
Segen
Lied: »Danke, für diesen guten Morgen«

Ablauf

Orgelvorspiel

Begrüßung

Lied »Du hast uns deine Welt geschenkt« (EG 676)

Eingangsvotum

Wir beginnen auch diesen Karoffelgottesdienst im Namen Gottes, des Vaters und des Sohnes und des Heiligen Geistes. Amen. Unsere Hilfe steht im Namen des Herrn, der Himmel und Erde gemacht hat.

Eingangspsalm (Ps 104, 24. 1. 23. 27. 33)

»Herr, wie zahlreich sind deine Werke! / Mit Weisheit hast du sie alle gemacht, / die Erde ist voll von deinen Geschöpfen.
Lobe den Herrn, meine Seele! / Herr, mein Gott, wie groß bist du! / Du bist mit Hoheit und Pracht bekleidet.
Nun geht der Mensch hinaus an sein Tagwerk, / an seine Arbeit bis zum Abend.
Sie alle warten auf dich, / dass du ihnen Speise gibst zur rechten Zeit.
Ich will dem Herrn singen, solange ich lebe, / will meinem Gott spielen, solange ich da bin.«

Gebet

»Schweigen möchte ich, Herr, und auf dich warten.
Schweigen möchte ich, damit ich verstehe, was in deiner Welt geschieht.
Schweigen möchte ich, damit ich den Dingen nahe bin, allen deinen Geschöpfen und ihre Stimme höre.
Ich möchte schweigen, damit ich unter den vielen Stimmen die deine erkenne.
Ich möchte schweigen und darüber staunen, dass du für mich ein Wort hast.
Amen.«
(In: Klaus Burba (Hrsg.): Ich möchte beten - aber wie? Gebetbuch für junge Menschen. Schriftenmissionsverlag Gladbeck)

Lesung (Ps 104, 1. 10-15. 24. 27f. 33f)

»Lobe den Herrn, meine Seele! / Herr, mein Gott, wie groß bist du! / Du bist mit Hoheit und Pracht bekleidet.
Du lässt die Quellen hervorsprudeln in den Tälern, / sie eilen zwischen den Bergen dahin.
Allen Tieren des Feldes spenden sie Trank, / die Wildesel stillen ihren Durst daraus.
An den Ufern wohnen die Vögel des Himmels, / aus den Zweigen erklingt ihr Gesang.
Du tränkst die Berge aus deinen Kammern, / aus deinen Wolken wird die Erde satt.
Du lässt Gras wachsen für das Vieh, / auch Pflanzen für den Menschen, die er anbaut, damit er Brot gewinnt von der Erde /
und Wein, der das Herz des Menschen erfreut, damit sein Gesicht von Öl erglänzt / und Brot das Menschenherz stärkt.
Herr, wie zahlreich sind deine Werke! / Mit Weisheit hast du sie alle gemacht, / die Erde ist voll von deinen Geschöpfen.

Sie alle warten auf dich, / dass du ihnen Speise gibst zur rechten Zeit.
Gibst du ihnen, dann sammeln sie ein; / öffnest du deine Hand, werden sie satt an Gutem.
Ich will dem Herrn singen, solange ich lebe, / will meinem Gott spielen, solange ich da bin.
Möge ihm mein Dichten gefallen. / Ich will mich freuen am Herrn.«

Halleluja-Spruch (Ps 104, 33)
»Halleluja. Ich will dem Herrn singen, solange ich lebe, / will meinem Gott spielen, solange ich da bin. Halleluja.«

Halleluja

Glaubensbekenntnis

Lied »Wenn ich, o Schöpfer, deine Macht...« (EG 502)

Informationen über die Kartoffelpflanze
(ein Dia mit einer Kartoffelpflanze)

Vielen von uns ist die Kartoffelpflanze gar nicht mehr bekannt. Darum möchte ich sie uns ganz kurz durch Bild und Wort vorstellen: Auf der linken Seite ist in der unteren Hälfte eine Kartoffelknolle zu sehen. An ihr sind mehrere Augen zu entdecken, aus denen sich später Keime bilden. Auf der rechten Seite unten sieht man eine Kartoffelpflanze. In schwarz ist die Mutterknolle zu sehen, aus der die Kartoffelpflanze erwächst. Unter der Erde erkennt man die neu gewachsenen Kartoffelknollen. Es handelt sich um stark entwickelte unterirdische Sprossverdickungen. Im botanischen Sinn sind diese Kartoffelknollen keine Früchte.
Auf der linken Seite sind oben Blüten der Kartoffelpflanze zu sehen: eine weiße und eine rote. Auf der rechten Seite oben ist ein sogenannter »Kartoffelapfel« zu sehen. Er enthält etwa 100 Samenkörner. Kartoffelblüten und Kartoffeläpfel sind von Bedeutung für die Züchtung von Kartoffeln.

Lesung »Eine Reise in die Geschichte«
»Ursprünglich stammt die Kartoffel nicht aus Europa, sondern · aus den Gebirgsländern Südamerikas. Schon vor etwa 2.000 Jahren pflanzte die südamerikanische Urbevölkerung der Anden, die Inkas, »Papas« an, das heißt übersetzt Knollen. Sie wurden neben dem Mais als Hauptnahrungsmittel geschätzt und auch zur Heilung verschiedener Leiden eingesetzt. So soll sich die Andenbevölkerung gegen Kopfschmerzen die Stirn mit rohen Kartoffeln eingerieben haben. Außerdem trugen sie sie als Schutz gegen Rheumatismus in den Taschen und schätzten sie als Heilmittel gegen Verdauungsstörungen.

Als die Spanier 1526 von Panama ins Inkareich vorstießen, fanden sie ausgedehnte Kartoffelkulturen vor. Pizarro brachte die Nachricht vom »wohlschmeckenden mehligen Trüffel« nach Spanien. Doch zunächst wurde die Kartoffel nicht verzehrt, sondern man bewunderte ihre bizarren Blüten. Von Spanien aus führte der Weg der Kartoffel nach Italien. Wahrscheinlich war es der Naturforscher Hieronymus Cordanus, der diese Knolle mit in die Toscana nahm, wo sie in beachtlichem Umfang angebaut wurde. Hier erhielt sie auch ihren Namen. Wegen der sonderbaren Knolle, die wie der begehrte Tüffelpilz aussah und genau wie dieser unterirdisch wuchs, nannte man die Exotin aus den Anden eben »Trüffel«, italienisch »tartufo«.

Daraus entstand das deutsche Wort Kartoffel. Bereits 1589 brachte der deutsche Botaniker Clusius die Kartoffel nach Deutschland. Ihn interessierte sie jedoch nicht als Gemüseknolle und Ackerpflanze, er wollte sie nur für seinen Garten, in dem er seltene Pflanzen züchtete. Für ihn war also nur der überirdische Teil der Kartoffelpflanze wichtig. So kam es, dass die Kartoffel hierzulande nur als hübsche Zierpflanze in den Gärten reicher Leute und in botanischen Gärten wuchs. Den wahren Wert der Knolle erkannte man erst Ende des 17. Jahrhunderts im Süden unseres Landes.

Preußische Bauern, mit ihren für die Kartoffel so idealen Sandböden, konnten sich anfangs jedoch nicht für die Knolle begeistern. Dies änderte sich erst durch den Einfluss des Alten Fritz. Er brauchte für seine häufigen Kriege ein Nahrungsmittel, das sich problemlos anbauen ließ und gleichzeitig einen hohen Sättigungswert hatte, Eigenschaften, die die Kartoffel zweifellos besitzt. Da er seine Bauern aber nicht so einfach vom Wert dieser Knolle überzeugen konnte, griff er - laut Legende - zu folgender List: »Er ließ die Kartoffeln rund um Berlin anbauen und gleichzeitig die Felder von seinen Soldaten bewachen. Demnach, so meinten die Leute, musste die Pflanze wohl wertvoll sein. Sie stahlen die Kartoffeln unter den zugedrückten Augen der Soldaten, bauten sie an und haben sie anschließend auch gegessen.«

Die Schwierigkeiten der Kartoffel, sich als Nahrungsmittel zu profilieren, beruhten der Erzählung zufolge auf einem tragischen Irrtum. Die Kartoffelpflanze entwickelt an ihrem oberirdischen Teil kleine, grüne Früchte, die sehr giftig sind. Aus Unkenntnis verzehrten einige Menschen zunächst diese Früchte und erlitten Vergiftungserscheinungen. Da Friedrich II. die Kartoffel auf seinen Reisen als eine nahrhafte Speise kennen gelernt hatte, ließ er die Pflanze daraufhin weiter erforschen, und man entdeckte, dass nur die oberirdischen Teile der Pflanze giftig, die Knollen dagegen genießbar sind.«
(In: Sabine Fabke: Kartoffeln)

Orgel-Zwischenspiel »Nun danket alle Gott«

Deutsche Redensarten zur Kartoffel

Die große Bedeutung, die die Kartoffel für die Menschen gehabt hat, belegen einige deutsche Redensarten oder Sprichwörter. Einige Mitwirkende werden nun solch eine Redensart nennen und sie kurz kommentieren.

»Die dümmsten Bauern haben die dicksten Kartoffeln.« Diese Redensart bedeutet eine Herabsetzung des Bauern und seiner Arbeit aus der Sicht des überheblichen Städters. Der hochmütige Städter hat den Landbewohner gelegentlich für rückständig, dumm und einfältig gehalten.

»Kartoffeln gehören in den Keller...« - und nicht in den Bauch. Diesen Satz spricht die fürsorgliche Hausfrau bei Tisch dem Ehemann zu. Der ist nämlich gerade dabei eine riesige Portion Kartoffeln auf seinen Teller zu laden und futtert sich dabei einen Kartoffelbauch an.

»Ein Bratkartoffelverhältnis haben.« - Ein Bratkartoffelverhältnis - diese Wendung beschreibt die Bindung einer Frau an einen Mann, der sich von ihrer guten Küche mehr angezogen fühlt als von ihrer Liebe.

»Kartoffelsupp'/ Kartoffelsupp'/ die ganze Woch' Kartoffelsupp'/ und sonntags noch kein Fleisch.« Diese Redensart belegt, dass in Notzeiten die Kartoffel ein Hauptnahrungsmittel ist. Die Not war manchmal so groß, dass es nicht einmal sonntags in der Kartoffelsuppe ein Stück Fleisch gab.

Lesung »Das Kartoffellied« (Matthias Claudius)

»Pasteten hin, Pasteten her,
Was kümmern uns Pasteten?
Die Kumme hier ist auch nicht leer
Und schmeckt so gut als bonne chere
Von Fröschen und von Kröten.

Und viel Pastet und Leckerbrot
Verdirbt nur Blut und Magen.
Die Köche kochen lauter Not,
Sie kochen uns viel eher tot;
Ihr Herren, lasst Euch sagen.

Schön rötlich die Kartoffeln sind
Und weiß wie Alabaster!
Sie däun sich lieblich und geschwind
Und sind für Mann und Frau und Kind
Ein rechtes Magenpflaster.«

Zwischenspiel

Das Problem

Zu Beginn des Gottesdienstes haben wir Verse aus einem biblischen Schöpfungspsalm gehört. In diesem Schöpfungspsalm wird ausgesagt, dass alles, was für den Menschen notwendig ist, aus der Hand Gottes kommt.

Der Beter des 104. Psalms sagt zu Gott:»...du machst das Land voll Früchte, die du schaffst.« *(V. 13b)*,»Du lässt Gras wachsen für das Vieh und Saat zu Nutz den Menschen, dass du Brot aus der Erde hervorbringst...«*(V. 14)*,»... und das Brot des Menschen Herz stärke.« *(V. 15c)*

Im 104. Psalm kommen die Kartoffeln natürlich nicht vor. Da heißt es aber von Gott:»...du machst das Land voll Früchte, die du schaffst.« *(V.13b)* Ich möchte diese Psalm-Aussage einmal so konkretisieren:»...du machst das Land voll Kartoffeln, die du schaffst.« Ich verstehe jetzt einmal auch die Kartoffelknolle unter der Erde als Frucht, obwohl das im botanischen Sinn nicht möglich ist. In dem von mir transformierten Psalm-Stück kommt Gott jetzt als Schöpfer der Kartoffeln zu stehen. Gott, der Schöpfer, schenkt den Mitgeschöpfen der Kartoffeln, den Menschen nämlich, das Nahrungsmittel Kartoffel.

Nicht nur in der Stadt, auch auf dem Land, ist die Verbindung vieler Menschen zu dem Schöpfungswerk Kartoffel abgerissen. Halbfertiggerichte und Fertiggerichte sind im Vormarsch. Der Landwirt als Erzeuger des Nahrungsmittels Kartoffel gerät immer mehr aus dem Blick. Menschen unserer Tage verzehren Chips und Sticks, Pommes, Kroketten und Röstis - fix und fertig zubereitet. Bei Kartoffelklößen und Kartoffelbrei aus dem Päckchen kommt wenigstens noch der Name des Nahrungsmittels Kartoffel vor.

Wir Menschen haben also die Nähe zu Gottes Schöpfungswerk Kartoffel weithin verloren. Gottes Schöpfungswerk Kartoffel ist durch die Hand des Menschen soweit verändert, dass wir sie kaum noch als Wurzelknolle aus dem Ackerboden erkennen können. Wir sind dabei, es zu verlernen, Gott, dem Schöpfer, für sein Schöpfungswerk Kartoffel zu danken. Wir geraten somit in Distanz zu Gott, dem Schöpfer.

Das Kartoffeldenkmal von Biziker

Ich möchte uns mit Hilfe eines Dias eine ganz ungewöhnliche Darstellung der Kartoffel zeigen. Auf der hier dargestellten Kartoffelknolle kann ich drei Augen erkennen. Die dargestellte Kartoffelknolle ist aufgespießt. Außerdem wird sie von zwei Stahlarmen getragen. Bei der dargestellten Kartoffel handelt es sich um ein Kartoffeldenkmal. Dieses Kartoffeldenkmal steht in der Gemeinde Biziker in Ost-Pommern.

Die Gemeinde Biziker liegt an der Straße, die von der Stadt Köslin zur Stadt Körlin an der Persante führt. Mich beeindruckt es sehr, dass Menschen ein derartiges Denkmal geschaffen haben. In der Umgebung der Stadt Köslin finden sich leichte sandige Böden, auf denen die Kartoffel gut gedeihen kann. Wenn Menschen ein Kartoffeldenkmal errichten, dann haben sie die Bedeutung dieses Nahrungsmittels für sich selbst erkannt.

Lied »Die güldene Sonne bringt Leben und Wonne« (EG 444)

Ansprache
Als Predigttext hören wir zum dritten Mal einen Satz aus dem 104. Psalm. Der Psalm-Beter spricht zu Gott: »...du machst das Land voll Früchte, die du schaffst.« *(V. 13 b)*

Liebe Große und Kleine in diesem Kartoffel-Gottesdienst! Wir hörten vorhin von der Distanz, die wir Menschen von heute meist zur Kartoffel haben. Ich möchte darum einiges aus der Zeit erzählen, als das einmal anders war. Meine Kindheit fiel in die Kriegs- und Nachkriegszeit. Einige Erinnerungen aus dieser Zeit können die Nähe von Menschen zur Kartoffelknolle belegen:

Erste Erinnerung Wir pachteten uns in dieser schwierigen Zeit von einem Landwirt ein Stück Acker, um selbst Kartoffeln zu pflanzen. Alle Familienmitglieder packten zu beim Kartoffelnpflanzen. Alle Familienglieder halfen auch, im September die neuen Kartoffeln auszubuddeln. Am Schluss der Kartoffel-Ernte wurde ein Kartoffelfeuer gemacht. Wir warfen die kleinsten Kartoffeln in das Feuer. Zum Schluss wurden die im Feuer gegarten Kartoffeln mit großer Freude verzehrt. Das war eine schöne Erfahrung.

Zweite Erinnerung Ich sehe meine Großmutter in der Küche stehen in dem Bemühen aus Kartoffelschalen Kartoffelmehl herzustellen. Das aus Nahrungsabfällen selbst hergestellte Kartoffelmehl diente dem Binden von Saucen.

Dritte Erinnerung In der Schule habe ich gelernt, wie sich eine einzige Kartoffel zugleich als Nahrungsmittel und als Saatgut verwenden lässt. Man schält die Kartoffel ganz dick. Die dicke Kartoffel-Schale kommt als Saatgut in die Erde und die eigentliche Kartoffel in den Kochtopf.

Vierte Erinnerung Mit dem Lehrer zog unsere ganze Klasse durch die Kartoffelfelder, um Kartoffelkäfer zu suchen. Dabei hatten wir unmittelbaren Kontakt zu den Kartoffelpflanzen.

Fünfte Erinnerung Wenn man damals nichts mehr zu essen hatte, fuhr man mit einem Tischtuch aufs Land um bei einem Landwirt Kartoffeln zu hamstern. Der Landwirt bekam das Tischtuch und der hungernde Städter die Kartoffeln. Zwei

Gerichte, die sich aus den gehamsterten Kartoffeln herstellen ließen, sind mir noch gut in Erinnerung. Nur sonntags wurde Zudelsuppe gekocht. Zudelsuppe wurde aus einem Liter kochendem Wasser hergestellt. In das kochende Wasser kam eine einzige geschälte und geriebene Kartoffel, auch etwas Salz und Majoran, hinein. Diese Zudelsuppe war damals ein schmackhaftes Sonntagsgericht. Nur zu einem Feiertag wurde aus dem Saft der Kartoffel eine schöne, falsche Schlagsahne hergestellt. Sie wurde zum Feiertagskuchen gereicht.

Meine fünf Erinnerungen können aufweisen, dass Menschen, die so alt sind wie ich, eine ungewöhnlich große Nähe zur Kartoffel hatten. Sie vermochten Gott auch für das Schöpfungswerk Kartoffel zu danken.

Der Beter des 104. Psalms spricht zu Gott: »...du machst das Land voll Früchte, die du schaffst.« Staunend kann der Beter dieses Psalms dann feststellen: »Herr, wie sind deine Werke so groß.« Den ersten dieser beiden Sätze habe ich vorhin so umgesprochen: »... du machst das Land voll Kartoffeln, die du schaffst.« Als Sprecher dieses Satzes kann ich auf Grund meiner fünf Erinnerungen voller Staunen vor Gottes Schöpfungswerk Kartoffel stehen. Menschen, die so alt sind wie ich, die also durch die Kartoffel eine Hungersnot überlebt haben, können auch voller Staunen vor diesem Schöpfungswerk Gottes stehen und mit dem Psalmbeter sprechen: »Herr, wie sind deine Werke so groß...« Ich denke, auch alle, die diesen Kartoffel-Gottesdienst miterleben und so vieles über dieses Nahrungsmittel erfahren, können diesen Satz des Psalmbeters sprechen.

Da sind nun aber auch jene jüngeren Menschen, die die Kartoffel und den Landwirt, der sie anbaut, gar nicht mehr kennen, die ihre Pommes oder Kroketten ganz selbstverständlich aus einem Supermarktregal nehmen. Wie können sie wieder eine Nähe zum Schöpfungswerk Kartoffel erhalten? Hier müsste ja bei ihnen ein Umlernprozess in die Gänge kommen. Aber wie kann der initiiert werden?

(Jetzt meldet sich die Handpuppe EVCHEN CILENA zu Wort. Die Handpuppe ist selbst gemacht. Sie trägt ihren Namen nach der besonderen Kartoffelart CILENA. EVCHEN CILENA sitzt auf der Hand des Pfarrers. Besonders im Blick auf die Kinder muss sie sich in ihrer Sprache von der Sprache des Pfarrers deutlich unterscheiden. Auf der Kanzel kann sich auch ein Dialog zwischen Pfarrer und Handpuppe ergeben. Für Zuhörer und Zuhörerinnen muss deutlich erkennbar sein, ob jetzt der Pfarrer oder die Handpuppe redet.)

EVCHEN CILENA spricht Da möchte ich mich zu Wort melden. Ich heiße EVCHEN CILENA. Vom Kartoffelkonvent in Eilshausen will ich erzählen. Sie waren alle da: SASKIA und CAROLA aus Herringhausen, IRMGARD und LINDA aus Schwarzenmoor, NICOLA aus Elverdissen, ULLA aus Laar und SIEGLINDE aus Eilshausen. Ich, EVCHEN CILENA aus Spradow, komme nun als Botin des

Kartoffelkonvents von Eilshausen hierher. Der Kartoffelkonvent von Eilshausen lässt euch, den Mitgeschöpfen, ausrichten: Es muss etwas geschehen, damit ihr Menschen, unsere Mitgeschöpfe, uns, den Kartoffeln, wieder nahe seid. Es geht um einen Umlernprozess. Die Bürger von Biziker haben ein Kartoffeldenkmal gebaut. Ihr Herforder solltet viele Kartoffeldenkmäler in der Metropole des Kreises Herford errichten. Für die Stadt Herford wurden auf dem Kartoffelkonvent in Eilshausen fünf Vorschläge für Kartoffeldenkmäler gemacht. Diese möglichen fünf Kartoffeldenkmäler könnten Herforder Bürger immer wieder an die Kartoffel erinnern und so nach und nach einen Umlernprozess in die Gänge bringen.

Erster Vorschlag Vor dem Herforder Bahnhof wird ein Kartoffeldenkmal errichtet. Es besteht aus einer großen Kartoffel mit vielen Augen und dem Text des Herforder plattdeutschen Kartoffelliedes.
(Nach Absprache beauftragt EVCHEN CILENA nun jemanden, ein paar Strophen aus dem plattdeutschen Herforder Kartoffellied zu lesen.)

»Äinstens woll de aule Fritze,
dat et jäiden Döitschken nütze,
streng befohl häi 'jedermann'
plant't sobutz Katuffel an.

Olle Minsken lütk un chraut,
lierwet nich allein van Braut;
auck Katuffeln mürt' do sein,
denn de schmecket ümmer fein.

Mondags wäit ick wat ick kuarke,
is de ärste Dag inne Wirke;
Mondags chifft Katuffelbrei,
Speck un Sseipel (=Zwiebeln) auck dobei.«

Zweiter Vorschlag Der Rat der Stadt Herford gibt immer wieder den Impuls, das plattdeutsche Kartoffellied privat und öffentlich zu singen und zwar nach der Melodie »Auf der schwäbschen Eisenbahne...«
(Durch Orgelklang wird jetzt die Melodie präsent. Durch Improvisation könnte im Orgelspiel die Kleinbahn angefahren kommen!)

Dritter Vorschlag Der Rat der Stadt Herford veranlasst die Bewohner der Stadt einmal im Monat einen Pellkartoffeltag durchzuführen. Weil die vierte Strophe des Herforder Kartoffelliedes beginnt: »Diensdags - will ick jou votellen - mot man de Katuffel pellen...«, sollte das an einem Dienstag geschehen. Dabei werden sich Herforder und Herforderinnen der besonderen Form und des Geschmacks der Kartoffel bewusst.

Vierter Vorschlag Der Bürgermeister der Stadt Herford trägt künftig eine Amtskette. Sie besteht aus silbernen Kartoffeln mit vielen Augen. Diese Amtskette muss künstlerisch ganz neu gefertigt werden.

Fünfter Vorschlag Er ist an den Rat der Stadt Herford gerichtet: Der Alte Markt der Stadt Herford wird völlig umgestaltet. Nach der Beseitigung des Transformatorenhäuschens und des Glashauses werden auf dem Alten Markt nur Kartoffeln angebaut. Vertreter aller politischen Parteien pflanzen und ernten die Herforder Marktkartoffeln. Durch derartige gemeinsame Aktionen der Stadtpolitiker kehrt auch der Friede zwischen den politischen Parteien ein und Herford wird durch den grünen Markt eine ganz einzigartige Stadt dieser Welt. Auch werden die Herforder Marktkartoffeln zu einer Berühmtheit.

Soweit die Vorschläge des Kartoffelkonvents von Eilshausen. Der Kartoffelkonvent war der Meinung, dass diese Denkmalsmethode ein besonderes Ergebnis haben kann: Weil Herforder und Herforderinnen umlernen, können sie wieder so singen:

Kartoffellied
»Seht die Kartoffel auf dem Feld
wie die Erd' sie fest doch hält.
Alles das hat Gott gemacht.
Ihm sei Lob und Dank gebracht.«
(getextet nach dem Kinderlied »Erd und Himmel, Land und Meer«)

Hallo, ihr Lieben! Das war mein Wort als Botin des Kartoffelkonvents von Eilshausen. Bedenkt die Botschaft und vergesst nicht zu handeln!
(Damit verschwindet die Handpuppe.)

Meditation
(Der Pfarrer spricht unter ständiger Orgelbegleitung am Altar:)

Ich habe eine Kartoffelknolle in der Hand. Ich sehe die Augen, aus denen sich Keime bilden können. Mir fällt die Kartoffelpflanze ein mit ihren rotvioletten oder weißen Blüten. Der abgereifte Blütenstand zeigt später Kartoffeläpfel. Ein solcher Kartoffelapfel kann 100 Samenkörner enthalten. Ich denke daran, dass in der Kartoffelzucht die Blüten wie die Äpfel der Kartoffeln, die Beeren nämlich, eine bedeutende Rolle spielen: Will der Züchter zwei Kartoffelsorten miteinander kreuzen, müssen beide blühen: Die Bestäubung erfolgt durch Übertragung des Blütenstaubes der einen Sorte auf die Narbe der andern. Aus den Samenkörnern in den Kartoffeläpfeln zieht der Züchter nach der Aussaat Sämlinge.

Guter Gott, ich staune über dein Schöpfungswerk Kartoffel. Mit dem Psalmbeter kann ich sprechen: »... du machst das Land voll Früchte, die du schaffst.« *(Ps 104, 13b)* »Herr, wie sind deine Werke so groß und viel!« *(Ps 104, 24a)*

Ich habe eine Kartoffelknolle in der Hand und denke an die vielen Kartoffelsorten, die es gibt. Zu den sehr frühen Sorten gehört z.b. die Kartoffel ATICA. In der Form ist sie langoval bis lang. Die ATICA gilt als vorwiegend fest kochend. Zu den mittelfrühen Sorten, die schon zur Einkellerung geeignet sind, gehört die Kartoffel HANSA: In der Form ist auch sie langoval bis lang. Sie gilt besonders gut geeignet als Salzkartoffel und für den Kartoffelsalat. Die Kartoffel HANSA wird nach dem Kochen feucht. Zu den mittelspäten bis späten Sorten gehört die Kartoffel AULA. In der Form ist sie rundoval bis langoval. Die Kartoffel AULA gilt als mehlig kochend. Mir sind noch weitere 129 Kartoffelsorten bekannt.

Guter Gott, ich stehe da und staune über die Vielfalt deines Schöpfungswerkes Kartoffel. Ich staune auch über die Arbeitskraft des Menschen, der zu solchen Züchtungen fähig ist. Auch seine Arbeitskraft ist deine gute Schöpfung. Mit dem Psalmbeter kann ich sprechen: »... du machst das Land voll Früchte, die du schaffst.« *(Ps 104, 13b)* »Herr, wie sind deine Werke so groß und viel!« *(Ps 104, 24a)*

Ich habe eine Kartoffelknolle in der Hand. Unwillkürlich muss ich an jene Menschen denken, die eine solche Kartoffelknolle gar nicht mehr kennen. Ich meine jene Menschen, die die Regale der Supermärkte leeren und Päckchen mit Pommes, Kroketten, Kartoffelklößen und Kartoffelbrei nach Hause schleppen.

Guter Gott, gib du immer wieder Menschen die nötige Kraft und Phantasie, dass sie jene Päckchen-Käufer auf das Schöpfungswerk Kartoffel und auf dich, den Schöpfer, aufmerksam machen. Es gilt Kartoffeldenkmäler für die Päckchen-Käufer zu errichten - wie immer das aussehen mag. Vielleicht vermögen dann eine ganze Reihe der Päckchen-Käufer zu dir, Gott, auch zu sprechen: »... du machst das Land voll Früchte, die du schaffst.« *(Ps 104, 13b)* »Herr, wie sind deine Werke so groß und viel!« *(Ps 104, 24a)* Amen.

Beschluss

Gang zum Altar
(Vor dem Altar stehen zwei große Körbe, die hoch mit Kartoffeln gefüllt sind. Zusammen mit seiner Handpuppe EVCHEN CILENA stellt sich der Pfarrer nun neben die Kartoffelkörbe und fordert die Gemeinde auf, einen Gang zum Altar - konkret zu den beiden Kartoffelkörben - zu machen.)

Zu Musik wollen wir nun einen Gang zum Altar machen. Ich bitte Sie, sich gleich von Ihren Plätzen zu erheben und zu unsern Kartoffelkörben zu kommen. Ich bitte darum, dass jeder Gottesdienstbesucher und jede Gottesdienstbesucherin eine Kartoffel entgegennimmt, wieder zum Sitzplatz zurückgeht und sich setzt.

Die Kartoffel mit ihren Augen, die Sie gleich in der Hand haben werden, soll dann ein Denkmal sein. Dieses Kartoffeldenkmal in ihrer Hand soll Sie an den heutigen Kartoffelgottesdienst erinnern, in dem es um Gottes Schöpfungswerk Kartoffel ging und um den Schöpfer dieses Nahrungsmittels.

Vielleicht können Sie Ihre Kartoffel auch einige Tage in Ihrer Kleidung mittragen. Ich erinnere daran, dass die Anden-Bevölkerung in Südamerika etwas von der Heilkraft der Kartoffel wusste. Die Kartoffel in der Kleidung half diesen Menschen bei Rheuma und bei Verdauungsstörungen.

Vaterunser

Schlussversikel (Ps 104, 13b. 33a)
»Du machst das Land voll Früchte, die Du schaffst. Ich will dem Herrn singen mein Leben lang.«

Segen

Lied »Danke, für diesen guten Morgen«

Anmerkungen

Offenbar weil ich in Herford immer wieder ungewöhnliche Gottesdienste gehalten habe, hat mich der Vorbereitungskreis des Aktionstages »Tag der Regionen in Herford« gebeten, einen Kartoffelgottesdienst zu planen und durchzuführen. Von der Erfahrung her, dass Beiträge von Handpuppen im Gottesdienst von Erwachsenen und Kindern ungewöhnlich gern angenommen werden, entschied ich mich für den Einsatz von EVCHEN CILENA.

Es muss erwähnt werden, dass die Gemeinde während des Gottesdienstes zweimal klatschte: Einmal als die Handpuppe EVCHEN CILENA auf der Kanzel ihren Beitrag beendet hatte, zum andern Mal nach dem Schlusslied.

Kontakt:
Dr. Jürgen Melchert
Sandbrink 22a 32120 Hiddenhausen
05223-877130

Politische Gottesdienste

Gottesdienst zum »Wanderkirchenasyl« in Mönchengladbach

80% der Besucher der Hauptpfarre St. Mariä Himmelfahrt in Mönchengladbach sind exterritoriale Gemeindemitglieder, die ihre Wahlheimat aufgrund des Profils der Gemeinde in der Stadtmitte gefunden haben. Der langjährige Pfarrer der Gemeinde hat dabei durch seine sozialpolitische Einstellung die Gemeinde stark geprägt. Davon zeugen unter anderem die Nichtsesshaftenhilfe und der Tagestreff für Arbeitslose sowie ein Beschäftigungsprojekt für Arbeitslose. So finden politische Gedanken immer wieder auch Raum in den Gremien des Pfarrgemeinderates und des Kirchenvorstands.

In der entsprechenden gesellschaftlichen Situation (1998) wurde in mehreren Sitzungen in beiden Gremien die Haltung zum Wanderkirchenasyl diskutiert und dann für das Wanderkirchenasyl entschieden. Es waren ca. 20 kurdische Menschen für eine Woche in der Gemeinde untergebracht. Eine Familie war »geheim« bei einem Gemeindemitglied untergekommen, um vor der Abschiebung sicher zu sein. Von den in der Gemeinde Untergekommenen konnte nicht bei allen die Abschiebung auf Dauer verhindert werden. Doch manche konnten durch den Aufenthalt im Kirchenasyl den Status des Geduldetseins erreichen.

Die Gemeinde war nicht von Anfang an begeistert, und trotz der Entscheidung in den Gremien blieben einige dagegen. Gemeindemitglieder, die Beamte sind, haben sich aufgrund ihrer Stellung besonders einbringen können - oder auch zurückhalten müssen. Der Kirchenvorstand hat Gelder für diese Aktion bereitgestellt, dazu viele Spenden und Kollektengelder, die die Aktion möglich gemacht haben.

»Kein Mensch ist illegal«

Zum Einzug: »Sonne der Gerechtigkeit«
Begrüßung und Besinnung
Stille
Gebet
Gloria
Gebet
Lied: »Weck die tote Christenheit«
Information
Stille
Lied: »Tu der Völker Türen auf«
Gebet
Lesung (Off 22, 12-14. 16f. 20)
Anwortgesang: Irisches Halleluja
Evangelium (Joh 17, 20-26)
Predigt
Credo
Fürbitten
Gabengebet
Präfation
Vaterunser
Friedensgebet
Kommunion
Dankgebet
Segen und Sendung

Ablauf

Zum Einzug »Sonne der Gerechtigkeit« (GL 644, 1)

Begrüßung und Besinnung
[...] dabei geht es nicht nur um die kurdischen Flüchtlinge. Es geht um mehr! In Deutschland leben schätzungsweise mehr als eine halbe Millionen »illegaler« Menschen. Illegalisiert zu leben heißt: keine Rechte zu haben, Freiwild zu sein, auf der Flucht vor den Behörden zu sein, jede Arbeit zu jedem Lohn annehmen zu müssen, erpressbar zu sein. Illegalisiert zu leben heißt: keine Schule für die Kinder, im Krankheitsfall keinen Arzt oder Krankenhausaufenthalt, denunziert und damit abgeschoben zu werden in ein Land, in dem man nicht leben konnte, aus dem man geflohen war. Aber: kein Mensch ist illegal!

Stille

Gebet
Jesus betete: »Vater, ich habe den Menschen die Herrlichkeit gegeben, die Du mir gegeben hast; denn sie sollen eins sein, wie wir eins sind.«

Lied »Weck die tote Christenheit« (GL 644, 2)

Information
Ungefähr 150 kurdische Männer, Frauen und Kinder, manche von ihnen sogar hier in Deutschland geboren, beteiligen sich an der Aktion »Wanderkirchenasyl«. Sie flohen aus der Türkei, weil dort seit 14 Jahren Krieg herrscht, mehr als 50.000 Menschen im Krieg umkamen, 3.700 Dörfer verbrannt oder vernichtet wurden, das Töten und Foltern systematisch fortgesetzt wird. Deutschland und andere europäische Länder sind für dieses Geschehen mitverantwortlich, da wir dem türkischen Staat wirtschaftliche und politische Unterstützung gewähren und der Westen auch Waffen liefert.

Stille
In der Offenbarung des Johannes lesen wir: »Wer hört, der rufe: Komm! Wer durstig ist, der komme. Wer will, empfange umsonst das Wasser des Lebens.«

Lied »Tu der Völker Türen auf« (GL 644, 4)

Gebet
Trauen wir der Vision, die uns heute vor Augen geführt wird: Wir dürfen die Früchte des Lebensbaumes essen, wir dürfen das lebensspendende Wasser trinken, wir sind in der Liebe Gottes gehalten, die uns auch untereinander verbindet. Singen wir und handeln wir zur Ehre Gottes, der in verschiedenen Namen von uns angesprochen wird.

Gloria

Gebet
Gott, Du Quelle allen Lebens, alle Menschen sind deine Geschöpfe und von dir gewollt und geliebt. Du hast allen auf deiner Erde einen Platz zugedacht, der sie trägt und ernährt. Du machst uns stark und mutig, gegen die ungerechten Gesetze und Strukturen anzukämpfen, damit wir in Würde und Freiheit miteinander und in Toleranz füreinander leben können.

Lesung (Off 22, 12-14. 16f. 20)
»Siehe, ich komme bald und mit mir bringe ich den Lohn und ich werde jedem geben, was seinem Werk entspricht. Ich bin das Alpha und das Omega, der Erste und der Letzte, der Anfang und das Ende. Selig, wer sein Gewand wäscht: Er hat

Anteil am Baum des Lebens, und er wird durch die Tore in die Stadt eintreten können. [...] Ich, Jesus, habe meinen Engel gesandt als Zeugen für das, was die Gemeinden betrifft. Ich bin die Wurzel und der Stamm Davids, der strahlende Morgenstern. Der Geist und die Braut aber sagen: Komm! Wer hört, der rufe: Komm! Wer durstig ist, der komme. Wer will, empfange umsonst das Wasser des Lebens. [...] Er, der dies bezeugt, spricht: Ja, ich komme bald. - Amen. Komm, Herr Jesus!«

Antwortgesang Irisches Halleluja

Evangelium (Joh 17, 20-26)

Predigt
Liebe Schwestern und Brüder, Lieder gibt es, die drücken Träume aus. Lieder gibt es, die drücken Visionen aus - Träume und Visionen von einer Welt, in der Menschen leben können; Träume und Visionen von einer Welt, in der Platz ist für alle Menschen, in der alle in Frieden und Gerechtigkeit leben können. Lieder, die solche Träume und Visionen ausdrücken, werden in Amerika gesungen und ebenso in Afrika, in Europa und in Asien:»We shall overcome - Wir werden über-leben«.»We shall live in peace - Wir glauben, dass wir eines Tages in Frieden leben werden«.»We'll walk hand in hand - Wir wollen Hand in Hand über unse-re Mutter Erde gehen«. Schon oft wurden die Träume und Visionen solcher Lieder Wirklichkeit, nahmen sie - langsam zwar und sehr mühsam - Gestalt an:

Kostbar sind solche Träume und Visionen:»I have a dream - Ich habe einen Traum« - Worte von Martin Luther King, der vor 30 Jahren in Atlanta in den Verei-nigten Staaten ermordet wurde.»I have a dream« - Ich sah die Weißen und die Schwarzen in den Vereinigten Staaten wie Brüder und Schwestern zusammen-leben. Das war sein Traum. Dafür ist er ermordet worden. Sein Traum nimmt heute langsam und sehr mühsam die Gestalt der Wirklichkeit an.

Im Jahr 1980 wurde Oscar Arnulfo Romero ermordet: erschossen während des Gottesdienstes. Jeden Tag hatte er in San Salvador die Menschenrechtsverlet-zungen in seinem Land beim Namen genannt und angeprangert. Kurz vor seinem Tod sagte er dem damaligen Generalsekretär von Misereor und heutigen Weih-bischof Schwarz, der ihn warnen wollte:»Wenn man in einem Strom schwimmt, kann man gar nicht anders als mitzuschwimmen. Man kann gar nicht mehr ste-hen bleiben, selbst wenn man es wollte.«

Visionen, die zwei Menschen gehabt haben, Träume, für die sie auch die letzten Konsequenzen gezogen haben und die - wenigstens zum Teil - nach ihrem Tod Wirklichkeit geworden sind, aber in ihrer Verwirklichung oft noch große Mängel aufweisen. Es muss noch viel geträumt und gearbeitet werden, damit diese Visionen Wirklichkeit werden.

Auch Jesus war solch ein Träumer, ein Visionär, jemand, der Worte gesagt hat, die unsterblich sind und die Menschen bis heute bewegen: Selig, die keine Gewalt anwenden; selig, die Hunger und Durst haben nach Gerechtigkeit; selig, die ein reines Herz haben; selig, die arm sind vor Gott. Und alle sollen eins sein. Weil er diese Visionen gehabt hat, musste auch er sterben. Aber ein Teil seiner Visionen und Träume konnte verwirklicht werden, ein anderer, größerer Teil harrt der Verwirklichung. Wir nennen ihn mit Recht mit den Worten der Offenbarung des Johannes den strahlenden Morgenstern, weil ohne Träume und Visionen ein Leben unmenschlich wäre. Ohne Träumer und Visionäre würde ein Leben im Sinne der Träume von Gerechtigkeit und Frieden niemals verwirklicht werden!

Ach ja, liebe Schwestern und Brüder, die Realität sieht natürlich ganz oft anders aus. Hier nebenan wohnt Frau F. und ihr Mann mit ihren neun Kindern. Sie sind illegal; als ob ein Mensch illegal sein könnte!

Es ist sehr schwer, illegal zu leben und die Kinder heranwachsen zu sehen ohne Schule, ohne Möglichkeit, je eine Ausbildung zu machen, in der dauernden Angst, dass die Polizei zugreift und dass sie, die Eltern, mit den Kindern abgeschoben werden. Sie sollten diese Familie kennen lernen, falls sie nicht schon ihre Bekanntschaft gemacht haben. Schätze sind sie: Menschen, die wunderschön sind, und Kinder, die genau so sind, wie die Kinder hier - meistens lieb.

Kurdische Männer sind unsere Gäste - nur ein paar Meter entfernt von unserer Kirche wohnen sie jetzt. Die hat man gefoltert. Sie können darüber kaum sprechen, können die Demütigung kaum eingestehen, die ihnen geschehen ist, als sie gefoltert wurden und unter der Folter vielleicht etwas verraten haben. Wie die Methoden in den türkischen Gefängnissen aussehen, das wissen ja mittlerweile ganz viele Menschen, die aufmerksam unsere Zeitläufe verfolgen.

Die Gefolterten und Gedemütigten - auch die Frauen wurden gedemütigt, ohne darüber sprechen zu können - kommen aus einem Land, in dem die Erde verbrannt ist. Die Dörfer sind zerstört. Eine Existenzmöglichkeit gibt es für diese Menschen nicht mehr in ihrem eigenen Land! Und das Gerede von der inländischen Fluchtalternative ist dumm, weil es sie nicht gibt. Niemand in der Türkei nimmt diese Kurden auf. Wir wollen mit dem Wanderkirchenasyl zusammen mit vielen anderen Gemeinden sagen: Nein! Die dürft ihr nicht abschieben! Die dürfen nicht zurück in die Türkei, solange dort dieser Krieg andauert!

Wir leben in Deutschland, liebe Schwestern und Brüder. Deutschland ist eins der reichsten Länder der Welt. Deutschland beteiligt sich an der Verfolgung der

Kurden indirekt durch die Lieferung von Panzern und anderen Waffen der ehemaligen NVA an die türkische Regierung. Deutschland hat keinen Grund, sich beiseite zu halten und den Geschicken ihren Lauf zu lassen. Deutschland ist groß im Waffenexport. Deutschland hat das Asylrecht geändert, das entstanden war aus bitteren, schweren Erfahrungen des deutschen Volkes während der Zeit des nationalsozialistischen Unrechtsregimes. Damals wurden Deutsche verjagt und haben andere verjagt. Damals suchten Deutsche dringend Asyl und damals suchten andere Menschen bei Deutschen dringend Asyl.

Vergessen ist das wohl mit der Änderung des Grundrechts auf Asyl, so dass die Intentionen der Mütter und Väter des Grundgesetzes gründlich unterlaufen wurden. Es ist schwer, in dieser Hinsicht loyal zu bleiben gegenüber unserem demokratischen Rechtsstaat. Es ist eben etwas anderes, am Schreibtisch zu sitzen und zu überlegen, wie man Stimmen bei der nächsten Wahl bekommt, als zu sehen und zu erleben, dass Kinder, Frauen und Männer aus anderen Teilen der Erde auch Menschen sind und nichts anderes wollen als wie Menschen zu leben - so, wie wir Menschen sind und als solche leben wollen!

Träume und Visionen können wahr werden, wenn sich nur Menschen dahinter stellen! Und deshalb bleiben wir dabei: Auch die Träume von der Verbesserung der Situation der illegalen Menschen müssen weiter geträumt werden! Beim Bistumstag 1996 hat sich unser Bistum Aachen dazu bekannt: Die Diakonie, der Dienst am Menschen persönlich und politisch, gehört in die Mitte der Gemeinde, der Kirche insgesamt. Diakonie heißt »Dienst am Menschen«. Jetzt ist der Dienst an den Kurden dran. Am Freitag um 18.00 Uhr beginnt eine Demonstration mit unseren kurdischen Gästen, die von unserer Gemeinde ausgerichtet wird: Schluss mit dem dreckigen Krieg in der Türkei! Keine Abschiebung von Kurden in die Türkei, solange dieser Krieg dauert! Da wird sich zeigen, ob die politische Diakonie langsam Fuß fasst. Ich wünsche es so sehr! Denn: »Kein Mensch ist illegal!« Jeder Mensch ist ein Liebling Gottes. Und alle sollen eins sein. Jeder Mensch muss leben können. Und er soll leben dürfen, wo er möchte. Unsere Glaubensurkunden sind darin eindeutig. So heißt es in der Thora, im fünften Buch Mose: »Einen Flüchtling, der vor seinem Herrn auf der Flucht ist, sollst du nicht ausliefern. Bei dir soll er wohnen dürfen. In einem deiner Stadtbereiche, wo es ihm gefällt. Du darfst ihn nicht ausbeuten.« *(Dtn 23, 16f).*

Liebe Schwestern und Brüder, in der Nacht von Freitag auf Samstag um 2.30 Uhr haben bisher unbekannte Täter auf unsere kurdischen Gäste einen Brandanschlag verübt. Sie haben das große Transparent aus Stoff, das vor dem Haus hing, angezündet. Die Kinder unserer Gäste sind voller Angst. »Die kommen wieder«, flüsterte mir ein kurdischer Junge gestern zu. Die Frauen und Männer sind tief erschreckt. Wir alle sind geschockt. Dennoch: Die Träume und Visionen müssen weitergehen! Wir lassen uns nicht entmutigen! Träume und Visionen sind unbedingt erforderlich. Sie geben Leben! Und: Sie dürfen niemals die Sache Einzelner bleiben, sondern müssen gemeinsam geträumt werden - wie der große Bischof von Orlando und Recife, der Bischof der Armen, Dom Helder Camara, gedichtet hat - ein Lied der Visionen und der Träume: »Wenn einer alleine träumt, ist es nur ein Traum. Wenn viele gemeinsam träumen, so ist das der Beginn einer neuen Wirklichkeit. Träumt unseren Traum!«

Credo

Fürbitten

Du Gott aller Völker und Rassen, wir bitten dich zu helfen, wo unsere Kräfte nicht mehr reichen. In Stille vertrauen wir dir unsere Bitten an.
Wir geben in deine schützenden Hände alle Menschen, die weltweit auf der Flucht sind, denen das Zuhause genommen wurde. *(Stille)*

Wir geben in deine heilenden Hände alle Menschen, die gefoltert oder missbraucht oder illegalisiert werden. *(Stille)*

Wir geben in deine zärtlichen Hände alle Menschen, denen die Fröhlichkeit und Heiterkeit des Lebens genommen wird. *(Stille)*

Wir geben in deine tröstenden Hände alle Menschen, die um ihre toten Angehörigen trauern. *(Stille)*

Wir geben in deine stärkenden Hände alle Menschen, die sich um die Not und für die Würde und Freiheit der Mitmenschen einbringen. *(Stille)*

Schöpfer Gott, wir legen dir die Welt und unser Leben und alle unausgesprochenen Bitten in deine liebenden Hände.

Gabengebet

Ur-Grund-Gott, wir haben mit Brot und Wein den Tisch gedeckt und bitten dich: Lass das Zeichen des Brotbrechens und Teilens zum Zeichen des Überlebens werden, damit alle Menschen in dieser Welt ein menschenwürdiges Leben führen können und keiner mehr wegen seiner Herkunft entrechtet und verfolgt wird.

Präfation

Ja, es ist gut, dir, dem Schöpfer allen Lebens, zu danken. In jedem begegnet uns dein Gesicht. Du machst uns frei, dich auch in den Gefolterten, Vertriebenen und Entrechteten zu erkennen. Von dir kommt die Kraft, den Menschen das zurückzugeben, was ihnen genommen ist: Würde - Ehrfurcht - Freiheit.

Du traust uns zu, an ihrer Seite gegen ungerechte Strukturen und Gesetze zu kämpfen, bis wir alle in einer Welt des Friedens leben können, damit wir mit Menschen aller Rassen, mit allen Heiligen und Engeln zu deinem Lob singen.

Vaterunser

Friedensgebet

Lass uns die Wirklichkeit richtig erkennen, um der Zukunft aller Menschen willen; lass uns unseren Reichtum und unsere Armut miteinander teilen, um der Zukunft aller Menschen willen; lass uns Samen deines Friedens, deiner Gerechtigkeit und Liebe sein, um der Zukunft aller Menschen willen.

Kommunion

Dankgebet

Urquelle des Lebens, stark gemacht durch das heilige Brot, den heiligen Wein und das heilende Wort, gehen wir vertrauensvoll in unseren Alltag. Wir danken dir für die guten Erfahrungen, die uns im Miteinander in der vergangenen Woche durch unsere kurdischen Gäste geschenkt wurden. Wir danken dir für die Träume und Visionen von einem Leben in Fülle, die uns reich und lebendig machen, die wir zu deinem Lob in dieser Welt verwirklichen wollen.

Segen und Sendung

Kontakt:
Burga Gripekoven
Rubensstraße 2
41063 Mönchengladbach
02161-88761

Politisch engagierte Gemeinde und Friedensbewegte

Schacht Konrad-Gottesdienste am Palmsonntag in Salzgitter

Unter dem Motto »Wählt das Leben« (Dtn 30, 19) finden seit Palmsonntag 1987 pro Jahr zwei Buß-, Bitt- und Dankgottesdienste am geplanten Atommüll-Endlager »Schacht Konrad« statt. Sie werden von der Friedensinitiative in der Braunschweigischen Landeskirche gemeinsam mit der Kirchengemeinde Bleckenstedt und dem Dominikanerkloster St. Albertus Magnus in Braunschweig durchgeführt.

1987, im Jahr nach Tschernobyl, wurde in vielen gesellschaftlichen Bereichen neu über die Atomenergie nachgedacht und Position bezogen. So auch in den Kirchen. Jedes Jahr finden seitdem mindestens zwei Gottesdienste an dem bis heute politisch umstrittenen Schacht statt, am Palmsonntag und zu Erntedank - manchmal auch mehr.

Der Gottesdienst ist im wahrsten Sinne des Wortes ein bewegender, eine Art moderner Kreuzweg. Er beginnt traditionell am Gedenkstein »Schacht Konrad-Salzgitter - Ende aller Atommüllstraßen« in der Broistedter Straße in Salzgitter-Bleckenstedt und endet an der Kirche des Ortes. Der Kreuzweg ist auch ein wichtiges Thema des Gottesdienstes, der hier aufgeführt ist.

»Zeichen der Hoffnung«

Am Konradstein:
Begrüßung
Text: »Katalog des Elends«
Lied: »Gott gab uns Atem«
Information zum politischen Stand der Dinge am Schacht Konrad
Zeichen der Hoffnung/ Ausdruck von Ängsten
Lied: »Danket dem Herrn, denn er ist freundlich«
Lied: »Stärker als die Kraft des Windes ist der Herr in der Höhe«
Kyrie
Aufbruch in Richtung Kirche

Vor der Kirche:
Standpunkt/ Bekenntnis
Lied: »Die Erde ist des Herrn«
Verkündigung
Lied: »Herr, wir bitten, komm und segne uns«
Fürbitten
Vaterunser
Segen
Abkündigungen/ Einladung

Ablauf

Begrüßung
Palmarum und die Konradgottesdienste - das gehört seit Jahren zusammen! Auch die Menschen, die sich dazu einfinden, hat das zusammengebracht, immer wieder um die eine und den anderen erweitert! Ein ganz herzliches Willkommen, heute am Palmsonntag zum Schacht-Konrad-Gottesdienst! Zum Einfinden möchte ich uns einige Sätze aus dem sogenannten »Katalog des Elends« des Biochemikers und wissenschaftskritischen Essayisten Erwin Chargaff hören lassen.

Text »Katalog des Elends«
»Jede Feldmaus schadet und nützt der Natur, aber sie tut das auf feldmäusisch, am Herzen der Natur. Das ungeheure Netz von Geburt und Tod, von Gewinn und Verlust, das über die ganze Welt, ja das Weltall gebreitet war, ist gebrochen worden durch den Aberwitz einer Art von Lebewesen; aber die Gnade des Gleichgewichts ist allen entzogen worden. Nur, wenn die Waage zittern kann, kann sie wägen. Aber wir haben unsere Trottelfaust auf die eine Waagschale geworfen und wundern uns über die Folgen. Wir addieren alle unsere großen Erfindungen und

Entdeckungen und sind erstaunt, dass die Summe der Errungenschaften negativ ist. Denn in dieser Summe ist auch enthalten, was Naturwissenschaft und Technik und die sie vorantreibenden Konsumsüchte der Natur angetan haben. ... Aber die Natur misst die Zeit mit andern Uhren, und unzählige Generationen werden daran glauben müssen, ohne zu wissen was »daran« bedeutet.«
(In: Erwin Chargaff: Vermächtnis. Essays. Klett-Cotta Verlag, Stuttgart 1992, Abdruck mit freundlicher Genehmigung)

Was mich schmerzlich beeindruckt, ist meine und jedermanns Einbeziehung in die zerstörerischen Auslöser, die uns miteinander vor Augen stehen: die Trottelfaust, die Konsumsüchte und die mögliche Schädigung der Welt, dass die kommenden Menschen »daran glauben müssen«. Welche Abgründigkeit auch immer das dann bedeuten wird! Vielleicht macht es unsere Gottesdienste mit der Hilfe Gottes ja aus, dass sich die Trottelfaust zu gefalteten Händen umgestalten darf, Konsumsüchte hinter der Sehnsucht nach dem lebendigen Gott zurücktreten und unser Glauben und Handeln aus Glauben auch den Nachgeborenen vielmehr einen Gottglauben denn ein wie auch immer geartetes »daran glauben« ermöglichen kann! Gott schenke es seiner Welt und nehme unser Tun in seinen Dienst! Im Namen des Vaters, des Sohnes und des Heiligen Geistes. Amen.

Lied »Gott gab uns Atem«

Informationsteil zum politischen Stand der Dinge am Schacht Konrad

Zeichen der Hoffnung
Der Förderturm 1 der Schachtanlage Konrad, Sinnbild einer schier unbeherrschbaren Technologie, wird seit geraumer Zeit von Windrädern flankiert. Die Windmühlen wirken auf uns wie »Mutmacher«; zeigen sie doch, dass sich Strom auch ohne nukleare Risiken gewinnen lässt. Himmelweit sind Gottes Güte und seine Wahrheit; getrost dürfen wir uns von Gott aus unseren Ängsten befreien lassen. Der Windpark vor uns hat die Bezeichnung »Schacht Konrad - Windenergieanlagen«. 17 Windräder stehen bereits, die 18. Anlage wird gerade auf Alvesser Grund installiert. Zwei bis vier Windräder sollen noch in naher Zukunft erstellt werden. Jede dieser Anlagen kann die Versorgung von ca. 700 Haushaltungen gewährleisten.

Lied »Danket dem Herrn, denn er ist freundlich«

Am Palmsonntag des Vorjahres war hier die Windenergieleistung für die Bundesrepublik mit 6.113 Megawatt angegeben; das entspricht der Leistung von ca. fünf Atomkraftwerken. Mehr als 2.000 Windkraftanlagen konnten seither neu ans Netz gehen; vornehmlich in Niedersachsen, Schleswig-Holstein und Nordrhein-Westfalen.

Der Bundesverband Windenergie (BWE) bezifferte zum Jahreswechsel 2001/ 2002 die Stromleistung der 11.500 Windräder in Deutschland mit 8.750 Megawatt. Das ist mehr als ein Drittel des Stromes, den alle deutschen Atomkraftwerke liefern. Das ist mehr als die Hälfte des in Europa produzierten Windstromes. Das ist mehr als ein Drittel der weltweit durch Wind erzeugten Elektrizität.

Lied »Stärker als die Kraft des Windes ist der Herr in der Höhe«

Bundesweit arbeiten inzwischen rund 35.000 Menschen im Bereich der Wind-technologie; diese Zahl hat das Deutsche Institut für Wirtschaftsforschung (DIW) ermittelt. Vergleich: Atomtechnologie: 18.750. Auch die Solarbranche boomt. Zur Gewinnung von Strom aus Biomasse gibt es zur Zeit etwa 1.100 Anlagen mit einer 1.200 Megawattleistung. Auch an der Weiterentwicklung der Brennstoffzelle wird gearbeitet. Wir danken Gott für die Gaben seines Geistes, die uns helfen, sinn-volle Alternativen zur risikoreichen Kernenergienutzung zu finden und auszubau-en.
Wir danken unserem Gott auch für die Arbeitsplätze und preisen ihn.

Kyrie

Aufbruch in Richtung Kirche

Vor der Kirche

Standpunkt/ Bekenntnis
(Stellungnahmen zum Thema Endlagerung)

Bei der in Schacht Konrad geplanten Endlagerung radioaktiver Abfälle wird in Zeiträumen von tausenden, zehntausenden, hunderttausenden Jahren gerechnet: Das von den Betreibern erstellte Langzeitsicherheitskonzept sagt aus, dass ra-dioaktive Teilchen aus dem Endlager im Schacht erst nach 300.000 Jahren mit der Biosphäre in Kontakt kommen können. Andere Erhebungen kommen zur Vorgabe von 1.100.000 Jahren. Das ist sehr unanschaulich, und es ist schwierig, sich die Dimensionen, um die es geht, klarzumachen. Geologische Prognosen für solche Zeiträume unterliegen einer hohen Fehlerwahrscheinlichkeit. Die Aussagen zur Langzeitsicherheit dieses Endlagers hingegen geben vor, in hohem Maße prä-zise und fehlerfrei zu sein.

Mit dem strahlenden Müll, den er produziert, greift der Mensch in bisher unge-kannter Weise in die Zukunft ein und überschreitet seine eigenen zeitlichen Grenzen: Für einen nur zwei Generationen langen Nutzen aus der Atomenergie wird eine 20.000 Generationen lang erforderliche Müllbewachung und Müllver-wahrung irreversibel verfügt. Während jedes Lebewesen der Erdgeschichte ver-wesen darf, entzieht sich unser Atommüll dem Vergessen durch die Geschichte:

Er verrottet nach menschlichen Maßstäben »auf ewig« nicht, über ihn wächst so schnell kein Gras, darf es gar nicht. Seine Entsorgung wird zur ewigen Sorge. Für Zeiträume, wie sie hier zur Diskussion stehen, darf keine Verantwortung übernommen werden.

Wenn Menschen die Vorstellung eigener Vollkommenheit haben und aus der Begrenztheit ihrer eigenen Unvollkommenheit und der ihnen zur Verfügung stehenden Macht, Energie und Zeit vorstoßen wollen in deren Unbegrenztheit, wenn sie glauben, für immer grenzen- und fehlerlos handeln zu können, dann handeln sie gottlos. Denn nur Gott kommen diese Eigenschaften zu: Nur er ist vollkommen und unbegrenzt. Die Entgrenzung aller zeitlichen Begrenzungen verneint die Wirklichkeit Gottes und zerstört die grundlegenden - und grundsätzlich begrenzenden - Beziehungen des Menschen zu Gott, zu sich selbst und zu seiner Mitwelt. Auch die Erwartungen, die sich einst mit der Atomkraft verbanden - ungeheure Zerstörungskraft, unbegrenzte Energie und Wachstum - sprechen diese Sprache. Der sich entgrenzende Mensch ist den lebendigen Gott losgeworden, und hat andere Götter an seine Stelle gesetzt: sich selbst und das Atom, das ihm versprach, was vom lebendigen Gott nicht zu erwarten war. Das ist gemeint, wenn von Sünde die Rede ist.

Inzwischen hat die Zukunft begonnen: Der Mensch, der wie Gott sein und Energie erzeugen wollte heller als tausend Sonnen, findet sich nun wieder vor seinem atomaren Gott: Ein strahlender Gott, der unbedingte Wachsamkeit und unendlichen Dienst verlangt. Zwar wurden die unbegrenzten Erwartungen in den neuen Gott, das Atom, enttäuscht, doch der radioaktive Müll wird dennoch sein wie ein Gott: ein Götze, den wir fürchten und heilig halten, der ungnädig und gefährlich bleibt bis ins tausendste Glied, dem wir im Gefolge einer über Generationen hin zuverlässig-wachsamen atomaren Priesterkaste gehorchen, dienen und opfern müssen - auf ewig. So wird, was für den Propheten Jesaja *(Jes 46, 1-7)* ein zentraler Gedanke war, heute von Neuem Wirklichkeit: Die Götzendiener werden ihre Götzen tragen müssen und unter ihnen zusammenbrechen.

»Niemand kann zwei Herren dienen ...« hat Jesus gesagt (Mt 6, 24). Aus der Erkenntnis des Götzencharakters der Kernkraft wird uns die Aktualität dieses Wortes deutlich: Es ist tatsächlich nicht möglich, Gott und gleichzeitig der Kernkraft zu dienen. Letzteres ist eine Abkehr vom lebendigen Gott der Christen. Umkehr heißt zuerst: Umkehr in die Grenzen des Mensch-Seins, Umkehr zu Gott heißt: Ausstieg, sofort! Doch auch nach dem Ausstieg aus der Atomkraft, wenn wir uns zu Gott bekehrt haben, werden wir mit dem Müll leben müssen. Das kann dann aber in der Hoffnung geschehen, dass der lebendige Gott uns trägt. Die Sorge um den Müll muss dann aber kein Götzendienst mehr sein, sondern kann in gemeinschaftlicher Verantwortung übernommen werden als Konsequenz der Umkehr.

Lied »Die Erde ist des Herrn«

Verkündigung

Liebe Hoffnungsgemeinde am Sonntag der Karwoche: Was macht Jesus da, wenn er in Jerusalem einzieht? Er macht etwas heute ganz Seltenes, er sucht die Entscheidung! Vielleicht müsste man sogar noch etwas schärfer sagen: Er provoziert die Entscheidung (wenn man an die Tempelreinigung denkt!). Natürlich ist das nicht eine allumfassende Aussage über seinen Gang nach Jerusalem, aber es dürfte erlaubt sein, formal seinen Weg unter diesem Gedanken einzuordnen: Jesus will es wissen! Er will es »herausbringen« aus den Menschen, die drei Jahre lang seinem öffentlichen Auftreten begegnen konnten, herausbringen, was sie letztlich in ihm sehen! Wer bin ich für euch? - so möchte ich die Leitfrage, die ihn in Israels Tempelstadt einziehen lässt, formulieren. Und er bekommt die unterschiedlichsten Antworten darauf von den verschiedensten Seiten. Wir kennen sie, denke ich!

Mit Hosianna fängt alles an: Du bist der Erfüller der Versprechen Gottes, die in seinem Namen als der sein ganzes Dasein schenkende Gott gegeben wurden! Du bist die Hilfe von oben in Person! Willkommen! Und das Volk ist sich hier noch einig: Das ist Jesus der Prophet aus Nazareth in Galiläa! Aber dann mischt sich schon bald der lange aufgestaute Zweifel, ja die Beanstandung der Pharisäer darunter: Welcher Art und vor allem welcher Herkunft ist deine Vollmacht, mit der du es wagst, hier so aufzutreten und dich so bezeichnen zu lassen? In der Tat ist das die wirkliche Grundfrage an Jesus von Nazareth, ob er der Christus Gottes sei oder nur ein Prätendent. Jesus zeigt in seiner Gegenfrage an sie allerdings, dass sie die Frage nicht wirklich stellen, weil sie im Grunde schon vorab ausgeschlossen haben, dass er es sein könnte. Wenn er die Antwort gäbe, wäre das in ihren Augen wieder nur eine Behauptung.

Hier melden sich die Gegenstimmen, die sich am Ende entladen in dem Skandieren des Kreuzigungsbegehrens. Jesus ist das deutlich, wenn er bei seinen Tränen über Jerusalem bemerkt, dass keiner ihn sehen oder begreifen werde; so war ja auch schon seine Bemerkung gegenüber Petrus und den anderen gehalten: Ihr werdet euch alle an mir ärgern, keiner wird mir letztlich »folgen« können! An Jesus als dem Christus festhalten zu können, ist keine menschliche Möglichkeit, es ist allein ein Gnadengeschenk Gottes - ein Wunder, dass es Glauben gibt!

Darum kippt in dieser Woche der Wahrheit langsam die Stimmung: Fragt man sich anfangs, wo denn eigentlich die Gegner seien, fragt man sich Wochenausgangs, wo die Hosianna-Rufer geblieben sind?! Und selbst die engsten Begleiter kommen nicht mehr mit: Verrat, Schlafen, Verleugnung sind nur die Hauptkennzeichen dieser Isolierung Jesu durch die Seinen. Auf der via dolorosa scheint sich dann vollends das Spalier der Gegner zu bilden: Es führt kein Weg am Kreuz vorbei. Jesus bekam die Frage, wer er in den Augen der Menschen sei, und ob sie sich weiterhin seinen Dienst gefallen ließen, klipp und klar beantwortet: Dich wollen wir nicht!

Hätte Jesus dem nicht entweichen können, dieser Härte der Entscheidung? Das Evangelium zeigt uns Jesus als einen, der gar nicht entweichen wollte, der bereit gewesen war, die Entscheidung anzunehmen, wie hart sie auch immer sei. Nicht gefühl- und empfindungslos wird uns Jesus dabei gezeigt, auch ihm tut es weh, auch er ist verletzbar. Dennoch sehen wir ihn diese Entscheidungszeit durchstehen wie jemand, der sich von keiner Seite (Lob, Schmeichelei, Kritik, Diskreditierung, Verrat) ablenken lässt, diesen Weg zu Ende zu gehen, bis es »raus ist«. Nicht einem Heldentum Jesu gilt hier unsere Aufmerksamkeit, sondern wir fragen uns: Wie konnte er das aushalten, wie durchhalten, als der Tunnel der vielstimmigen Beeinflussungen immer enger und härter wurde?

Lassen wir die Frage zunächst noch stehen und widmen wir uns der zu, die Sie bestimmt schon lange Zeit beim Zuhören haben: Wo ist der Bezug zu unserem Schacht-Konrad-Thema? Beim Vorbereitungstreffen sind wir wieder einmal in die Resignationsfalle geraten, als wir im Blick auf die Politik erneut feststellen mussten: Nichts Genaues weiß man nicht; wir nicht und die erst recht nicht! Hilflosigkeit auf allen Seiten! Und die bohrende Frage im Raum: Warum haben wir kaum noch Politiker, die wirklich etwas aus Überzeugung durchziehen, seien die Kosten auch persönlich sehr hoch? Muss Politik immer ein zeitraubendes Taktierspiel sein? Doch dann vernahmen wir die Gegenstimme unter uns! Sollten nicht die Politiker von uns Verständnis erhalten? Weil sie den Mangel an Entscheidungsfähigkeit verwalten müssen, weil sie permanent von allen Seiten in die Mangel genommen sind! Wer wollte mit ihnen tauschen, wer könnte da frei und schnell entscheiden, wenn das Szenario der Entscheidungsbedingungen heute so brutal ist!

Genau an dieser Stelle kam uns der einziehende Jesus vom Palmarumgeschehen in den Sinn. Und der Wunsch: Etwas von diesem Jesus, den wir da erleben können, etwas von seinem Geist der Konzentriertheit auf das Ziel, etwas von der Gebetsstärkung, die wieder weiter gehen lässt, auch wenn es ganz hart kommt - das wünschen wir uns für unsere Verantwortungs- und Mandatsträger! Und Wünsche von Christen verwandeln sich eigentlich in Gebete. Am Sonntag des Einzugs Jesu, damit sich in dieser Woche sein Leben und der Auftrag Gottes erfülle, beten wir um seinen Geist des Durchhaltens, Dranbleibens, Nichtabweichens für uns und für die, die über Konrad und die Entsorgung zu entscheiden haben! Amen.

Lied »Herr, wir bitten komm und segne uns«

Fürbitten

Vaterunser

Segen

Abkündigungen/ Einladungen

Kontakt:
Albrecht Fay
Hinter der Magnikirche 7
38100 Braunschweig
0531-46804

Dirk Westphal
An der Kirche 4
38239 Salzgitter
05300-260

Umweltschutzforum Schacht Konrad
Rosemarie Streich
Bleckenstedter Straße 9
38239 Salzgitter
05341-64600

Gottesdienste für Jazzinteressierte

Jazzkirche in der Düsseldorfer Altstadt

Moderner Jazz hat sich im Bereich der Weltmusik stark entwickelt und wird von vielen gehört, die außerhalb kirchlicher Strukturen leben und denken. Daher versucht die Gottesdienstreihe, über einen meditativ-elementaren Zugang auf diese Zielgruppe zuzugehen und die Zurückhaltung und Fremdheit der Gottesdienstbesucher wahrzunehmen. Das Konzept der Jazzkirche hat damit eine andere Zielgruppe im Blick als die der boomenden Gospelgottesdienste. Elemente des Entertainment werden sehr zurückhaltend eingesetzt. Steif und zwanghaft darf die Atmosphäre allerdings auch nicht sein. Beifall ist erlaubt; damit muss man auch bei Übergängen von Musik zu Gebeten umgehen lernen. Die Lektoren und Liturgen tragen keine Talare, sondern dem Anlass und der Uhrzeit (Sonntagabend 18 Uhr) entsprechend Abendkleidung.

Das Konzept der Jazzkirche versucht, die Elemente einer einfachen Liturgie aufrecht zu erhalten und die musikalischen Elemente den Möglichkeiten des Jazz anzupassen. Die Sprache in Gottesdienst und Predigt ist bewusst wenig kirchlich/ pastoral gehalten. Das Quartett spielt auf das Thema des Gottesdienstes abgestimmte Eingangs- und Ausgangstücke, Zwischenmusiken und Lieder. Das sind zum Teil Bearbeitungen von Standards oft aber auch eigene Arrangements. Die Ankunft des Jazz im Gottesdienst ist auch eine Entdeckung der Improvisation in musikalischen und textlichen Bereichen: Die Atmosphäre und Stimmung von Texten kann durch die Musik aufgegriffen werden. Es ist möglich, Texte durch musikalische Unterlegung regelrecht zu inszenieren. Mit der Elemente-Reihe »Feuer Wasser Erde Luft« öffnete sich ein Feld, in dem musikalische und textliche Ideen für den Beginn des Experimentes Jazzkirche sehr offen entwickelt werden konnten.

Wir haben entdeckt, dass die Möglichkeit, alte Choräle jazzig zu spielen, sich sehr motivierend auf die Gesangsfreude der Gemeinde auswirkt (z.B. »Lobe den Herren«, »Großer Gott, wir loben dich«).

»Elemente: Feuer«

Musik zum Eingang: »Falling Grace«
Wort zum Eingang
Musik: »Fall«
Psalm
Worte und Musik: Feuer ist Leben
Gedicht
Musik: »Baby you can light my fire«
Lesung (Ex 3, 1-7.10-14)
Ansprache
Musik: »Naima«
Text: »Dann werden wir kein Feuer brauchen«
Musik: »500 Miles High«
Gebet
Vaterunser
Verabschiedung
Lied: »Lobe den Herren«
Segen
Musik zum Ausgang

Vorbereitung

Es gibt mit den Musikern und Lektoren ein Planungstreffen, bei dem das Thema und die Delegation der Aufgaben besprochen werden. Zu Hause werden dann Texte und Musik geschrieben oder Passendes ausgesucht. Bei einem weiteren Treffen werden die Texte, Ideen und das Konzept geordnet. Vieles bleibt offen (Predigt, Musik und Text-Improvisationen), weil auch Überraschungen noch für die Mitwirkenden dabei sein sollen. Dann gibt es höchstens eine Probe eine Stunde vor dem Gottesdienst, damit alle den gemeinsamen Ton finden.

Ablauf

Musik zum Eingang »Falling Grace« (Steve Swallow)

Wort zum Eingang
Wenn die Erde zu atmen beginnt, wenn Wind die Türen aufstößt, wenn Feuer vom Himmel regnet, wenn Menschen nicht zittern, sondern zu hoffen beginnen, dann hat der Geist das Leben entfacht. Wir feiern diesen Gottesdienst im Namen des Vaters und des Sohnes und des heiligen Geistes. Amen.

Musik »Fall« (Wayne Shorter)

Psalm

»Lobe den Gott, meine Seele! Du bist mit dem Glanz deiner Schöpfungskraft bekleidet. Du hüllst dich in Licht wie in ein Kleid, du spannst den Himmel aus wie ein Zelt. Dein Wort schuf das Licht und die Finsternis und die Erde entstand. Feuer schenktest du den Menschen des Anfangs, Wärme und Licht. Feuer wurde den Menschen zum Krieg und zur Katastrophe, wo sie deine Wege verließen. Du wohnst im Feuer des Dornbuschs: Wo du stehst, ist heiliger Boden! Die Feuersäule wurde deinem Volk zum Zeichen der Befreiung und zum Zeichen deiner Gegenwart. Menschen schenkst du die Gabe der Leidenschaft: In ihren Herzen brennt das Feuer der Liebe. Wie eine Flamme verzehren sie sich in der Hingabe an das Gute. Die Herdfeuer wurden zum Ort der Gemeinschaft und Gastfreundschaft. Das Altarfeuer wurde zum Zeichen deiner Sehnsucht nach den Menschen und der Sehnsucht der Menschen nach dir. Deinen feurigen Geist sendest du, damit alles neu werde, heute und ewig.«

Worte und Musik Feuer ist Leben
(Die Assoziationen, von den Sprechern gesprochen, werden von den Musikern improvosierend beantwortet)

Feuer der Liebe
Glühende Verehrung
Feuer und Flamme sein
Feuereifer
Verzehrende Leidenschaft
Schwelender Zorn
Glühender Schmerz
Durchs Feuer gehen
Feuerprobe
Läuterung
Feuerpause
Mit dem Feuer spielen
Zwietracht schüren
Öl ins Feuer gießen
Glühende Kohlen aufs Haupt sammeln
Die Zunge verbrennen
Die Hand ins Feuer legen
Mir geht ein Licht auf
Der zündende Funke
Feuer auf dem Dach

Brannte nicht mein Herz
Blitzende Augen
Wie ein Lauffeuer
Brennende Ungeduld
Feuerball
Feuertaufe
Es brennt mir unter den Nägeln
Mir wird der Boden unter den Füßen heiß

Gedicht: »Es ist Feuer unter der Erde«

Es ist Feuer unter der Erde,
und das Feuer ist rein.

Es ist Feuer unter der Erde
und flüssiger Stein.

Es ist ein Strom unter der Erde,
der strömt in uns ein.

Es ist Strom unter der Erde,
der sengt das Gebein.

Es kommt ein großes Feuer,
es kommt ein Strom über die Erde.

Wir werden Zeugen sein.
(Aus: Lieder von einer Insel. In: Ingeborg Bachmann: Werke Band 1. Piper Verlag. München, Abdruck mit freundlicher Genehmigung)

Musik »Baby you can light my fire« (Jose Feliciano)

Lesung (Ex 3, 1-7.10-14)
»Mose weidete die Schafe und Ziegen seines Schwiegervaters Jitro, des Priesters von Midian. Eines Tages trieb er das Vieh über die Steppe hinaus und kam zum Gottesberg Horeb. Dort erschien ihm der Engel des Herrn in einer Flamme, die aus einem Dornbusch emporschlug. Er schaute hin: Da brannte der Dornbusch und verbrannte doch nicht. Mose sagte: Ich will dorthin gehen und mir die außergewöhnliche Erscheinung ansehen. Warum verbrennt denn der Dornbusch nicht? Als der Herr sah, dass Mose näher kam, um sich das anzusehen, rief Gott ihm aus dem Dornbusch zu: Mose, Mose! Er antwortete: Hier bin ich. Der Herr sagte: Komm nicht näher heran! Leg deine Schuhe ab; denn der Ort, wo du stehst, ist heiliger Boden.

Dann fuhr er fort: Ich bin der Gott deines Vaters, der Gott Abrahams, der Gott Isaaks und der Gott Jakobs. Da verhüllte Mose sein Gesicht; denn er fürchtete sich, Gott anzuschauen. Der Herr sprach: Ich habe das Elend meines Volkes in Ägypten gesehen, und ihre laute Klage über ihre Antreiber habe ich gehört. Ich kenne ihr Leid. Und jetzt geh! Ich sende dich zum Pharao. Führe mein Volk, die Israeliten, aus Ägypten heraus! Mose antwortete Gott: Wer bin ich, dass ich zum Pharao gehen und die Israeliten aus Ägypten herausführen könnte? Gott aber sagte: Ich bin mit dir; ich habe dich gesandt, und als Zeichen dafür soll dir dienen: Wenn du das Volk aus Ägypten herausgeführt hast, werdet ihr Gott an diesem Berg verehren. Da sagte Mose zu Gott: Gut, ich werde also zu den Israeliten kommen und ihnen sagen: Der Gott eurer Väter hat mich zu euch gesandt. Da werden sie mich fragen: Wie heißt er? Was soll ich ihnen darauf sagen? Da antwortete Gott dem Mose: Ich bin der »Ich-bin-da«. Und er fuhr fort: So sollst du zu den Israeliten sagen: Der »Ich-bin-da« hat mich zu euch gesandt.«

Ansprache

Liebe Gottesdienstbesucher, da brennt etwas und verbrennt nicht: Gott im Dornbusch - heiliger Boden und dorniger Busch. Wenn irgendwo etwas brennt, dann gibt es immer Leute, die in gebührendem Abstand als Zuschauer im Weg stehen. Die Faszination ist zu groß. Wer an einem Lagerfeuer sitzt, muss auch immer wieder in die Flammen schauen. Zu faszinierend ist das Schauspiel der Flammen, die Farben der Glut, das Zischen und Knacken, das Fauchen der Elemente, die miteinander kämpfen.

Glühend heiß wurde das Gesicht Moses, als er sich dem Brennpunkt seinen Lebens näherte. Ja Brennpunkt, so nennen wir die Orte, die man scheinbar meiden muss: sozialer Brennpunkt, das sind die Straßen mit den Schmuddelkindern, in denen man sich besser gar nicht blicken lässt, weil immer jeder zeigen muss, wer hier der Boss ist. Brennpunkte sind die Orte, wo sich die Krise zuspitzt und sich die Lage destabilisiert. Dort wird es zuerst geschehen. Dort beginnt es.

Man muss sich erinnern: Mose war Mörder. Er hatte, zwar nicht aus Langeweile, sondern in einem Wutausbruch über die Brutalität ägyptischer Vorarbeiter, einen von denen erschlagen, die seine Landsleute quälten. Die Dimension seiner Tat war ihm erst im Nachhinein klar geworden. Er konnte dort nicht mehr bleiben, er war aus allem raus, er war seinen Leuten nicht mehr von Nutzen, konnte für sie nichts mehr tun, sein Makel schadete ihnen allen.

Und so schlich er sich fort, ins Land Midian, und fand einen, der ihm einen Job gab und nun hütete er Schafe. Eine äußerst langweilige Beschäftigungsmöglichkeit. Mose hat sich selbst kaltgestellt. »Kalt, ganz kalt«, sagt Gott. Es gibt tausende Möglichkeiten, sich selbst kaltzustellen. Sich heraus zu nehmen aus den lebendigen Prozessen, die den Namen Leben verdienen. Ich bin nicht mehr vertrauenswürdig. Ich bin nicht mehr glaubwürdig. Ich bin nicht mehr tragbar. Ich bin nicht zu verantworten. Ich bin unaussprechlich, ich bin nirgendwo mehr auf der Gästeliste. Ich bin nicht mehr verhandlungsfähig. Ich bin kein Gegenüber mehr. Ich bin nicht mehr. Ich bin tot.

Gott aber ist, wie er ist. Da brennt etwas und brennt nicht. Verbrennungsprozesse verwandeln. Sie setzen Energien frei und bauen verfestigte Stoffe ab. Hier geschieht das in übertragender Form. Der Dornbusch zieht Mose magnetisch an. Fürchte dich nicht. Ich bin, der ich bin. Und weil das so ist, wirst du in Gang kommen und wirst die Lage zuspitzen und die Krise ansagen und den Status Quo destabilisieren, und die Veränderung wird kommen: »Go down Mose, way back to egypts land. Tell old Pharao: let my people go.«

Heiß, heißer, sehr heiß. Mose bedeckt sein Gesicht. In ihm wird aus kaltem Mord heiße Liebe. Die Lizenz zur Befreiung. Warum? Nicht weil Mose in sich selbst doch ein guter Kerl ist. Nein. Weil Gott ist, wie er ist. Er ist ein in sich selbst freier liebender Geist. Und darum wird die Knechtschaft der Knechte ein Ende haben und die Herrschaft der Herren auch.

Der Agent dieses Vorhabens ist ein Flüchtling mit krimineller Vergangenheit, Findling aus dem Fluss mit hebräischer Ziehmutter, die ihm verdächtig ähnlich sieht, aufgezogen von einer naiven Prinzessin im Palast des Pharao. Bester Stoff für einen James Bond mit allen Klischees.

Mose kennt sich aus in den Fluren der Macht. Was wird er tun? Wird er sich einschleichen und mit dem Despoten kämpfen? Mose tut nichts. Wer genau liest, wird entdecken, dass Mose da schon achtzig Jahre alt ist, eine gute Filmrolle für Walter Matthau vielleicht. Mose tut nichts, außer dass er der Stimme des Dornbusches vertraut. Er geht zu Pharao und nicht einmal er selbst, sondern Aaron sagt die Worte, die zu sagen ihm aufgetragen sind: So spricht der Herr, der Gott Israels: Laß mein Volk ziehen.

Gott ist, wie er ist. Er lässt verhandeln und handelt dann selbst: verstärkt den Druck. Die Plagen kommen, Blitz und Hagel, Mücken und Frösche, Finsternis und Seuche. Der Ägypter kann nicht glauben, dass seine Macht eine Grenze hat. Der Pharao wird hart und härter, bis er untergeht in den Fluten des Meeres mit seiner Macht. Das Volk mit Mose folgt Gottes Wolkensäule tags und seinem Feuerschein nachts in das Terrain der Freiheit, in die Wüste der menschlichen Machtlosigkeit. Keine Despoten, nur Dornbüsche, an denen himmlisches Brot sich verfängt - jeden Tag.

Sind sie mitgekommen? Was ist das für ein Gott. Es sind doch immer die feinen Unterschiede, die die biblischen Geschichten von den Filmplots unserer Gegenwart unterscheiden. Schwarze und weiße Helden gibt es in der Erzählung von der Befreiung Israels aus Ägypten so nicht. Mose wird zweifeln, enttäuschen und enttäuscht sein, wird neue Anläufe versuchen und wird den Dornbusch predigen zum Teil gegen weiße Gardinen. Schon zu weit weg von dem Prozessen, die den Namen leben verdienen. Schon zu kalt.

Menschen können nicht glauben, dass Gottes heiße Liebe keine Grenze hat. Gott ist wie er ist. Er entbrennt, aber verbrennt nicht. Die Gottes-Erfahrung bleibt offen. Es ist interessant nachzulesen, wie sehr sich Gott bemüht, Mose wieder glaubwürdig zu machen gegenüber seinen eigenen Leuten und vor allem, ihn selbst wieder mit einem Selbstvertrauen auszustatten, das aus der Kraft Gottes kommt. Mose spürt: Ich habe eine Stimme gehört. Ich habe eine Aufgabe. Ich habe ein Ziel. Ich bin wieder auf der Gästeliste. Ich bin wieder im Gespräch. Ich bin wieder unter den Lebenden. Ich brenne selbst und weiß wofür.

Ganz so hat Jesus den Dornbusch gedeutet: Aber von den Toten, dass sie auferstehen, habt ihr nicht gelesen im Buch des Mose, bei dem Dornbusch, wie Gott zu ihm sagte und »Ich bin der Gott Abrahams und der Gott Isaaks und der Gott Jakobs«? (12,27) Gott ist nicht ein Gott der Toten, sondern der Lebenden. Amen.

Musik »Naima« (John Coltrane)

Text »Dann werden wir kein Feuer brauchen« (In: Sarah Kirsch: Hundert Gedichte. Langewiesche-Brandt)

Musik »500 Miles High« (Chick Corea)
(Auf dem Altartisch wird in einer mit Sand gefüllten Wanne eine Flamme entzündet, die bis zum Ende des Gottesdienstes weiter brennt.)

Gebet
Ich zünde das Feuer an mit dem Beistand der himmlischen Heerscharen, mit Ariel und seiner strahlenden Schönheit, mit Uriel und seinem funkelnden Glanz.
Ich zünde das Feuer an ohne Hass, ohne Neid, ohne Furcht vor einem Sterblichen unter der Sonne, denn meine Zuflucht ist Christus, der Sohn des lebendigen Gottes.
Herr, so wie dieses Feuer entzünde in meinem Herzen die Flamme der Liebe für meine Feinde, meine Freunde, meine Verwandten, für die Weisen ebenso wie für die Einfältigen, für die Freien wie für die Sklaven, von den einfachen Leuten bis hin zu dem Namen, der über alles erhaben.

Vaterunser

Verabschiedung

Der Gottesdienst geht zu Ende. Am Ausgang sammeln wir für das Projekt Jazzkirche, damit daraus eine richtige Reihe werden kann. Vor dem Segen machen wir noch ein kleines Experiment: Joachim Neander hat hier als Jugendleiter und Musiker seine Lieder geschrieben. Er hat seine Ideen und Impulse aus der Tanzmusik der damaligen Zeit bekommen. Seine Lieder swingen und grooven, wenn man sie lässt. Wir wollen das ausprobieren mit seinem Loblied. Und dabei einen Kniff, den er damals ins Original geschrieben hat, mit hinein nehmen. Nämlich den letzten Teil der Strophe als Echo zu wiederholen.

Lied »Lobe den Herren« (EG 317)

Segen

Windhauch soll kommen von Gott - doch den glimmenden Docht wird er nicht löschen. Feuer ist sein Atem.
Windhauch soll kommen von Gott - die Glut des Glaubens will er entfachen. Sein Atem belebt.
So segne uns Gottes heilender Geist, jene große Kraft göttlicher Lebendigkeit, die aus Angst erlöst und die weiterwirken will in jedem von uns. Amen.

Musik zum Ausgang »Black Narzissus« (Joe Henderson)

Anmerkungen

Die Jazzkirche ist eine Idee, die ich schon lange gehegt habe, weil ich davon träumte, »meine Musik« in einer »normalen«, d.h. »wenig aufwendigen«, gottesdienstlichen Form zu erleben. Ich bin dem Konzept einmal in einer lutherischen Kirche in New York begegnet, die dort allerdings ein ganzes Seniorenwohnheim voll Jazzmusiker in der Hinterhand hat. Allein, es fehlten zur Umsetzung - obwohl Düsseldorf eine gute Jazz-Szene hat - die Kontakte zu Musikern, die bereit waren, als Jazzer in einem Gottesdienst mitzumachen. Vor einem Jahr traf ich dann die richtigen und hochkarätigen Leute: kompetente, sichere Jazzer, die spontan vom Blatt spielen können und im Bereich der Improvisation absolut sicher sind und vor allem bewusst im Gottesdienst spielen wollen! Es zeigt sich, dass diese Gottesdienstform sehr gut in die Düsseldorfer Altstadt und vor allem in die Neanderkirche passt.

Kontakt:
Ev. Johannes-Kirchengemeinde Düsseldorf
Dirk Holthaus. Schützenstraße 56. 40211 Düsseldorf. 0211-357783
holthaus@neanderkirche.de. www.jazzkirche.de

Kapitel II

Gott hat dich berufen - Beruf(ung)sgottesdienste

Arbeit nimmt heute bei den meisten Erwachsenen einen großen und wichtigen Teil ihres Lebens ein. Über Arbeit definiert sich der Mensch, sei es Erwerbsarbeit oder ehrenamtliche Arbeit, sei es die fast lebenslange Arbeit der Kindererziehung oder die Nachtschicht in der Fabrik, Landwirtschaft, Telefonseelsorge oder der Kriegsdienst. Arbeit ernährt nicht nur, sondern prägt den Alltag und die persönliche Identität entscheidend mit. Im besten Fall wird Arbeit als persönliche Berufung verstanden, die dem Leben Sinn und Stabilität verleiht. Verliert man die Arbeit, verliert man mehr als nur Geld, nämlich meist auch den Mut, die Sicherheit und das Selbstbewusstsein.

Die Kirchen versuchen heute, Menschen in ihren sehr unterschiedlichen und immer stärker gefährdeten Arbeitswelten zu erreichen. Gottesdienste für Menschen in helfenden Berufen und öffentlichen Ämtern werden angeboten, um Kraft für einen aufreibenden und oft auch gefährlichen Job zurückzugewinnen. Seelsorge für Künstler und Leute in der Unterhaltungsbranche wie die Schausteller, die für ihre Berufsausübung häufige Ortswechsel hinnehmen müssen, spricht der Arbeit Sinn zu und verwurzelt diese in der Gemeinschaft der Mitarbeiter. Auch der »starken Truppe«, ob sie ihrer Arbeit in den heimischen Kasernen nachgeht oder sich tatsächlich in Krisengebieten befindet, werden seelsorgerliche Kräfte an die Seite gestellt, die die Soldaten mit den existentiellen Fragestellungen ihres Berufes nicht alleine lassen.

Mehr als die härteste Arbeit kann allerdings der drohende Verlust oder das gänzliche Fehlen einer Aufgabe zum Stress werden. Auch hier kann Kirche vor Ort Mut machen, aufrichten und trösten. Das sind Gelegenheiten, wo die Kirche politisch Stellung bezieht, sich einmischt und sich für jene einsetzt, die selbst schon von Berufs wegen viel für andere einsetzen und auch für solche, die gerade diesen Einsatz selbst benötigen. Das »Politische Nachtgebet« als ein Gottesdienst-Klassiker in der sozialpolitischen Arbeit der Kirchen kommt hier in einem neuen Gewand daher.

Beruf(ung)sgottesdienste sind mittlerweile zahlreich vertreten. Sie nehmen unterschiedliche Formen an, die aber alle von einer beruflichen Zielgruppe entscheidend geprägt werden; sei es in der Liturgie oder der Wahl des Themas oder biblischen Textes. Alle erfüllen sie dieselbe Funktion: seelische Aufrichtung des Menschen nach harter Arbeit, neue Ermutigung zur Arbeit, Reflexion von Problemen, die das Arbeiten mit sich bringt.

Gottesdienste für Polizisten

Ökumenischer Gottesdienst der Polizeiseelsorge auf dem Ökumenischen Kirchentag

Die Wurzeln der Polizeiseelsorge reichen bis in den Beginn des letzten Jahrhunderts zurück (Berlin, 1906: »Bund Christlicher Polizeibeamter«, *überkonfessionell, nach englischem Vorbild). In der unter dem Nazi-Regime zentralisierten Polizei wurde jedes kirchliche Engagement innerhalb der Polizei verboten. Nach dem zweiten Weltkrieg schlossen die einzelnen Bundesländer gesonderte Verträge mit den Landeskirchen und Diözesen, die den Dienst der Polizeiseelsorge regeln. Nach der Wiedervereinigung wurden diese Vereinbarungen auch in den neuen Bundesländern getroffen, so dass heute in allen Bundesländern Polizeiseelsorge angeboten wird.*

Sowohl die evangelische als auch die katholische Polizeiseelsorge ist auf Bundesebene in Pfarrkonventen zusammengeschlossen: Das ist die »Konferenz Evangelischer Polizeipfarrerinnen und Polizeipfarrer« *(KEPP) und die* »Bundesarbeitsgemeinschaft Katholischer Polizeiseelsorge« *(BAG). In beiden Konventen sind ca. 70 hauptamtliche Polizeipfarrerinnen und Polizeipfarrer zusammengeschlossen. Jeweils 150 Nebenamtliche sind darüber hinaus in den Landeskirchen und Diözesen in der Polizeiseelsorge tätig.*

Die Polizeiseelsorge ist kirchlicher Dienst an einer der sensibelsten Stellen unsere Demokratie: nämlich dort, wo das Gewaltmonopol des Staates tatsächlich ausgeübt wird. Wer diesen Dienst tut, ist mehr als in jedem anderen Beruf mit den Abgründen des Menschenmöglichen konfrontiert. Hier vollzieht sich der Dienst der Kirchen in der Seelsorge, die durch Beichtgeheimnis und Zeugnisverweigerungsrecht den Polizistinnen und Polizisten einen geschützten Raum zur Entlastung ihrer Seele anbietet. Im berufsethischen Unterricht nehmen die Kirchen an der polizeilichen Aus- und Fortbildung teil. Ziel dieses kirchlichen Engagements ist es, den Menschen, die vom Staat mit so weitreichenden Eingriffsrechten ausgestattet sind, eine ethische Orientierung für ihr berufliches Handeln im Sinne der Wahrung der Menschenwürde an die Hand zu geben.

Polizeigottesdienste sind eines der geistlichen Angebote der Polizeiseelsorge. Hier wird Polizistinnen und Polizisten die Möglichkeit geboten, ihren Dienst vor Gott zu bedenken, ihre Ängste auszusprechen, ihr Schuldigwerden zu bekennen und um Bewahrung von Seele, Leib und Leben zu bitten. Solche Gottesdienste werden in allen Ländern regelmäßig angeboten.

»Ihr sollt ein Segen sein«

Eingangsmusik: »Glenn swings low«
Kampfszene: Da ruht kein Segen drauf
Lied: »Kyrie«
Begrüßung und Einleitung
Lied: »Lobe den Herren«
Lesung (Gen 32, 23-33)
Verkündigung: Der gesellschaftliche Ort des alltäglichen Ringens um Segen!
Szene: »Demo«
Szene: »Leichensache«
Szene: »Familienstreitigkeiten«
Lied: »Was Gott tut, das ist wohlgetan«
Predigt
Glaubensbekenntnis
Liedvers : »Laudate omnes gentes«
Fürbitten
Vaterunser
Lied: »Komm Herr, segne uns«
Segen
Schlussmusik: »Oh when the saints«

Benötigte Materialien/ Vorbereitung

Der Weg zur »Gottesdienstgarage« wird durch ein Spalier von Polizeifahrzeugen gewiesen. Ein Mitschnitt polizeilichen Funkverkehrs wird über Außenlautsprecher abgespielt. Ein Spruchband über dem Garageneingang: »Ihr sollt ein Segen sein. Spurensuche in der Polizei«, eine Fahne an der Wand hinter dem Altar. Den Altar bereiten mit Decke, Kerzen, Blumen und Altarbibel. Außerdem wird eine Turnmatte benötigt, ebenso polizeiliche Ausrüstung (Uniform, Schilder etc.).

Ablauf

Eingangsmusik »Glenn swings low« (Jeff Penders)

Kampfszene Da ruht kein Segen drauf
(Ein Uniformierter und ein Zivilist kämpfen auf einer Sportmatte und bringen sich zu den entsprechenden »Totschlagargumenten« jeweils zu Boden.)

Bürger Ihr habt wohl nichts anderes zu tun als unschuldige Bürger zu ärgern.
Polizist Nein, ich habe nichts besseres zu tun.
Bürger Fangt doch mal die richtigen Verbrecher, nicht immer nur auf die Kleinen.
Polizist Wenn Sie jetzt nicht ruhig sind, nehme ich Sie mit zur Wache.
Bürger Wenn Sie mir den Führerschein wegnehmen, bin ich arbeitslos und Sie sind dran schuld.
Polizist Nicht ich bin besoffen gefahren, sondern Sie.
Bürger Stellen Sie sich nicht so an, ist doch alles nicht so schlimm.
Polizist Um die Uhrzeit lasst doch mal die Menschen in Ruhe.

Lied »Kyrie«

Bürger Immer nur die Deutschen kontrollieren, die Ausländer lasst ihr in Ruhe.
Polizist Wir kontrollieren nur Deutsche, weil heute Dienstag ist.
Bürger Ihr wollt ja bloß die Leute richtig prügeln.
Polizist Ich halte mich nur an die Vorschrift. Wenn Ihnen das nicht passt, dann beschweren Sie sich doch.
Bürger Typisch Beamtenstaat, immer hinter den Paragrafen verstecken.

Lied »Kyrie«

Bürger Sie sehen doch, dass ich es eilig habe, lassen Sie mich bitte weiterfahren.
Polizist Jetzt möchte ich noch den Verbandskasten, Aidshandschuhe und Notfalldecke sehn.
Bürger Das sind ja Nazi-Methoden.
Polizist Ich kann auch nichts dafür, mein Chef hat das angeordnet.
Bürger Geben Sie mir mal Ihre Dienstnummer.
Polizist Ihre DDR-Manieren können sie ganz schnell ablegen.

Lied »Kyrie«

Begrüßung und Einleitung

Sprecher 1 Wir, das sind alle, die diesen Polizeigottesdienst vorbereitet haben, begrüßen Sie ganz herzlich auf dem Gelände der 1. Berliner Bereitschaftspolizeiabteilung. Wir freuen uns, dass Sie so zahlreich gekommen sind und wir sind dankbar über diesen herrlichen Sommertag, der uns ermöglicht den Gottesdienst im Freien zu feiern.

Sprecher 2 Ihr sollt ein Segen sein - so das Motto des Kirchentages und auch unseres Gottesdienstes. Ihr sollt ein Segen sein - Spurensuche in der Polizei! »Segen sein« im Polizeiberuf - geht das überhaupt? Polizei und Segen - schließt sich das nicht gegenseitig aus? Vielleicht sollte jeder am Anfang sich noch mal seine Erfahrungen vergegenwärtigen. Was habe ich als Bürgerin und Bürger erlebt im Umgang mit der Polizei? Was habe ich als Polizistin und Polizist erlebt im Umgang mit den Bürgern?

Sprecher 1 Wenn wir uns so begegnen, wie in der Szene, die wir gerade erlebt haben, wenn wir so kommunizieren, dass wir uns nur gegenseitig Totschlagargumente um die Ohren hauen und uns dann noch gegenseitig aufs Kreuz legen - dann werden sich unsere möglichen Vorurteile oder auch negativ gemachte Erfahrungen erhalten, schlimmsten falls noch verstärken. Darauf liegt kein Segen!

Sprecher 2 Deshalb wollen wir in diesem Gottesdienst zeigen, wie wir sinnvoll um den Segen ringen können. Wir wollen Sie mit der Arbeit, den Gedanken, den Sorgen und den Visionen von Polizistinnen und Polizisten vertraut machen. Wir wollen verschiedene Perspektiven in den Blick nehmen und auf Spurensuche gehen, wo Gottes Willen auch in der Polizei getan wird, um eine friedlichere Welt zu gestalten, zum Segen für viele.

Sprecher 1 Deshalb lasst uns diesen Gottesdienst beginnen: Im Namen Gottes, der Quelle allen Lebens, die uns gibt, was wir zum Leben brauchen. Im Namen Jesu, der uns durch seine Liebe zu einem sinnvollen Leben Mut macht. Im Namen des Heiligen Geistes, der uns Kraft und Hoffnung schenkt, Gottes Segensspuren zu suchen und zu finden.

Lied »Lobe den Herren«

Lesung (Gen 32, 23-33)

»In derselben Nacht stand er auf, nahm seine beiden Frauen, seine beiden Mägde sowie seine elf Söhne und durchschritt die Furt des Jabbok. Er nahm sie und ließ sie den Fluss überqueren. Dann schaffte er alles hinüber, was ihm sonst noch gehörte. Als nur noch er allein zurückgeblieben war, rang mit ihm ein Mann, bis die Morgenröte aufstieg. Als der Mann sah, dass er ihm nicht beikommen konnte, schlug er ihn aufs Hüftgelenk. Jakobs Hüftgelenk renkte sich aus, als er mit ihm rang. Der Mann sagte: Lass mich los; denn die Morgenröte ist aufgestiegen. Jakob aber entgegnete: Ich lasse dich nicht los, wenn du mich nicht segnest. Jener fragte: Wie heißt du? Jakob, antwortete er. Da sprach der Mann: Nicht mehr Jakob wird man dich nennen, sondern Israel (Gottesstreiter); denn mit Gott und Menschen hast du gestritten und hast gewonnen. Nun fragte Jakob: Nenne mir doch deinen Namen! Jener entgegnete: Was fragst du mich nach meinem Namen? Dann segnete er ihn dort. Jakob gab dem Ort den Namen Penuël (Gottesgesicht) und sagte: Ich habe Gott von Angesicht zu Angesicht gesehen und bin doch mit dem Leben davongekommen. Die Sonne schien bereits auf ihn, als er durch Penuël zog; er hinkte an seiner Hüfte. Darum essen die Israeliten den Muskelstrang über dem Hüftgelenk nicht bis auf den heutigen Tag; denn er hat Jakob aufs Hüftgelenk, auf den Hüftmuskel geschlagen.«

Lied »Lobe den Herren«

Verkündigung Der gesellschaftliche Ort des alltäglichen Ringens um Segen! *(Der Verkündigungsteil folgt dem folgenden Schema: Szene: zeigt die Polizei in erschreckenden (gottverlassenen) Situationen, wo sich der Gottesdienstbesucher fragen kann/ soll: Wo ist da Segen? Lesung aus dem Grundgesetz: Soll zeigen, welche Grundwerte diese polizeiliche Maßnahme erfüllt. Lesung aus der Bibel: Soll zeigen: die »Zur-Geltung-Bringung« dieser Grundwerte hat was (viel!) mit Gottes Willen zu tun.)*

Szene »Demo«
(Sechs bis sieben Polizisten kommen vom gegenüberliegenden Gebäude in voller Einsatzkleidung (Helm, Schild etc.) in die Garage »gestürmt« und bleiben vor dem Altar stehen. Ein Polizist zieht seinen Helm ab und erzählt, wozu der polizeiliche Einsatz bei Demonstrationen dient, wie es ihm damit geht (Einsatzdauer, Wochenende, steht innerlich auf der anderen Seite, Gorleben...).

Lesung
»Grundgesetz, Art. 8 (1): Alle Deutschen haben das Recht, sich ohne Anmeldung oder Erlaubnis friedlich und ohne Waffen zu versammeln.
(2) Für Versammlungen unter freiem Himmel kann dieses Recht durch Gesetz oder aufgrund eines Gesetze beschränkt werden.
Grundgesetz Art. 5 (1): Jeder hat das Recht, seine Meinung in Wort, Schrift und Bild frei zu äußern...«

Lesung (Jer 1, 4-8)
»Das Wort des Herrn erging an mich: Noch ehe ich dich im Mutterleib formte, habe ich dich ausersehen, noch ehe du aus dem Mutterschoß hervorkamst, habe ich dich geheiligt, zum Propheten für die Völker habe ich dich bestimmt. Da

sagte ich: Ach, mein Gott und Herr, ich kann doch nicht reden, ich bin ja noch so jung. Aber der Herr erwiderte mir: Sag nicht: Ich bin noch so jung. Wohin ich dich auch sende, dahin sollst du gehen, und was ich dir auftrage, das sollst du verkünden. Fürchte dich nicht vor ihnen; denn ich bin mit dir, um dich zu retten - spricht der Herr.«

Instrumental

Szene »Leichensache«
(Garagenbeleuchtung aus. Verfolgerspot richtet sich auf den aus einer Ecke langsam und nachdenklich vor den Altar kommenden Polizisten in Zivil. In der Hand hält er ein Diktaphon. Vor dem Altar hin- und hergehend diktiert er den polizeilichen Bericht über die Leichensache. Im Laufe des Diktierens wird er immer persönlicher; spult zurück; merkt, dass es so nicht geht. Versucht, noch mal sachlich aufzunehmen. Das klappt nicht. Schließlich legt er das Diktaphon beiseite und monologisiert persönlich so vor sich hin. Inhalt in etwa: Warum die Polizei bei solchen ungeklärten Todesfällen ermittelt: Damit der Bürger sicher sein kann, dass solche Verbrechen auch wirklich verfolgt werden, also niemand einfach so ermordet werden kann... Und er erzählt, wie es ihm mit diesen Leichensachen so geht: abstumpfen versus berührt sein. Irre werden an dem, was Menschen Menschen antun können. Es soll deutlich werden, dass auch die Würde des toten Menschen zu achten und zu schützen ist.)

Lesung
»Grundgesetz: Art. 1: Die Würde des Menschen ist unantastbar. Sie zu achten und zu schützen ist Verpflichtung aller staatlichen Gewalt.«

Lesung (Gen 1, 26f)
»Dann sprach Gott: Lasst uns Menschen machen als unser Abbild, uns ähnlich. Sie sollen herrschen über die Fische des Meeres, über die Vögel des Himmels, über das Vieh, über die ganze Erde und über alle Kriechtiere auf dem Land. Gott schuf also den Menschen als sein Abbild; als Abbild Gottes schuf er ihn. Als Mann und Frau schuf er sie.«

Instrumental

Szene »Familienstreitigkeiten«
Ein Streifenwagen in gemischter Besatzung kommt in die Garage gefahren. Die beiden Streifenbeamten erzählen sich vor der Gemeinde von ihrem Einsatz bei einer Familienstreitigkeit. Themen sind: Gewalt in der Familie, gegen Frauen und Kinder; Gründe der Gewalt (vornehmlich durch Männer); Männer und Frauen in der Polizei; Sinn und Segen dieser Sisyphusarbeit (mehrmals in der Nacht zur selben Adresse...)

Lesung

»Grundgesetz: Art. 2: (1) Jeder hat das Recht auf die freie Entfaltung seiner Persönlichkeit, soweit er nicht die Rechte anderer verletzt und nicht gegen die verfassungsmäßige Ordnung oder das Sittengesetz verstößt. (2) Jeder hat das Recht auf Leben und körperliche Unversehrtheit. Die Freiheit der Person ist unverletzlich. In diese Rechte darf nur auf Grund eines Gesetzes eingegriffen werden.
Grundgesetz: Art 6: Ehe und Familie stehen unter dem besonderen Schutz der staatlichen Ordnung.«

Lesung (Kol 3, 12-15)

»Ihr seid von Gott geliebt, seid seine auserwählten Heiligen. Darum bekleidet euch mit aufrichtigem Erbarmen, mit Güte, Demut, Milde, Geduld! Ertragt euch gegenseitig und vergebt einander, wenn einer dem andern etwas vorzuwerfen hat. Wie der Herr euch vergeben hat, so vergebt auch ihr! Vor allem aber liebt einander, denn die Liebe ist das Band, das alles zusammenhält und vollkommen macht. In eurem Herzen herrsche der Friede Christi; dazu seid ihr berufen als Glieder des einen Leibes. Seid dankbar!«

Lied »Was Gott tut, das ist wohlgetan«

Predigt

Liebe Gottesdienstbesucher! Ihr sollt ein Segen sein - Spurensuche bei der Polizei! Suche nach Spuren - Spurensuche - eigentlich ein polizeilicher Arbeitsbegriff. Ein Täter hinterlässt Spuren, die seine Handschrift tragen, die auf die Ausführung seiner Tat hinweisen. Über die Spuren kann man zum Täter finden. Deshalb ist es wichtig, dass der Tatort abgesperrt wird, damit die Spuren nicht verwischt, sondern entdeckt und gesichert werden. Je mehr Spuren gefunden werden, umso klarer wird, wie die Tat sich vollzogen hat und umso größer ist die Wahrscheinlichkeit, den Täter zu finden. Spurensuche hilft zur Aufklärung einer Straftat, zur Auffindung des Täters und zur Verhinderung weiterer krimineller Handlungen. Bei der Suche von Segensspuren ist unsere Blickrichtung eine andere. Hier geht es um keine Straftat - sondern hier geht es um sinnvolle Lebensgestaltung!

Hier geht es um keine Auffindung des Täters - sondern hier geht es um hilfreiche Lebensunterstützung von Menschen. Hier geht es um keine Verhinderung von kriminellen Handlungen - sondern hier geht es um Ermöglichung von neuen Lebenshorizonten. Segen ist eine Kraft Gottes, die zum Leben hilft, die Leben ermöglicht. Dass eine solche Spurensuche nach Segen nicht einfach ist, haben wir in diesem Gottesdienst bis jetzt erlebt.

Wir müssen schon genau hinschauen, um nicht auf eine falsche Fährte zu kommen. Wir müssen schon einen offenen Blick haben und alte Vorurteile und Klischees über Bord werfen. Wir müssen schon ein Risiko eingehen und uns wirklich darauf einlassen. Dass dies nicht einfach ist, davon erzählt schon die Bibel. Schon Jakob, so haben wir in unserem Bibeltext gehört, musste um den Segen kämpfen, musste mit Gott um den Segen ringen.»Da rang ein Mann mit ihm, bis die Morgenröte anbrach.« Dieses Ringen haben uns ja T., mit seinen Kollegen von der Bereitschaftspolizei, L. von der Kripo und D. mit seiner Kollegin aus dem Streifendienst deutlich vor Augen geführt.

Es geht oft um schlimme Situationen, um Grenzsituationen des Lebens, die Polizisten erleben müssen - Verkehrsunfälle, bei denen Kinder verunglücken, Brände, die alles Eigentum vernichten, häusliche Gewalt, bei der der besoffene Ehemann zum zigsten Male seine Frau prügelt, Einbrüche, wo lieb Gewordenes gestohlen wird. Oft erleben Polizisten aber auch gesellschaftliche Grenzsituationen, wie z.B. Demonstrationen egal ob von rechts oder links, alternativ oder regierungskonform. Meistens stehen sie dann in der Mitte oder sitzen zwischen den Stühlen und erleben Anfeindungen von beiden Seiten, müssen für ungeklärte politische Entscheidungen herhalten.

Sich für die Würde des Menschen und seine Grundrechte einzusetzen, ist das tägliche Ringen eines Polizisten. Und es sind oft gottverlassene Situationen, die die ganze Polizistin und den ganzen Polizisten fordern. Es ist ein Ringen um Gottes Segen, um die Kraft, die zum Leben hilft, um die Kraft, die Leben ermöglicht, um die Hoffnung, die an ein friedliches Miteinander glaubt, auch oder gerade in solchen gottverlassenen Situationen. Ich bin dankbar und ich finde es segensreich, dass es immer wieder solche Menschen gibt, wie T., L. und D. (die stellvertretend für viele stehen, die hier eigentlich genannt werden müssten). Polizisten, die sich einbringen, teilweise sogar mit ihrem Leben (ich möchte hier an den Berliner SEK-Beamten, der im Dienst sein Leben eingesetzt hat, erinnern). Es sind Polizisten, die nicht nur unsere Demokratie schützen, sondern auch das Leben und die Sicherheit eines jeden von uns.

Auf diesem Ringen, um die menschlichen Grundrechte, um hilfreiche Lebensunterstützung, um Ermöglichung von neuen Lebenshorizonten - liegt eine Verheißung. Wie heißt es in unserem Bibeltext:»Denn du hast mit Gott und mit Menschen gekämpft und hast gewonnen. Und Gott segnete ihn daselbst.« Ja, Gottes Segen liegt auf euch und ihr könnt ihn weitertragen in eurer polizeilichen Arbeit und wir, als Menschen guten Willens, wir können und wollen euch dabei unterstützen, damit der Friede Christi unsere Herzen regiere und eine menschlichere Welt Gestalt annimmt unter uns und die Spuren des Segens Gottes sichtbar werden heute, morgen und an allen Tagen, die vor uns liegen. Amen.

Glaubensbekenntnis

Liedvers »Laudate omnes gentes«

Fürbitten
Angesichts des vielfältigen und oft belastenden Dienstes der Polizei wenden wir uns an Gott, unseren Herrn, und tragen ihm unsere Bitten vor:

Polizist Polizeibeamtinnen und Polizeibeamte werden meist mit den Schattenseiten unserer Gesellschaft konfrontiert. Sie begegnen Menschen, die straffällig geworden sind, die als Opfer von Verbrechen körperlich und seelisch verletzt wurden, die in Konflikten verstrickt sind, die um tote Angehörige und Freunde trauern, die suchtkrank, hilflos oder obdachlos sind.

Bürger Herr, stärke sie - auch durch den Rückhalt von Kollegen, Ärzten, Psychologen und Seelsorgern, die beauftragt sind, ihren Dienst zu begleiten.

Polizist Im Ringen um Sicherheit und ein friedvolles Zusammenleben der Bürger werden Polizeibeamtinnen und Polizeibeamte häufig zur Zielscheibe für Spott, Beschimpfungen und Gewalt, erfahren sie immer wieder die Vergeblichkeit ihres Tuns, setzen sie ihre Gesundheit und ihr Leben aufs Spiel und Arbeiten dabei im Spannungsfeld der Justiz, der Politik und der Medien.

Bürger Herr, stärke sie - auch durch den Rückhalt und die Zivilcourage vieler Bürger und dazu zählen wir uns alle - dass sie nicht resignieren und aufgeben, sondern nicht nachlassen, Gefahren abzuwehren und Straftaten zu verfolgen. Schenke ihnen deinen Segen, der denen verheißen ist, die nicht aufhören, im Angesicht Gottes um das Heil der Menschen zu ringen.

Polizist Im Angesicht Gottes denken wir auch an die Bürger unseres Landes, die Verantwortung tragen für Politik, Wirtschaft und Medien: Jahr für Jahr verabschieden sie Gesetze und Regelungen, treffen weitreichende Entscheidungen, die tief in das Leben aller Bürger einschneiden und nehmen spürbaren Einfluss auf die öffentliche Meinungsbildung. Dabei werden sie immer wieder konfrontiert mit konkurrierenden Interessen und unterschiedlichen Ansprüchen.

Bürger Herr, stärke sie - auch durch die Mitwirkung vieler Bürger und dazu gehören auch wir - dass sie ihre Macht nicht missbrauchen, sondern nicht nachlassen im Ringen um Verbesserungen der Lebensbedingungen in unserem Land und weltweit. Schenke ihnen deinen Segen, der denen verheißen ist, die nicht aufhören, im Angesicht Gottes um das Heil der Menschen zu ringen.

Herr, als Bürger eines Landes und als Christen aus verschiedenen Kirchen wollen wir miteinander ringen um gangbare Wege für das Heil der Menschen unter deinem wegweisenden Wort. Dabei haben wir nicht selten mit unserer menschlichen Unzulänglichkeit und der Ungunst der Verhältnisse zu kämpfen. Wir gestehen ein, dass wir Verletzungen verursacht und davongetragen haben und wollen derer eingedenk sein. Denn sie erinnern uns daran, dass du deinen Segen denen zuteil werden lässt, die um Heil ringen.

Vaterunser

Lied »Komm Herr, segne uns«

Segen
Sprecher 1 So lasst uns hingehen mit dem Segen unseres guten Gottes, lasst uns hingehen als Gesegnete des Herrn in glückliche Tage und schwere Stunden.
Sprecher 2 Der Herr segne uns und behüte uns. Der Herr lasse sein Angesicht leuchten über uns und sei uns gnädig. Der Herr erhebe sein Angesicht auf uns und schenke uns seinen Frieden.
Sprecher 1 Das gewähre uns der dreieinige Gott, der Vater und der Sohn und der Heilige Geist. Amen.
(Nach dem Segen gehen die Gottesdienstbesucher nach vorne und bekommen von den Akteuren den Magneten mit der Aufschrift: »Gott der Herr ist Sonne und Schild - Polizeiseelsorge in Deutschland«)

Schlussmusik »Oh when the saints«

Kontakt:
Landespolizeipfarramt
Kurt Grützner. Wilhelmshöher Allee 330. 34131 Kassel.
0561-9378358
polizeiseelsorge@ekkw.de

Weihbischof Werner Radspieler
Domplatz 3. 96049 Bamberg
0951-502301
sekretariat.weihbischof@erzbistum-bamberg.de
www.polizeiseelsorge.de

Gottesdienste für Soldaten

»GOTTspecial« in der Militärkirche in Munster/ Lüneburger Heide

Der hier vorgestellte Gottesdienst nimmt besonders klar Bezug auf die Be-
rufsgruppe der Soldaten und deren in den letzten Jahren häufig eingetretenen
beruflichen »Ernstfall«: den Einsatz in Krisengebieten. Nicht nur vor Ort in der
Heimatgemeinde, sondern auch am Einsatzort werden Soldaten seelsorger-
lich betreut.

Am Standort haben die Soldaten die Möglichkeit, jederzeit sich in privaten oder
dienstlichen Angelegenheiten an den Standortpfarrer zu wenden und mit ihm
ein persönliches Gespräch zu führen. Regelmäßig treffen sie ihren Pfarrer im
sogenannten lebenskundlichen Unterricht, in dem über ethische Frage-
stellungen diskutiert wird, z.B. über die Frage nach Krieg und Frieden, Aus-
landseinsätzen der Bundeswehr und tagespolitischen Ereignissen. Mehrmals
im Jahr laden Militärpfarrer zu Rüstzeiten ein; d.h. mit den Soldaten und ihren
Familien fahren sie über das Wochenende oder auch mehrere Tage in ein
Haus, wo gemeinsam thematisch gearbeitet, Andachten und Gottesdienst
gefeiert, aber auch die Geselligkeit gepflegt wird. Hier lernen sich Soldaten-
familien, vor allem die Frauen der Soldaten kennen. Oft werden Rüstzeiten
gerade im Vorfeld eines Auslandseinsatzes oder nach einem Einsatz durch-
geführt. Weiterhin gibt es sogenannte Reintegrationsseminare, die für
Soldaten zur Einsatznachbereitung gehören.

»Jesus im Fleckentarn?«

Begrüßung
»GOTTspecial«-Song: »Ich bin gekommen«
Einstimmung mit einem Video
1. Szene
2. Szene
Meditationsmusik
Gedanken zum Thema
Zwei Musikstücke
Chor mit Band und Gemeinde: »Ich möcht', dass einer mit mir geht«
Referent auf dem »Heißen Stuhl«
Lied: »Amazing Grace«

Expertenbefragung
»GOTTspecial«-Song: »Ich bin gekommen«
Schlussmoderation
Fürbitten
Vaterunser
Segen
Schlusslied: »Amen, Amen«

Benötigte Materialien/ Vorbereitung

Der Gottesdienst ist technisch und organisatorisch relativ aufwändig und benötigt eine Vorbereitungszeit von ca. acht Wochen. Benötigt wird hier ein Beamer und ein Raum mit guter technischer Ausstattung (Musikanlage oder Verstärker für die Band, Leinwand und Bühne, Laptop), außerdem Post- oder Karteikarten in drei verschiedenen Farben und Stifte zum Auslegen in den Kirchenbänken und Holzsplitter zum Verteilen.

Ablauf

Begrüßung

»GOTTspecial«-Song »Ich bin gekommen«

Einstimmung mit einem Video
(Auf der Leinwand wird ein dreiminütiger Kurzfilm mit Szenen/ Momentaufnahmen aus dem bosnischen Bürgerkrieg gezeigt. Darunter sind z.B. Szenen fliehender und verängstigter Zivilpersonen, Waffeneinsatz, Explosionen, Totenbergung und Soldaten.)

1. Szene
(Die Bühne ist leer und dunkel; auf der Leinwand erscheint ein Straßenbild von Munster; Mopedgeräusch ist zu hören; ein Mädchen macht sich an seinem Moped zu schaffen; aus dem Raum kommt die Freundin nach vorne.)
Mädchen 1 Hi, Jennifer. - Oh, ist der neu? Sieht echt geil aus. Wie schnell? Lass mich mal!
Mädchen 2 Stark, was? Macht auch echt Spaß; da braucht meine Mutter mich nicht mehr zu fahren, verstehst du? Und ich kann doch noch mal schnell bei Sascha vorbeirutschen, ohne dass sie was merkt. Echt cool, oder? Endlich unabhängig sein, du das ist ein echt tolles Gefühl!
Mädchen 1 Seit wann haste den Hobel? Hattest doch keinen Geburtstag, oder so?

Mädchen 2 Nee, aber mein Alter hat mir noch schnell vorm Abflug das Ding da geschenkt; einfach so; hatte vielleicht ein schlechtes Gewissen, weil er sich in letzter Zeit überhaupt nicht mehr um mich gekümmert hatte - und um Mutti schon gar nicht. Immer nur Dienst und Ausbildung für den Einsatz, hat er gesagt; Lehrgang hier, Lehrgang da; na du kennst das ja auch.

Mädchen 1 Tjaa, Scheiß Bund! Sechs Monate sind verflixt lang. Du, mein Alter hatte sich richtig verändert, als er wieder da war. Immer soo - ich weiß auch nicht - eben anders, als vorher. - Und seit wann ist dein Alter weg?

Mädchen 2: Seit letzter Woche; och, es geht eigentlich ganz gut ohne ihn. Kaum ein Unterschied zu sonst... na ja, wär' schon besser, wenn er hier wäre... *(wischt sich über die Augen)*

Mädchen 1 Ach komm, das packst du schon, *(knufft sie)* - Hey, lass mich mal fahren, okay? Los, mach hin!

(Beide Mädchen schicken sich an, mit dem Motorroller loszufahren - verlassen die Bühne dazu nach hinten. Licht wird heruntergedimmt.)

2. Szene

(Tisch mit Stuhl, darüber Feldjacke; Trinkflasche, Imbiss, Aktenkorb auf dem Tisch, zwei »Bristolkreuze« (Holzkreuze als Kleiderständer) im Raum, eines leer; auf der Leinwand erscheint ein Landschaftsbild von Sarajewo; von links tritt auf ein Soldat im Fleckentarn, und T-Shirt. Er beginnt sich langsam anzuziehen (Hosengummis, Schuhputz), nimmt Schluck aus der Flasche, schaut auf die Uhr. Als er sich die Feldjacke anziehen will, kommt von draußen der jüngere Soldat in voller Ausrüstung herein.)

Jüngerer Soldat Poooh, das war's wieder mal. Haste mal 'nen Schluck? *(nimmt den Helm ab, hängt ihn auf das freie Holzkreuz, entledigt sich der Schutzweste, trinkt dabei, hängt schließlich die Weste über das Kreuz.)* So, für heute Feierabend!

Älterer Soldat Du hast es gut. Ich muss gleich los, Kontrolle der Streifen und Posten, du weißt ja: Man weist zwar immer wieder darauf hin, aber man muss es auch überwachen. Die Grünspechte aus der Heimat sind noch so unbekümmert; haben zwar viel im Kopf und sind topfit, aber das hier *(zeigt sich mit zwei Fingern auf die eigenen Augen)* das hamse eben noch nicht! Die können noch keinen Kohlkopf von einer Panzermine unterscheiden, das sehen die einfach noch nicht; - das muss man riechen, verstehste, riechen muss man das!

J. S. Ja ich kann mich noch erinnern; oh Mann, damals, das hätte echt daneben gehen können. Gut nur, dass unser Patrouillenführer die Augen offen hatte. - Ja, das ist echt schlimm hier mit den Minen.

Ä. S. Das dauert noch Jahre, bis hier alles safe ist, sag' ich dir, Jahre, wenn nicht gar Jahrzehnte. - So, ich muss jetzt!
J. S. Ach, übrigens, du kennst doch die Schäferin, die junge da, die immer ihre Ziegen beim Posten drei morgens vorbeitreibt, ja?
Ä. S. Du meinst da unten am Hang, die immer zu uns 'raufwinkt und so breit lacht? Ja, was ist mit der?
J .S. Ja, die! - Also die ist... die ist wohl... ich weiß es auch nicht genau, aber sie soll wohl da unten bei den Sumpfwiesen... na ja, da soll sie 'reingegangen sein...
Ä. S. Wie jetzt? *(laut und empört)* Das ist doch gesperrtes Gebiet, verflixt noch mal!
J. S. Ja ja, Scheiße noch mal, wollte wohl ein Zicklein da rausholen,... so sagen sie jedenfalls; heute früh kam sie nicht, sie kam einfach nicht mehr... *(Verbirgt sein Gesicht hinter der Hand und wendet sich ab.)*
Ä. S. Warum bloß? *(Wirft sich seine Schutzweste über, nimmt den Helm und geht. Blackout.)*

Meditationsmusik

Gedanken zum Thema
Sie fielen mir gleich auf, stachen mir richtig ins Auge; einem Pfarrer sowieso: diese Holzkreuze. Als ich bei meinem Einsatz in SFOR die ersten Dienstcontainer der Soldaten betrat, fielen sie mir gleich auf: diese Holzkreuze. In jedem Container mindestens zwei, drei. Mein ungläubiges, staunendes Gesicht entging auch den Soldaten nicht. Und das bei meinem Sachsenkontingent? Sollte ich mich so getäuscht haben? Nein, ich wurde schnell eines besseren belehrt, als nämlich ein Soldat von der Patrouille zurückkehrte und seine Splitterschutzweste, seine Bristol und seinen Helm auf das Holzkreuz ablegte. Ach, klar, das war ein umfunktionierter Kleiderständer!

Aber nein, so schnell gab ich mich mit dieser Erklärung nicht zufrieden. Das kann kein dummer Zufall sein. Und das kann man nicht so stehen lassen, und als Pfarrer, als Militärpfarrer erst recht nicht. Dieses Bild ging mir nicht mehr aus dem Kopf: Helm und Bristolweste auf dem Holzkreuz. Das hat mehr zu bedeuten als nur »umfunktionierter Kleiderständer«. In diesem Bild steckt mehr drin. Helm und Bristol werden vom Kreuz getragen. Dieses Bild hat eine wichtige, zentrale, symbolische Aussage für mich bekommen und hat sehr viel zu tun mit der Frage: »Jesus im Fleckentarn? Oder anders gefragt: Wo ist Jesus, Gott im Einsatz?«

Bei diesem Bild kommt für mich die Frage nach Schutz und Bewahrung in den Blick. Ich will es mal äußere und innere Schutzmöglichkeiten für die Soldaten im Einsatz nennen: Bristol und Helm stehen dabei für den äußeren Schutz der

Soldaten, den Schutz des Körpers, auch durch Ausbildung und Vorbreitung auf den Einsatz. Das Holzkreuz steht als Symbol für das, was Soldaten genauso brauchen: inneren Schutz, innere Stabilität, inneren Halt. Gerade die Zeichen des äußeren Schutzes werden von diesem inneren Halt getragen, Helm und Bristol werden von dem Holzkreuz getragen und gehalten.

Was hält mich im Innersten und trägt mich, auch dann wenn es eng wird oder schwer, gar um mein Leben geht? Eine Frage, die nicht nur Soldaten im Einsatz umtreibt, sondern auch ihre Familien; ja, uns alle, angesichts dessen, was wir in dieser Welt erleben und in diesen Tagen bedenken und erinnern, gerade heute am Ewigkeitssonntag.

Die Soldaten sollen gesund und heil aus dem Einsatz zurückkehren, deswegen steht der Schutz der eigenen Männer und Frauen an erster Stelle, hat erste Priorität im Einsatz. So genannte Dress- und Vehicle-Codes sind der Sicherheitslage angepasst. Sie besagen, wie der Soldat gekleidet und ausgerüstet sein muss mit Helm und Splitterschutzweste oder gar ABC-Maske, aber auch wie viele Fahrzeuge gemeinsam unterwegs sein müssen und wie die Bewaffnung aussieht. Viel Zeit wird verwandt sowohl im Rahmen der Vorausbildung als auch im Einsatz selbst, um den Umgang mit Minengefahr zu üben. Selbst im Urlaub traute ich mich nicht über Rasen oder Grünflächen zu gehen. Geiselnahmen werden durchgespielt bis an die Grenze des Ertragbaren, Checkpoints werden errichtet und Verhaltensregeln beim Umgang mit der einheimischen Bevölkerung trainiert.

Gut ausgebildet und vorbereitet gehen die Soldaten in den Einsatz. Das ist aber nur die eine Seite: Die Soldaten sollen nicht nur körperlich heil aus dem Einsatz zurückkommen, sondern auch heil an der Seele, so meine Forderung - immer wieder. Dazu dienen im Einsatz Rüstzeiten und Betreuungsmaßnahmen, um einmal die Seele baumeln zu lassen. Und da hat auch die Kirche unter den Soldaten ihren Platz. Neben vielen intensiven Seelsorgegesprächen haben viele Soldaten den sonntäglichen Gottesdienst für sich wiederentdeckt: einerseits um die Woche zu strukturieren - sonst ist jeder Tag Mittwoch - und andererseits, um aktiv etwas für die Seele zu tun. Nicht nur der Körper will in der »Muckibude«, dem Fitnessraum fit gehalten werden, sondern auch die Seele bedarf des Trainings und der Förderung.

Angesichts der Belastungen und Erlebnisse im Einsatz, der Trennung von zu Hause, stellt sich für viele die Frage nach dem Sinn des Lebens neu, und damit auch die Frage nach Gott. Die Verunsicherungen im Leben fordern uns immer auch auf, tiefer nachzudenken, demütiger zu leben, entschlossener zu handeln und vorsichtiger miteinander umzugehen, im Kleinen wie im Großen; neu zu bedenken, was wichtig ist im Leben, was zählt, was trägt und worauf ich mich verlassen kann. All diese Fragen sind für mich an diesen Holzkreuzen festgemacht. Von einem ganz besonderen Kreuz möchte ich Ihnen jetzt erzählen:

(geht ans Lesepult) Auf den ersten Blick waren die Holzbalken nur gewöhnliches Strandgut; die Wellen hatten es immer weiter auf die Steine, schließlich auf den Sand geschoben. Erst beim näheren Hinsehen konnte man erkennen, dass die Balken zu einer Figur gehörten - eine Menschengestalt in natürlicher Größe war es. Wasser und Sand hatten die Gesichtszüge ungenau werden lassen; die Arme mussten einmal weit ausgebreitet gewesen sein. Reste von Farben waren auf dem durchtränkten Holz noch zu erkennen.

Die Kinder des Fischerdorfes hatten ihn entdeckt - inmitten des vielen Strandgutes, das die Winterstürme ans Ufer brachten: den »Christus aus dem Wasser«. Die vom Wasser vollgesogene, schwere Figur trugen sie ins Dorf. Und nachdenklich - wie die Menschen dort waren, sahen sie in diesem Fund ein Zeichen, ein Fingerzeig des Himmels. Darum sollte der »Christus aus dem Wasser« auch einen besonderen Platz bekommen. Der Pfarrer nahm Maß an den ausgebreiteten Armen und bestellte ein schönes Kreuz aus altem, massivem Eichenholz. Die Christusfigur wurde daran gehängt und das Kreuz am besonderen Ort in der Kirche aufgestellt. Doch am nächsten Morgen lag der Christus auf dem Altar, und das neue, gerade hergestellte Kreuz stand leer. Das Unheimliche dieser Nacht ließ sich nicht aufklären; niemand hatte es verändert, niemand hatte seine Hand im Spiel.

Die Menschen des Dorfes machten sich Gedanken. Da ging ihnen auf: »Ein kostbareres Kreuz muss es sein, eins, das würdiger ist, den Erlöser zu tragen, als das hölzerne.« Und so wählten sie edleres Holz, und der Auftrag ging in die Stadt zu kunstfertigeren Leuten, als sie im Dorf zu finden waren. Und die Inschrift am oberen Ende ließen sie vergolden. Doch - wie das erste - so verließ der »Christus aus dem Wasser« auch dieses Kreuz in der Nacht und legte sich wiederum auf den Altar. Wer konnte verstehen, wer konnte deuten, was hier geschah? In welche Richtung sollten ihre Gedanken noch gelenkt werden? Ratlos und nachdenklich blickten sie auf den geschundenen Mann am Kreuz. Und wurden tief beschämt; beschämt, weil sie sich ihre Liebe zu ihm so wenig hatten kosten lassen. Und dieser Gedanke ließ bereits ein neues Kreuz entstehen, man schuf es aus Schmuckstücken und Goldringen, mit Edelsteinen versetzt. Und es heißt: Auch Reiche aus der Stadt beteiligten sich an diesem Plan und trennten sich - um Christi willen - von einem Siegelring und Diamanten. Nach zwei Monaten war es hergestellt, es strahlte in seinem Glanz.

Doch - er entfloh abermals dem kostbaren Kreuz und legte sich von neuem auf das weiße Leinen des Altars. Betroffenheit und Schweigen kehrten jetzt ein. Gedanken und Hände waren wie gelähmt. Man wusste keinen Rat mehr. Da brachte nach längerer Zeit ein junger Mann, der es schwer hatte im Ort und dessen Worte und Tun nichts wogen, wiederum etwas mit vom angeschwemmten Gut an der rauhen Küste: zwei Schiffsplanken waren es, aus einem Schiffbruch stammend, mit Nägeln wie zu einem Kreuz gefügt. Da fingen einige an, den Trottel zu verhöhnen über das, was er in den Wrackteilen sehen wollte. Doch einer im Ort gebietet dem Spott mit fester Stimme Einhalt. Von ihm hieß es, er habe viel nachgedacht, seit der »Christus aus dem Wasser« zu den Menschen gekommen war und ihren Glauben so auf die Probe gestellt und ihre Gedanken so sehr in die Ratlosigkeit geführt hatte.

Er hob den Christus vom Altar, legte ihn auf die Bretter des Bootes und nagelte ihn mit den vom salzigen Wasser zerfressenen Nägeln fest. Der Christus aus dem Wasser hat sich nie mehr davon gelöst. Er hat auf dem Holz bleiben wollen, auf dem und mit dem die Menschen lebten, sich abmühten, kämpften, ja, auf dem sie gestorben sind. Er hatte endlich seinen Platz gefunden.

(geht zurück an den Bistrotisch) In dieser Geschichte aus einem französischen Fischerdorf am Atlantik gehen Menschen in mühsamen Schritten einen langen Weg. Einst sichere Gedanken führen ins Ratlose, an die Stelle von selbstverständlichen Antworten treten Fragen; sie, die glauben zu verstehen, verstehen lange nichts. Drei Versuche, die so viel Nachdenken, Bemühen und gute Absicht zeigen. Doch der Christus aus dem Wasser verweigert sich alle dreimal.

Was ist an diesen drei Kreuzen, die sie sich mit so viel Mühe ausgedacht haben, dass er sich ihnen widersetzt und entzieht? Kann es sein, dass die drei Kreuze eher etwas zudecken als deutlich machen? Sie verschönen und verbrämen, was nicht schön war oder ist; sie möchten erträglich machen, was unerträglich und zum Schreien war. Könnte es sein, dass diese Kreuze, die nach unserem Bild gemacht sind, dazu dienen, ihn auf Abstand zu halten, ihn uns vom Leibe zu halten? Den Tod? Das Leid? Den Gekreuzigten?

Diese Kreuze, die sein Leben missverstehen, weist er zurück. Von dem Kreuz, an dem er nur verehrt wird, steigt er herab; das Kreuz, das ihn zum Helden macht, verlässt er; und vom Kreuz, das ihn mit Glanz umgeben möchte, befreit er sich. Erst das Kreuz aus den Planken des gesunkenen Fischerbootes, dieses Kreuz aus dem Strandgut - es ist sein Kreuz. Es hat mit dem Leben, dem Lebenskampf der Menschen zu tun. Es ist aus dem Leben der Menschen genommen, nicht extra angefertigt, nicht besonders hergemacht. Es trägt die Züge ihres Alltags; Wind und Wellen haben es geprägt. Es ist von ihrer Angst gezeichnet, es kennt ihre Hilferufe. Bruchstücke sind es - wie manches Leben auch. Das ist sein Kreuz; von dem wollte er nicht getrennt werden.

Das zu begreifen, hat für die Menschen lange gedauert. Ein weiter Weg war nötig, um dahin zu gelangen. Dass er so viel mit unserem Leben zu tun hat, dass er mitgehend, mitfühlend, mitleidend - unser Leben teilt, dass ihm auch dunkle, unverständliche Wegstücke nicht verborgen bleiben und Schmerzen, Trauer oder Einsamkeit ihm nicht fremd sind: Diesen Gott in unserem Leben zu begreifen, braucht wohl seine Zeit, braucht Erfahrungen, kostet Umdenken und Umlernen, bedeutet Abschied nehmen von unseren ausgedachten Kreuzen.

Er hat auf dem Holz bleiben wollen, auf dem Menschen gelebt haben und gestorben sind, heißt es am Schluss der Geschichte. Am Ende hatten die Menschen es begriffen: Das Kreuz erzählt von dem, der uns seine Nähe und seine Liebe schenkt, von dem Menschen, in dem sich Gott so eindeutig gezeigt hat und zu uns Menschen hält, gerade auch in den schweren und dunklen Zeiten im Leben.

Dieses Holzkreuz mit Helm und Bristol steht für mich als Symbol dafür. Von diesem Kreuz haben wir Ihnen Holzsplitter abgeschnitten, die ich Ihnen als Erinnerung an diesen Gottesdienst, aber vor allem als Erinnerung an dieses Kreuz mitgeben möchte. Stecken sie den Holzsplitter ins Portemonnaie. Der Splitter mag Sie stets daran erinnern, dass Gott uns begleitet und auch an dem Ort zu finden ist, den Menschen für gottverlassen halten, wo sie sich von Gott verlassen fühlen. Er ist da.

Jesus im Fleckentarn? Nein, Jesus selbst braucht keinen Fleckentarn. Aber er ist bei denen, die im Fleckentarn ihren Dienst für den Frieden in unserer so friedlosen Welt tun. Die Verheißung und Zusage Jesu Christi: »Ich bin bei euch alle Tage, bis an der Welt Ende.« sind der innere Halt, das Holzkreuz, die Helm und Bristol, all unsere äußeren Schutzmöglichkeiten und Sicherheiten von innen her halten und tragen.
(Holzsplitter werden an die Gottesdienstbesucher verteilt, es wird auf die verschiedenfarbigen Karten hingewiesen, auf die die Gottesdienstteilnehmer Kritik oder Anregungen, besondere Gebetsanliegen sowie Fragen an den Referenten im »Kreuzverhör« schreiben können.)

Zwei Musikstücke

Chor mit Band und Gemeinde »Ich möcht', dass einer mit mir geht«

Referent auf dem »Heißen Stuhl«
(Fragen aus der Gemeinde zum Thema, zur Person des Referenten, teilweise sehr persönlich und auch dann die Antworten; die Authentizität verstärkt das Gehörte/ Erlebte.)

Frage aus der Gemeinde Können Soldaten Christen sein? Sie müssten sich doch dann auch an das fünfte Gebot halten:»Du sollst nicht töten!«

Antwort *(sinngemäß)* Ja, Soldaten können Christen sein. Und ich habe unter Soldaten sogar sehr viele engagierte Christen erlebt, die sich sehr viele Gedanken gerade um dieses Gebot machen. Denn es betrifft ihren Dienst unmittelbar. Als Waffenträger steht der Soldat vor der Entscheidung, seine Waffe nicht nur zu tragen, sondern sie eventuell gegen andere zu richten und im Notfall sogar zu gebrauchen. Der erschossene Somalier, der in das deutsche Lager in Belet Uen eindringen wollte, weist rücksichtslos und nüchtern auf diese Realität hin.

Erläuterung

Was soll der Soldat tun, um nicht gegen dieses fünfte Gebot Gottes zu verstoßen? Beim Nachdenken über diese Frage wird der Soldat sehr schnell feststellen, dass er sich in einem unausweichlichen Konflikt befindet. Ohne vor Gott und den Menschen schuldig zu werden, gibt es da keinen Ausweg. Schießt er, tötet er einen Menschen. Verzichtet er auf den Gebrauch seiner Waffe und damit auf Gegenwehr - dann würde er zwar selbst nicht töten. Aber er könnte die Schreie der Schutzlosen, Angegriffenen, Sterbenden nicht überhören, deren Tod er vielleicht verhindert hätte, wenn er selbst geschossen hätte. Denn getötet hätte, der nun frei zum Schuss kommt. In dieser Situation gibt es keine Entscheidung, die von Irrtum, Fehlern und Schuld vor Gott und dem Menschen frei wäre. Hier kann der Mensch nur nach bestem Wissen und Gewissen handeln. Leben steht gegen Leben.

Lied »Amazing Grace«

Expertenbefragung

(Zunächst stellt sich der Experte vor und zeichnet seinen persönlichen Bezug zum Thema auf. Der Interviewer hat mehrere Leitfragen vorbereitet. Fragen aus der Gemeinde werden oft spontan und/ oder durch Aufforderung gestellt.)

»GOTTspecial«-Song »Ich bin gekommen«

Schlussmoderation

Fürbitten

Vaterunser

Segen

Schlusslied »Amen, Amen«

Anmerkungen

Munster in der Lüneburger Heide, ein Ort mit ca. 18.000 Einwohnern, ist stark geprägt vom dortigen größten Arbeitgeber, der Bundeswehr. Einen beträchtlichen Teil der Bevölkerung bilden dort Soldaten, Beamte, Angestellte und Arbeitnehmer mit ihren Familien. Viele Soldaten, die ihren Dienst in Munster versehen, aber nicht unbedingt vor Ort wohnen, sind Angehörige der jungen und mittleren Generation im Alter zwischen 25 und 40, die dort wie andernorts mittlerweile auch deutlich kirchendistanziert sind. Viele haben nur geringe oder negative Erfahrungen mit Kirche, kaum einen Bezug zum Glauben, sind atheistisch aufgewachsen oder reiben sich an traditionellen Formen. Hohe Mobilität - besonders bei Soldaten - führt oftmals zu sozialer Entwurzelung.

Diesen Menschen bietet die evangelische Kirchengemeinde Munster regelmäßig einen besonderen Gottesdienst, den Gottesdienst aus der Reihe »Gott Special« an. Die Thematik dieser Gottesdienste orientiert sich an den speziellen Problemfeldern der Zielgruppe; bewusst wird alles vermieden, was mit alter, verstaubter Kirche assoziiert werden könnte (z.B. Talar, Kanzel, Gesangbücher). Dennoch setzt die Dramaturgie ganz bewusst die Predigt in den Mittelpunkt des Geschehens. Die Gottesdienste der Reihe »GOTTspecial« wurden mit dem 2. Platz des Förderpreises für innovative Gottesdienstideen der Hannoverschen Landeskirche ausgezeichnet.

Kontakt:
Jürgen P. Stahlhut
Zum Schützenwald 27
29633 Munster
05192-98061
stahlhuete@gmx.de

Gottesdienste für Schausteller und Circusleute

Offenburger Weihnachtscircus

Nachdem für den Bereich der Katholischen Kirche in Deutschland der inzwischen verstorbene Pater S.A.C. Heinzpeter Schönig bereits Anfang der 50er Jahre einen eigenen Seelsorgebereich für Menschen auf der Reise, vorwiegend Circusleute, Artisten, Schausteller und Marktkaufleute initiiert hatte, wurde auch bei der Evangelischen Kirche hierfür ein eigenes Arbeitsfeld installiert. Nach anfänglichen Versuchen, dies nebenamtlich zu leisten, kam schnell die Erkenntnis, dass für eine derart mobile Gemeinde nur eine kontinuierliche Begleitung sinnvoll ist, so dass der erste Circus- und Schaustellerseelsorger 1968 seinen Dienst aufnahm. Bald stellte sich heraus, dass eine Stelle nicht ausreichte, so dass es mittlerweile mehrere EKD-Stellen in den Regionen Nord, Ost und Süd gibt.

Das Aufgabengebiet ist unverändert die seelsorgerliche Begleitung von Menschen aus dem Schausteller-, Markt- und Circusbereich. Regelmäßige Gottesdienste auf Festplätzen (z.B. Münchner Oktoberfest, Hamburger Dom, Cannstatter Wasen) und in Circuszelten gehören ebenso dazu wie Taufen, Konfirmationen, Trauungen und Beerdigungen. Veranstaltungsorte sind neben den Festzelten oft auch Autoscooter oder im Sommer Plätze unter freiem Himmel. Organisiert werden diese Angebote von den Seelsorgern in Absprache mit der Circusdirektion oder dem örtlichen Schaustellerverband. Außer diesen Gemeindeveranstaltungen nimmt der persönliche Besuch bei den immerhin weit über 10.000 (geschätzten) Gemeindegliedern einen hohen Stellenwert ein.

Der Alltag des Circus- und Schaustellerseelsorgers ist durch eine hohe Mobilität (40.000 - 50.000 km pro Jahr) und Flexibilität gekennzeichnet, sonstige Hilfen wie Organisten und Küster müssen jeweils vor Ort gefunden werden. Auch die in einigen Bereichen etablierte Kinderbetreuung der Schaustellerkinder während der Kirmestage wird überwiegend von den evangelischen Circus- und Schaustellerseelsorgern organisiert.

Der Offenburger Weihnachtscircus, in dem der im Folgenden skizzierte Gottesdienst stattfand, existiert seit sieben Jahren und geht auf die Initiative der langjährigen Circusfrau Anja Oschkinat zurück. Es war ihr Lebenstraum, einen eigenen Circus zu betreiben. Aus einer tiefen Frömmigkeit heraus - wie sie übrigens bei vielen Menschen vom Circus zu finden ist - war es ihr dabei ein Herzensanliegen, im Rahmen der zweiwöchigen Aufführungen um Weihnachten herum einen Gottesdienst zu feiern.

Es geht bei diesem Gottesdienst nicht darum, den Circus als Medium für eine andere, aufsehenerregende Art der Gottesdienstgestaltung zu nutzen. Vielmehr ist es Hauptinteresse aller Mitwirkenden, die Menschen vom Circus selbst einzuladen und für sie zu feiern und sie mit den Gemeindegliedern aus der Umgebung zusammenzubringen. Deshalb wird bewusst darauf verzichtet, allzu viele Showeffekte einzubauen. Die beiden mitwirkenden Artisten haben sich bereit erklärt, bei der Gestaltung mitzuhelfen, die übrigen Artisten und Mitarbeiter des Circus' sind Gäste.

»Eine heile Welt?«

Begrüßung
Chor: »Go tell it on the mountain«
Einführung
Gemeindelied: »Hört der Engel helle Lieder«
Psalm
Gloriavers
Chor und Gemeinde: »Gloria«
Gebet mit Kehrvers der Gemeinde
Lesung (Jes 60, 1-6)
Gemeindelied: »Ein Licht in Dir geborgen«
Gebete
Gospelchor: »The little light of mine«
Predigt
Aktion: »Begegnung«
Chor: »Amazing grace«
Fürbitten
Vaterunser
Kollekte
Chor: »My little drummerboy«
Sendung und Segen
Chor und Gemeinde: »Amen«

Benötigte Materialien/ Vorbereitung

In der Tradition der beteiligten katholischen Gemeinde wird das Friedenslicht von Bethlehem zum Altar getragen. Rosen zum Verteilen, Keulen für den Jongleur; komplette Altarausstattung mit Tisch, Kreuz, Kerzenleuchtern, Tischdecke, Antependium und Blumenschmuck; Krippe mit Großfiguren vor dem Altar aufgebaut.

Ablauf

Begrüßung

Willkommen im Offenburger Weihnachtscircus - wir verwandeln heute den Circus in ein Gottesdienstzelt. Mit dabei sind...

(Alle Mitwirkenden gehen nacheinander nach vorne, stellen Altarutensilien ab und stellen sich im Halbkreis hinter dem Altar auf.)

Chor »Go tell it on the mountain«

Einführung

Manege frei - hereinspaziert - willkommen zu unserem Gottesdienst im Offenburger Weihnachtscircus. Hier ist Platz für die tollkühnsten Ideen, die zärtlichsten Träume, die größten Erwartungen. Einmal wieder Kind sein und Circusluft schnuppern. Einmal wieder das Strahlen der Begeisterung in den Augen, einmal wieder weltvergessen lachen können.

Wir danken der Direktorin Frau Anja Oschkinat für die Einladung in ihren Circus. Und danken jetzt schon allen, die mitwirken, damit dieser Gottesdienst ein Fest wird. Ich freue mich, dass Sie sich zum Gottesdienst im Offenburger Weihnachtscircus eingefunden haben. Ohne Gottes Hilfe wäre all dies hier nicht möglich. Und darum wünsche ich mir von Herzen, dass wir dies dankbar miteinander feiern. Sie sind eingeladen, in diesem Gottesdienst verlorene Fäden Ihres Lebens wieder aufzugreifen, einen Phantasieschritt in eine heile Welt zu tun. Gerade heute, kurz nach Weihnachten, kurz vor dem neuen Jahr. Gerade in diesen schwierigen Zeiten suchen wir nach Orten, wo die Welt heil ist, um neue Hoffnung zu finden. Wir gehen diesen Schritt mit Gott, in dessen Namen wir zusammengekommen sind. Gott will, dass wir heil werden.

Gemeindelied »Hört der Engel helle Lieder«

Psalm
(im Wechsel)

Gemeinde Halleluja! Lobet Gott im Himmel, lobet ihn in der Höhe! Lobet ihn, alle seine Engel!
Lobet ihn, ihr Artisten aus allen Ländern und Völkern, ihr Pyramidenbauer und Springer, ihr Trapezflieger und Strapatenkünstler, ihr Seiltänzer und Akrobaten
(Der Clown legt ein Seil auf den Boden und balanciert pantomimisch.)

Gemeinde Halleluja! Lobet Gott im Himmel, lobet ihn in der Höhe! Lobet ihn, alle seine Engel!
(Gloriavers nach EG 54)

Lobet ihn, ihr Musiker und Circusfreunde aus aller Welt, ihr Equilibristen und Einradfahrer, ihr Tierlehrer und Bauchredner, ihr Clowns und Reprisenkünstler, ihr Jongleure und Kontorsionisten!
(Der Clown jongliert.)

Gemeinde Halleluja! Lobet Gott im Himmel, lobet ihn in der Höhe! Lobet ihn, alle seine Engel!
(Gloriavers nach EG 54)

Lobet Gott auf Erden, ihr Elefanten und Großkatzen, ihr Pferde und Ziegen, ihr Papageien und Seelöwen. Ihr Badener und Elsässer, ihr Fremden und Einheimischen, ihr vom Circus und ihr Besucher, ihr Jungen und Alten!
(Der Clown bereitet pantomimisch Gruppen für das Klatschen vor.)

Gemeinde Halleluja! Lobet Gott im Himmel, lobet ihn in der Höhe! Lobet ihn, alle seine Engel!
(Der Clown animiert zum Klatschen. Das geht über in das Gloria des Gospelchors.)

Chor und Gemeinde »Gloria« (EG 54)

Gebet mit Kehrvers der Gemeinde
Gott - dich beten wir an. Dir vertrauen wir uns an - mit unseren Hoffnungen und Wünschen, mit unseren Sorgen und Ängsten. Zur dir rufen wir: Erbarme dich. Erhöre uns.
Gott - dir trauen wir zu, dass du unsere Schritte auf den Pfad des Friedens lenkst, dass du uns von Irrwegen zurückrufst, dass du Leben heil machst. Zu dir rufen wir: Erbarme dich. Erhöre uns.
Gott - auf dich hoffen wir, dass du Unterdrückte befreist, dass du Abhängige erlöst, dass du uns zu zuversichtlichen Menschen machst. Zu dir rufen wir: Erbarme dich. Erhöre uns.

Lesung (Jes 60, 1-6)
Während wir nun eine Lesung aus dem Alten Testament hören, wird das Friedenslicht aus Bethlehem ins Circusrund getragen. In vielen Gemeinden unseres Landes leuchtet in diesen Tagen das Licht, das an der Geburtsstätte Jesu entzündet wurde.
(Ein Gemeindeglied trägt Friedenslicht aus Bethlehem hinein und stellt es an der Krippe ab.)

»Auf, werde Licht; denn es kommt dein Licht, und die Herrlichkeit des Herrn geht leuchtend auf über dir! Denn siehe, Finsternis bedeckt die Erde und Dunkel die

Völker; doch über dir geht leuchtend der Herr auf, seine Herrlichkeit erscheint über dir. Völker wandern zu deinem Licht und Könige zu deinem strahlenden Glanz. Blick auf und schau umher: Sie alle versammeln sich und kommen zu dir. Deine Söhne kommen von fern, deine Töchter trägt man auf den Armen herbei. Du wirst es sehen, und du wirst strahlen, dein Herz bebt vor Freude und öffnet sich weit. Denn der Reichtum des Meeres strömt dir zu, die Schätze der Völker kommen zu dir. Zahllose Kamele bedecken dein Land, Dromedare aus Midian und Efa. Alle kommen von Saba, bringen Weihrauch und Gold und verkünden die ruhmreichen Taten des Herrn.«

Gemeindelied »Ein Licht in Dir geborgen«

Gebete
Ich hoffe auf eine heile Welt in den Kirchen- und Pfarrgemeinden, in denen wir leben: Dass jeder für den anderen da ist, sich hilfsbereit zeigt, auf den anderen zugeht, offen ist für die Not in seiner Umgebung. Eine heile Welt, in der jeder nicht nur gute Vorsätze hat, sondern sie auch lebt, nämlich zum Anderen hingeht, ihm die Hand reicht. Ich hoffe, dass wir uns in der großen Gemeinde - der Kirche - als Schwestern und Brüder erleben. Dass Jesus Christus der Mittelpunkt in unserem Leben bleibt. Er ist unser Heiland, ihm dürfen wir vertrauen.

Ich hoffe und wünsche mir eine heile Welt hier im Circus. Unser Leben ist oft hart und unberechenbar. Wir kommen oft an unsere Grenzen. Darum brauchen wir eine tragfähige Hoffnung, dass es richtig ist, was wir tun. Wir leben und arbeiten gerne hier im Circus. Das ist unsere Welt, mit der wir unterwegs sind, um anderen Menschen Freude zu bringen. So versuchen wir, Licht in die dunkle Welt zu bringen im Vertrauen darauf, dass wir dabei geführt werden und gehalten sind. Ich hoffe und wünsche, dass diese Welt auch in Zukunft ein Stück heile Welt bleibt, für unser Publikum und für unsere Familien.

Gospelchor »The little light of mine«
(Jongleur jongliert in der Mitte.)

Predigt
(Pfarrer mit Clownsnase schaut durch einen Schlitz im Vorhang, öffnet dann den Vorhang langsam und tritt in die Manege, geht zum Altar.)

Oha, ein Clown als Pfarrer? Oder der Pfarrer ein Clown? Manche Leute haben das ja schon lange geahnt.
(Pfarrer geht zur gegenüberliegenden Seite und beugt sich ins Publikum.)

Es gibt etwas Verbindendes zwischen dem Clown und dem Prediger. Beide halten den Menschen einen Spiegel vor, in dem sie lachen oder weinen können, in dem sie andere oder sich selber sehen, und durch den sie vielleicht angeregt und gerührt werden. Diese Nase hat eine Geschichte. Eine Geschichte aus dem Circus. Eine junge Gruppe von Artistenschülern aus Rumänien hat sie mir angesteckt. Mitten im Gottesdienst, vor dem Vaterunser. Junge, ehrgeizige Menschen, die in ihrem Leben wenig von Gott gehört hatten. Denen von klein auf eingetrichtert worden war: Du musst dir selber helfen, sonst hilft dir keiner. Aber eins war ihnen klar: Die da im Talar und die anderen in der Manege unterscheiden sich nicht. Der Pfarrer mit der Clownsnase ist genauso ein Mensch wie das Publikum und die Artisten. »Sollen wir sie aufbehalten?«, fragte mich mein katholischer Kollege, »beim Vaterunser?« Selbstverständlich, denn die Clownsnase ist kein Zeichen für fehlende Ernsthaftigkeit. Im Gegenteil, sie ist Ausdruck für die Fähigkeit, das Leben mit anderen Augen zu sehen, zu verstehen und darüber zu lachen. Oder andere zum Lachen zu bringen. Sie bedeutet, bei aller Ernsthaftigkeit nicht den Humor zu verlieren.

Die Kinder machen es uns Großen vor. Die Kinder im Circus. Zu sehen, wie sie noch staunen können. Wie ihnen der Atem stockt, wenn in schwindelerregender Höhe Menschen frei durch die Luft fliegen. Wie sie vor Schreck die Luft anhalten und sich an ihre Eltern drücken, wenn die Pferde durch die Manege rasen, der Elefant seinen Rüssel in die Logen streckt. Wie sie vor Freude kreischen, wenn der Clown zum dritten Mal über seine eigenen Füße stolpert. Kinder, die sich ihren Träumen von der Prinzessin oder dem Held losgelöst hingeben können. *(Pfarrer erhebt sich von der Piste und geht zur Sprechstelle am Altartisch. Er nimmt eine Jonglierkeule spielerisch in die Hand.)*

Wie anders wir Erwachsenen: Den Blick für die einfache und klassische Nummer verlieren wir allzu leicht. Und damit den Blick für die Leistung, die geboten wird. Den Blick für den Menschen da unten oder oben in der Manege, der nichts anderes will, als Freude zu bereiten. Der einen Moment Licht in unser Leben bringen will. Dabei suchen wir die ersehnte heile Welt. Wir feiern Weihnachten, weil wir solche Rituale brauchen, wenn wir der heilen Welt einen Schritt näher kommen wollen. Es braucht Momente des Glücks und der Zuwendung Gottes. *(Pfarrer geht Richtung Krippe.)*

Als Christen glauben wir an diese heile Welt, wir hoffen und vertrauen Christus, dass wir ihr näher kommen können. Gott selbst ist als Kind in diese Welt gekommen. Die heile Welt Gottes ist nicht etwas, das komplett und vollkommen vom Himmel fällt. Dies können wir immer nur im Augenblick erfahren, nie als Dauerzustand. Die Themen der beiden vergangenen Weihnachtsgottesdienste im Offenburger Weihnachtscircus waren »Lichtblicke« und »In Gottes Hand«. Das sind solche Spuren, Momentaufnahmen auf dem Weg zur heilen Welt. Wir müssen es wieder lernen, in kleinen Schritten zu denken, zu empfinden und zu gehen. Wir müssen weg von der Vorstellung des Perfektionismus und offen werden für die kleinen, starken Zeichen Gottes um uns herum, für die Lichtblicke und Momente der Zufriedenheit. Hier im Circus wird deutlich, was wir verlernt haben: Offen zu lachen, zu staunen, zu erschauern, uns überraschen zu lassen. Wir sind vor lauter Ernsthaftigkeit humorlos geworden. Wir trennen zwischen Vernunft und Phantasie so sehr, dass Unbefangenheit und Spontaneität verdrängt werden. Bei uns ist verschüttet, was Kinder noch leben.

Hier im Circus können wir uns auf die Spurensuche begeben, das wieder zu finden, was wir verloren haben. Hier sind wir eingeladen, für zwei, drei Stunden offen zu werden für ein kleines Stück heile Welt. Hier finden wir, was uns im täglichen Leben fehlt und was uns bereichern will, zum Beispiel Faszination. *(Pfarrer verlässt die Sprechstelle am Altar und geht in die Manege.)*

Die Ehrfurcht vor dem Schönen. Die Ästhetik der Bewegungen von Mensch und Tier. Künstlerischer Ausdruck von Schönheit, Kraft und Eleganz. In höchster Konzentration arbeiten Artisten miteinander oder einzeln für eine Darbietung von 15 bis 20 Minuten. Sie versetzen die Zuschauenden damit für eine kurze Zeit in eine Traumwelt. Das möchte ich auch können, denke ich einen Moment. Das könnte ich vielleicht sogar, wenn ich dafür trainieren würde. Welche ungeahnten und unerprobten Fähigkeiten schlummern noch in uns, die wir bisher nie entdeckt oder gewagt haben. Die Faszination im Circus ermutigt uns, zu wagen, wovor wir sonst Angst haben. Die Faszination erinnert uns daran, dass wir von Gott begnadete und reich ausgestattete Menschen sind.

Zum Beispiel Spannung. Mit dem Trommelwirbel im Hintergrund bleibt der Atem für einen Augenblick stehen: Schafft er es, sich so lange auf einer Hand zu halten, verliert er das Gleichgewicht? Momente, in denen man mitfiebert und hofft, dass es gut geht. Momente, in denen man sich fragt, was sollen solche Verrücktheiten. Wenn das Leben immer berechenbar wäre und es nichts Außergewöhnliches gäbe, wäre es gleichförmig und langweilig. Spannung bringt Kurzweil in den Alltag. Im Circus werden wir Zuschauenden mit hineingenommen in diese Spannung, damit wir dann das genießen können, was uns letztlich gut tut: Die Erleichterung.

Zum Beispiel Freude. Die Kinder. Die Clowns. Wenn uns gezeigt wird, dass man auch darüber lachen kann, wenn etwas daneben geht. Wenn das achte Pony immer wieder seine Aufgabe nicht macht, und trotzdem seine Rübe als Belohnung bekommt. Diese Freude, die jeden Stress in der Familie und auf der Arbeit aufwiegen will, weil sie uns zeigt, dass das wahre Leben nicht darin besteht, »richtig« zu sein, sondern »gut«. Die Freude, die ich bei den Kindern auf den Rängen sehe und höre und die aus den Gesichtern der Artisten strahlt, wenn die Nummer gelungen ist. Das gibt Kraft. Das hilft, auch sonst im Leben Wichtiges und Unwichtiges zu unterscheiden. Und es ist gut, wenn die Kirche die Menschen vom Circus bei ihrer harten Arbeit begleitet. Eine heile Welt fällt nicht

vom Himmel. Und trotzdem ist sie ein Geschenk für jede und jeden, die sich noch anstecken lassen von Freude, Spannung und Faszination.
(Pfarrer setzt sich auf die Piste und greift in das Sägemehl.)

Ein Circusdirektor hat einmal gesagt: »Wozu das alles, wozu die Mühe und der Schweiß, für wen das Lächeln nach der Angst, warum das Fieber nach den ersten Takten der Musik. Ich genieße den Augenblick des Zweifelns, denn meine Antwort ist so sicher wie nie zuvor: Damit der Circus sein kann, damit das Schöne noch schöner wird, das Gute dem Besseren weicht, der Schwächere Mut bekommt, der Mutige mutiger wird, die Kleinen über die Großen lachen und den Großen das falsche Lachen vergeht; alles in allem die Welt in der ich leben möchte.« Jesus sprach: »Wenn ihr nicht umkehrt und werdet wie die Kinder, so werdet ihr nicht ins Himmelreich kommen.« *(Matt 18, 3)* Dann steht für euch Gottes heile Welt nicht offen. Amen.
(Clown geht mit Kindern ins Publikum.)

Aktion »Begegnung«
(Der Clown Tito verteilt in seiner Circus-Nummer Rosen in die Besucherreihen. Da eine große Zahl der Gottesdienstbesucher auch die Circusvorstellung besucht, wurde diese Aktion als ein verbindendes Element für den Gottesdienst ausgesucht.)

Chor »Amazing Grace«

Fürbitten
(im Wechsel)

Gott - wir danken dir, dass wir mit unseren Gaben anderen Menschen Freude bereiten können. Dabei müssen wir auch oft an die Grenze unserer Kraft gehen. Wir bitten dich: Begleite und beschütze du uns bei allen Vorbereitungen und Aufführungen. Begleite uns und unser Publikum auf unserem Weg in eine gute Zukunft. Wir rufen dich an:
Chor/ Gemeinde/ Chor »O, lasset uns anbeten« (EG 45)
Gott - in einer unheilvollen Welt bitten wir dich um dein Heil: Lass die Kriegslüsternen zum Frieden finden. Hilf den Ausgebeuteten zu ihrem Recht. Lass am Reichtum deiner Schöpfung alle teilhaben. Wir rufen dich an:
Chor/ Gemeinde/ Chor »O, lasset uns anbeten«
Gott - für unsere Gemeinden bitten wir dich: Lass sie zu Orten des Glaubens, der Hoffnung und der Liebe werden. Lass sie zu Orten werden, wo Vertrauen geweckt und Gemeinschaft gestärkt wird. Wir rufen dich an:
Chor/ Gemeinde/ Chor »O, lasset uns anbeten«
Wir beten für die ganze Christenheit, für die getrennten christlichen Gemeinschaften: Guter Gott, lass uns gemeinsam auf dein Wort hören und deine

Zeugen in der Welt sein. Führe uns zu der Einheit zusammen, die du willst. Wir rufen dich an:
Chor/ Gemeinde/ Chor »O, lasset uns anbeten«

Vaterunser

Kollekte
Es ist ein Stück heile Welt, miteinander zu teilen. Wir bitten heute um eine Gabe für die Menschen auf der Reise, die dies dringend brauchen, damit sie weiterleben und weiter zu Ihrer Freude da sein können.

Chor »My little drummerboy«

Sendung und Segen
(zu dritt im Wechsel gesprochen)

Geht nun wieder in eure Welt, anders als ihr gekommen seid, nehmt von der heilen Welt Gottes mit: Der allmächtige Gott gewähre euch Segen und Heil. Amen.
Er stärke euren Glauben durch sein Wort und schenke euch die Gnade, nach seinen Geboten zu leben. Amen.
Er lenke eure Schritte auf den Weg des Friedens und vollende euch in der Liebe. Amen.
Das gewähre euch der dreieinige Gott, der Vater und der Sohn und der Heilige Geist. Amen.
Chor und Gemeinde »Amen«

Kontakt:
Uli Krämer
Haager Weg 136 53127 Bonn
0228-4228 688. uli.t.kraemer@t-online.de. www.ulikraemer.de

Offenburger Weihnachtscircus
Anja Oschkinat. Hinter Hoben 149 53129 Bonn
0172-9331049. www.offenburgerweihnachtscircus.de

Circus- und Schaustellerseelsorge der EKD.
Geschäftsstelle Frau Hannelore Janzhoff. Herrenhäuser Str. 12 30419 Hannover
0511-2796 205. csseelsorge@ekd.de

Gottesdienste für Ehrenamtliche in der Beratungsarbeit

Abendgottesdienst der Telefonseelsorge in Recklinghausen

Das Angebot der Telefonseelsorge gilt allen Menschen in Not und Krisensituationen und beinhaltet aufmerksames und respektvolles Zuhören, Unterstützung bei Problemklärungen, Hilfe zur Entwicklung eigener Lösungs- und Handlungsstrategien sowie Informationen über weitergehende Hilfs- und Beratungsmöglichkeiten.

Dieses Angebot wird von Ehrenamtlichen vertraulich und anonym rund um die Uhr an allen Tagen in der Woche vorgehalten. Die Hauptamtlichen haben die Aufgabe, diesen Dienst zu organisieren, die Ehrenamtlichen auszubilden und sowohl fachlich (Supervision, regelmäßige Fortbildung) als auch seelsorgerlich zu begleiten. Zur seelsorgerlichen und beraterischen Kompetenz gehört auch die persönliche Auseinandersetzung mit existentiellen Themen und Fragen.

Die Telefonseelsorge Recklinghausen beschäftigt sich jedes Jahr mit einem bestimmten Thema, das uns häufig am Telefon begegnet und das wir gemeinsam mit den Ehrenamtlichen auswählen, zum Beispiel Sexualität, Depression, Spiritualität, Trauer. In das jeweilige Thema wird auf einer Wochenendtagung von Freitagabend bis Sonntagmittag unter Mitwirkung externer Referenten eingeführt. Höhepunkt jeder Tagung ist ein Gottesdienst, der von einer Gruppe vorbereitet und gestaltet wird.

Der folgende Gottesdienst wurde bei einer Jahrestagung zum Thema »Trauer begegnen« gefeiert. Auf dieser Veranstaltung beschäftigten sich die Mitarbeiter sowohl theoretisch als auch selbsterfahrungsbezogen mit Trauer als einer normalen und notwendigen Reaktion auf Verluste jeder Art, nicht nur im Zusammenhang mit Tod und Sterben.

»Stationen auf einem Trauer-Weg«

Musik: »Watermark«
Begrüßung
Gebet
Lied: »Ausgang und Eingang«
Gemeinsames Psalmgebet (Ps 71)
Lied: »Von guten Mächten«
Drei Stationen auf einem Trauer-Weg (Lesung, Klangbild, Meditation, Lied/ Musik)
Musik: »Nun will die Sonn so hell aufgehn«
Gebet
Lied: »Ausgang und Eingang«
Aktion: Wegzehrung empfangen
Vaterunser
Segen
Musik: »Es fängt was Neues an«

Ablauf

Musik »Watermark« (CD: Enya, Watermark)

Begrüßung
Seit gestern Abend haben wir miteinander viel erlebt und erfahren. Abschied und Trauer haben uns intensiv beschäftigt. Viele Erinnerungen sind lebendig; Menschen und Situationen sind uns nahe gekommen. Jetzt lassen wir den Tag ausklingen. Wir wollen gemeinsam Gottesdienst feiern; wir feiern das Leben und den, der Ursprung, Grund und Ziel unseres Lebens ist. Vielleicht begegnen wir ihm, wenn wir Stationen eines Weges betrachten, den der Prophet Elia gegangen ist. So beginnen wir im Namen des Vaters und des Sohnes und des Heiligen Geistes. Amen.

Musik »Watermark«
(wieder einblenden - dann ausblenden)

Gebet (nach Hubertus Halbfas)
Gott, nun kehr' ich ein bei mir,
Gott, nun kehr' ich ein bei dir.
Des Tages Stunden, des Tages Wunden,
all seine Freuden und Traurigkeiten
leg' ich in deine Hände hinein.
So, wie ich bin, bin ich dein.

Lied »Ausgang und Eingang« (EG 175)

Gemeinsames Psalmgebet (aus Ps 71)
»Ich suche Zuflucht bei dir. Wende dein Ohr zu mir und hilf mir.
Sei mir ein sicherer Hort, zu dem ich immer kommen kann.
Mein Gott, du bist ja meine Zuversicht.
Vom Mutterleib an stütze ich mich auf dich,
vom Mutterschoß an bist du mein Beschützer.
Dir gilt mein Lobpreis allezeit.
Du lässt mich viel Angst und Not erfahren.
Belebe mich neu, führe mich heraus aus den Tiefen der Erde.
Ehre sei dem Vater und dem Sohn und dem Heiligen Geist,
wie im Anfang, so auch jetzt und allezeit und in Ewigkeit. Amen.«

Lied »Von guten Mächten« (EG 652)

Drei Stationen auf einem Trauer-Weg
(Wir haben bei der Vorbereitung entschieden, keine Stationen im Raum auf-zubauen, sondern die Stationen akustisch durch die von verschiedenen Sprechern vorgetragenen Texte und die Klangbilder zu markieren. Dies hängt damit zusammen, dass das Hören in der Kommunikation der Telefonseelsorge naturgemäß eine heraus-ragende Bedeutung einnimmt.
Es ist auch denkbar, tatsächlich von verschiedenen Orten im Raum, die symbolisch gestaltet sind, die Texte vorzutragen und auf diese Weise Bibel- und Meditationstexte nicht nur akustisch, sondern auch optisch zu inszenieren.)

Station 1 Rückzug/ Einsamkeit

Lesung (1. Kön 19, 3b-7)
»Elia geriet in Angst und machte sich auf und ging weg, um sein Leben zu retten. Er kam nach Beerscheba in Juda und ließ dort seinen Diener zurück. Er selbst ging eine Tagesreise weit in die Wüste hinein. Dort setzte er sich unter einen Ginsterstrauch und wünschte sich den Tod. Er sagte: Nun ist es genug, Herr. Nimm mein Leben; denn ich bin nicht besser als meine Väter. Dann legte er sich unter den Ginsterstrauch und schlief ein. Doch ein Engel rührte ihn an und sprach: Steh auf und iss! Als er um sich blickte, sah er neben seinem Kopf Brot, das in glühender Asche gebacken war, und einen Krug mit Wasser. Er aß und trank und legte sich wieder hin. Doch der Engel des Herrn kam zum zweiten Mal, rührte ihn an und sprach: Steh auf und iss! Sonst ist der Weg zu weit für dich.«

Klangbild

(Trommel, Glockenspiel, Triangel: Die Klangbilder der einzelnen Stationen versuchen, improvisierend die Stimmung, die inneren wie äußeren Bewegungen des Textes, aufzunehmen. Im Klangbild zur ersten Station macht die Trommel den zunächst schnellen, fluchtartigen und dann immer schleppender werdenden Gang des Elia hörbar. Glockenspiel und Triangel bringen dann unaufdringlich, aber unüberhörbar einen neuen Klang ins Spiel; sie versuchen, die Präsenz der Transzendenz, symbolisiert durch den Engel, akustisch zu veranschaulichen.)

Meditation

So kann es sein, wenn ich trauere: Ich bin matt, müde, des Lebens müde. Ich bin verzweifelt, geknickt - habe Angst - will leben, aber wie? - Ich ziehe mich völlig zurück, lasse keinen an mich ran - trostlos fühle ich mich - trostbedürftig - aber welchen Trost nehme ich an? - Meine Umgebung kommt mir wie eine Wüste vor - den blühenden Ginster sehe ich nicht - ich ziehe mich zurück, will nur noch schlafen, am liebsten für immer - da kommt Besuch - jemand spricht ein freundliches Wort, aber ich kann es oder will es nicht hören - ich bekomme etwas zu essen, zu trinken gebracht; aber ich habe keinen Hunger - jemand hat Hoffnung für mich, aber ich glaube ihm nicht - und dennoch tut es mir gut, dass einer an mich denkt, mich besucht, mir Nahrung bringt, Hoffnung für mich hat - vor allem, wenn es so unaufdringlich geschieht - es tut mir gut, dass er mir Zeit lässt, und dass er wiederkommt mit seiner stillen Hoffnung - »Steh auf und iss, dein Weg ist weit« - ich kann das nicht verstehen, aber ich ahne, dass es noch weitergeht - irgendwie erreicht er mich, der Engel...

Musik »Stille Erinnerung« (CD: Löwen, Harmonische Instrumentalmusik. Edition Neptun. München)

Station 2 Ausbruch der Gefühle

Lesung (1. Kön 19, 8-12a)

»Da stand er auf, aß und trank und wanderte, durch diese Speise gestärkt, vierzig Tage und vierzig Nächte bis zum Gottesberg Horeb. Dort ging er in eine Höhle, um darin zu übernachten. Doch das Wort des Herrn erging an ihn: Was willst du hier, Elia? Er sagte: Mit leidenschaftlichem Eifer bin ich für den Herrn, den Gott der Heere, eingetreten, weil die Israeliten deinen Bund verlassen, deine Altäre zerstört und deine Propheten mit dem Schwert getötet haben. Ich allein bin übrig geblieben, und nun trachten sie auch mir nach dem Leben. Der Herr antwortete: Komm heraus und stell dich auf den Berg vor den Herrn! Da zog der Herr vorüber: ein starker, heftiger Sturm, der die Berge zerriss und die Felsen zerbrach, ging dem Herrn voraus. Doch der Herr war nicht im Sturm. Nach dem

Sturm kam ein Erdbeben. Doch der Herr war nicht im Erdbeben. Nach dem Beben kam ein Feuer. Doch der Herr war nicht im Feuer.«

Klangbild

(Rasseln, Trommeln, »Regenmacher«: Rasseln geben das Geräusch eines heftigen Sturmes wieder; das Erdbeben wird vom impulsiven Schlagen zweier Trommeln hörbar und bis in den Körper hinein fühlbar; das Knistern und Lodern des Feuers wird hier von einem »Regenmacher« versinnbildlicht.)

Meditation

Irgendwie geht's weiter. Ich weiß nicht genau, wie und wohin - aber es geht weiter - ein Weg durch die Wüste, tagelang, wochenlang - irgendeiner fragt: Was ist los mit dir? Wo kommst du her? Wo willst du hin? - Will einer wirklich wissen, was mit mir ist? - Da öffne ich mein Herz, meinen lange verschlossenen Mund - ich muss, ich will klagen - meine Enttäuschung aussprechen, meine Verbitterung, meine Sehnsucht herausrufen - ja, enttäuscht, verbittert bin ich, allein, verloren. Ich bin vielleicht ungerecht in meiner Anklage - aber ich muss es so sagen - Während ich spreche, brechen heftige Gefühle aus mir heraus. Ich bin unruhig, wütend, verzweifelt - in der Seele verwundet - mein Leben hat seinen Sinn verloren! - Jetzt kann ich weinen, klagen, schreien. Es schüttelt mich wie ein Sturm - erschüttert mich wie ein Erdbeben - brennt in mir wie Feuer - Und wo bist du, Gott? Hörst du mich? - Hältst du mich aus? - Alles muss aus mir raus, bevor ich den nahen Gott hören, spüren, erfahren kann.

Lied »Von guten Mächten«

Station 3 Einen neuen Sinn finden

Lesung (1. Kön 19, 12b-15a)

»Nach dem Feuer kam ein sanftes, leises Säuseln. Als Elia es hörte, hüllte er sein Gesicht in den Mantel, trat hinaus und stellte sich an den Eingang der Höhle. Da vernahm er eine Stimme, die ihm zurief: Was willst du hier, Elia? Er antwortete: Mit Leidenschaft bin ich für den Herrn, den Gott der Heere, eingetreten, weil die Israeliten deinen Bund verlassen, deine Altäre zerstört und deine Propheten mit dem Schwert getötet haben. Ich allein bin übriggeblieben, und nun trachten sie auch mir nach dem Leben. Der Herr antwortete ihm: Geh deinen Weg durch die Wüste zurück, und begib dich nach Damaskus!«

Klangbild

(»Regenmacher«, Schellenring, Glockenspiel: Nacheinander erklingen ein kleiner »Regenmacher«, dann ein Schellenring, dann ein Glockenspiel; allmählich klingen »Regenmacher« und Schellenring aus; das Glockenspiel, das

mit aufsteigenden Akkorden, die Präsenz der Transzendenz symbolisierend, Elia auf seinem neuen Weg begleitet, klingt noch eine Weile allein weiter.)

Meditation

Still ist es in mir geworden - ruhiger wird mein Herz - es ist eine andere Stille als das Schweigen am Anfang - ich habe meine Sprache gefunden - ich kann mich aussprechen - einer hört mich an - ich bin nicht allein in meiner Trauer - ich werde gefragt und ermuntert, noch einmal zu sagen, was mich schmerzt, was mich betrübt - meine Klage findet bei Gott Gehör - er stellt sie nicht in Frage, er verbietet sie nicht, diskutiert sie nicht weg - und Gott antwortet: »Geh deinen Weg.« - Keine Erklärungen - keine Rechtfertigung des Leidens - statt dessen ein Auftrag - mein Leben hat einen Sinn - es wartet eine Aufgabe auf mich - Menschen warten - nichts wird sein, wie es vorher war - und mein Weg wird noch einmal durch eine Wüste gehen - ich mache mir keine Illusionen: die Welt ist nicht heil, das Leben ist nicht gerecht - aber es gibt Aufgaben, für die es sich lohnt zu leben - ich vertraue dem Auftrag Gottes - ich werde noch gebraucht.

Musik »Nun will die Sonn so hell aufgehn«

»Nun will die Sonn' so hell aufgeh'n, als sei kein Unglück in der Nacht gesche-h'n! Das Unglück geschah nur mir allein! Die Sonne, sie scheinet allgemein! Du musst nicht die Nacht in dir verschränken, musst sie ins ewige Licht versenken! Ein Lämplein verlosch in meinem Zelt! Heil sei dem Freudenlicht der Welt.«

(aus: Gustav Mahler: Kindertotenlieder. Text: Friedrich Rückert)

Gebet

Gott des Lebens, wir preisen dich, der du der Morgen bist und der Abend, der Anfang und das Ende der Welt. Du alles umfassende Weisheit, lehre uns verstehen, wohin unser Weg führen soll. Du Lebendiger, schaffe Freude in uns, wenn wir traurig sind; Trost, wenn wir betrübt sind; Klarheit, wenn wir verwirrt sind; wecke in uns Lebendigkeit. Schaffe Licht in allem Dunkel dieser Zeit. Gib uns Wegzehrung und Kraft für den nächsten Schritt.

Lied »Ausgang und Eingang« (EG 175)

Aktion Wegzehrung empfangen

Die Mitglieder der Vorbereitungsgruppe reichen nach einem einführenden Wort des Liturgen kleine Körbe mit frischem knusprigen Brot in die Reihen. Jeder und jede kann davon etwas nehmen und den Korb mit einem Wunsch oder Segenswort dem Nachbarn, der Nachbarin weiterreichen. Dies geschieht ohne musikalische Untermalung, wir empfangen und teilen die Wegzehrung ganz in Ruhe. Nachdem alle Körbe wieder nach vorne getragen worden sind, stimmt der Liturg das Vaterunser an.

Vaterunser

Segen (nach Jürgen Werth)
Du wirst leben, denn Gott segnet dich.
Er verlässt dich nicht, bleibt ein Leben lang in deinem Haus.
Du wirst leben, denn Gott segnet dich. Deine Sehnsucht, deine Zweifel hält er aus.
Er vergisst dich nicht, weil dich nichts aus seinem Herzen reißen kann.
Du sollst leben, denn Gott segnet dich. Und die Welt durch dich!
Und der Glaube und die Liebe werden neu.
So segne und behüte uns Gott im Himmel und auf Erden,
Vater, Sohn und Heiliger Geist. Amen.

Musik »Es fängt was Neues an«
(CD: Beautiful World - Schöne Erde. M. Wunram, A. Helm, G. Antara. Labyrinth Verlag)

Anmerkungen

Der Gottesdienst wurde mit ehrenamtlichen Mitarbeitern vorbereitet und gestaltet. Am Gottesdienst nahmen alle Tagungsteilnehmerinnen und -teilnehmer teil, einschließlich der Referenten, d.h. er wurde von evangelischen und katholischen Christen sowie konfessionslosen Menschen gemeinsam gefeiert. Alle waren innerlich sichtbar beteiligt. Am Ende standen nach und nach alle auf, klatschten zur Musik und bewegten sich rhythmisch im Raum, so dass der Gottesdienst auch in äußerlicher Bewegung - trotz der Schwere des Themas - fröhlich und heiter ausklang. Ein gemütlichen Beisammensein im Bierkeller schloss sich an.

Kontakt:
Werner Posner
Telefonseelsorge Recklinghausen
Limperstraße 15
45657 Recklinghausen
02361-27898
wposner@atomstromfrei.de

Gottesdienste für Landwirte

Ökumenischer Gottesdienst in Schrozberg/ Württemberg

*Seit dem Übergang von der Agrargesellschaft zu einer modernen Industrie-
und Dienstleistungsgesellschaft haben sich gravierende Strukturumbrüche in
der Landwirtschaft und im ländlichem Raum ergeben: der technische
Fortschritt mit enormen Produktivitätssteigerungen, ein erheblicher Konzen-
trationsprozess und Strukturwandel in der Landwirtschaft aus »Wachsen und
Weichen«, die Internationalisierung und heutige Globalisierung der
Agrarmärkte sowie die wandelnden Anforderungen der Gesellschaft an
Landwirtschaft und Verbraucherschutz.*

*Aus diesem Grund haben kirchliche Landdienste nach dem Zweiten Weltkrieg
der Lebens- und Arbeitssituation bäuerlicher Familien besondere Aufmerksamkeit gewidmet. Dazu gibt es in der evangelischen wie in der katholischen
Kirche Landdienste bzw. besondere Landvolkdienste, welche über Bildungs-
arbeit, Familienberatungen und praktische karitativ-diakonische Angebote der
Betriebshilfsdienste und Dorfhelferinnen der Landwirtschaft seelsorgerliche
und alltagsbewältigende Lebensbegleitung anbieten. Je nach landeskirch-
licher oder diözesaner Struktur sind diese kirchlichen Landdienste unterschiedlich organisiert. Auf evangelischer Seite sind sie zusammengefasst als
Ausschuss kirchlicher Dienste auf dem Lande in der EKD (ADL), auf katholischer Ebene über die Bundesstelle der katholischen Landvolkbewegung
(KLB).*

*Innerhalb des kirchlichen Landdienstes der Württembergischen Landeskirche
gibt es eine besondere Organisationsstruktur, nämlich das Evangelische
Bauernwerk in Württemberg als eingetragener Verein mit rund 2.800 Mitgliedern. Hier findet sich bis heute die Tradition der sogenannten Erntebitt-
gottesdienste oder Erntebetstunden. Nicht nur nach der Ernte gilt es um
Gottes Segen und Beistand zu bitten, sondern bereits vor der Ernte besinnt
man sich auf die möglichen Bedrohungen für eine gute Ernte, nämlich durch
Krankheit, Unfallgefahr im Ernteverlauf, Witterungsrisiken, z.B. Hagelschlag,
Überschwemmungen oder langanhaltende Trockenheit. Solche Gottesdienste
erfreuen sich insbesondere auch in den Stadtgemeinden zunehmender
Beliebtheit, da hier ein unmittelbarer Bezug zur Schöpfungseinbindung der
Landwirtschaft und ihrer Aufgabe »unser täglich Brot« zu erzeugen, hergestellt
werden kann.*

Unter dem Eindruck der BSE-Krise bildete sich im Evangelischen Bauernwerk in Württemberg eine Arbeitsgruppe von Bäuerinnen und Bauern, welche eine Stellungnahme für Kirchengemeinden veröffentlichten. Diese Stellungnahme wurde auch in den insgesamt 38 Arbeitskreisen des Evangelischen Bauernwerks verbreitet und brachte den Bezirksarbeitskreis Blaufelden auf die Idee, es nicht nur mit der Publikation der Stellungnahme beruhen zu lassen, sondern die Problematik der BSE-Krise durch eine besondere Veranstaltung zu thematisieren. Somit wurde innerhalb des gesamten katholischen Dekanats sowie evangelischen Kirchenbezirks eine Einladung an alle Kirchengemeinden zu einem gemeinsamen »Rinderessen« als Solidaritätsaktion nach dem sonntäglichen Gottesdienst ausgesprochen, zu der man dann tatsächlich in die überfüllte Stadthalle strömte. Nach dem gemeinsamen Solidaritätsmahl gab es Grußworte und Besinnungen von kommunalpolitischer Seite ebenso wie von Seiten der Dekane. Zum Ende des Solidaritätstages traf man sich abends (nach der Stallzeit) zu einem ökumenischen Gottesdienst, um die bedrückende Situation für die Landwirtschaft und damit auch die Solidarität mit der bäuerlichen Bevölkerung zum Ausdruck zu bringen.

»Ihr alle, denen man Lasten und Bürden aufgeladen hat, kommt her zu mir, ich will euch aufatmen lassen«

Begrüßung
Klagepsalm
Lied: »Kommt, atmet auf, ihr sollt leben«
Sprechmotette
Lied: »Selig seid ihr«
Schriftlesung (Jes 57, 14-19 und Hos 10, 12f)
Lied: »Kommt her zu mir«
Predigt im Dialog
Geschichte: »Die beiden Brüder auf dem Berg Morija«
Lied: »Sonne der Gerechtigkeit«
Fürbitten
Kyrie
Vaterunser
Lied: »Offenes Reden, offenes Wort«
Segen

Ablauf

Begrüßung

Zum Abschluss dieses Sonntages wollen wir gemeinsam einen ökumenischen Gottesdienst hier in der Kirche in Schrozberg feiern und Sie alle ganz herzlich willkommen heißen. Wir haben diesen Gottesdienst für Sie vorbereitet, damit Solidarität sichtbar wird oder auch erst entsteht: Solidarität zwischen Bauern und Verbrauchern, Solidarität zwischen Bauern untereinander, Solidarität, die wichtig ist, um leben zu können. Verbraucher haben Angst davor, von Lebensmitteln krank zu werden. Bauern haben Angst, ihre Existenz, ihren Platz als Bauer zu verlieren. Wir Bauern sind inzwischen eine kleine Gruppe in der Bevölkerung geworden, die zunehmend auf Solidarität angewiesen ist. Als die Idee für den heutigen Gottesdienst geboren wurde, war die BSE-Krise auf Seite 1 in allen Medien. Der heutige Gottesdienst soll Raum geben für alle Ängste und Klagen, er soll jedoch auch Mut machen und Hoffnung geben. Wir wollen nun diesen Gottesdienst gemeinsam feiern, im Namen des Vaters, des Sohnes und des Heiligen Geistes. Amen.

Klagepsalm

Herr, strafe uns nicht in deinem Zorn und züchtige uns nicht in deinem Grimm! Herr, sei uns gnädig, denn wir sind schwach. Heil uns, Herr, denn unsere Seelen sind sehr erschrocken.

Wir klagen dir, Herr, unsere Verunsicherung und Hilflosigkeit, wenn wir aus unseren Ställen Tiere verkaufen wollen. Auch in unseren Ställen könnte ein Tier von BSE befallen sein und diese Diagnose würde die Abschlachtung des gesamten Bestandes bedeuten.

Wir klagen dir, Herr, dass uns keine Alternative einfällt zur Entscheidung der Politiker, Hunderttausende von gesunden Rindern zu töten und zu verbrennen.

Wir klagen dir, Herr, dass wir mit diesem Widerspruch leben müssen, dass wir in einem reichen Land Lebensmittel wegwerfen, während in armen Ländern Menschen hungern müssen.

Wir klagen dir, Herr, dass unsere Rohstoffe und fertigen Lebensmittel weltweit herumgekarrt werden, unsere Straßen blockieren und dabei die Umwelt leidet.

Wir klagen dir, Herr, unsere Gedankenlosigkeit, mit der wir als Verbraucher häufig billige Lebensmittel kaufen und nicht nachfragen wollen, woher sie kommen.

Wir klagen dir, Herr, unsere Hilflosigkeit, wenn aus Pflanzen, Tieren und Menschen immer mehr herausgepresst wird, und wir nicht sehen, wie lange dieser »Wachstumswahn« weitergehen soll.

Herr, wir haben Angst, dass die Maul- und Klauenseuche auch nach Deutschland übertragen wird und dadurch für einzelne Familien neue große Probleme entstehen könnten.

Herr, wir sind müde vom Seufzen und matt, weil in unserem Land immer wieder gravierende Schwierigkeiten auftauchen. Herr, wie lange verbirgst du dein Angesicht vor uns? Wie lange sollen wir sorgen in unserer Seele und uns ängsten in unseren Herzen, täglich? Schaue doch und erlöse uns, Herr, unser Gott. Höre unser Flehen und nimm unser Gebet an. Amen.

Lied »Kommt, atmet auf, ihr sollt leben« (EG 639)

Sprechmotette
»Christus spricht: Ihr alle, denen man Lasten und Bürden aufgeladen hat, kommt zu mir, ich will euch aufatmen lassen!« *(Mt 11, 28)*

BSE - und noch kein Ende! Über viele Wochen hinweg bekamen wir täglich neue Erkenntnisse präsentiert. Die Schlagzeilen nahmen kein Ende. Und wir als Rinderhalter sind mittendrin. Mit dieser BSE-Krise ist für viele überzeugte Bauern das Fass zum Überlaufen gekommen. Wir fühlen uns in unserer Existenz bedroht und haben Angst vor der Zukunft. Ob unsere Betriebe überleben werden, wissen wir nicht. Diese Sorgen rauben uns den Schlaf, mit Bangen beginnen wir unseren Tag.

»Ihr alle, denen man Lasten und Bürden aufgeladen hat, kommt zu mir, ich will euch aufatmen lassen!«

Wir machen uns Gedanken darüber, wie es zu dieser Situation kommen konnte. Wir meinen, dass wir in den vergangenen Jahrzehnten viel geleistet haben. Wir haben Milch für höchste Ansprüche produziert und gute Fleischqualität erzeugt. Wir haben neue Ställe für eine artgerechte Tierhaltung gebaut, die wir längst noch nicht bezahlt haben. Und wir haben mit unseren Rindern die Landschaft gepflegt. Als verantwortliche Bauern waren wir überzeugt davon, unseren Tieren nur gutes Futter zu füttern. Inzwischen sehen wir ein, dass wir oft zu unkritisch und zu leichtgläubig waren und nicht nachgefragt haben, woraus die Futtermittel wirklich bestehen.

»Ihr alle, denen man Lasten und Bürden aufgeladen hat, kommt zu mir, ich will euch aufatmen lassen!«

Es fällt uns schwer, zu verstehen, warum viele Verbraucher emotional so stark auf BSE reagieren, mussten wir doch in den vergangenen Jahrzehnten erleben, dass die Verbraucher vor allem billige Lebensmittel kaufen wollten und unsere Bemühungen um qualitativ hochwertige Nahrungsmittel nicht genügend honorierten.

»Ihr alle, denen man Lasten und Bürden aufgeladen hat, kommt zu mir, ich will euch aufatmen lassen!«

Wir Verbraucher haben Angst. Wir haben Angst vor Krankheit, wir haben Angst, unsere Kinder nicht genügend vor Krankheiten schützen zu können. Wir fühlen uns unsicher und wissen nicht mehr, wem wir glauben können. Wer sagt uns die Wahrheit?

»Ihr alle, denen man Lasten und Bürden aufgeladen hat, kommt zu mir, ich will euch aufatmen lassen!«

Wir Verbraucher hier auf dem Land sind darauf angewiesen, was die Läden vor Ort anbieten. Gerne würden wir regionale Produkte kaufen, doch werden die in den großen Märkten häufig nicht angeboten. Außerdem erleben wir gerade, wie über unsere Köpfe hinweg entschieden wird. Statt uns die Wahl zu überlassen, ob wir Rindfleisch kaufen und essen möchten, wird schon gar kein Rindfleisch mehr angeboten. Wir wollen als mündige Verbraucher behandelt werden. Wir bekennen aber auch, dass wir oft ausländischen, ja exotischen Produkten mehr Vertrauen entgegengebracht haben als heimischen Lebensmitteln. Wir geben zu, dass wir bei vielen Nahrungsmitteln nicht auf die Zusammensetzung der Inhaltsstoffe geachtet haben, dass wir uns aber bei BSE von den Schlagzeilen der Medien haben beeinflussen lassen. Auch wir Verbraucher merken, wie sehr wir mit hinein verstrickt sind in die Unrechtsstrukturen dieser Welt. Wir wollen wacher werden und gemeinsam überlegen, was wir tun können, um an manchen Stellen die Mauern des Unrechts zu durchbrechen.

»Ihr alle, denen man Lasten und Bürden aufgeladen hat, kommt zu mir, ich will euch aufatmen lassen!«

Wir Landwirte und wir Verbraucher sind aufeinander angewiesen. Mit wachsendem gegenseitigen Vertrauen wollen wir darüber nachdenken, was es heißt: Einer trage des anderen Last, so werdet ihr das Gesetz Christi erfüllen. Wir sind überzeugt davon, dass wir eine neue Empfindsamkeit für das Leben nötig haben, dass wir Gelassenheit brauchen und Mut zum Engagement ohne Ausflüchte. Das sagen wir im Vertrauen auf den, der gesagt hat:

»Ihr alle, denen man Lasten und Bürden aufgeladen hat, kommt zu mir, ich will euch aufatmen lassen!«

Lied »Selig seid ihr« (EG 651)

Schriftlesung (Jes 57, 14-19 und Hos 10, 12f)
»Bahnt eine Straße, ebnet den Weg, / entfernt die Hindernisse auf dem Weg meines Volkes! Denn so spricht der Hohe und Erhabene, / der ewig Thronende, dessen Name »Der Heilige« ist: Als Heiliger wohne ich in der Höhe, / aber ich bin auch bei den Zerschlagenen und Bedrückten, um den Geist der Bedrückten wieder aufleben zu lassen / und das Herz der Zerschlagenen neu zu beleben. Denn

ich klage nicht für immer an, / noch will ich für immer zürnen. Sonst müsste ihr Geist vor mir vergehen / und ihr Atem, den ich erschuf. Kurze Zeit zürnte ich wegen der Sünde (des Volkes), / ich schlug es und verbarg mich voll Zorn. Treulos ging es seine eigenen Wege. / Ich sah, welchen Weg es ging. Aber ich will es heilen und führen und wiederum trösten, / seinen Trauernden schaffe ich Lob auf den Lippen. Friede, Friede den Fernen und den Nahen, spricht der Herr, / ich werde sie heilen.«

»Sät als eure Saat Gerechtigkeit aus, / so werdet ihr ernten, / wie es der (göttlichen) Liebe entspricht. Nehmt Neuland unter den Pflug! / Es ist Zeit, den Herrn zu suchen; dann wird er kommen / und euch mit Heil überschütten. Ihr aber habt Schlechtigkeit eingepflügt; / darum habt ihr Verbrechen geerntet / und die Frucht der Lüge gegessen. Du hast auf deine Macht vertraut / und auf die Menge deiner Krieger.«

Lied »Kommt her zu mir«

Predigt im Dialog
»Ihr alle, denen man Lasten und Bürden aufgeladen hat, kommt her zu mir, ich will euch aufatmen lassen«

I. Wo die Angst beherrschend wird, wo es um Leben und Tod geht, wo die Existenz auf dem Spiel steht, da fallen oft mehr als deutliche Worte. Angesichts von BSE und seinen Folgen sind schon viele starke Worte gesagt, für manche freilich noch nicht genug und noch nicht deutlich genug. Starke Worte bringen manchmal Klarheit, manchmal aber auch nur Verhärtung.

Unsere Gedanken als Seelsorger der beiden großen Kirchen wollen heute Abend mehr die leisen Töne zum Schwingen bringen, wir wollen zu mehr beitragen Sensibilität, zu mehr Nachdenklichkeit, zur Umkehrbereitschaft und zur Versöhnung. Eines der zentralen Worte der letzten Wochen und Monate heißt »Angst«. Da ist die Angst derer, die zunehmend weniger wissen, wie es mit ihrem Hof weitergehen soll: die Angst vor dem finanziellen Ruin, die Angst um die Zukunft der Kinder. Da ist andererseits die Angst derer, die zunehmend weniger wissen, was sie mit gutem Gewissen essen sollen, die sich um ihre Gesundheit sorgen und fundamental verunsichert sind. Eine Horrormeldung löst die andere ab.

Hinter all der Angst um unsere Gesundheit verbirgt sich auch die Angst vor dem Sterben und eine Auseinandersetzung mit dem Tod. Wer Bilder von Kranken sah, welche die Kreuzfeldt-Jakob-Krankheit haben, der wird diese Angst nicht verharmlosen können. Angst kann man nicht einfach wegreden. Angst nagt, lähmt, blockiert. Angst ist etwas Irrationales. Sie zu beheben braucht einen langen vertrauensbildenden Weg.

Angst war auch Jesus nicht fremd. Mit Blick auf sein Sterben hatte auch er Angst, und am Kreuz hat er seine Angst und seine Verzweiflung hinaus geschrieen: »Mein Gott, warum hast du mich verlassen?« Wir haben Angst, Gott sei's geklagt! Vor ihm dürfen wir all das abladen, was uns zur Verzweiflung bringt, all unsere Angst, unsere Ohnmacht und unsere Perspektivlosigkeit.

II. Angst ist belastend. Wenn die Angst schon beim Essen anfängt und vor den letzten Nachrichten nicht aufhört, dann drückt sie auf die Freude am Leben und an der Arbeit. Die Arbeit für die Familie in der Küche am Herd wird in der Zeit der Lebensmittelskandale zum bedrückenden Problem. »Was soll ich kochen?« ist zur Zeit nicht unbedingt die Frage nach dem Lieblingsessen der Familie - »Was soll ich kochen?« umschreibt eher die Unsicherheit bei der Fleischauswahl in der Metzgerei.

Die BSE-Angst der Verbraucher schlägt auf die gesamte Rinderhaltung zurück und trifft im Zusammenhang mit Medikamentenskandalen bei Schweinen und Geflügel die gesamte Landwirtschaft. Die bäuerliche Arbeit beim Vieh im Stall verliert ihren Sinn, wenn die Käufer im Laden selbst um auf BSE-getestetes Rindfleisch einen Bogen machen, so dass letztendlich eine schlachtreife Rinderherde zum unverkäuflichen »Rinderberg« angewachsen ist. »Wohin mit dem Rindfleisch?« ist nicht nur eine Organisationsfrage. Eine bedrückende Gewissensfrage verbindet sich mit 400.000 nicht zu vermarktenden Tieren.

Am Erntedankfest konnten wir noch gemeinsam für Gottes gute Gabe danken. Jetzt werden wir uns der Schuld gegenüber Gott und unseren hungernden Mitmenschen bewusst, wenn die Kühe in den Verbrennungsofen geworfen werden. Verbraucher und Landwirte sitzen mit ihrer Angst und Schuld in einem Boot - und das treibt zur Zeit ohne klaren Kurs ziellos zwischen gefährlichen Klippen aus technischem Fortschrittsglauben und romantischen Bildern von glücklichen Tieren auf grünen Weiden. Zur Ortsbestimmung müssen wir fragen, wie wir bis hierher gekommen sind. Doch wenn wir fragen: Wer trägt Verantwortung für die Krise? Dann meldet sich natürlich zunächst niemand freiwillig.

Warum hat anscheinend niemand Verantwortung für die BSE-Krise und ihre Folgen? Ich stelle ihnen in Kurzform ohne Anspruch auf Vollständigkeit eine Reihe von neun wesentlichen Stellungnahmen zur Verantwortung für die Krise vor, die ich in der letzten Zeit in der Öffentlichkeit gehört habe. Die Lage sieht aus wie beim Spiel »Schwarzer Peter«:

1. Die Bauern weisen die Verantwortung von sich, weil sie das gekaufte Viehfutter gutgläubig im Vertrauen auf ihre Lieferanten und die staatlichen Kontrollen und Vorschriften verfüttert haben.

2. Die Verbraucher übernehmen keine Verantwortung für die Krise, weil sie nur essen können, was ihnen im Laden verkauft wird.

3. Die großen Lebensmittelgeschäfte von Aldi bis Spar lehnen Verantwortung ab, weil die Kunden bei ihnen bisher gezielt und freiwillig besonders nach den Fleischsonderangeboten gegriffen haben.

4. Die Futtermittelhersteller wollen keine Verantwortung haben, weil sie bei den verwendeten Tiermehlen nicht feststellen können, ob es BSE-infizierte Teile enthält.

5. Die Tierkörperbeseitigungsanstalten betrachten ihre eigenen Betriebe als schuldlos, weil sie sich an die geltenden Verarbeitungsnormen gehalten haben.

6. Die wissenschaftliche Forschung übernimmt keine Schuld, weil die geringe Anzahl an BSE-Fällen in Deutschland zunächst keine Beunruhigung auslöste und die BSE-Forschung nicht sehr viel Forschungsgelder bekommen hatte.

7. Die Agrarpolitik der deutschen Parteien und Verbandsvertreter sieht sich als unschuldig an, weil in Deutschland die allgemeinen europäischen Agrarmarktregeln gelten.

8. Die EU-Agrarbürokratie verweist die Verantwortung an den Weltmarkt und den Kampf ums Überleben im Rahmen der wirtschaftlichen Globalisierung.

9. Die Landwirte sehen sich als Opfer, weil sie der Industrie zu Niedrigpreisen die Rinder liefern müssen.

In einem Teufelskreis der Abhängigkeit des Einen vom Anderen wird die Verantwortung von allen Beteiligten nur herumgeschoben, weil keiner bereit ist, sich dem eigenen Verantwortungsanteil zu stellen. Die Verantwortung ist scheinbar heimatlos geworden. Man nennt es strukturelle Verantwortungslosigkeit, wenn im Gesamtzusammenhang eines Systems kein Verantwortlicher zu finden ist. In unserer kirchlichen Sprache wird dieser Teufelskreis »strukturelle Schuld« genannt. Die strukturelle Schuld ergibt sich aus der Summe persönlicher Schuld durch Fehler und Versäumnisse. Bauern, Bürokraten, Politiker, Produzenten, Wissenschaftler und Verbraucher - jeder trägt nur einen kleinen Teil der Verantwortung - aber jeder hängt mit drin.

Wenn wir unseren eigenen Teil an Verantwortung für die Fehlentwicklung erkennen, müssen wir uns der eigenen Schuld stellen. Die Schuldübernahme im eigenen Verantwortungsbereich kann die verletzende und oft ungerechte Schuldzuweisung an den Nächsten aufheben. Wenn wir mit ehrlichem Herzen vor Gott eigene Schuld anerkennen und bekennen, erlaubt die göttliche Gnade uns Erneuerung. Wir können aufatmen, wenn wir die Bürde eigener Schuld ablegen können. Versöhnung findet statt, wenn wir uns füreinander öffnen. Landwirte und Verbraucher lernen wieder neu einander zu vertrauen. Deshalb, Gott, wollen wir als ersten Schritt vor Dir unsere eigene Schuld erkennen und bekennen. *(Stille)*

III. Wo Schuld verteilt wird, da bleiben oft viele Wunden zurück. Wir klagen unsere Enttäuschungen und unsere Verletzlichkeit. Landwirt zu sein ist kein Job. Gerade wer Milchvieh hält, ist mit den Tieren und seinem Hof geradezu verwachsen. Das hat seine schönen Seiten, aber auch seine schweren: angebunden sein, viel Arbeit! Wer sich so engagiert, der identifiziert sich in hohem Maß mit seiner Arbeit. Wer sich so engagiert und identifiziert, der ist in hohem Maße verletzt angesichts der derzeitigen Lage. Das hat zu tun mit beschädigtem Ansehen und verloren gegangener Wertschätzung. Es tut weh, wenn man sehen muss, dass man in vielem zu leichtgläubig war. Es tut weh, wenn man sehen muss, in welchem Maße man von der Agrarindustrie getäuscht wurde.

In unser Blickfeld rücken aber auch neu die Tiere als »Geschöpfe« und nicht nur als »lebendige Ware« mit all ihrer Verletzlichkeit. Wo Tiere häufig einer industriellen artwidrigen Intensivhaltung unterworfen, als Schlachtvieh über weite Strecken transportiert, mit verbotenen Hormonen und Antibiotika gemästet, gentechnisch manipuliert und geklont, in oft überflüssigen wissenschaftlichen Experimenten geopfert und als »Mehl« verfüttert werden, da wird Gottes lebendiger Schöpfung Gewalt angetan und der Eigenwert der Schöpfung missachtet. Und nun sollen Millionen Rinder zur Marktbereinigung vernichtet, verbrannt werden. Wie »schöpfungsvergessen« haben wir gelebt und leben wir?! Wie sehr müssen wir wieder lernen, allem Lebendigen achtungsvoll und mit der jedem Lebewesen gebührenden Ehrfurcht zu begegnen?!

Gott, wir bringen vor dich all unsere Verletzlichkeit, all unsere Enttäuschungen, auch die über unser eigenes Versagen. Wir fühlen uns, als ob man uns die Flügel abgeschnitten hätte. Du aber willst nicht, dass wir flügellahm durchs Leben gehen, sondern dass wir Mut schöpfen, Phantasie entwickeln, uns neu auf den Weg machen und neue Wege gehen.

IV. Welchen neuen Weg können wir einschlagen? Auf dem alten Weg kommen wir nicht mehr weiter. Das zeigt die gegenwärtige Krise. Hier ist nicht der Ort und die Zeit ein agrarpolitisches Programm zu entwerfen oder zu kommentieren. Aber Grundlagen für die Zukunft möchte ich beschreiben, ohne die kein Zukunftsprogramm auskommen wird. Wir Menschen brauchen tragfähige Grundlagen:

Wir brauchen Hoffnung. Wir brauchen ein Rücksichtnehmen auf einander. Wir brauchen Solidarität. Wir sind im Glauben als Geschwister verbunden, die einander brauchen und die zusammengehören. Ich möchte Ihnen eine alte rabbinische Geschichte erzählen. In einer Geschichte wird lebendig, was sich in kurzen Schlagworten leblos anhört.

Geschichte »Die beiden Brüder auf dem Berg Morija«

Zwei Brüder wohnten einst auf dem Berg Morija. Der jüngere war verheiratet und hatte Kinder, der ältere war unverheiratet und allein. Die beiden Brüder arbeiteten das ganze Jahr über. Zur Zeit der Ernte brachten sie das Getreide ein und teilten die Garben in zwei gleich große Stöße, für jeden von beiden einen gleich großen Stoß an Garben. Als es Nacht geworden war, legte sich jeder der beiden Brüder bei seinen Garben zum Schlafen nieder. Der ältere konnte keine Ruhe finden und dachte: »Mein Bruder muss für seine Familie sorgen, ich nicht, und doch habe ich gleichviel Garben. Das ist nicht recht.« Und er stand auf, nahm von seinen Garben und brachte sie heimlich zu seinem Bruder.

In der gleichen Nacht, nur etwas später, dachte der jüngere an seinen großen Bruder: Er überlegte: »Mein Bruder ist allein, wer wird im Alter für ihn sorgen?« Und er schlich sich zu ihm und gab ihm von seinen Garben. Am nächsten Morgen war natürlich die Überraschung auf beiden Seiten groß, als beide erstaunt feststellten, dass ihre Garbenstöße nicht kleiner geworden waren. Aber keiner der beiden sagte dem anderen ein Wort davon.

In der zweiten Nacht warteten beide, bis sie glaubten, der andere schliefe, nahmen wieder einen vollen Arm Garben und machten sich auf den Weg. Auf halbem Weg trafen sie sich, und jeder erkannte, wie gut es der andere mit ihm meinte. Da ließen sie ihre Garben fallen und fielen sich weinend in die Arme, weil sie erkannten, wie sehr jeder den anderen liebte. In diesem Moment schaute Gott im Himmel auf sie nieder und sagte: »Heilig sei mir dieser Ort. Hier will ich unter den Menschen wohnen.«

Die Brüder stehen beispielhaft für uns Menschen in unseren unterschiedlichen Lebenszusammenhängen. Beide denken sich beispielhaft in den Bruder hinein. In besonnener Fürsorge gibt einer dem anderen von den Früchten seiner Arbeit einen Teil für seine Lebenssicherung ab. Sie halten sich nicht krampfhaft am Besitz fest, weil sie ihr Vertrauen nicht auf den eigenen Besitz setzen. Sie leben getrost aus der Hoffnung, dass für ihr eigenes Leben gesorgt ist. Am Ende der Geschichte freut sich Gott mit uns allen darüber, in welcher Weise zwischen zwei Menschen Solidarität gelebt wird und will in dieser Gemeinschaft für immer gegenwärtig sein.

V. Die Fürsorge füreinander ist uns aufgegeben; aber gerade in solchen Stunden dürfen wir einander auch daran erinnern, dass noch ein anderer für uns sorgt. Wenn wir darum diesen Gottesdienst unter das Thema gestellt haben: »Ihr alle, denen man Lasten und Bürden aufgeladen hat, kommt her zu mir, ich will euch aufatmen lassen«, dann wollen wir nicht auf billige Art die momentane Krise religiös verbrämen und klein reden. Es geht nicht um irgendeine Vertröstungsideologie. Wir wissen: Trost kann sehr billig sein. Bei Jesus Trost finden meint, gerade nicht: dann lösen sich alle Probleme und Fragen in Luft auf. Aber: Bei ihm finde ich die Kraft und die Ruhe, die ich brauche, um gegen die übermächtig scheinenden Probleme anzukämpfen.

Diese Kraft und Ruhe zu finden soll uns das Bild der »Johannes-Minne von Heiligkreuztal« helfen, eine Holzplastik aus der Zeit um 1320...
(Es folgt eine Auslegung dreier Bilder.)

So geborgen, in Freiheit gesetzt und zur Ruhe gekommen können wir beten, wie es in einem Liedtext von Kurt Rommel heißt: »Lass uns in deinem Namen, Herr, die nötigen Schritte tun...«

Lied »Sonne der Gerechtigkeit«   ·

Fürbitten
Menschen gehen zu Gott in ihrer Not. Flehen um Hilfe, bitten um Glück und Brot, um Errettung aus Krankheit, Schuld und Tod. So tun sie alle, Christen und Heiden. So wenden wir uns zu dir, lebendiger und barmherziger Gott:

In der gegenwärtigen Situation machen sich Angst, das Gefühl der Ohnmacht und Verzweiflung bei vielen Bauern breit. Schenke uns Auswege aus der Krise, aber auch Kraft im Glauben, Mut und Selbstvertrauen. Lass jeden Einzelnen spüren, dass du das Licht in der Dunkelheit bist und dass du niemanden verlassen wirst. Du willst uns aufatmen lassen. Wir bitten dich:

Kyrie eleison (EG 178.12)

In diesen Tagen reden viele davon, dass wir neu lernen müssen, mit der Schöpfung verantwortungsvoll umzugehen. Lass besonders die Politikerinnen und Politiker, die wichtige Entscheidungen treffen müssen, erkennen, was in dieser Situation zu tun ist. Stärke sie in ihrer Bereitschaft, alle Lebewesen zu achten und dafür auch ihre Verantwortung wahrzunehmen. Du willst uns stärken. Wir bitten dich:

Kyrie eleison

Wir beten besonders auch für die junge Generation. Für die, die vielleicht gerade einen Hof übernommen haben, eine Familie gegründet und sich darauf eingestellt haben, von der Landwirtschaft zu leben. Gib ihnen Mut zum Weitermachen, lass sie nicht vorschnell resignieren. Gib ihnen Mut und Phantasie für neue Schritte und Wege. Du hilfst uns, unsere Lasten zu tragen. Wir bitten dich:

Kyrie eleison

Für uns alle, Bauern und Bäuerinnen, Verbrauchern und Verbraucherinnen bitten wir dich, dass wir neu sehen lernen, dass wir alle von deiner guten Schöpfung leben. Lass nicht zu, dass wir einseitige Schuldzuweisungen vornehmen, sondern lass uns miteinander nach neuen Wegen suchen im Umgang mit der Natur, mit den Tieren und mit unseren Nahrungsmitteln. Du schenkst uns Leben. Wir bitten dich:

Kyrie eleison

Vaterunser

Lied »Offenes Reden, offenes Wort«

Segen

Kontakt:
Ausschuss für den Dienst auf dem Lande in der EKD
Dr. Clemens Dirscherl
Evangelisches Bauernbildungswerk in Württemberg
74638 Waldenburg-Hohebuch
07942-10773
www.hohebuch.de

Bundesgeschäftsstelle der katholischen Landvolkbewegung
Hermann Kroll-Schluter
Drachenfelsstraße 23
53604 Bad Honnef Rhöndorf,
KLBundILD@aol.com

Gottesdienste für Handwerker

Werkstattgottesdienste von Handwerk und Kirche in Flensburg

Der Kirchliche Dienst in der Arbeitswelt (KDA) Nordelbien, Arbeitsstelle Flensburg, ist, gemeinsam mit der Kreishandwerkerschaft Flensburg - Stadt und Land, Initiator der Werkstattgottesdienste, die alljährlich am Sonntag nach Erntedank gemeinsam mit verschiedenen Kirchengemeinden aus dem Kirchenkreis Flensburg gefeiert werden. Das gemeinsame Anliegen ist es, Menschen aus Handwerk und Kirche zusammenzubringen und im Gottesdienst Themen aus der Arbeitswelt aufzugreifen, die den Alltag der meisten Menschen bestimmen. Der Gottesdienst in einer Ausbildungswerkstatt bietet also sowohl vom Raum als auch vom Inhalt her eine besondere Möglichkeit der Verkündigung.

Während der Vorbereitung und Durchführung der Werkstattgottesdienste findet ein intensiver Informationsaustausch von Handwerk und Kirche statt. Auch Auszubildende, Schüler und Schülerinnen werden aktiv in die Vorbereitung einbezogen. Unterschiedliche gesellschaftliche Gruppen werden bei der anschließenden »Handwerk trifft Kirche«-Veranstaltung zusammengebracht.

Der vorgestellte Gottesdienst wurde mit 200 Besuchern gefeiert. Unter dem Motto »Wendepunkte« ging es um Veränderungen in der Arbeitswelt, um Schnittpunkte wie das Ausbildungsende oder den Jobwechsel und um den Umgang damit für jeden Einzelnen und jede Einzelne. Dem Vorhaben entsprechend wurde die Predigt von einer Pastorin und einem Handwerksmeister gestaltet, die im Dialog auf die Bedeutung von »Wendepunkten im Leben« eingingen.

»Wendepunkte im Leben«

Bläservorspiel vom Posaunenchor
Begrüßung
Lied: »Großer Gott wir loben dich«
Morgensprache
Gemeinsames Lied: »Nun aufwärts froh den Blick gewandt«
Lesung (Ps 119, 1-3. 6-8. 18. 33. 81f. 92. 105. 116f)
Tagesgebet

Chor: »Groß ist dein Name«
Einführung in das Symbol »Wendepunkte«
Gebet
Chor: »Ich bete an die Macht der Liebe«
Dialog-Predigt I
Lesungen
Gemeinsames Lied: »Ich möchte, dass einer mit mir geht«
Dialog-Predigt II
dazwischen Lesungen
Gemeinsames Lied: »Ich möchte, dass einer mit mir geht«
Kollektenankündigung
Gemeinsames Lied: »Mit Gott will ik mien'n Weg nu gahn«
Fürbitten
Vaterunser
Segen
Einladung: Kirche trifft Handwerk

Vorbereitung

Drei Treffen von VertreterInnen aus Handwerk und Kirche:
1. Treffen: Rückblick auf den letzten Werkstattgottesdienst. Gespräch über die aktuelle Situation im Handwerk.
2. Treffen: Annäherung an das Thema. Verabredungen über den Ablauf des Gottesdienstes werden getroffen und Aufgaben verteilt.
3. Treffen: Erstellung des liturgischen Ablaufs. Wer macht was und wann? Zu den gemeinsamen Treffen kommen bilaterale Verabredungen hinzu, z.B. zur Vorbereitung der Dialogpredigt, der Fürbitten etc.
Für den Gottesdienst haben Malerlehrlinge das Labyrinth der Kathedrale von Chartres großformatig als Symbol im Gottesdienst gemalt. Den Altar bauten Lehrlinge der Bauinnung während ihrer Ausbildung.

Ablauf

Bläservorspiel vom Posaunenchor
(vor der Werkstatthalle)

Begrüßung der eintreffenden Gottesdienstbesucher

Lied »Großer Gott wir loben dich« (Bäckersänger- und Handwerker-Chor)

Morgensprache

(Eingangsworte aus Handwerk und Kirche. Der Begriff »Morgensprache« ist angelehnt an die Erfahrung, dass zur morgendlichen Arbeitsaufnahme in Handwerksbetrieben oftmals dazugehört, die Arbeit des Tages zu verteilen.)

Gemeinsames Lied »Nun aufwärts froh den Blick gewandt« (EG 394)

Lesung (Ps 119, 1-3. 6-8. 18. 33. 81f. 92. 105. 116f)

»1 Wohl denen, deren Weg ohne Tadel ist, / die leben nach der Weisung des Herrn.

2 Wohl denen, die seine Vorschriften befolgen / und ihn suchen von ganzem Herzen,

3 die kein Unrecht tun / und auf seinen Wegen gehn.

6 Dann werde ich niemals scheitern, / wenn ich auf all deine Gebote schaue.

7 Mit lauterem Herzen will ich dir danken, / wenn ich deine gerechten Urteile lerne.

8 Deinen Gesetzen will ich immer folgen. / Lass mich doch niemals im Stich!

18 Öffne mir die Augen / für das Wunderbare an deiner Weisung!

33 Herr, weise mir den Weg deiner Gesetze! / Ich will ihn einhalten bis ans Ende.

81 Nach deiner Hilfe sehnt sich meine Seele; / ich warte auf dein Wort.

82 Meine Augen sehnen sich nach deiner Verheißung, / sie fragen: Wann wirst du mich trösten?

92 Wäre nicht dein Gesetz meine Freude, / ich wäre zugrunde gegangen in meinem Elend.

105 Dein Wort ist meinem Fuß eine Leuchte, / ein Licht für meine Pfade.

116 Stütze mich, damit ich lebe, wie du es verheißen hast. / Lass mich in meiner Hoffnung nicht scheitern!

117 Gib mir Halt, dann finde ich Rettung; / immer will ich auf deine Gesetze schauen.«

Tagesgebet

Lied »Groß ist Dein Name« (Bäckersänger- und Handwerker-Chor)

Einführung in das Symbol »Wendepunkte«

(Das Symbol für den Gottesdienst ist das Labyrinth der Kathedrale von Chartres.)
(Erläuterungen zum Mosaik-Ornament und der Hinweis auf das von Malerlehrlingen gemalte Symbol mit Bezug auf das Thema »Wendepunkte«. Meditative Erläuterung über die Bedeutung eines Labyrinths - in Abgrenzung zum Irrgarten.)

Gebet

Ich mache mich auf, um die Mitte zu finden, das Ziel meines Lebens. Wenn ich es sehen kann, ist der Weg dahin gerade und leicht. Aber auf Umwege wird mein Schritt geführt. Mein Gott, wie viele Biegungen liegen noch vor mir? Manchmal glaube ich, am Ziel zu sein. Dann wieder stehe ich fast am Anfang. Zögernd taste ich mich voran. Ich erfahre: Jede Umkehr bringt mich näher, kein Schritt ist vergeblich vor Dir!

Chor »Ich bete an die Macht der Liebe« (Bäckersänger- und Handwerker-Chor)

Dialog-Predigt I

Handwerksmeister »Ich hab' die Schnauze voll!«, »Ich will nicht mehr!« Am liebsten alles hinwerfen, nichts mehr hören, nichts mehr sehen wollen. Nur noch schlafen, endlich einmal genug schlafen, tief und erholsam, ohne Alpträume, ohne nachts wach zu werden, voller Sorgen.

Pastorin Manche wollen so tief schlafen, dass sie nie wieder aufwachen. Wer von uns kennt das nicht?! Ich kenne Situationen, in die ich mich entweder selber reinbugsiert habe oder für die ich nichts kann, und mit denen ich trotzdem fertig werden muss. Immer wieder muss ich mich neu einstellen.

Handwerksmeister Manchmal sind es nur kleine Dinge - solche Tage, wo der Wecker kaputt geht, prompt komme ich zu spät und haste den ganzen Tag nur noch hinterher!

Pastorin Oder Tage, an denen ich abends nach Hause komme, völlig kaputt, niemand soll mich ansprechen, aber der Anrufbeantworter ist voll, und eine Frau ruft an, die dringend meine Hilfe braucht.

Handwerksmeister Ich denke auch an den Kursverfall des Neuen Marktes: all die kleinen Leute, deren Aktien nichts mehr wert sind, der große Traum von der Urlaubsreise muss ins Wasser fallen.

Pastorin Es gibt auch Einschnitte, die das ganze Leben verändern: z.B. wenn einer in Rente geht. Viele haben gar nichts davon: Weil die Arbeit weggefallen ist, und sie unfreiwillig gehen mussten und hadern, weil sie nichts mit der freien Zeit anzufangen wissen, weil sie krank werden... Solche Umschwünge begrüßt wohl keiner mit »Hurra«!

Handwerksmeister Die Bibel, das Alte Testament, erzählt von einem Mann mit Namen Elia, der die Nase gründlich voll hatte. Elia hatte zu seiner Zeit den Kampf gegen fremde Götter in seinem Land aufgenommen. Kompromisslos: Entweder - oder.

Pastorin Seinen Gott mit einem anderen teilen - das ging nicht! Der Kampf, den Elia aufnimmt, endet in einem riesengroßen Massaker:

Priester, die einem fremden Gott dienen, werden hingerichtet. Und hier beginnt die Geschichte, die von einem großen Wendepunkt erzählt:

Lesung (1. Kön 19, 1-3a)

»Ahab erzählte Isebel alles, was Elia getan, auch dass er alle Propheten mit dem Schwert getötet habe. Sie schickte einen Boten zu Elia und ließ ihm sagen: Die Götter sollen mir dies und das antun, wenn ich morgen um diese Zeit dein Leben nicht dem Leben eines jeden von ihnen gleich mache. Elia geriet in Angst, machte sich auf und ging weg, um sein Leben zu retten.«
Was für ein Umschwung! Elia eben noch im Rausch seines Triumphes, rennt um sein Leben. Der König Ahab hatte sich unterworfen, aber seine Frau Isebel nicht. Sie fordert Elia heraus, sie will ihn umbringen.

Handwerksmeister Elia ist kopflos, er haut ab. Sein ganzer Lebensentwurf ist gescheitert, sein Einsatz für Gott. So, wie wenn einer von heute auf morgen entlassen wird.
Pastorin Oder einer anderen endgültig klar wird, dass sie den falschen Beruf gewählt hat. Eine Lebenskrise beginnt immer mit dem Scheitern. Und dazu gehört auch die Flucht, das Nicht-wahr-haben-wollen.

Lesung (1. Kön 19, 3b-5a)

»Er kam nach Beerscheba in Juda und ließ dort seinen Diener zurück. Er selbst ging eine Tagereise weit in die Wüste hinein. Dort setzte er sich unter einen Ginsterstrauch und wünschte sich den Tod. Er sagte: Nun ist es genug, Herr. Nimm mein Leben; denn ich bin nicht besser als meine Väter. Dann legte er sich unter den Ginsterstrauch und schlief ein.«

Pastorin Die Stadt Beerscheba ist kein Zufluchtsort, wo Elia sicher gewesen wäre. Es treibt ihn weiter, es treibt ihn in die Wüste, er muss allein sein. Alle Versuche, der Krise auszuweichen, führen noch tiefer in die Krise hinein. Die Auseinandersetzung wird unumgänglich.
Handwerksmeister Die Wüste ist der Ort der Selbstbegegnung. Elia ist sich dort selbst ausgeliefert. Nichts lenkt ab. Er schaut seiner Verzweiflung in die Augen und ihm kommen Selbstmordgedanken. Er wünscht sich zu sterben. Er legt sich zum Schlafen unter einen Wacholder.

Lesung (1. Kön 19, 5b-6)

»Doch ein Engel rührte ihn an und sprach: Steh auf und iss! Als er um sich blickte, sah er neben seinem Kopf Brot, das in glühender Asche gebacken war, und einen Krug mit Wasser. Er aß und trank und legte sich wieder hin.«

Handwerksmeister Am Ort der Verzweiflung keimt Hoffnung auf. Heilende Kräfte werden in unserer Geschichte zum Ausdruck gebracht: Der Wacholder, der Engel, Brot und Wasser. Wo der Tod, die Angst das Leben eines Menschen bedrohte, sind Bilder vom Leben nahe. Nicht Sekt und Kaviar gibt's an diesem Ort, nicht Cola und Chips... Nur Brot und Wasser, die Grundnahrungsmittel.

Pastorin Hilfe muss einem nicht alles abnehmen. Hilfe ist, wenn man einem einen Weg aufzeigt, den ersten kleinen Schritt, den einer tun muss.

Handwerksmeister In diesem Fall, ganz nüchtern: Brot und Wasser. Das allererste Grundbedürfnis des Menschen.

Pastorin Gereicht vom Engel Gottes. Wer nichts mehr hat außer seiner Verzweiflung nimmt dieses an. Schlaftrunken isst und trinkt Elia und fällt wieder in den Schlaf.

Lesung (1. Kön 19, 7f)

»Doch der Engel des Herrn kam zum zweiten Mal, rührte ihn an und sprach: Steh auf und iss! Sonst ist der Weg zu weit für dich. Da stand er auf, aß und trank und wanderte, durch diese Speise gestärkt, vierzig Tage und vierzig Nächte bis zum Gottesberg Horeb.«

Pastorin Heil werden an der Seele braucht seine Zeit. Mit einer einmaligen Mahlzeit ist es nicht getan. Einen weiten Weg hat er noch vor sich, der Elia.

Handwerksmeister Einen weiten Weg haben auch die vor sich, die ihre Arbeit verloren haben, die immer wieder Bewerbungen schreiben oder die krank sind.

Pastorin 40 Tage und 40 Nächte Wanderung. Symbol für einen Zeitraum, in dem sich eine tiefgreifende Veränderung vorbereitet und durchsetzt.

Handwerksmeister Wenn Menschen heute eine Krise durchmachen, dann gleicht das Elias Weg durch die Wüste, 40 Tage und Nächte, helle und dunkle Abschnitte, Höhen und Tiefen.

Gemeinsames Lied »Ich möcht', dass einer mit mir geht« (EG 209, 1-2)

Dialogpredigt II

Lesung

»Und er kam dort in eine Höhle und blieb dort über Nacht. Und siehe, das Wort des Herrn kam zu ihm: Was machst du hier, Elia? Er sprach: Ich habe geeifert für den Herrn, den Gott Zebaoth; denn das Volk hat deinen Bund verlassen und deine Altäre zerbrochen und deine Propheten getötet, und ich bin allein übriggeblieben und sie trachten danach, dass sie mir mein Leben nehmen.«

Handwerksmeister Noch tiefer hinein muss Elia, sein Weg führt noch nicht hinaus. Er sucht Zuflucht am Berg Gottes in einer Höhle. Eine Höhle ist unheimlich und bedrohlich.

Pastorin Wer in eine Höhle hineinsteigt, lässt ein Seil mitlaufen, um den Weg zurückzufinden.

Handwerksmeister Aber Elia muss in die Höhle: Nur in der Höhle begegnet er seiner Tiefe, muss sich seinen verleugneten Schattenseiten stellen. Durch das Gespräch mit Gott findet Elia Kraft und kann sich sein Scheitern eingestehen.

Pastorin Er kann davon reden, was geschehen ist. Das ist ein neuer Anfang! Ich kenne viele Menschen, die schaffen den Weg zum Reden nicht. Sie bleiben in ihren Fluchtwegen stecken: Kaufrausch, Drogen, zuviel Alkohol, abgedrehte Fitnessurlaube...

Handwerksmeister Fluchtwege gibt es viele. Die Kunst ist, den richtigen zu gehen. Die Höhle ist der Raum, wo ich Abschied nehmen kann. Von meinem alten Arbeitsplatz, ganz konkret.

Pastorin Oder von einem Bild, das ich von mir habe: Dass ich gesund bin. Dass ich alles schaffen kann. Oder von einem Ideal: Dass ich ohne Schulden leben muss.

Handwerksmeister Neues entsteht, wo ich die Realität zulasse, so wie sie ist. Und mir eingestehe, dass etwas anders geworden ist. Und ich nun sehen muss, wie ich mit der neuen Situation leben kann.

Pastorin Neues entsteht, nachdem ich mir und auch Gott meine Schattenseiten gezeigt habe.

Lesung

»Der Herr sprach: Geh heraus und tritt hin auf den Berg vor den Herrn! Und siehe, ich werde vorübergehen. Und ein großer, starker Wind, der die Berge zerriss und die Felsen zerbrach, kam vor dem Herrn her; der Herr aber war nicht im Winde. Nach dem Wind aber kam ein Erdbeben; aber der Herr war nicht im Erdbeben. Und nach dem Erdbeben kam ein Feuer; aber der Herr war nicht im Feuer. Und nach dem Feuer kam ein stilles, sanftes Sausen. Als das Elia hörte, verhüllte er sein Antlitz mit seinem Mantel und ging hinaus und trat in den Eingang der Höhle.«

Pastorin Elia wird hinausgerufen auf den Berg: Tageslicht, Fels unter den Füssen. Er hat wieder einen Standpunkt, er gewinnt einen neuen Überblick, er kann frei atmen.

Handwerksmeister Befreiung! Lösung von alten Fesseln! Von seinem Größenwahnsinn! Welch eine Lösung nach dem langen Weg, der ihn tiefer und tiefer geführt hatte, bis er sich selbst und Gott ansehen konnte.

Pastorin Elia versuchte, Gott in alt vertrauten Bildern zu finden: Wind, Feuer, Erdbeben. Es kommt alles ganz anders: Gott begegnet ihm im stillen sanften Sausen, wie es heißt.

Handwerksmeister So geht es uns Menschen in unserem Leben: Immer wieder müssen wir Abschied nehmen von alten Bildern, von Zielen und sogar von Menschen. Und meistens erst im Nachhinein merken wir: Das Ganze hat einen Sinn, nicht das Bruchstück.

Pastorin Elia bekommt ein neues, verändertes Leben geschenkt. Die Reise ist lang, das Ziel unterwegs oft nicht zu sehen. Unverhoffte Wendepunkte gehören dazu.

Handwerksmeister Oft reicht es schon, wenn nur einer an mich glaubt. Hilfe anzunehmen ist keine Schande.

Pastorin Und Hilfe anzubieten erst recht nicht! Lebenskrisen, Scheitern, schmerzhafte Abschiede, mühsame Neuanfänge, aber auch Erfolge und neue Ziele: Wir alle kennen das.

Handwerksmeister Höhen und Tiefen auf unserem Lebensweg hat es immer gegeben, sagt die Geschichte aus der Bibel. Und es wird sie immer geben!

Pastorin Aber wo auch immer wir im Augenblick uns befinden mögen: als Betroffene oder als Begleiter - diese Geschichte kann uns helfen, unterwegs nicht aufzugeben.

Gemeinsames Lied »Ich möcht', dass einer mit mir geht« (EG 209, 3-4)

Kollektenankündigung
(Lehrlinge in Kluft sammeln die Kollekte ein.)

Gemeinsames Lied »Mit Gott will ik mien'n Weg nu gahn« (EG 604)

Fürbitten
Gott, du Ursprung und Ziel allen Lebens, schenke uns Ruhe und Kraft in diesem Leben.

Wir bitten dich: Steh den Menschen bei an den Wendepunkten des Lebens. Hilf ihnen, Hinweise zu erkennen, um ihren eigenen Weg zu finden. Gib ihnen den Mut und die Kraft, sich Ziele zu stecken.

Gemeinsam rufen wir zu dir... »Kyrie, Kyrie eleison«

Wir bitten dich: Hilf uns, unseren Weg so zu gehen, dass die Menschen, die im Handwerk arbeiten oder dort lernen, in Zukunft Arbeit, Auskommen und Zufriedenheit erfahren.

Gemeinsam... »Kyrie, Kyrie eleison«

Wir bitten dich: Gib uns die Kraft, schlechte Zeiten auszuhalten und zu bestehen. Lass uns die Hoffnung auf andere Zeiten nie verlieren. Gib uns die Stärke, Hilfe anzunehmen und Hilfe zu geben.

Gemeinsam... »Kyrie, Kyrie eleison«

Wir danken dir für die Menschen, die uns im rechten Moment zur Seite standen, die das erlösende Wort fanden, uns Mut machten und unseren Weg begleitet haben. Schenke uns und allen, die wir jetzt in der Stille nennen, deinen Segen.

Gemeinsam beten wir...

Vaterunser

Segen

Einladung Kirche trifft Handwerk
(Ausstellung von Gesellenstücken, Ergebnisse der Werkstattwochen von Schülern verschiedener Schulen. Kollektenübergabe durch Handwerk und Kirche. Gemeinsamer Imbiss durch die Kreishandwerkerschaft.)

Anmerkungen
Predigt von Pastorin Silke Wierk, St. Johannis, Flensburg und Handwerksmeister Jörg Lorenzen, Harrislee

Kontakt:
Kirchlicher Dienst in der Arbeitswelt
Hans Christian Lorenzen
Marienallee 25 24937 Flensburg
0461/ 54722
hclorenzen@kda-nordelbien.de. www.kda-nordelbien.de

Kreishandwerkerschaft Flensburg Stadt und -Land
Petra Schenkluhn
Harnis 24 24937 Flensburg
0461/141290
kreishandwerkerschaft-fl@t-online.de. www.flensburger-handwerk.de

Gottesdienste für Krankenhaus-Mitarbeiter

Politisches Nachtgebet in Duisburg

Ausgangspunkt waren die politischen Gottesdienste am Niederrhein im Zusammenhang mit den zahlreichen Auseinandersetzungen um Arbeitsplätze, vor allem bei Kohle und Stahl, in den vergangenen 15 Jahren. Für diese Gottesdienste, die in der Regel ökumenisch abgehalten wurden, entwickelte sich ein eigenes liturgisches Formular, das klassische Elemente nur sehr reduziert aufnahm, dafür aber einen Schwerpunkt auf die direkte Beteiligung Betroffener legte. Die Resonanz auf diese Gottesdienste war sehr groß, schließlich wurden sie in akuten Krisensituationen gefeiert, oft mit mehreren tausend Besuchern.

Häufig wurde von den Besuchern gefragt, warum solche gottesdienstliche Formen nicht regelmäßig angeboten werden. Insbesondere die Aktion »Zufluchtsstätte Christuskirche« im Jahr 1995, bei der Bergarbeiterfrauen sechs Wochen lang Tag und Nacht in der Kamp-Lintforter Kirche geblieben sind, beförderte den Wunsch nach einem »Politischen Nachtgebet«. Unter diesem Titel wurde die Aktion der Frauen gottesdienstlich begleitet, indem jede Woche zur festen Zeit eingeladen und mit den Frauen und anderen Bergleuten die Gottesdienste vorbereitet und gestaltet wurden. Diese Erfahrung regelmäßiger Vorbereitung und Zusammenarbeit von Theologen und (teilweise nichtkirchlichen) Laien ermutigte, ab 1997 eine monatliche Veranstaltung zu einem festen Termin und an einem festen Ort mit einem kontinuierlich tagenden Vorbereitungskreis und einem breiten Trägerspektrum (auch unter außerkirchlicher Beteiligung) durchzuführen: Das »Politische Nachtgebet« - in Anlehnung an das berühmte Vorbild, aber konzeptionell ganz anders angelegt.

Kennzeichen dieser ökumenischen Gottesdienste ist eine Mischung aus Gebet und Information, biblischer Auslegung und Diskussion über theologisch relevante, politische und gesellschaftliche Themen. Die Themen werden in der Regel erst von Monat zu Monat festgelegt, um möglichst aktuell zu sein. Zumeist werden Gäste als Gesprächspartner eingeladen. Ein wesentliches Element ist die Möglichkeit der Gottesdienstbesucher, sich zu Wort zu melden und mitzudiskutieren. Gelegentliche kulturelle Beiträge, Spielszenen, Symbolhandlungen, Live-Musik und ähnliches tragen zu einer nichtsakralen Atmosphäre bei.

»Lohnraub im Krankenhaus - Die Folgen der Gesundheitsreform für die Beschäftigten«

Lied
Hinführung zum Thema
Lesung (Joh 10, 12-14)
Spiel der Beschäftigten
Schlussmusik: »Spiel mir das Lied vom Tod«
Unsere Fragen und Gedanken
Lied
Fürbitten
Vaterunser
Segen
Lied: »Dass Arbeit sei für alle da«

Ablauf

Lied

Hinführung zum Thema

Auffallend: Konkrete Konflikte um Arbeit und Arbeitsbedingungen werden zunehmend Thema: Citibank, Stadtwerke, Sonntagsschutz... heute: »Lohnraub« im Krankenhaus. Herzlich willkommen...

Ein aktueller Konflikt aus der Branche des Gesundheitswesens, wird uns vorgestellt - wie es guter Brauch hier ist - von den Betroffenen selber. Sie, die Beschäftigten des Evangelischen Krankenhauses, tun es aus ihrer Sicht und auf ihre Art mit einem kleinen Anspiel. Dass es sich hier also um eine Auseinandersetzung in einem kirchlichen Betrieb handelt, zeigt, dass die kapitalistischen Mechanismen letztlich für alle unternehmerischen Bereiche Geltung beanspruchen und sich folglich überall durchzusetzen scheinen, es gibt hier wohl keine herrschaftsfreien Räume.

Wohl aber gibt es nach wie vor die Verantwortung der unternehmerisch Handelnden, der Arbeitgeber, für ihre Mitarbeiterschaft. Für die Menschen, die ihnen anvertraut sind, jedenfalls für die Dauer ihrer Arbeitszeit, und die von ihnen weitgehend abhängig sind, jedenfalls was die materielle Existenz angeht. Diese Pflicht zur Verantwortung gegenüber der Mitarbeiterschaft - früher hätte man sich getraut, sogar von Fürsorge zu sprechen - gilt für alle, die Menschen in einem Betrieb vorgesetzt sind, als Vorstand oder Aufsichtsrat, als Betriebs- oder Abteilungsleiter, wenn sie über wesentliche Belange von Beschäftigten entscheiden können und müssen. Daran ändert auch der unternehmerische Zeitgeist nichts, der einen Mitarbeiter in erster Linie als einen Kostenfaktor begreift, und diesen Kostenträger - heißt es dann - bilanztechnisch reduziert: durch Entlassungen, durch Arbeitsplatzabbau, durch Lohnkürzungen, durch Leistungsverdichtung, durch eine noch flexiblere Ausbeutung.

Im Neuen Testament findet man ein Gleichnis Jesu, das ich in diesem Zusammenhang für spannend halte: Das Gleichnis vom guten Hirten und vom Mietling! Daraus ein kurzer Abschnitt:

Lesung (Joh 10, 12-14)

»Der Mietling aber, der nicht Hirte ist, dem die Schafe nicht gehören, sieht den Wolf kommen und verlässt die Schafe und flieht - und der Wolf stürzt sich auf die Schafe und zerstreut sie -, denn er ist ein Mietling und kümmert sich nicht um die Schafe. Ich bin der gute Hirte und kenne die Meinen, und die Meinen kennen mich.«

Das also ist der Unterschied zwischen dem echten Hirten und dem Mietling: In der entscheidenden Situation, in der Krise, in der sich echtes Hirtentum zu bewähren hat, lässt der gemietete, der eingekaufte Hirte die Herde im Stich und gibt sie dem Wolf preis. Was Wunder: Der Mietling ist ja auch nur ein bezahlter Handlanger. Was die Schafe angeht, sie sind in beiden Fällen auf den Hirten angewiesen, sei er nun ein guter oder schlechter, aber nur dem echten Hirten sind sie auch etwas wert, nur ihm bedeuten sie etwas.

Und der Wolf, der sich auf die Schafe stürzt und sie reißt und den Rest zerstreut? Wer ist dieser Wolf? Was ist die große Gefahr, die den Mietling so ärmlich versagen lässt? Der Wolf begegnet uns in Begriffen wie: Globalisierung, Standortsicherung, Gesundheitsreform, kurz: alles, was einen angeblichen Kostendruck erzeugt. Der Wolf hat viele Gesichter, aber letztlich nur eine Gestalt: Es ist der Zwang zur Gewinnmaximierung.

Dass das in der Privatwirtschaft so läuft, kriegen wir gerade in diesen Wochen besonders nah vor Augen geführt: [...] Doch machen wir uns nichts vor: das sind nur die spektakulären Top-Acts der allgemeinen Entwicklung, die keine Branche, keinen Wirtschaftsbereich ausschließt, ob es sich da nun um ein Call-Center handelt oder um einen sozialen Pflegedienst, um einen Energieerzeuger, einen High-Tech-Riesen oder ein christliches Krankenhaus.

Damit sind wir wieder beim Titel des heutigen Nachtgebets. Ich lade einfach dazu ein: Hören und sehen wir uns an, was die Beschäftigten einer großen Duisburger Krankenanstalt empört und zu uns geführt hat, um ihre Sorgen hier darzulegen und mit uns zu diskutieren.

Spiel der Beschäftigten

(Ort der Handlung: Ein Krankenzimmer, Bett mit bandagiertem Patient, an Kabel und Schläuche angeschlossen, zwei Infusionsflaschen: »Wasser« und »Brot«, an der einen Wand eine Uhr, Uhrzeit: 5 vor 12, an der anderen Wand eine Patientenkurve mit schwarzen Kurven; Hintergrundmusik: »Money« (Pink Floyd))

(Handelnde Personen: Der Patient, Herr Koster - Dr. Wölkius, Chirurg - Dr. Frickorius, Internist - Dr. Meier, Neurochirurg - Ein/e Krankenschwester/-pfleger - Ein/e Erzähler/in)

Erzähler Meine sehr verehrten Damen und Herren, ich begrüße Sie recht herzlich zu unserer heutigen Reality-Sendung. Wir sind heute live bei einer dramatischen Arztvisite in dem uns aus unserer Daily Soap wohlbekannten Klinikum dabei. Der Patient, Herr Koster, hat eine sehr schlechte Prognose und wir können gespannt sein, ob das exzellente Ärzteteam etwas zu seiner Rettung wird tun können. Fiebern Sie also mit mir um das Wohl und Wehe des Karl Koster, uns allen aus früheren Sendungen auch als Bernd Belegschaft oder Sigi Sparfaktor bekannt. Seien Sie mit mir gespannt, wie in dieser einschneidenden Visite über sein weiteres Schicksal entschieden werden wird. *(Erzähler geht ab, dreht sich im Hinausgehen noch einmal um.)* Ach ja, etwaige Ähnlichkeiten mit lebenden Personen oder tatsächlichen Begebenheiten sind natürlich rein zufällig und vom Verfasser vollkommen beabsichtigt.

(Die 3 Ärzte kommen zur Visite.)

Dr. Wölkius Na, Herr Koster, wie geht' s uns denn heute?

(Patient stöhnt)

Dr. Frickorius Sieht doch schon viel besser aus. Gegen das Übergewicht müssen wir aber noch was tun. Da hilft nur rigoroses Abspecken.

(Patient will sich aufrichten, sinkt völlig entkräftet zurück.)

Dr. Meier Immerhin ist die total überhöhte Temperatur von 36°C schon zurückgegangen seitdem wir die dicke Weihnachtsgelddecke weggenommen haben.

Dr. Wölkius War ja auch völlig unnötig, so eine dicke Decke, die führt nur zu Komplikationen, zu Infektionen wie Geldausgebitis oder Geschenkaufitis. Nicht wahr, Kollege Frickorius, das können Sie als Internist doch bestätigen?«

Dr. Frickorius Natürlich, vollkommen richtig, Herr Dr. Wölkius. Ich frage mich aber, ob Sie als Chirurg hier nicht auch noch tätig werden sollten.

Patient *(jammert)* Aua, au...

Dr. Wölkius Sie denken da bestimmt an eine operative Sanierung der Ulcera Urlaubsgelda. Haben wir auch schon drüber nachgedacht, wir

wissen nur noch nicht, ob wir zu 50, 75 oder 100% sanieren sollen. Schließlich ist da noch diese Widerstandsgeschwulst im Kopf...
(Patient stöhnt)

Dr. Meier Sanieren Sie ruhig ausreichend, Kollege Wölkius, wir von Seiten der Neurochirurgie können ja unterstützend tätig werden, indem wir den Widerstandstumor mit der neuen Outsourcing-OP sowie einer hohen Dosis Anti-MAV therapieren.

Dr. Frickorius *(Dr. Frickorius zeigt auf die schwarze Kurve an der Wand)* ...für angebracht?
(Patient richtet sich etwas auf, sieht ebenfalls auf die Kurve, sinkt auf sein Kopfkissen zurück, stöhnt.)

Dr. Wölkius Ich denke, Sie müssen bei der Outsourcing-OP schrittweise vorgehen, Herr Kollege Meier. Zu drastisches Eingreifen könnte trotz Anti-MAV zu einer Aktivierung körpereigener Widerstandszellen führen.

Dr. Meier Genau, Herr Kollege Wölkius, und außerdem zu dem gefürchteten Morbus Motivationsschwundus. Das alles könnte sich äußerst negativ auf die von uns beabsichtigte Therapie mit Simultan-AVR auswirken.

Patient *(jammert)* Aua, au...

Dr. Wölkius Herr Koster, jetzt reißen Sie sich aber mal etwas zusammen. Schließlich ist das hier alles doch für Ihr Wohl gedacht. Da können wir doch wenigstens von Ihnen erwarten, dass Sie das Maß an christlicher Solidarität zeigen, das eine vertrauensvolle Zusammenarbeit ermöglicht.
(Dr. Frickorius dreht den Kopf des Patienten mit einem Ruck in Richtung Kurventafel. Patient schreit auf.)

Dr. Frickorius Wie sollen wir denn ohne Aderlässe im Bereich 4.000 Einheiten Minus-Netto je aus diesen roten Zahlen wieder in einen schönen grünen Bereich kommen?
(Patient unternimmt eine Anstrengung, das Bett zu verlassen.)

Dr. Wölkius Keine Angst, Herr Koster... *(er drückt den Patienten auf das Bett zurück)* ...den Aderlass von 4.000 Einheiten Minus-Netto machen wir doch in 12 Schritten, das ist eine Langzeit-Maßnahme. Wir wollen Sie doch nicht völlig ausbluten.

Dr. Meier *(richtet sich fragend an Dr. Frickorius, leise)* Nicht...?

Dr. Frickorius *(zu Dr. Meier, ebenso leise)* Nein, ich glaube, der Bazillus Personalkostus Enormus soll nur auf etwa 50% abgesenkt werden.

Dr. Meier Und das soll reichen, uns trotz der drohenden Hänson-Krise wieder auf gesunde Füße zu stellen?
(Patient stöhnt.)

Dr. Wölkius *(nimmt die beiden anderen Ärzte zur Seite, wendet sich vom Patientenbett ab)* Aber meine Herrn Kollegen, erwähnen Sie die Hänson-Krise nicht vor dem Patienten. Sonst könnte er noch merken, dass uns im Vorfeld einige Kunstfehler unterlaufen sind... *(wendet sich wieder dem Bett zu)* ...Reduktion auf 50% muss erst mal reichen, dazu noch Fettabsaugung aus den Polstern der zusätzlichen Versorgung. Weiteramputieren können wir dann immer noch! *(Die Ärzte gehen ab. Der Patient zuckt einige Male im Bett, bleibt dann reglos liegen. Die Uhr an der Wand zeigt inzwischen 5 nach 12. Es erscheint ein/e Krankenschwester/-pfleger, die/der sich über den Patienten beugt. Sie/ er fühlt den Carotis-Puls, sie/ er lässt den Arm zurückfallen, beginnt zu reanimieren.)* **Krankenschwester/-pfleger** *(ruft)*: Reanimation!! Der Patient hat einen Entkräftungsschock!!

Schlussmusik »Spiel mir das Lied vom Tod«

Unsere Fragen und Gedanken
Zunächst wurde der Vorsitzende der Mitarbeitervertretung nach den konkreten Anliegen der Beschäftigten befragt und den Hintergründen der Auseinandersetzung mit der Geschäftsführung. Der Vorwurf lautete im Kern: Die Krankenhausleitung hat durch eine verfehlte Geschäftspolitik rote Zahlen erwirtschaftet und will den Defiziten mit Gehaltseinsparungen von bis zu 3.900 DM pro Jahr begegnen. Besonders beklagt wurde dabei das unsensible und autoritäre Vorgehen der Betriebsleitung.
Die anschließende Diskussion, an der sich im wesentlichen Gottesdienstbesucher beteiligten, die nicht zu den zahlreich erschienenen Beschäftigten des Krankenhauses gehörten, lenkte den Fokus bald auf die Kirche. Es herrschte allgemeines Unverständnis, wie es in einem unter kirchlicher Trägerschaft stehenden Unternehmen zu solch offensichtlichen Ungerechtigkeiten kommen könnte. Es wurde angemahnt, dass von Kirche mit ihrem Anspruch der Dienstgemeinschaft ein besonders verantwortungsbewusster Umgang mit Beschäftigten erwartet wird. Zunehmend machten sich auch Enttäuschung und Zorn Luft (»Bei der Kirche geht's noch schlimmer zu als in der freien Wirtschaft«). Erst das viel beachtete Votum eines zuständigen kirchlichen Repräsentanten, der die Vorwürfe der Beschäftigten im Prinzip bekräftigte, lenkte den Blick zurück auf die betriebliche Ebene und mündete in die Frage nach den nächsten Schritten, um doch noch eine akzeptable Einigung zu erzielen.

Lied

Fürbitten
Gott, wir sind in der Adventszeit - eine erwartungsvolle Zeit - eine stille Zeit. Wir warten auf Dein Kommen. Doch einige Menschen sind im Zweifel, wie sollst Du in eine Zeit kommen, die immer mehr an Werten verliert. Der Gewinn steht im

Vordergrund und nicht der Mensch. Lass alle zur Besinnung kommen, die nur dem Geld nachjagen und darüber die Menschen vergessen.
Wir bitten Dich: erhöre uns.
Gott, wir sollen in brüderlicher und schwesterlicher Liebe einander helfen. Gerade die Menschen, die ihre Arbeit im Dienst an Kranken, Alten und Bedürftigen verrichten, sollen auf ein Teil ihres Gehaltes verzichten. Gib den Verantwortlichen die Einsicht, dass Gewinnmaximierung nicht auf Kosten der Helfenden geschehen darf.
Wir bitten Dich: erhöre uns.
Gott, die Menschen die in Krankenhäuser, Altenheimen und Sozialeinrichtungen arbeiten, wollen in ihrem Dienst am Menschen immer freundlich und fröhlich sein. Gib ihnen Kraft und Ausdauer dazu, damit sie nicht ihre Alltagssorgen an ihnen anvertrauten Menschen auslassen.
Wir bitten Dich: erhöre uns.
Gott, wir schmücken unsere Wohnungen mit Tannenzweigen, als ein Zeichen der Hoffnung. Lass uns alle, Hoffnungsträger sein, für die Menschen die sich ausgestossen und ausgenutzt fühlen. Schenke uns ein offenes Ohr, für Probleme in der Welt, und gib uns den Mut, sie immer wieder beim Namen zu nennen.
Wir bitten Dich: erhöre uns.

Vaterunser

Segen

Lied: »Dass Arbeit sei für alle da« (Okko Herlyn)
»Dass Arbeit sei für alle da, Erwerb und Lohn und Brot,
das wünschen wir, drum kämpfen wir, dazu verhelf uns Gott.
Dass keiner im Büro und Werk von Ausgrenzung bedroht, das wünschen wir...
Dass, wer einmal am Rande steht, nicht stürze in die Not, das wünschen wir...
Dass Mann und Frau und fremder Gast bleiben in einem Boot, das wünschen wir...
Dass Tun und Ruhen morgen noch behalten gutes Lot, das wünschen wir...
Dass niemand nach der Arbeit Zeit sterb' den sozialen Tod, das wünschen wir...
Dass Menschen leben nicht allein von Arbeit, Lohn und Brot, dass wünsche wir...
Dass Mut und Solidarität nicht weichen Furcht und trott, das wünschen wir...«

Kontakt:
Kirchlicher Dienst in der Arbeitswelt, Region Duisburg/ Niederrhein
Jürgen Widera, Hans-Peter Lauer
Flottenstraße 55 47139 Duisburg
0203-453-386
kda@ev-kirche-duisburg.de. www.ekir/kda-duisburg.de

Gottesdienste für Arbeitnehmer

Alltagsgottesdienst in der
»Kirche der Solidarität« in Gelsenkirchen

Kirche im Alltag - Alltag in der Kirche: Dieses Leitmotiv zieht sich seit nunmehr fast vierzig Jahren durch die Arbeit des Evangelischen Industrie- und Sozialpfarramtes in Gelsenkirchen. Als Teil des kirchlichen Dienstes in der Arbeitswelt ist das Pfarramt die Brücke zwischen ihr und der Kirche. Neben den Kontakten zu Verbänden, Gewerkschaften, Parteien sowie der Arbeit mit und in Gemeindegruppen, Konferenzen, Seminaren usw. bleibt der Schwerpunkt des Engagements bei den Sorgen und Nöten der Menschen in der Arbeitswelt und bei denen, die gezwungenermaßen außen vor gelassen werden.

Wo Christinnen und Christen Angst spüren, wo sie nach Verlässlichem suchen, wo sie klagen und bitten, wo sie auf der Suche nach Lebensmöglichkeiten und Alternativen, auch gegen den scheinbar allmächtigen Marktgott, sind, da wird Gottesdienst gefeiert. Auch oder gerade im Alltag und manchmal auch an recht ungewöhnlichen Orten: So war das Evangelische Industrie- und Sozialpfarramt mit Arbeiterinnen aus der Bekleidungsindustrie zu einem Gottesdienst im Flur des Arbeitsgerichts Gelsenkirchen zusammen, weil die Frauen Opfer einer auch juristisch sehr umstrittenen Betriebsschließung werden sollten. Oder es wurde Gottesdienst auf der bedeutendsten Straßenbrücke in Gelsenkirchen gefeiert, nachdem die Arbeiter, deren Werk neben der Brücke geschlossen werden sollte, sie zusammen mit Bürgerinnen und Bürgern blockiert und besetzt hatten.

Ob am 1. Mai auf einer »Kanzel«, die aus zusammengetragenen Paletten improvisiert war, gepredigt wurde oder ob am 1. Advent eine Andacht auf einem Bahnsteig des Hauptbahnhofes Gelsenkirchen gehalten wurde: Gottes Dienst am Menschen ist nicht auf den Sonntag beschränkt. Dies wurde besonders deutlich bei den Vorgängen um die Schließung der Zeche Hugo in Gelsenkirchen-Buer. Die Kumpel hatten die dortige Apostelkirche besetzt und neben vielen Aktivitäten rund um die Mahnwache auf dem Kirchplatz hatte das Evangelische Industrie- und Sozialpfarramt jeden Abend um 18:00 Uhr einen Gottesdienst angeboten. Insgesamt 33 Mal feierten und beteten, weinten und lachten Bergleute und Bürgerinnen und Bürger in der Kirche. Danach benannten die Kumpel die »Apostelkirche« in die »Kirche der Solidarität« um.

Daraus entstand die Tradition der sogenannten »Alltagsgottesdienste«, von denen einer hier dokumentiert ist. Er wurde in ökumenischer Gemeinsamkeit erarbeitet und nahm die Befürchtungen, Gedanken und Wünsche auf, die die Arbeitnehmerinnen und Arbeitnehmer im Blick auf die anstehende Diskussion eines neuen Betriebsverfassungsgesetzes hatten. Dabei waren die konkreten Alltagserfahrungen von Betriebsräten wichtig, die sie in den Gottesdienst einbrachten.

»Brauchen wir ein neues Betriebsverfassungsgesetz?«

Glocken
Orgelvorspiel
Begrüßung
Lied: »Sonne der Gerechtigkeit«
Liturgische Einleitung
Erfahrungen einer Betriebsrätin
»Unser Gebet«
Lied: »Gott liebt diese Welt«
Biblische Texte zum Thema
Lesungen
Sozialethische Aspekte zum Thema: Mensch, Arbeit und Kapital
Lied: »Gib uns Frieden jeden Tag«
Fürbittengebet
Gemeinsames Gebet
Vaterunser
Segen
Lied: »Großer Gott wir loben dich«

Ablauf

Glocken

Orgelvorspiel

Begrüßung

Lied »Sonne der Gerechtigkeit«

Liturgische Einleitung

Erfahrungen einer Betriebsrätin

Ich bedanke mich dafür, dass ich die Gelegenheit habe, ein paar Worte über das Betriebsverfassungsgesetz und wie manche Arbeitgeber damit umgehen, hier vortragen darf. Ich bin in einem SB-Warenhaus als Teizeitkraft der Haushaltswarenabteilung tätig. Dieses SB-Warenhaus hat inzwischen seinen vierten Betreiber.

Waren es 1990 zur Eröffnung des SB-Warenhauses noch über 200 Beschäftigte, so sind es heute nur noch unter 100. Wie jeder neugewählte Betriebsrat hatten auch wir unsere Anfangsschwierigkeiten, da wir von Gesetzen und Verträgen kaum Ahnung hatten. Aber eins konnte man uns von Anfang an nicht absprechen: Wir sind mit sehr viel Idealismus und Engagement an unsere Arbeit herangegangen, d.h. wir haben versucht, die Rechte der Kolleginnen und Kollegen zu vertreten.

Die Aufgabe eines Betriebsrates ist es unter anderem für die Einhaltung des Betriebsverfassungsgesetzes, die Tarifverträge und Vereinbarungen Sorge zu tragen. Dabei war und ist uns die Gewerkschaft stets eine große Hilfe. In der Praxis ist es nicht immer einfach und teilweise auch nicht realistisch, diese Aufgaben umzusetzen.

Und hier nun einige Beispiele wie der Arbeitgeber die Mitbestimmungsrechte des Betriebsrates, die im Betriebsverfassungsgesetz geregelt sind, missachtet, um nicht zu sagen »mit Füßen tritt«: Im Sommer letzten Jahres wurde in unserem Hause eine neue Telefonanlage installiert, Überwachungskameras wurden - über das gesamte Haus verteilt - angebracht, das Kassensystem wurde durch eine neue Software verändert. Die altbewährte Stempeluhr wurde abmontiert, ein neues An- und Abmeldeverfahren wurde eingeführt; es gab teilweise neue Arbeitszeiten. Bei all diesen Veränderungen hat der Betriebsrat gemäß des Betriebsverfassungsgesetzes ein Mitbestimmungsrecht. Der Betriebsrat wurde aber zu diesen Veränderungen nicht informiert, geschweige denn beteiligt.

Nun lassen Sie sich diese Dinge mal kurz durch den Kopf gehen, - was bezweckt der Arbeitgeber damit? - Eine völlige Überwachung der Beschäftigten - den gläsernen Arbeitnehmer!

Auch bei den Überstunden hat der Betriebsrat ein Mitbestimmungsrecht. Leider stellen wir auch hier regelmäßig fest, dass ungenehmigte Mehrarbeit in großem Maße geleistet wird. In der Vergangenheit bemerkten wir des öfteren, dass im Betrieb Menschen arbeiteten, die dem Betriebsrat nicht bekannt waren. Auch bei Neueinstellungen wurden die Mitbestimmungsrechte des Betriebsrates mit regelmäßiger Selbstverständlichkeit übergangen. An diesen Beispielen kann man erkennen, dass unser Arbeitgeber sich systematisch über das Betriebsverfassungsgesetz und auch über bestehende Tarifverträge hinwegsetzt.

Aus diesem Grund hat der Betriebsrat mehrere Verfahren beim Arbeitsgericht eingeleitet. Sie können sich vorstellen, dass einem Arbeitgeber mit ca. 370 Filialen »so etwas« nicht gefällt. Daher versucht der diesen unbequemen Betriebsrat mit allen Mitteln loszuwerden.

Das geht los mit: ungerechtfertigten Abmahnungen einiger Betriebsratsmitglieder, das sind bisher 13 Abmahnungen an der Zahl, permanenten Gehaltsabzügen, die mit nicht erforderlicher Betriebsratsarbeit begründet werden, Amtsenthebungsverfahren der stellvertretenden Betriebsratsvorsitzenden und mittlerweile elf ungerechtfertigten Kündigungsanträgen für die Betriebsratsvorsitzende, also für meine Person. Diesen Kündigungsanträgen hat der Betriebsrat natürlich nicht zugestimmt, so dass diese vor dem Arbeitsgericht verhandelt werden müssen.

Trotz dieser genannten und weiterer Mobbingattacken, die ich hier nicht alle erörtern will, wird der Betriebsrat auch weiterhin für die Rechte der Arbeitnehmerinnen und Arbeitnehmer kämpfen. Ich bin der Meinung, dass die Novellierung des Betriebsverfassungsgesetzes gute Ansätze hat. [...] Doch leider verbessern diese Veränderungen des Betriebsverfassungsgesetzes die Durchsetzung der Arbeitnehmerrechte in den Betrieben in der Praxis nicht.

»Unser Gebet«

Herr Jesus Christus, wir opfern Dir unseren Tag, unsere Arbeit, unsere Kämpfe, unsere Freuden und Leiden. Lass uns, wie auch alle unsere Schwestern und Brüder in der Welt der Arbeit, denken wie Du, Arbeiten mit Dir, Leben in Dir.
Gib uns die Gnade, Dich mit ganzem Herzen zu lieben und Dir mit allen Kräften zu dienen. Dein Reich komme in die Fabriken, die Werkstätten, die Büros und in unsere Häuser. Gib, dass alle, die heute in Gefahr sind, in Deiner Gnade bleiben und schenke den Verstorbenen Deinen Frieden.
Herr Jesus Christus, in Deiner Liebe segne die arbeitende Jugend. Herr Jesus Christus, heilige uns und unsere Familien. Herr Jesus Christus, Dein Reich komme durch uns und unsere Arbeit.
(Gebet der Christlichen ArbeiterInnen Jugend (CAJ) und Katholischen Arbeitnehmer-Bewegung (KAB))

Lied »Gott liebt diese Welt«

Biblische Texte zum Thema

Wir haben vorhin einiges aus dem Alltag der Betriebsräte gehört. Sie haben aus ihrer Praxis erzählt, unter anderem ja davon, welche Erfahrungen sie mit der Mitbestimmung gemacht haben. Und das ist ja in vielen Dingen unterschiedlich, je nach Branche, Betrieb usw. Aber eins zieht sich durch, was ich von vielen Kolleginnen und Kollegen auch schon beschrieben hörte: Der Druck wird größer, die Hetze, die Leistungsanforderungen.

Und nun könnte man meinen, na ja, so ist das in der modernen Welt, das ist eben die Folge der sogenannten Globalisierung. Aber weit gefehlt. Ich glaube, das hat eher etwas damit zu tun, wer eigentlich über was bestimmt, wer Macht und Herrschaft ausüben kann, wer darauf angewiesen ist, seine Arbeitskraft zu verkaufen, und wer davon wiederum profitiert.

Das ist alles andere als neu. Im Gegenteil, die Erfahrung von oben und unten, von Druck und Ungerechtigkeit, das ist uns schon beschrieben in einem Abschnitt des ersten Testaments. Wir sind in Ägypten. Die Israeliten müssen für die ägyptischen Bosse, für den Pharao schuften. Sie müssen Ziegelsteine herstellen aus Lehm und Stroh als Grundstoffe.

Lesung (Ex 5, 6-13)

»Am selben Tag noch gab der Pharao den Antreibern der Leute und den Listenführern die Anweisung: Gebt den Leuten nicht mehr, wie bisher, Stroh zum Ziegelmachen! Sie sollen selber gehen und sich Stroh besorgen. Legt ihnen aber das gleiche Soll an Ziegeln auf, das sie bisher erfüllen mussten. Lasst ihnen davon nichts nach! Denn sie sind faul, und deshalb schreien sie: Wir wollen gehen und unserem Gott Schlachtopfer darbringen. Erschwert man den Leuten die Arbeit, dann sind sie beschäftigt und kümmern sich nicht um leeres Geschwätz. Da gingen die Antreiber der Leute und die Listenführer zu den Leuten und sagten: So spricht der Pharao: Ich gebe euch kein Stroh mehr. Geht selbst und besorgt euch Stroh, wo ihr es findet. Von eurem Arbeitssoll aber wird euch nichts erlassen. Die Leute verteilten sich also über ganz Ägypten, um sich Stroh zu besorgen. Die Antreiber drängten und sagten: Ihr müsst euer tägliches Soll erfüllen wie bisher, als euch noch Stroh geliefert wurde.«

Mehr Leistung, mehr Druck, mehr Hetze, und das war eben nicht selbst gewählt, sondern angeordnet von ganz oben. Aber nicht nur diese Erfahrungen waren für die Israeliten präsent. Sie überlieferten auch immer das Gegenmodell, das sie vor Augen hatten.

Lesung (Ps 33, 5)

»Gott will, dass Recht und Gerechtigkeit herrschen. Von seiner Güte lebt die ganze Welt.«

Aber Gerechtigkeit als tragendes Element kommt nicht einfach so. Dazu können wir Menschen eine Menge tun, und wir haben viel davon. Darum haben immer wieder Propheten daran erinnert.

Lesung (Jes 54, 14)

»Du wirst auf Gerechtigkeit gegründet sein. / Du bist fern von Bedrängnis, denn du brauchst dich nicht mehr zu fürchten / und bist fern von Schrecken; / er kommt an dich nicht heran.«

Also, der Einsatz, dass sich Gründen auf Gerechtigkeit führt nicht ins Chaos und ist nicht illegitim und keine Anmaßung, ganz im Gegenteil: eine Gesellschaft, die sich gerechte Strukturen schafft, in der lebt es sich besser. So heißt es am Ende des ersten Testaments.

Lesung (Mal 3, 20)

»Für euch aber, die ihr meinen Namen fürchtet, / wird die Sonne der Gerechtigkeit aufgehen / und ihre Flügel bringen Heilung.«

Ja, die Sonne der Gerechtigkeit, wir haben sie zu Beginn besungen. Und das Neue Testament ist in unserem Zusammenhang völlig klar und eindeutig.

Lesung (Mk 10, 42-44)

»Da rief Jesus sie zu sich und sagte: Ihr wisst, dass die, die als Herrscher gelten, ihre Völker unterdrücken und die Mächtigen ihre Macht über die Menschen missbrauchen. Bei euch aber soll es nicht so sein, sondern wer bei euch groß sein will, der soll euer Diener sein, und wer bei euch der Erste sein will, soll der Sklave aller sein.«

Die Frage nach gesellschaftlicher Stellung, nach Macht und Rang, das Verhältnis von oben und unten, das alles ist also für Christinnen und Christen nicht beliebig gestaltbar. Nein, das hat etwas mit Glaubensinhalten und Konsequenzen daraus zu tun. Auch hier wieder der Hinweis:

Lesung (Mt 6, 33)

»Euch aber muss es zuerst um sein Reich und um seine Gerechtigkeit gehen; dann wird euch alles andere dazugegeben.«

Achtet zuerst also auf Gottes neue Spielregeln, auf seine Modelle, wie wir zusammen leben sollten, das ist wichtig. Alles andere können wir dann im Detail regeln. Aber die Grundmelodie muss stimmen. Erst der Mensch mit seinen Bedürfnissen und dann alles andere. Das ist unserem Gott wichtig. Sogenannte Sachzwänge sind gestaltbar, sind keine Naturgesetze. Trachtet zuerst nach Gottes neuer Welt und seiner Gerechtigkeit. Amen.

Sozialethische Aspekte zum Thema Mensch, Arbeit und Kapital

»Nach dem obersten Grundsatz dieser Lehre (Soziallehre der Kirche) muss der Mensch Träger, Schöpfer und Ziel aller gesellschaftlichen Einrichtungen sein. Und zwar der Mensch, sofern er von Natur aus auf Mit-Sein angelegt ist...«

»Zweifellos muss ein Unternehmen, das der Würde des Menschen gerecht werden will, auch eine wirksame Einheitlichkeit der Leitung wahren; aber daraus folgt keineswegs, dass, wer Tag für Tag in ihm arbeitet, als bloßer Untertan zu betrachten ist, dazu bestimmt, stummer Befehlempfänger zu sein, ohne das Recht, eigene Wünsche und Erfahrungen anzubringen, dass er bei den Entscheidungen über die Zuweisung eines Arbeitsplatzes und die Gestaltung seiner Arbeitsweise sich passiv zu verhalten habe.«

Die durchgängige Aussage der sozialen Rundschreiben der Päpste lautet: »Die Arbeit hat Vorrang vor dem Kapital«, weil der Mensch Subjekt der Arbeit ist und nicht das tote Kapital. Richtig kann »eine Ordnung des Arbeitslebens nur sein, die den Grundsatz... verwirklicht, wonach der Arbeit ein wesentlicher und wirksamer Vorrang zukommt.« Die Mittel und Wege zur Verwirklichung dieser sozialethischen Aussage müssen die Fachleute ausarbeiten.

»Es ist die Würde der Person, die das Kriterium zur Beurteilung der Arbeit bildet, und nicht umgekehrt. Wie immer die Arbeit geartet ist, der Arbeiter muss sie als Ausdruck seiner Persönlichkeit leben können. Von daher ergibt sich die Forderung nach einer Mitbeteiligung, die... auf der Ebene der Planung, der Initiativen und der Verantwortlichkeiten eine wirklich gemeinschaftliche Dimension einbringen sollte.«

»Der Vorrang der Arbeit vor dem Kapital macht es für die Unternehmer zu einem Gebot der Gerechtigkeit, vor der Steigerung des Profits das Wohl der Arbeiter zu beachten. Sie haben die sittliche Pflicht, kein unproduktives Kapital anzuhäufen und bei den Investitionen vor allem das Gemeinschaftswohl vor Augen zu haben. Das erfordert, dass man vorrangig die Sicherung der bestehenden oder die Schaffung von neuen Arbeitsplätzen in der Produktion sucht.«
(In: Johannes XXIII.: Texte zur Katholischen Soziallehre)

Lied »Gib uns Frieden jeden Tag«

Fürbittengebet

Lasset uns beten zu Gott, der uns Menschen und unserer Arbeit diese Erde anvertraut hat.

Für unsere menschliche Gesellschaft und für alle, die darin tätig sind, in der Familie wie im Geschäftsleben, in Industrie und Landwirtschaft, in den Dienstlei-

stungsbetrieben und wo immer es sei: Dass unser aller Arbeit von Gott gesegnet sei und uns und anderen helfe, glücklich und menschenwürdig zu leben.
Für die Arbeitnehmer, die sich für den Dienst als Betriebsrat zur Verfügung stellen: dass sie gewissenhaft und mutig Gerechtigkeit suchen und für Kollegen eintreten.
Für die Gewerkschaften: dass sie in ihrer Arbeit stets den Menschen in den
Mittelpunkt stellen und sich für seine Freiheit und Würde in der Arbeitswelt einsetzen.
Für die Arbeitgeber: dass sie in all ihren Planungen vom Menschen ausgehen
und gerechtes und verstehendes Verhalten zu den Arbeitnehmern üben.
Für alle im Arbeitsprozess - gleich welche Aufgabe sie haben: dass sie aufeinan-
der Rücksicht nehmen und Sorge für ein gutes Arbeitsklima tragen.
Für die Arbeitslosen: Dass sie das Vertrauen in den Wert ihrer eigenen Person
und auf Gott nicht verlieren und bald wieder Arbeit finden.
Für die von Arbeitslosigkeit betroffenen Familien: dass sie in ihrer Lage fürein-
ander Verständnis aufbringen und umso mehr zusammenstehen.
Für die jungen Menschen, die keine Lehrstelle finden und keine Arbeit haben:
Dass sie nicht irre werden an unserer Gesellschaft, sondern Verständnis und Hilfe
von uns erhalten.
Herr, du kennst unsere Not und Sorgen. Hilf allen zu einem menschenwürdigen
Leben in dieser Welt, die du uns anvertraut hast. So bitten wir durch Christus
unseren Herrn. Amen.

Gemeinsames Gebet

»Gott, du hast uns Menschen beauftragt, durch unsere Arbeit die Erde zu bebau-
en und sie uns dienstbar zu machen. Doch in der Arbeitswelt von heute müssen
wir Angst haben, selbst dienstbar gemacht und Sklaven der Arbeit zu werden.
Lass uns, Herr, durch dein Wort unsere Verantwortung erkennen, die Welt der
Arbeit nach den Maßstäben der Gerechtigkeit und Liebe so zu gestalten, dass
sie dem Menschen dient und nicht der Mensch den Maschinen. Amen.«
*(aus: Gottesdienste im Leben einer KAB-Gemeinschaft, Abdruck mit freund-
licher Genehmigung)*

Vaterunser

Segen

Lied »Großer Gott wir loben dich«

Kontakt:
Evangelisches Industrie- und Sozialpfarramt
Dieter Heisig
Pastoratsstraße 10 45879 Gelsenkirchen. 0209-1798210. ispage@t-online.de

Kapitel III

Dem Leben
auf die Sprünge helfen -

Gottesdienste
für Randgruppen

Trotz zurückgehender Masse an Kirchenmitgliedern engagiert sich die Kirche weiterhin an den Rändern der Gesellschaft. Die großen kirchlichen Wohl-fahrtsverbände, als auch die Gemeinden vor Ort, nehmen sich dieser Gruppen an, stellen Seelsorge, Beratungsstellen und Begegnungsstätten kostenlos zur Verfügung. Finanziert werden kann diese Arbeit nur durch öffentliche Zu-schüsse und Mischkalkulationen innerhalb der eigenen Organisation. Für Menschen, die nur wenig Lobby in der Öffentlichkeit haben und auch als kauf-kräftige Kunden nicht von Nutzen sind, bietet die Kirche offene Räume und Bezugspersonal an. Sie verwirklicht damit ihren seelsorgerlich-missionari-schen Auftrag, den christlichen Gott allen Menschen bekannt zu machen.

Dabei stellt sich heraus, dass diese zielgruppenbezogenen Gottesdienste sich in ihrer Struktur nicht besonders von den üblichen Gemeindegottesdiensten unterscheiden.»Die Liturgie ist relativ old-fashioned und verwundert vielleicht angesichts der Zielgruppe«, sagt der Berliner Pfarrer in der Obdach-losenarbeit, Ralf Döbbeling. Sicherlich ist es auch aus organisatorischen Gründen bei solchen niederschwelligen Angeboten schwierig, eine kleine Gruppe zu gewinnen, die gemeinsam ein Modul für den Gottesdienst vorbe-reitet - etwa ein Anspiel.

Auf den zweiten Blick erlangt diese Aussage aber auch eine seelsorgerliche Logik: Den gesellschaftlich am Rand Stehenden wie Obdachlose, Inhaftierte und HIV-Positive, die man zunächst, von oben betrachtet, bedingt durch ihre Lebensgeschichte, als kirchendistanziert einstufen würde, wird ein klarer, der Tradition entstammender Rahmen vorgegeben, der Sicherheit bieten kann. Sicherheit, die im Laufe des Lebens schon oft zerstört worden sein könnte.

Am Frankfurter Flughafen versucht eine Pfarrerin die entwurzelten Flüchtlinge mit den Menschen aus der biblischen Tradition in Kontakt zu bringen, die auch diese Leiderfahrungen gemacht haben. Die Flüchtlinge sollen »Teil der Erinnerungs- und Erzählgemeinschaft der Glaubenden« werden, können da-durch Solidarität erfahren und neue Sicherheit für ihr Leben gewinnen. Die AIDS-Kranken schildern ihre ambivalenten Lebenserfahrungen vor der Gottesdienstgemeinde, können dadurch vielleicht anderen die Angst nehmen, die noch nicht so krankheitserfahren sind. Inhaftierte spielen ihren Alltag im Knast, nötigen ihren Genossen damit einen bitteren Humor ab, der das Leben im Bau aber vielleicht trotzdem lebenswerter machen könnte. Im Gottesdienst für Lesben und Schwule steht Zachäus, gewissermaßen das Urbild aller Randgruppen, im Mittelpunkt und vermittelt eben jenes Gefühl, trotz einer besonderen Eigenschaft doch von Gott geliebt zu sein.

Also geht es um Solidarität: Das Gefühl, trotz aller Ungereimtheiten im Leben, nicht allein in diesem Schicksal zu sein und nicht allein mit diesem Schicksal zu sein. Dafür sorgen die Gestalter der Gottesdienste mit engagierten, sensiblen Gebeten und Fürbitten und durch ihr simples Zur-Verfügung-stehen. Offenbar sind gerade diese sogenannten Randgruppen empfänglich für gutgemeinte Angebote. Sie können vielleicht auch ein besonderer Testfall für die liturgische Praxis der Kirchen sein, ob der christliche Glaube noch zu glauben ist und dem Leben tatsächlich auf die Sprünge hilft.

Gottesdienste für Obdachlose

Stuttgarter Vesperkirche

Gedacht als ein Angebot, das mehr bietet als einen warmen Teller Suppe. Die Vesperkirche wurde in sechs Aktionen zur festen Adresse: Essen, medizinische Versorgung, Ruhe, Gespräche, Haare schneiden, Berufsberatung.

Menschen finden zwischen Januar und Palmsonntag, was sie zum Überleben brauchen. 350 Ehrenamtliche verpflichten sich auf Zeit, die mehr als 600 täglichen Gäste willkommen zu heißen. Sie bekommen in der sonstigen Gesellschaft kein Willkommen. Eingeladen sind aber auch alle, die für ein Essen lang, für einige Stunden oder auch für Tage mit in dieser Kirche leben wollen.

»Brich' den Hungrigen Dein Brot«

Lied: »Laudate omnes gentes«
Orgelvorspiel
Chor
Begrüßung
Lied: »Von guten Mächten«
Lobgesang der Maria
Gebet und stilles Gebet
Chor
Lied: »Großer Gott wir loben dich«
Lesung (Jes 58, 1-11)
Predigt
Lied: »Brich mit den Hungrigen dein Brot«
Fürbitten
Vaterunser
Lied: »Bewahre uns Gott«
Brotsegnung
Lied: »Verleih uns Frieden gnädiglich«
Segen
Chor

Ablauf

Lied »Laudate omnes gentes« (Taizé)

Orgelvorspiel »Präludium von C-Dur« (J. S. Bach)

Chor »Der Morgenstern ist aufgedrungen«

Begrüßung

Lied: »Von guten Mächten treu und still umgeben«

Lobgesang der Maria

Gebet und stilles Gebet

Chor »Also hat Gott die Welt geliebt« (H. Schütz)

Lied »Großer Gott wir loben dich«

Lesung (Jes 58, 1-11)

»Rufe aus voller Kehle, halte dich nicht zurück! / Lass deine Stimme ertönen wie eine Posaune! Halt meinem Volk seine Vergehen vor / und dem Haus Jakob seine Sünden! Sie suchen mich Tag für Tag; / denn sie wollen meine Wege erkennen. Wie ein Volk, das Gerechtigkeit übt / und das vom Recht seines Gottes nicht ablässt, so fordern sie von mir ein gerechtes Urteil / und möchten, dass Gott ihnen nah ist. Warum fasten wir und du siehst es nicht? / Warum tun wir Buße und du merkst es nicht? Seht, an euren Fasttagen macht ihr Geschäfte / und treibt alle eure Arbeiter zur Arbeit an. Obwohl ihr fastet, gibt es Streit und Zank / und ihr schlagt zu mit roher Gewalt. So wie ihr jetzt fastet, / verschafft ihr eurer Stimme droben kein Gehör. Ist das ein Fasten, wie ich es liebe, / ein Tag, an dem man sich der Buße unterzieht: wenn man den Kopf hängen lässt, so wie eine Binse sich neigt, / wenn man sich mit Sack und Asche bedeckt? Nennst du das ein Fasten / und einen Tag, der dem Herrn gefällt?

Nein, das ist ein Fasten, wie ich es liebe: / die Fesseln des Unrechts zu lösen, / die Stricke des Jochs zu entfernen, die Versklavten freizulassen, / jedes Joch zu zerbrechen, an die Hungrigen dein Brot auszuteilen, / die obdachlosen Armen ins Haus aufzunehmen, wenn du einen Nackten siehst, ihn zu bekleiden / und dich deinen Verwandten nicht zu entziehen. Dann wird dein Licht hervorbrechen wie die Morgenröte / und deine Wunden werden schnell vernarben. Deine Gerechtigkeit geht dir voran, / die Herrlichkeit des Herrn folgt dir nach. Wenn du dann rufst, / wird der Herr dir Antwort geben, und wenn du um Hilfe schreist, wird er sagen: / Hier bin ich. Wenn du der Unterdrückung bei dir ein Ende machst, / auf keinen mit dem Finger zeigst und niemand verleumdest, dem Hungrigen dein Brot reichst / und den Darbenden satt machst, dann geht im Dunkel dein Licht auf / und deine Finsternis wird hell wie der Mittag. Der Herr wird dich immer führen, / auch im dürren Land macht er dich satt / und stärkt deine Glieder. Du gleichst einem bewässerten Garten, / einer Quelle, deren Wasser niemals versiegt.«

Predigt

Liebe Gemeinde! Die Leute damals haben es ja wirklich gut gemeint - mit sich selber und mit Gott. Was können wir tun, um so zu leben, dass Gott uns gnädig ist und unser Leben mit seinem Segen spürbar begleitet, haben sie gefragt. Und dann haben sie alle Register religiösen und anständigen Lebens gezogen: Festliche Gottesdienste gefeiert, gefastet, Bußrituale ausgeübt. Wie bekomme ich einen gnädigen Gott - so, dass es sich für mich in Segen auszahlt?

Wir, liebe Gemeinde, fragen heute wohl anders - obwohl manche unserer Stoßgebete soweit weg von damals nicht sind. Vielleicht fragen wir heute sogar ganz ähnlich - nur mit anderen Bildern. Wie bekommt mein Leben einen unzerstörbaren Wert, der nicht dauernd durch Urteile anderer und Leistungsmessung in Frage gestellt wird? Wie bekommt mein Leben eine Würde, die nicht immer durch Verletzung anderer oder durch mein eigenes Verhalten in Frage gestellt wird? Wie kann ich mit gutem Gewissen leben? So wie ich bin. Woher nehme ich die Kräfte für ein gelingendes Leben? Und auch wir haben unsere Rituale um gelingendes Leben zu befördern oder Gott und den Menschen abzuringen.

Liebe Gemeinde, die Antwort auf solche Fragen ist damals wie heute dieselbe. Mit noch so schönen Gottesdiensten allein, mit noch so ernst gemeintem Verzicht allein, mit noch so tief empfundenen Gebeten allein, mit noch so anständigen Leben allein kommen wir Gott weder näher noch einem begleitenden, gelingenden Leben. Die Antwort ist damals wie heute dieselbe: Wenn sich unsere Lebensbemühungen, wenn sich unsere religiösen Überzeugungen nur um uns selbst drehen und nur unser Gelingen im Blick haben, endet dies in religiöser Einsamkeit oder persönlicher Isolation.

Leben ohne Antwort ist das Ergebnis. Brich den Hungrigen dein Brot und die im Elend ohne Obdach sind, führe ins Haus. Kleide den, der nichts anzuziehen hat, und helft denen bei euch, die Hilfe brauchen. So rückt Gottesdienst ausstrahlend mitten in den Alltag der Welt. Gelingendes Leben, gesegnetes Leben gibt es offenbar nicht ohne Begegnungen und mit Berührungen mit dem Leben anderer.

Brich' den Hungrigen dein Brot. Das ist jetzt allerdings nicht die Anweisung, statt Gottesdienst jetzt halt etwas Praktisches zu tun. Nach dem Motto: Gebt euch eben ein bisschen mehr Mühe miteinander, dann wird auch alles ein bisschen besser. Von Gott geachtetes Leben muss man sich weder auf die eine noch auf die andere Weise verdienen oder erzwingen. Wir alle miteinander - und das ist der wohl tiefste Grund unseres Lebens - sind von Gott geachtete Geschöpfe. Geschöpfe mit einer unzerstörbaren Würde. Wir alle miteinander.

Brich' den Hungrigen dein Brot. Das ist deshalb mehr, als zur Not auch noch barmherzig sein. Das ist mehr als Barmherzigkeit aus Restmitteln der Gesellschaft. Hungrige sind nicht unsere Resteverwerter. Und Schwache nicht die dankbaren Empfänger unserer Restgüte. Brich den Hungrigen dein Brot und die im Elend ohne Obdach sind, führe ins Haus - und eben nicht in die Abbruchgebäude.

Gottesdienst mitten im Alltag der Welt. Deshalb geht es hier nicht um ein gnädiges Zuteilen, sondern um Schritte wirklich Leben miteinander zu teilen. Darum einen anderen Menschen, mit all dem was ihm fehlt und wonach er sich sehnt, wahrnehmen: Nähe, Zuhören, Verstehen, Schweigen, Zeit haben, etwas zum Essen geben oder was sonst auch immer Not tut.

Gottesdienst mitten im Alltag der Welt. Einen Menschen annehmen, so wie er geworden ist, wie ihn sein Leben geprägt hat. Ihn so als Geschöpf achten und nicht sofort wieder eifrig an ihm herum modellieren, damit er unseren Vorstellungen und Ansprüchen entspricht, das ist Gottesdienst im Alltag der Welt. Zulassen, dass der Reichtum eines anderen an Erfahrung, an Zärtlichkeit, an Fröhlichkeit, vielleicht auch an Leid mich berührt, mich bereichert, mich verändert.

Brich' den Hungrigen dein Brot. Gottesdienst mitten im Alltag unserer Stadt. Das wird dann allerdings nicht gehen, ohne manchmal auch öffentlich für die einzutreten, die nicht mehr selber wahrgenommen werden und sich nicht mehr selber wehren können. Deshalb: Wenn sie euch sagen, wir hätten einen Reformstau, dann kann das sein, aber wenn sie damit nur meinen, die Schwachen kosten uns zuviel und müssen eben mit noch weniger auskommen, und das sei der einzige Weg, dass es uns allen besser geht: Glaubt ihnen nicht und widersprecht.

Wenn sie euch sagen, ganz gleich, wer das ist: das Boot ist voll (auch wenn es vielleicht moderater formuliert ist): Glaubt ihnen nicht und widersprecht. Und lasst uns sichtbar für die eintreten, die sich zu uns geflüchtet haben, weil sie um ihr Leben fürchten. Wenn sie euch sagen, ganz gleich wer das ist: Wer obdachlos ist oder dort drüben am Straßenstrich steht, sei selber schuld und nichts wert - glaubt ihnen nicht und widersprecht. Und lasst uns diese Menschen in Begegnungen achten, als Geschöpfe, die sie sind, so wie wir auch. Und wenn sie euch sagen: Konflikte auf dieser Welt könne man nur mit Krieg lösen - glaubt ihnen nicht und widersprecht, weil Kriege nichts lösen, aber hunderttausende

Menschen mit ins Elend stürzen. Und wenn sie euch sagen, ein Präventivkrieg, der letztlich um Bodenschätze geht, sei gerecht, glaubt ihnen nicht und widersprecht. Und wenn in mir, wenn in euch die Gefühle der Überheblichkeit, der Verachtung anderer, der vorschnellen Verurteilung hochkommen oder der kleine Faschist oder Rassist in uns aufwacht - glaubt euch nicht und widersprecht euch selber, so wie ich mir widersprechen will und lasst uns gemeinsam die Menschen, die uns begegnen, entdecken als Geschöpfe, die zu achten und zu lieben es lohnt.

Brich' den Hungrigen dein Brot. Gottesdienst mitten im Alltag der Welt. Und, bringt das was? - haben die Leute damals gefragt. Jesaja hat ausgerichtet: Dann strahlt euer Glück auf wie die Sonne am Morgen und eure Wunden heilen schnell. Dann werdet ihr zu mir rufen und ich werde euch antworten. Und wenn ihr um Hilfe schreit, werde ich sagen: Hier bin ich. Eure Dunkelheit wird hell werden, rings um euch wird das Licht strahlen wie am Mittag. Vielleicht mutet uns das fremd oder etwas kitschig sogar an - obwohl es im Nachdenken zu ganz starken Bildern werden kann.

Brich' den Hungrigen dein Brot. Gottesdienst mitten im Alltag unserer Stadt. Bringt uns das was? So fragen wir manchmal auch. Geben wir die Antwort mit unseren eigenen Bildern: Leben ohne lähmende Einsamkeit. Begegnungen mit Menschen, mit denen wir reden, schweigen, lachen und auch weinen können. Belebende Nähe anderer, die uns aus der Einsamkeit holt. Schritte auch des Friedens mitten in aller Fremdheit. Begegnungen mit Menschen, die Sehnsüchte haben, Probleme auch, Hoffnungen - genau so wie wir. Schritte miteinander, die uns gemeinsam reich machen. Verstehen, wo Urteil war; Achtung, wo Wegsehen war, Sinnstiftende Begegnungen zwischen Geschöpfen, die ihren Wert im anderen erkennen.

Brich' den Hungrigen dein Brot. Gottesdienst mitten im Alltag unserer Stadt. Leben mit anderen teilen. Uns selber neu entdecken. Mit Achtung andere wahrnehmen, eintreten für die, die verstummt sind. Bereichert werden - nicht durch Abgrenzung, sondern durch Nähe. Mit anderen aus den eigenen Sackgassen aufbrechen und neue Wege miteinander gehen. Berührungen, die nicht wegstoßen, sondern heilen. Wir werden in der 9. Vesperkirche, die mit diesem Gottesdienst beginnt, reichlich Gelegenheit haben, dies in unser Leben und in die Begegnungen mit anderen hinein zu buchstabieren, hinein zu fühlen, hinein zu leben. Und darauf freue ich mich jetzt.

Amen.

Lied »Brich mit den Hungrigen dein Brot«

Fürbitten

Vor Gott bringen wir betend, was uns am Anfang unserer Vesperkirche bewegt und berührt. Unsere Hoffnungen und unsere Möglichkeiten, unsere Freude und unsere Ängste.

Lasst uns zu Gott beten. Für die Menschen in unserer Stadt, die ohne Wohnung auf der Suche sind nach einem Platz, an dem sie überleben können. Für die Menschen, die die Brüche in ihrem Leben innerlich nicht überlebt haben und nur noch von einem Tag zum anderen weiter existieren können. Für die Menschen, die ihrer Schwäche hilflos ausgeliefert sind, sich nicht mehr wehren können und dafür auch noch verachtet werden. Lasst uns gemeinsam zu Gott rufen: Herr erbarme Dich.

Lasst uns zu Gott beten. Für die Menschen in unserer Stadt, die einsam und unbeachtet ihre Verlassenheit kaum aushalten können. Für die Menschen in unseren Gefängnissen, deren Haft kaum Ansätze für einen neuen Anfang bietet. Für die Flüchtlinge aus anderen Ländern, die bei uns Schutz suchen und bald spüren, wie ungewollt sie hier sind. Lasst uns gemeinsam zu Gott rufen: Herr erbarme Dich.

Lasst uns zu Gott beten. Für die jungen Familien, die aus ihren Schulden keinen Ausweg mehr finden. Für die alt gewordenen Frauen, die ein Leben lang gearbeitet haben und in diesen Tagen allenfalls ihre Küche heizen können. Für Alleinerziehende mit ihren Kindern, die ständig von Armut bedroht sind. Lasst uns gemeinsam zu Gott rufen: Herr erbarme Dich.

Lasst uns zu Gott beten. Für die Kinder und Jugendlichen, die von zu Hause abgehauen sind, deren Vertrauen zerstört ist und die sich allein durchschlagen. Für alle, die ihrer Sucht ausgeliefert sind, die dagegen kämpfen und doch immer wieder verlieren. Für alle unsere Gäste, die seit der letzen Vesperkirche verstorben sind. Lasst uns gemeinsam zu Gott rufen: Herr erbarme Dich.

Lasst uns zu Gott beten. Für uns alle, die wir Unrecht sehen und meist so wenig zur Veränderung beitragen. Für uns alle, die wir so oft nach Schuld fragen, wenn wir Menschen in Not sehen und uns damit selbst entschuldigen. Für uns alle, die wir manchmal versuchen, unser Leben nach deinem Willen, Gott zu leben und dann doch immer wieder an unserem Egoismus und unserer Trägheit scheitern. Für alle, die als Gäste wieder in die Vesperkirche kommen und für alle, die als Gäste neu zu uns kommen werden. Für alle, die in der Vesperkirche mitarbeiten werden und uns besuchen. Wir bitten darum, dass wir alle miteinander Heimat und Geborgenheit finden in dieser Kirche. Lasst uns gemeinsam zu Gott rufen: Herr erbarme Dich.

(In der Stille)

Lasst uns gemeinsam zu Gott rufen: Herr erbarme Dich.

Nimm Dich unser gnädig an, rette und erhalte uns, denn Dir allein gebührt der Ruhm und die Ehre und die Anbetung dem Vater, dem Sohn und dem Heiligen Geist jetzt und immerdar von Ewigkeit zu Ewigkeit. Amen.

Vaterunser

Lied »Bewahre uns Gott«
(Die Gemeinde geht in den Eingangsbereich.)

Brotsegnung

Lied »Verleih uns Frieden gnädiglich«

Segen

Chor »Ubi caritas et amor« (Duruflé)

Kontakt:
Martin Friz
Gymnasiumstr. 36
70174 Stuttgart
0711/2068-177
kontakt@vesperkirche.de
www.vesperkirche.de

Gottesdienste für Gefangene

Ökumenischer Gefängnisgottesdienst in der JVA Remscheid

In jedem Gefängnis gibt es in der Regel einen evangelischen und einen katholischen Seelsorger oder eine Seelsorgerin. Diese nehmen sich hauptsächlich der Gefangenen an, und auf Wunsch auch der Angestellten der JVA. Das sind die Beamten des »Allgemeinen Vollzugsdienstes«, die für Sicherheit und Ordnung sorgen, und die Mitarbeiterinnen und Mitarbeiter in den Fachdiensten (Sozialarbeiterinnen und -arbeiter, Psychologinnen und Psychologen, Lehrerinnen und Lehrer, die Mitglieder der Verwaltung und der Arbeitsbetriebe). In regionalen und bundesweiten Konferenzen sowie in einem ökumenischen Rat sind die Gefängnisseelsorger untereinander und auch international vernetzt.

Das Arbeitsfeld hat eine lange Tradition. Bereits vor dem zweiten Weltkrieg waren Gefängnisseelsorger überregional organisiert. Seelsorge im Gefängnis ist Seelsorge in einem permanenten Spannungsfeld, das geprägt ist von vielen Ängsten und Aggressionen, von Multikulturalität, Vielsprachigkeit und meistens auch Misstrauen oder Unkenntnis gegenüber Kirche und Glauben. Pfarrer und auch Ehrenamtliche übernehmen vielfältige Aufgaben im Knast: Sie suchen die Gefangenen auf, reden und hören zu. Ihre Bindung an das Beichtgeheimnis schafft Vertrauen, das Therapeuten oder Vollzugsbeamten nicht entgegengebracht wird. Aber sie bieten auch sachliche, konkretere Hilfen wie z.B. ein Telefonat ins Ausland, Tabak, Kaffee, Duschgel, einen Tauchsieder, Briefmarken, einen Fernseher, Radio oder Fahrgeld für eine Urlaubsfahrt nach Hause. Regelmäßige Gottesdienste fallen ebenso in den Aufgabenbereich der Gefängnisseelsorge.

Die Kirche ist in den alten Gefängnissen in der Regel der größte Versammlungsraum, auf dem die Erwartung ruht, dass hier Einsicht und Umkehr geschehen sollen. Dies ist natürlich nicht immer der Fall, aber das Angebot des Gottesdienstes wird regelmäßig und stetig wahrgenommen.

»Quo vadis«

Chorgesang
Begrüßung
Lied: »Lobet den Herren«
Psalmgebet
Gebet
Chorgesang
Informationen
Lied: »Aus meines Herzens Grunde«
Gefangene spielen ihren Gefängnisalltag
Chorgesang
Bekenntnis zu Christus
Lesung (Mk 7, 31-37)
Predigt
Gebet
Chorgesang
Reden hinter Gittern: Wie sich Betroffene fühlen
Chorgesang
Gebet
Vaterunser
Segen

Ablauf

Chorgesang

Begrüßung

Lied »Lobet den Herren«

Psalmgebet
(im Wechsel gesprochen, nach Uwe Seidel)

Gott, Du weißt über mich Bescheid. Du kennst mich in- und auswendig. Ehe ich denke, weißt Du, was ich meine. Du bist der einzige, der mich durchschaut.
Meine Wege und Schritte sind Dir vertraut. Meine Abwege Dir bekannt. Ehe meine Lippen sich bewegen, hörst du meine Worte. Du umgibst mich mit deinem Verständnis und hältst mich fest bei Dir.
Ehre sei dem Vater und dem Sohn und dem Heiligen Geist. Wie es war im Anfang so auch jetzt und alle Zeit und von Ewigkeit zu Ewigkeit. Amen.

Gebet

Jesu Christus, wir rufen Dich an. Bitte, hilf uns. Wir haben Schuld auf uns geladen, wir wissen es. Aber in der Öffentlichkeit werden wir auf Dauer als »Krimi-
nelle« abgestempelt. Viele Menschen haben Angst vor uns. Sie denken schlecht
über uns. Sie fühlen sich von uns bedroht. Sie sind entsetzt und wütend über
die Brutalität und die mörderische Gewalt, mit der Menschen unter uns ihre Tat
begangen haben. Wir spüren die Ablehnung, die uns entgegenschlägt. Auch wir
haben Angst. Die Angst davor, wegen unserer Taten vom Zusammenleben mit
den anderen ausgeschlossen zu werden.
Herr, erbarme Dich.
Jesu Christus, wir wollen offen zu Dir sein. Wir wollen spüren, dass Du für uns
da bist. Bitte, komm, sei uns nahe. Lass uns Deine Liebe spüren. Wir haben
große Fehler gemacht. Wir haben anderen Menschen großes Leid zugefügt und
Schäden angerichtet, die oft nicht wieder gut zu machen sind. Viele wollen das
nicht wahrhaben. Sie wiegeln ab. Manche tragen schwer an der Last ihrer Schuld.
Herr, erbarme Dich.

Chorgesang

Informationen

Ein 25-jähriger, obdachlos und ohne Berufsausbildung, sitzt wegen schweren
Diebstahls. Seine Vorgeschichte: Halbwaise, ohne Vater aufgewachsen, ständiges
Schuleschwänzen, Heimeinweisung. Danach Gelegenheitsarbeiten bei einer
Autoverwertung. Er lernt, wie man Autos knackt. Mit ihnen macht er Spritztouren.
Er schließt sich einer Bande an, die im großen Stil Autos nach Polen verschiebt.
Nach seiner Meinung hat er sich nur genommen, was ihm zusteht. Er fühlt sich
zu Unrecht eingesperrt. Dieser Mann hat kaum eine Chance. Er wird wohl einer
von den 60 bis 80 Prozent sein, die nach ihrer Entlassung rückfällig werden. Auch
das Gefängnis kann sie nicht ändern.

Ein 30-jähriger hat Gärtner gelernt und war in eine Hehlergeschichte verwickelt.
Er bekam neun Monate Gefängnis. Seine alte Firma will ihn nicht mehr. Er
bewirbt sich bei acht Firmen. Keine nimmt ihn. »Wenn Sie keinen festen
Wohnsitz haben, können wir Sie nicht einstellen.« Aber ein Zimmer bekommt er
erst, wenn er Geld verdient und es bezahlen kann. Hier zeigt sich deutlich die
Schwierigkeit, in der die meisten Gefangenen stehen. Sie geraten in einen stän-
digen Kreislauf: Ohne Arbeit keine Wohnung - ohne Wohnung keine Arbeit.
Schließlich verlieren sie den Mut, geben auf - der Rückfall droht...

Es sind gar nicht die »großen Verbrecher«, die unsere Gefängnisse füllen. Es sind
Menschen wie wir alle. Menschen freilich, bei denen die Weiche, die in die
Kriminalität führt, oft schon in der Kindheit gestellt wurde. Ein Großteil kommt
aus unvollständigen und kaputten Familien und hat nie die notwendige

Geborgenheit erlebt. Viele haben kein gesundes Verhältnis zu Besitz entwickeln können, weil es in ihren Familien nichts gab. Ein erheblicher Teil hat nie gelernt, Verantwortung zu übernehmen, hat keine ausreichende Schul- oder Berufsausbildung. Sie konnten ihre Gaben nicht entfalten, weil sich keiner für sie interessierte.

Eine Reihe von unseren Gefangenen wird auch als Erwachsene zurückgestoßen. Man will mit ihm nichts zu tun haben. Ihre Strafe ist mit der Haftverbüßung noch lange nicht zu Ende. Das Strafvollzugsgesetz von 1976 hat festgelegt, dass das Leben in der Haftanstalt im weitesten Sinne dem Leben in der Freiheit entsprechen soll. Durch den Behandlungsvollzug soll der Gefangene bessere Chancen zur Wiedereingliederung erhalten. Wie aber sieht die Wirklichkeit aus? Unsere Gefängnisse sind restlos überfüllt. Das Personal ist knapp. Eine Reihe angestrebter Verbesserungen sind aus finanziellen Gründen nicht in die Tat umgesetzt worden. So werden Gefangene für geleistete Arbeit immer noch schlechter bezahlt als Menschen in Freiheit.

Was ist zu tun? Was können wir besser machen? Wir brauchen mehr Fachkräfte, die Gefangene menschlich, sachlich, seelisch und sozial begleiten. Wir brauchen mehr Menschen, die sich in der Straffälligenhilfe engagieren, die Kontakte zu den Gefangenen und ihren Familien halten. Wir brauchen Arbeitgeber, die Strafgefangenen eine echte Chance geben. Wir brauchen Wohnungsvermieter, die auch an ehemalige Gefangene vermieten. Wir müssen die Vorurteile in uns abbauen und bereit sein, einander ohne Angst zu begegnen. Sie können uns besuchen. Sie können uns schreiben. Sie können mit uns reden.

Jesus Christus sagt: Was ihr einem von meinen geringsten Brüdern getan habt, das habt ihr mir getan.

Lied »Aus meines Herzens Grunde«

Gefangene spielen ihren Gefängnisalltag
Szene 1:
> **Bediensteter** Mittagessen!!
> **Gefangener** Was gibt's denn heute?
> **Bediensteter** Eintopf mit Einlage.
> **Gefangener** Scheißfraß! Friss den Blubber alleine! *(dreht den Rücken)* Hab' keinen Hunger!

Szene 2:
> **Sozialarbeiter** Ich hab' mich da reingehängt. War 'ne Menge Arbeit, vor allem die vielen Telefonate. Aber es klappt jetzt mit der Therapie.
> **Gefangener** Ich hab' keinen Bock mehr. Ich habe mir die Sache anders überlegt, ich bin clean, ich brauche keine Therapie mehr.

Sozialarbeiter Und dafür mache ich mir die Arbeit?!
Gefangener *(Schulterzucken)* Tut mir leid.

Szene 3:

1. Bediensteter Allmählich hab ich die Nase voll von dem Schmidt auf A/II. Der will unbedingt auf B/IV zum Schulze auf Umschluss. Ich habe ihm in Ruhe erklärt, dass das nicht geht, da macht der vielleicht ein Palaver! Meinst du, der hätte überhaupt hingehört? Schreit direkt los. Ich weiß gar nicht, warum ich dem keinen Gelben geschrieben habe.

2. Bediensteter Da musst du durch, kenne ich. Ist keine Freude, so was zu erleben, hättest dem Schmidt direkt 'nen Gelben schreiben sollen.

Szene 4:

Vorgesetzter Horst, ein Gefangener hat mir erzählt, du trinkst mit dem Krause zu oft und zu lange Kaffee auf der Zelle. Das geht nicht!

Bediensteter: Erstens stimmt das so nicht, zweitens ist das link, mich so anzuzinken.

Vorgesetzter Ist ja auch egal. Achte jedenfalls auf Distanz zu den Gefangenen. Sei nicht zu freundlich zu den Leuten, hinterher bist du der Dumme, und man hat dich eingewickelt.

Szene 5:

Situation: Zum Telefonieren steht man in einer Warteschlange. Denn darauf hat man gewartet; darauf freut man sich; endlich mal wieder ein gutes Gespräch mit den Lieben zu Hause! Endlich ist man dran, betritt das Zimmer, der Bedienstete sucht den Antrag, den man gestellt hat, und dann gibt er telefonisch die darauf stehende Nummer an die Zentrale durch. Endlich klingelt es: Man ist mit zu Hause verbunden! Man will so richtig schön »loslegen«: Es gibt doch so viel zu bereden... Da betritt ein weiterer Bediensteter das Zimmer, unterhält sich mit seinem Kollegen. ES STÖRT!

Bediensteter So, Ihre Zeit ist rum, beenden Sie bitte das Gespräch.

Gefangener: Ja, aber ich hab' doch kaum was verstanden?!

Bediensteter Dumm gelaufen! Schicken Sie den nächsten rein! Hoffentlich stehen nicht mehr so viele draußen.

Chorgesang

Bekenntnis zu Christus

Jesus, Dir können wir vertrauen. In allem, was Du tust, begegnet uns Deine grenzenlose Liebe. Du stellst Dich auf die Seite der Ehebrecherin, als sich alle von ihr distanzieren. Du kehrst bei dem Zolleinnehmer ein. Du verkehrst mit einem Betrüger, über den sich alle hermachen. Du vergibst Deinem guten Freund, dem Petrus, der versagt hat; und als er anfängt, sich selbst zu hassen und zu verdammen, da gibst du ihm eine neue Chance. Du liebst ihn weiter. Du lässt ihn nicht fallen. Das gibt uns Hoffnung. Das richtet uns auf. Du bist Christus, der

Sohn des lebendigen Gottes. Denn du versprichst dem Kriminellen neben dir am
Kreuz das Himmelreich. Alle wünschen ihn zur Hölle. Aber du willst mit ihm dei-
nen Himmel teilen. Christus, erhöre uns. Teile deinen Himmel auch mit uns.
Amen.

Lesung (Mk 7, 31-37)

»Jesus verließ das Gebiet von Tyrus wieder und kam über Sidon an den See von
Galiläa, mitten in das Gebiet der Dekapolis. Da brachte man einen Taubstummen
zu Jesus und bat ihn, er möge ihn berühren. Er nahm ihn beiseite, von der Menge
weg, legte ihm die Finger in die Ohren und berührte dann die Zunge des Mannes
mit Speichel; danach blickte er zum Himmel auf, seufzte und sagte zu dem
Taubstummen: Effata!, das heißt: Öffne dich! Sogleich öffneten sich seine Ohren,
seine Zunge wurde von ihrer Fessel befreit und er konnte richtig reden. Jesus verbot ihnen, jemandem davon zu erzählen. Doch je mehr er es ihnen verbot, desto
mehr machten sie es bekannt. Außer sich vor Staunen sagten sie: Er hat alles
gut gemacht; er macht, dass die Tauben hören und die Stummen sprechen.«

Predigt

Liebe Freunde, da macht Jesus so merkwürdige Dinge: Er steckt dem Gehörlosen
seine Finger in die Ohren, er berührt seine Zunge mit Speichel, er schaut in den
Himmel, er stößt einen Seufzer aus und sagt zu dem behinderten Mann: »Effata«
- »Öffne Dich«! Und er öffnet sich. Er kann wieder hören und reden.

Wie heißt das Zauberwort? - »Effata - öffne Dich!« Das wäre schön, wenn Sie zaubern könnten! Sie würden hier von Tür zu Tür gehen und sagen: »Effata - öffne
Dich«. Ich habe nachgezählt: Von Ihrer Zellentüre bis zur Außenpforte müßten Sie
acht Mal »Effata« sagen, um hier herauszukommen. Acht Mal »Öffne Dich« und
Sie wären wieder frei! Sie würden sich genauso freuen wie der gehörlose Mann,
der mit einem Mal von seinem Leiden befreit wird. Aber leider ist der Gedanke
zu schön, um wahr zu sein! Auch hier im Gefängnis wird den ganzen Tag lang
geöffnet, aber gleich wieder geschlossen. Öffnen... schließen... öffnen... schließen...

Die »alten Hasen« sagen: Das ist alles Gewohnheit. Nach 15 Monaten Knast
gewöhnt man sich daran. Aber nicht alle stecken das metallische Klacken und
Schlüsselklappern so leicht weg. Das Schließen wird zum Alptraum. Es läuft
einem eiskalt den Rücken herunter. »Effata« - Öffne Dich!«, sagt Jesus. Hier bei
uns hinter Gittern würde er mit seinem Ausspruch zu einem Sicherheitsrisiko.
Denn hier ist Schließen angesagt. Ich staune immer wieder, wie viele Begriffe
man im Gefängnis mit dem Wort »schließen« verbindet: aufschließen - einschließen - umschließen - durchschließen.

Sie als Betroffene verbinden mit den Worten eine lebendige Erfahrung, die eine weniger schön als die andere. »Umschließen«, das geht ja noch, wenn man beim Nachbarn auf der Zelle sitzen und mit ihm reden darf. Aber am schlimmsten ist es, »weggeschlossen« zu werden. Das ist mehr als eingeschlossen zu sein. Man fühlt sich in seiner Zelle wie lebendig begraben, isoliert, allein, weggesperrt, von der Gesellschaft ausgeschlossen.

Wo liegt der Unterschied zwischen einem Gefangenen und einem Gehörlosen? Es gibt keinen Unterschied. Sie sind beide eingeschlossen. Sie von außen. Der Gehörlose von innen. Sie werden daran gehindert, sich frei zu bewegen. Der Mann, von dem hier die Rede ist, kann nicht hören und sprechen. Er ist taub und stumm. Taubstumm. Sprechen könnte er schon, wenn er es nur wüsste. Aber er hat kein Gehör. Und weil er keinen einzigen Laut hört, kein Wort, kein Geräusch, keinen Knall, noch nicht einmal sich selbst, weiß er gar nicht, dass er sprechen kann. Er ist doppelt behindert. Er kann nicht so, wie er will. Man sieht, wie er innerlich mit sich kämpft. Er möchte sich mitteilen, aber er bekommt nur grunzende Laute heraus. Er rudert wie wild mit den Händen, er möchte mitreden, sagen, wie es ihm geht, seinen Kummer herausschreien. Sein Mund bleibt stumm. Er sieht die anderen reden, aber hören kann er sie nicht. Er hat seine Augen trainiert. Mit scharfen Blicken versucht er, von den Lippen abzulesen, was die anderen sprechen. Er bekommt nicht alles mit. Er wird misstrauisch: Reden die anderen über mich? - Er fühlt sich minderwertig, wie ein halber Mensch, ausgeschlossen vom Leben der anderen.

»Effata - öffne Dich!« sagt Jesus. Jetzt beginnt er die merkwürdige Behandlung. Zuerst steckt er ihm die Finger in die Ohren. Dann legt er ihm seinen Speichel auf die Zunge. Dann schaut er zum Himmel und stößt einen tiefen Seufzer aus, ein Stoßgebet zu Gott, damit Gott ihm Kraft für die Heilung gibt. Dann spricht er das erlösende Wort »Effata«, und wie ein Wunder setzt die Heilung ein. Der Mann kann hören und reden. Er ist ganz Ohr, ganz auf. Eingeschlossen leben ist der reinste Horror. Nicht nur hinter Gittern. Wer nicht hören und sehen, nicht sprechen, nicht riechen, nicht schmecken, nicht spüren, nicht atmen, nicht essen, nicht trinken kann, der geht zugrunde. Wir Menschen sind von Natur aus offen. Wir brauchen unsere Sinne, unsere Augen, Ohren, Mund und Nase. Wir brauchen unsere Öffnungen zum Leben. Durch sie geht das Leben in uns ein. Öffnen - schließen. Das ist der Lebensrhythmus. Hören Sie in sich hinein. So schlägt Ihr Herz: Öffnen - schließen. Einatmen - ausatmen. Anspannen - ausspannen. Festhalten - loslassen. Wenn der Rhythmus gestört ist, werden wir krank.

Wer sich ständig nur öffnet, der kann im Knast nicht überleben. Der würde ausgenommen und von den Lebensschicksalen der anderen überflutet. Aber wer hier total dicht macht, nichts mehr an sich heranlässt, der hat sich selber zugemauert. Der lebt in seinem eigenen Körper wie hinter Gittern.

»Effata - mach auf«! Vorher macht Jesus ihm mit seinem Finger die Ohren frei. Er berührt ihn mit Speichel. Wenn das ein Außenstehender mit einem macht, dann überschreitet er eine Grenze. Das lassen wir uns nicht von jedem gefallen! Das dürfen nur sehr Nahestehende mit uns machen. Mich erinnert das an eine Mutter, die ihrem Kind die Ohren reinigt. Das ist lästig, unangenehm, vor allem, wenn sie ihrem Kind mit dem eigenen Speichel einen Flecken von der Backe putzt. Bei Jesus gehört es zur medizinischen Behandlung. Er will ihn heilen. Was Jesus im Speichel hat, das weiß ich nicht. Aber ich weiß, was er im Herzen hat: unendliche Liebe!

Er ist total offen, voller Herz, voller Liebe, voller Leben, voller Heilkraft. Der Funken der Liebe springt über, auf die Ohren, auf die Zunge, auf den ganzen Mann! Jesus ist ganz offen und ganz Ohr für diesen Eingeschlossenen. Noch kann er nicht reden. Er ist ein stummer Zeuge seiner Not, aber Jesus horcht in den Menschen hinein, versetzt sich in seine Lage. Er fühlt mit ihm, er leidet mit ihm. Er spürt die Schwingungen, die von dem Mann ausgehen, er funkt Notsignale: Hol mich heraus aus meinem inneren Gefängnis! Manche halten das für Magie, was Jesus hier macht.

Ich glaube, dass Gott uns alle mit dieser großartigen Fähigkeit ausgestattet hat, zu hören, zu spüren, ganz offen und ganz Ohr zu sein. Die Öffnungen, die wir im Körper haben, hat Gott mit wunderbaren Organen ausgestattet. Wenn sie krank werden, oder ihren Dienst versagen, dann geht es uns schlecht. Die Verbindung zum Leben geht uns verloren.

Unsere Ohren sind Gottes Wunderwerke. Als Sie und ich noch im Mutterleib waren, da konnten wir bereits hören, den Herzschlag der Mutter wahrnehmen, erspüren, ob es ihr gut oder schlecht erging. Unser Ohr ist das erste Organ, und das letzte, das den Geist aufgibt, wenn wir sterben. Ein Sterbender bekommt jedes Wort mit, auch wenn er sich nicht mehr rühren kann. Mann kann zu ihm sprechen, ihn trösten, mit ihm beten. Er ist offen bis zuletzt. Wir sind nicht Jesus - aber wir haben Ohren und können uns öffnen: Wenn wir einem anderen mit Interesse zuhören, dann können wir heraushören, ob er glücklich oder traurig ist, ob seine Stimme stark, ängstlich oder zittrig ist. Wir hören, was da sonst noch an Tönen mitschwingt.

Gott hat uns ganz offen erschaffen. Warum? - Weil er mit uns in Verbindung bleiben will.»Rufe mich an in der Not, ich will dich erhören«. Es ist ganz natürlich, mit Gott verbunden zu sein. Er ist offen für deine Not. Er hört auch stumme Schreie. Er hört Trauer und Freude. Seine großen Ohren hören Deine Schwingungen. Er bekommt deine Erschütterungen mit.

Was hier zwischen Jesus und dem geheilten Mann passiert, geschieht jeden Augenblick. Gott heilt und heilt und heilt. Das ist sein Wille. Er ist die Quelle des Lebens und der Liebe. Er verströmt sich. Er füllt den Kosmos, die Milchstraße. Die Sonne tönt, die Sterne singen. Der große, schweigende Weltraum ist erfüllt von seiner Herrlichkeit. Alles singt und schwingt, um uns und in uns.

Wir können nicht nur aus uns heraushören. Wir können auch in uns hineinhören. In der Stille, im Schweigen, im Beten spricht Gott zu uns. Wenn wir mit Gott im klaren sind, dann fühlen wir uns gut. Wir sind voller Frieden, voller Tatkraft. Wenn wir von Gott getrennt sind, fühlen wir uns schlecht, ungeliebt, nicht anerkannt, schuldig, mies. Wir haben Angst. Es stimmt was nicht mit uns.

Manche von Ihnen sind in Ihrer kindlichen Unschuld tief verletzt worden. Da ist einer gewalttätig in Sie eingedrungen, hat Sie lebensbedrohlich verletzt, gekränkt, beleidigt. Der seelische oder körperliche Schlag ging tief rein. Da haben Sie sich verschlossen. Sie machen nicht mehr auf. Sie bleiben zu. Sie lassen keine Gefühle mehr an sich heran und nicht in sich hinein. Keinen Schmerz, keine Liebe, keine Träne, keine Wut. Sie lassen keinen mehr an sich heran. Auch Gott nicht mehr.

Gottes Liebe kann nur heilen, wenn sie fließt. Unsere Geschichte endet gut. Am Schluß sagen die Augenzeugen, die die Heilung des Mannes erlebt haben: »Er, Jesus, hat alles gut gemacht«. Sie sind außer sich vor Staunen. Jesus hat auch Ihnen die Sinne geöffnet. Sie nehmen wahr, was geschieht: Blinde sehen, Lahme gehen, Taube hören, und: GEFANGENE WERDEN FREI!

Gebet
Wir beten: Jesus Christus, wir wollen offen zu Dir sein. Wir leiden darunter, dass wir hinter verschlossenen Türen leben. Wir leiden darunter, dass wir uns hier nur wenig öffnen können. Öffne uns. Lass uns Vertrauen aus dieser Geschichte schöpfen. Löse unsere Stummheit. Vieles, was wir erlebt haben, hat uns sprachlos gemacht. Wir haben nicht nur anderen Leid zugefügt, wir haben auch selbst gelitten. Oft werden wir nicht gehört, das macht uns stumm. Du kannst auch uns die Zunge lösen und das erlösende Wort für uns sprechen. Amen.

Chorgesang

Reden hinter Gittern Wie sich Betroffene fühlen
(Erfahrungsberichte Gefangener: Als Beispiel ist hier nur einer der Texte stellvertretend für alle aufgeführt.)

Einsamkeit:
Es ist wieder einmal soweit, Wochenende, die Einsamkeit beginnt, die Einschlusszeit ist schon einige Zeit vorbei. Der Fernseher läuft, doch man schaut gar

nicht hin, ist mit den Gedanken weit in der Ferne. Man steht am Fenster, sieht hinaus in die freie Natur, die zum Greifen nahe ist; und doch erscheint sie einem meilenweit weg. Wie unterdrücke ich wieder dieses Schuldgefühl? Was kann ich noch machen, um mit mir ins Reine zu kommen? Wie oft habe ich schon darüber nachgedacht: Hätte ich dieses oder jenes nicht gemacht und hätte manches Mal auf die Familie gehört. Ich weiß jetzt, dass einiges anders verlaufen wäre!

Doch scheint es mir in solchen Momenten, dass alles ein aufgezeichneter Weg ist - unsichtbar zwar, doch schwebt er über mir. Er ist sehr steinig, dieser Weg, und oftmals scheint er nicht erreichbar, doch irgendwie geht's weiter. Es ist nicht sehr leicht, die sogenannte Tataufbereitung zu betreiben, weil man dort schonungslos ehrlich mit sich umgehen muss. Und wer macht so was schon freiwillig! Ich denke, das wird für jeden Einzelnen von uns nicht leicht sein, und einige werden genau wie ich sagen: »Ich konnte gar nichts dafür - andere waren schuld - ich war nur im falschen Moment am falschen Platz - usw. So fing ich an und musste nach einiger Zeit feststellen: Ich war in einer Sackgasse angekommen und log mich die ganze Zeit selber an - viel schlimmer, ich machte mir selbst etwas vor. Ich fing danach in kleinen Schritten damit an, über alles in Ruhe nachzudenken. Auch die kleinste Kleinigkeit versuchte ich nicht zu übersehen und es gelang mir allmählich, mich auf diese Sache zu konzentrieren, auch wenn es noch so weh tut noch etwas Positives aus meiner jetzigen Situation zu ziehen!

Mittlerweile sehe ich auch wieder ein kleines Licht am Ende des Tunnels und mache mir Gedanken über mein weiteres Leben nach meiner Entlassung. Es gibt immer noch Tage, an denen das Schuldgefühl übermächtig erscheint und die Einsamkeit einem Erstickungstod nahe kommt, doch es geht immer irgendwie weiter. Ich hoffe, dass ich durch meine Gedanken noch einige andere Mitgefangene zum nachdenken bringen kann, und dass auch sie den Weg der kleinen Schritte schaffen werden! Es wird ein langer, entbehrungsreicher Weg sein; doch eines Tages geht für jeden von uns das Tor auf, und es kann ein neues Leben beginnen!

Chorgesang

Gebet

Jesus Christus, wir haben Angst davor, von der menschlichen Gemeinschaft verstoßen zu werden. Wir haben uns schuldig gemacht und den Zorn der anderen auf uns gezogen. Vergib uns unsere Härte, vergib uns unsere Vorurteile.
Wir sehnen uns nach Liebe, wir sehnen uns nach der Freiheit, wir sehnen uns nach Geborgenheit. Lass unsere Sehnsucht in Erfüllung gehen.
Gib uns die innere Kraft, wieder neu anzufangen. Mit einem neuen Lebenspartner, mit neuen Freunden, mit neuer Arbeit. Wir brauchen Dich dabei.

Lass Deinen Heiligen Geist in uns ruhen. Richte uns auf, wenn uns der Mut sinkt. Stehe uns bei, wenn wir auf Hindernisse stoßen. Tröste uns, wenn wir enttäuscht und traurig sind.

Vaterunser

Segen

Gott sei vor dir, um dir den rechten Weg zu zeigen. Gott sei neben dir, um dich in die Arme zu schließen und dich zu schützen. Gott sei hinter dir, um dich vor Fehlern zu bewahren, Gott sei unter dir, um dich aufzufangen, wenn du fällst. Gott sei in dir, um dich zu trösten, wenn du traurig bist. Gott sei über dir, um dich zu segnen. So segne dich der gütige Gott. Amen.

Anmerkungen

In der JVA Remscheid sind ungefähr 500 männliche Gefangene im geschlossenen Vollzug und etwa 250 Gefangene im Offenen Vollzug. Die Gefängnisseelsorger achten nicht auf den Glauben oder die Konfession, sondern es wird der hilfesuchende Mensch gesehen. Pro Tag richten sich etwa acht bis zehn Gefangene, Deutsche wie Ausländer, von denen etwa ein Drittel Muslime sind, hilfesuchend an einen der Seelsorger. Regelmäßige Kontakte bestehen zu den Gottesdienstbesuchern.

Häufig gelingt es im seelsorgerlichen Gespräch, den Gefangenen wieder mit Gott in Kontakt zu bringen und ihm das Gefühl des Verlassenseins zu nehmen. Gott wird wieder greifbar, selbst inmitten der oft quälenden Situation des Gefangenseins. Die Verkündigungsinhalte sind eine Fortsetzung der Seelsorge. Sie umkreisen die Anliegen: trösten, ermutigen, verzeihen, lieben, vertrauen, hoffen und neuanfangen. Die Seelsorgerinnen und Seelsorger in Haftanstalten nehmen angesichts der besonderen Lebenssituation ihres Klientels eigene, pädagogisch sinnvolle Gestaltungsspielräume wahr. Es ist wichtig, einfach, anschaulich, echt, konkret und spannend zu sein.

Die Gefangenen kommen freiwillig und gern in die Gottesdienste. Viele nehmen in ihrem Leben zum ersten Mal Kontakt mit dem christlichen Glauben auf. Ihre Beweggründe sind unterschiedlich: Die regelmäßigen Besucher wollen sich sammeln, beten, sich trösten lassen. Andere suchen den Kontakt zu Freunden, die sie im Hafthaus nicht besuchen dürfen. Andere suchen an den langweiligen Wochenenden im Gefängnis Unterhaltung und Abwechslung.

Jeden Sonntag finden zwei Gottesdienste statt: Eine katholische Messe und ein evangelischer Gottesdienst. Viele Gefangene besuchen beide, darunter viele Muslime. Regelmäßig kommen etwa 30 Besucher pro Gottesdienst. Wenn Gäste und Chöre aus den umliegenden Gemeinden mitwirken, dann verdoppelt sich die Teilnehmerzahl. Ebenso bei besonderen Festen, die in der Regel ökumenisch gefeiert werden.

Kontakt:
Herbert Schmidt
Hindenburgstr. 130
42853 Remscheid
02191-70895

Gottesdienste für Schwule und Lesben

MCC-Gemeinde in Hamburg

Eine Kirche, die offen ist für alle Menschen und sie nicht diskriminiert, egal welchen Geschlechts, welcher Nationalität und Hautfarbe sie sind, welcher Gesellschaftsschicht oder welcher sexuellen Orientierung sie angehören... So stellte sich Pastor Troy Perry die Kirche vor, als er am 6. August 1968 mit der Arbeit der ersten MCC-Gemeinde in Los Angeles begann. MCC steht für »Metropolitan Community Church«. Aufgrund seiner Homosexualität war Troy Perry als Pastor entlassen und aus seiner Kirche ausgeschlossen worden. Doch er sah sich dem Evangelium verpflichtet und wollte Gemeinde bauen, die offen ist für alle Menschen - ohne Ausnahme. So gründete er draußen vor der Tür der etablierten Kirchen die erste MCC-Gemeinde.

Entgegen den Erwartungen, Vorurteilen und Widerständen der Mitmenschen und anderer Kirchen wuchs die neue Kirche sehr schnell. Heute, 35 Jahre nach ihrer Gründung, setzt sich die »Universal Fellowship of Metropolitan Community Churches (UFMCC)« - der Weltbund aller MCC-Gemeinden - aus ca. 40.000 Mitgliedern in 18 Ländern und ungefähr 300 Gemeinden zusammen. Es gibt heute Gemeinden in Amerika, Australien, Neuseeland, Japan, Indonesien, auf den Philippinen, in Nigeria, Südafrika, Argentinien, der Dominikanischen Republik, in Mittel- und Südamerika und Kanada. In Europa gibt es sie in Großbritannien, Frankreich, Dänemark, Spanien und seit 1988 auch in Deutschland (Hamburg, Köln, Stuttgart und Frankfurt/ M.).

Die MCC-Gemeinden weltweit und in Deutschland gestalten ihre Gottesdienste liturgisch sehr unterschiedlich. Gemeinsam ist jedoch doch das ständige aufmerksame Bemühen um gerechte und inklusive Sprache und Dienst an anderen innerhalb und außerhalb der Gemeinde, egal ob es sich dabei um homosexuelle, bisexuelle, transsexuelle oder heterosexuelle Menschen handelt. Wie diese Dienste konkret aussehen, ist ebenfalls sehr stark ortsgemeindeabhängig - in den USA gibt es z.B. eine große Verbundenheit mit der Bürgerrechtsbewegung. Über einen längeren Zeitraum wurde ein Krankenhaus in Afrika von der MCC finanziell unterstützt. Des weiteren findet sich die MCC in diversen weiteren politischen Bereichen wieder.

»Zachäus«

Begrüßung
Eingangsgebet
Wechsellesung
Gemeindelied: »Gloria«
Glaubensbekenntnis
Gemeindelied: »Wir haben Gottes Spuren festgestellt«
Gebet vor der Predigt
Predigt
Bibeltext (Lk 19, 1-10)
Gemeindelied: »O Lord hear my prayer«
Vaterunser
Gemeindelied: »Kyrie eleison«
Gebet
Gemeindelied: »Du bist das Brot, das den Hunger stillt«
Abendmahl
Friedensgruß
Gemeindelied beim Abendmahl: »Du bist heilig«
Gemeindelied: »Steht auf vom Tod«
Ansagen und Kollekte
Gemeindelied: »Gott, sieh her, hier sind wir nun«
Segen
Gemeindelied: »Gott, sieh her, hier sind wir nun«

Ablauf

Begrüßung
Wir beginnen diesen Gottesdienst im Namen Gottes, der uns Vater und Mutter ist, im Namen Jesus Christi, der uns Freund und Bruder ist und im Namen der Ruach (im Hebräischen »weiblich«), des Heiligen Geistes, Kraft, die uns belebt und begeistert.

Eingangsgebet

Wechsellesung
Singt und lobt Gott, alle Menschen. Brecht euer Schweigen, beißt nicht mehr auf die Zähne, tut den Mund weit auf, atmet tief durch, lasst euer Lachen erklingen. Wunder geschehen unter uns: Taube hören, Stumme reden, Blinde sehen, Bittere lächeln, Hassende lieben, Einsame tanzen, Sterbende leben. Heil breitet sich aus. Zukunft fängt schon an.

Kommt aus den Häusern, lauft auf die Straßen, steigt auf die Dächer, sagt es allen weiter. Gebt den Ton an, singt vor, sammelt Chöre, wagt neue Rhythmen. Trauergesänge müssen sterben; denn Gott ist unterwegs. Ist schon da, kommt immer noch, holt sich ihre Welt zurück. Alles soll gut werden, Erde und Himmel werden ihn loben. Singt Gott ein neues Lied, denn sie tut Wunder. Amen.

Gemeindelied »Gloria«

Glaubensbekenntnis
Wir glauben an den einen Gott, Schöpferin aller Dinge. Den Gott der Liebe und Gnade. Sie verteilt ihre Gaben nicht nach Verdienst, sondern gibt im Überfluss. Wir glauben an Jesus Christus, den Sohn Gottes, unsern Erlöser. Er bietet uns Leben in Fülle an. Wir glauben an die Ruach, Spenderin des Lebens. Sie lebt in uns, richtet uns auf, fordert uns heraus und erneuert uns. Wir glauben, dass wir berufen sind, Propheten und Prophetinnen Gottes zu sein - Menschen mit Visionen. Wir sind gerufen, der Welt einen Weg der Hoffnung zu eröffnen. Neuen Horizonten entgegen, die Gott uns gewiesen hat. Wir wollen den Traum verwirklichen helfen, der noch werden soll, den Traum von der einen, heiligen und heilenden Kirche. Amen.

Gemeindelied »Wir haben Gottes Spuren festgestellt«

Gebet vor der Predigt

Predigt
Bevor wir in den Text der heutigen Predigt einsteigen, möchte ich mit uns erst einmal eine kleine Zeitreise ca. 1.970 Jahre zurück machen, um uns ein wenig auf die Hintergründe des Textes einstimmen: Jericho war damals eine prachtvolle Stadt in einer fruchtbaren Gegend; noch heute herrscht dort ein fast tropisches Klima. Zu Jesu Zeiten gab es dort Palmen, Rosenstöcke, Balsamstauden, Dattelpalmen, etc. Jericho war außerdem eine reiche Stadt, der Handel blühte, die Einwohner Jerichos lebten in sicheren Verhältnissen. Hört sich alles in allem ja fast so an, als ob man selber gerne dort gewohnt hätte.

Jericho hatte allerdings ein kleines Zöllnerproblem, wie die meisten anderen Städte dieser Zeit auch. Der römische Staat verpachtete damals die Einkünfte der einzelnen Gebiete an Zollpächter, die diese wiederum durch Unterbeamte, also Zöllner aus der eigenen Bevölkerung, eintreiben ließen. Die Oberzöllner zahlten feste Summe an den Staat und versuchten deshalb, die festgesetzten Tarife zu überschreiten, um sich zu bereichern. Das war einer der Gründe, warum die Zöllner im gesamten römischen Reich verhasst waren. Bei den Juden kam noch dazu, dass sich die Zöllner durch den Umgang mit Heiden ständig verunreinigten und ein Jude, der als Zöllner arbeitete, religiösen Verrat beging, da Abgaben nur für religiöse Zwecke legitim waren. Der Begriff Zöllner wurde deshalb fast gleichbedeutend mit dem Begriff Sünder gesetzt. Und da haben wir auch schon den Helden unserer Geschichte: Zachäus, der Oberzolleinnehmer, klein an Gestalt und sehr reich.

Bibeltext (Lk 19, 1-10)

»Dann kam er nach Jericho und ging durch die Stadt. Dort wohnte ein Mann namens Zachäus; er war der oberste Zollpächter und war sehr reich. Er wollte gern sehen, wer dieser Jesus sei, doch die Menschenmenge versperrte ihm die Sicht; denn er war klein. Darum lief er voraus und stieg auf einen Maulbeer-feigenbaum, um Jesus zu sehen, der dort vorbeikommen musste. Als Jesus an die Stelle kam, schaute er hinauf und sagte zu ihm: Zachäus, komm schnell her-unter! Denn ich muss heute in deinem Haus zu Gast sein. Da stieg er schnell her-unter und nahm Jesus freudig bei sich auf. Als die Leute das sahen, empörten sie sich und sagten: Er ist bei einem Sünder eingekehrt. Zachäus aber wandte sich an den Herrn und sagte: Herr, die Hälfte meines Vermögens will ich den Armen geben, und wenn ich von jemand zu viel gefordert habe, gebe ich ihm das Vierfache zurück. Da sagte Jesus zu ihm: Heute ist diesem Haus das Heil geschenkt worden, weil auch dieser Mann ein Sohn Abrahams ist. Denn der Menschensohn ist gekommen, um zu suchen und zu retten, was verloren ist.«

Als Zachäus an dem Tag, an dem unsere Geschichte spielt, morgens aufgestan-den ist, hat er bestimmt nicht geahnt, was ihm dieser Tag noch bringen würde. Irgendwie hatte er davon gehört, dass Jesus nach Jericho kommen würde und ihm war der Weg bekannt, den Jesus gehen musste. Wahrscheinlich hatte er schon einiges von ihm gehört und er wollte ihn einfach gerne mal sehen. Allerdings steht, als er an dem Ort angekommen ist, an dem er Jesus sehen will, die Menge der Menschen sehr dicht und Zachäus ist, wie es dem Bibeltext zu entnehmen ist, klein von Gestalt. Jetzt muss er sich entscheiden: Er kann sich durch die Menge kämpfen, nach Hause gehen oder sich einen höheren Punkt suchen, an dem er über die Menge schauen kann. Ich weiß nicht, was Ihr gemacht hättet. Ich glaube, ich wäre wieder nach Hause gegangen. Aber Zachäus will an diesem Tag Jesus sehen.

Also sucht er sich einen Baum, um mal zu schauen; schauen ist relativ sicher. Man sitzt etwas erhöht, sieht alle und wird bestenfalls selber nicht gesehen. Aber damit hatte er sich an dem Tag getäuscht. Jesus kommt vorbei und spricht ihn an: »Zachäus, komm schnell herunter, ich muss heute dein Gast sein!« Und Zachäus steht schon wieder vor einer Entscheidung: Er hätte nein sagen können, so tun, als ob er nichts gehört hat oder Jesus erklären, warum dieser auf keinen Fall bei ihm Gast sein kann oder darf. Aber: Zachäus nimmt ihn mit Freuden auf und die persönliche Begegnung mit Jesus verändert ihn. Er erlebt Jesus als einen, der auf ihn zugeht, der ihn kennenlernen will. Jesus sagt nicht, dass Zachäus irgendwas tun muss, wirft ihm nicht seine Sünden vor, er verlangt nichts von ihm, außer, dass er, Jesus, heute bei ihm Gast sein darf. Und aus der persönlichen Begegnung mit Jesus verändert sich an diesem Tag Zachäus Leben.

Wir haben bisher eine Gruppe von Menschen vergessen, die ebenfalls in dieser Geschichte erwähnt werden und jetzt ihren großen Auftritt haben: Alle sahen es und murrten; sie sagten: »Bei einem ausgemachten Sünder ist er eingekehrt!« Da steht »Alle«. Da sind die Menschen dabei, die in der vordersten Reihe gestanden haben, um Jesus zu sehen. Menschen, die gekommen sind, um von irgendwelchen Krankheiten geheilt zu werden. Da sind die dabei, die von Zachäus betrogen worden sind und Unrecht gelitten haben. Und die müssen jetzt sehen, wie Jesus bei Zachäus, dem Oberzöllner, dem Unreinen, dem Verräter, Gast ist. Ich kann schon verstehen, dass es für sie schwierig ist, nachzuvollziehen, was hier gerade passiert. Und ich kann mir gut vorstellen, dass ich auch gemurrt hätte; sie hatten ja nicht Unrecht. Zachäus war ein schwarzes Schaf und hat Unrecht getan. Aber Jesus setzt dem Ganzen noch eins drauf. Er sagt: Auch du bist ja ein Sohn Abrahams. Der Zöllner, der Unreine, der Sünder soll ein Sohn Abrahams sein? Astrid, die Lesbe soll eine Christin sein? Jürgen, der nicht regelmäßig Stille Zeit macht... Peter, der nicht seinen 10. gibt... Christiane, die nicht an die Verbal-Inspiration glaubt...

Und das bringt mich zu der Frage: Wo lassen wir uns von dem, was andere über uns sagen, beeinträchtigen in unserer Beziehung zu Gott? Ich merke, dass ich zu einer Minderheit gehöre, egal, wo ich bin: Viele Christen sagen, dass ich kein Christ bin, weil ich lesbisch lebe. Viele Lesben sagen, dass sie nicht verstehen, wie ich so einer patriarchalischen Religion hinterher rennen kann. Meine Arbeitskollegen finden mein ehrenamtliches Engagement gut, können aber nicht verstehen, warum ich das alles so ernst nehmen muss.
Auf wen soll ich hören? Ich bin mir sicher, dass Zachäus vorher nicht nur einmal von Leuten gehört hat, dass sein Lebenswandel nicht konform ging mit den Gesetzen und Regeln seines Glaubens und er auch schon gehört hatte, dass er sein Leben ändern müsse. Und was wissen wir, was er noch von wem gehört hat, was er tun oder lassen soll und wie er zu sein hätte. Aber all das hat sein Leben nicht verändert.

Und dann kommt Jesus und sagt nichts anderes, als dass er Gast in seinem Haus sein will und durch die persönliche Begegnung mit Jesus verändert Zachäus sein Leben. Laut unserer Geschichte nicht, weil Jesus ihm gesagt hat, was er tun oder lassen soll, sondern einfach »nur« durch die persönliche Begegnung mit ihm. Und ich wage mal die Behauptung, dass die Menge, die murrte, damit auch nicht zufrieden war - außer wahrscheinlich die, die ihr Geld dadurch zurückbekommen haben.

Zum Schluss sagt Jesus: »Der Menschensohn ist gekommen, um die Verlorenen zu suchen und zu retten.« Wir kennen alle die Geschichten aus der Bibel, in denen Jesus die Frommen der damaligen Zeit vor den Kopf stößt: das Gebet des Pharisäers und des Zöllners im Tempel, wer ohne Sünde ist werfe den ersten Stein, das Gespräch mit der Frau am Brunnen, usw. Das passiert auch hier in unserer Geschichte. Jesus hat ein Herz für die, für die andere keins mehr haben.

Und jetzt kriege ich noch die Kurve zum Kirchentagsthema. Ich bin mir sicher, dass nur in und durch die persönliche Begegnung mit Jesus sich mein Leben verändern kann und damit auch zu einem Segen für andere wird; nicht dadurch, dass andere mir erzählen, wie schlimm oder wie toll ich bin und was ich noch zu ändern hätte. So wie Zachäus auf einmal zu einem Segen für die geworden ist, die er vorher betrogen hat. Und ich persönlich habe in den letzten Monaten mehr und mehr erlebt, dass da, wo ich offen zu mir gestanden habe und als christliche Lesbe oder lesbische Christin aufgetreten bin, ich ein Segen für Menschen geworden bin; ob im realen Leben oder im Internet. Deshalb: »Lasst uns ein Segen sein«, so wie wir sind. Amen.

Gemeindelied »O Lord hear my prayer«

Vaterunser

Gemeindelied: »Kyrie eleison«

Gebet
Gott, Freundin der Menschen, wir bekennen Dir, nicht an das Leben zu glauben. Wir bekennen, mehr Angst vor dem Tod, als Glauben an Lebendigkeit, Heilwerden und Vertrauen zu haben. Und dennoch ist da eine tiefe Sehnsucht in uns, nach Lebendigkeit, nach Licht, nach Wärme und Vertrauen zu uns selbst und zu Dir. Wir wollen uns Dir zuwenden, Gott, und unsere ängstlichen Seelen öffnen. Wir bitten Dich, berühre uns mit Deinem Geist. Wir wollen uns auf das Leben einlassen, lebendig werden. Doch wir bekennen Dir unsere Unfähigkeit, es aus uns selbst heraus zu tun.
(Stille)

Der lebendige Gott entfaltet sein Leben in uns. Ihr Licht leuchtet in uns. Durch seinen Geist keimt Hoffnung in unserem Leben auf. Wir sind zu Hause bei Gott. Amen

Gemeindelied »Du bist das Brot, das den Hunger stillt«

Abendmahl
Wir sind eingeladen, miteinander das Abendmahl zu feiern. Wir sind eingeladen, Brot und Wein miteinander zu teilen. [...] In der MCC feiern wir in jedem

Gottesdienst miteinander das Abendmahl. Und dazu sind alle eingeladen. Jede und jeder ist eingeladen, Brot und Wein zu teilen. Denn nicht wir sind es, die einladen, nicht die Kirche ist es, die dazu einlädt, Gott selber ist es, der uns an seinen Tisch eingeladen hat. Hier, an diesem Tisch, spielt es keine Rolle, ob du evangelisch oder katholisch bist, oder ob du überhaupt zu einer Kirche gehörst. Die Einladung gilt uns allen. Und wir sind eingeladen als Lesben und Schwule, als Frauen und Männer, die Frauen und Männer lieben. Hier, beim Abendmahl, will Brot zum Brot des Lebens werden. Hier soll der Lebenshunger gestillt werden.

Und nicht mehr länger ohne einander, sondern miteinander. Und nicht mehr gegeneinander, sondern füreinander. Und auch nicht mehr allein, sondern gemeinsam.

Wir kommen uns näher und können den Segen aneinander weitergeben. Wir kommen uns näher und geben uns den Frieden weiter.

Friedensgruß

Wir sind eingeladen, den Frieden, den Gott uns geschenkt hat, unter uns Gestalt annehmen zu lassen. Den Frieden, der ist und der immer noch werden soll. Wir können aufstehen, und uns ein Wort des Friedens wünschen, zum Beispiel »Friede sei mit dir«.

Friede ist nichts, was wir »haben« könnten, was wir etwa in eine Ecke stellen und uns ansehen könnten. Frieden kann man nicht »haben«. Er entsteht immer wieder neu - indem wir aufeinander zugehen. Im Namen Jesu Christi sage ich euch: Es ist Friede mit Gott. Friede soll auch unter uns Gestalt gewinnen. Lasst uns einander ein Zeichen des Friedens geben.

Es geschah in der Nacht, in der Jesus Christus, unser Bruder, verraten wurde, in der Nacht vor seiner Hinrichtung. In dieser Nacht saß er mit seinen Freundinnen und Freunden zusammen und sie aßen und tranken. Und Jesus nahm das Brot und den Wein und dankte Gott dafür.

Gott, du wartest auf uns. Wir brauchen nicht viel, um glücklich zu sein. Nur etwas Brot und Menschen, mit denen wir zusammen sind. Nur etwas Liebe und Frieden, um unseren Durst zu löschen. Aber gerade das machen wir einander allzu oft unerreichbar. Wir bitten dich, mach uns offen für dich und dein Reich, und brauchbar eine jede und jeden für die anderen. Tritt ein in unsere Gemeinschaft, wenn wir nun von deinem Brot essen, das du uns gibst, und von deinem Saft trinken, den du uns reichst. Amen.

Wir feiern das Abendmahl gemeinsam mit allen Menschen, die uns vorausgegangen sind, mit denen, die mit uns auf dem Weg auf Gottes Neue Welt zu gehen und gemeinsam mit denen, die uns folgen werden auf diesem Weg. Und gemeinsam mit ihnen allen stimmen wir ein in das »Heilig, heilig« den Lobgesang Gottes, Vorgeschmack auf den Tag, an dem neue, heilgewordene Welt Gottes für alle Wirklichkeit sein wird.

Gemeindelied beim Abendmahl »Du bist heilig«
Jesus Christus, unser Bruder, nahm das Brot, dankte dafür und brach es. Er brach es und teilte es, sooft bis es genug für alle war. Und gab es seinen Freundinnen und Freunden und sagte: Nehmt dieses Brot, es ist mein Leib der für euch und für alle Welt gebrochen wird. Nehmt und esst alle davon und wenn Ihr das tut, erinnert euch an mich.
Und er nahm den Kelch, gab ihnen den und sagte: Nehmt diesen Kelch, es ist der Neue Bund zwischen Gott und euch. Die Zusage der Liebe Gottes für Euch und für alle Menschen, in meinem Blut, das für Euch und für alle vergossen wird. Nehmt und trinkt alle daraus und wenn Ihr das tut, erinnert euch an mich.
Der Leib und das Blut Jesu Christi, für dich gegeben. Und nun kommt, es ist alles vorbereitet, kommt, ihr sollt satt werden an der Liebe und Freundlichkeit Gottes. Kommt und seht und schmeckt und spürt, wie freundlich unser Gott ist. Amen.

Gemeindelied »Steht auf vom Tod«

Ansagen und Kollekte

Gemeindelied »Gott, sieh her, hier sind wir nun«

Segen
Wir gehen in diese Nacht und in die kommenden Tage im Vertrauen darauf, dass wir auf allen Wegen, die wir zu gehen haben, nicht allein gelassen, sondern begleitet sind von Gottes Segen. Gottes Segen komme zu uns - stärkend und Mut machend, Gottes Segen befreie uns und lasse uns aufstehen in erfülltes Leben - uns Männer und Frauen, Gottes Ebenbilder. Nehmt den Segen Gottes mit euch und teilt davon aus - wem immer ihr begegnet. Amen.

Gemeindelied »Gott, sieh her, hier sind wir nun«

Anmerkungen
Das Abendmahl in der MCC wird in der Form der Intinktion gefeiert: Nicht, weil irgendjemand befürchten müsste, durch das gemeinsame Trinken aus einem Kelch mit dem HIV-Virus infiziert werden zu können. Diese Form wurde gewählt, weil das Immunsystem etlicher GottesdienstbesucherInnen (z.B. durch den HIV-Virus) geschwächt ist, so dass sie sich unter Umständen vor Infektionen, die durch die gemeinsame Benutzung eines Kelches übertragbar sind, schützen müssen. Diese Form also, um ihnen den Zugang zum Abendmahl nicht zu erschweren.

Kontakt:
MCC Hamburg Prävention e.V. (Kontaktmöglichkeit zu anderen Gemeinden)
Pulverteich 21 20099 Hamburg. 040-515608. www.mcc-hh.de

Gottesdienste für AIDS-Kranke und HIV-Positive

AIDS-Gottesdienst in der Hamburger St. Georg Gemeinde

Seit 1994 gibt es in Hamburg die Einrichtung der AIDS-Seelsorge, die erste ihrer Art in Deutschland. Sie wurde errichtet für Menschen, die HIV-positiv sind oder bereits an AIDS leiden und sich bis dahin von der Kirche vernachlässigt und verurteilt erlebt hatten. Zwei schwule Pastoren suchten sowohl in der Schwulenszene, in Beratungseinrichtungen wie auch in medizinischen Ambulanzen und HIV-Schwerpunktpraxen Kontakte - nicht nur zu schwulen, infizierten Menschen - begleiteten sie in ihrem Sterben und halfen in Trauergottesdiensten beim Abschiednehmen. Zentrum dieser vorwiegend aufsuchenden Arbeit war und ist der monatliche Gottesdienst, der nicht isoliert, sondern zusammen mit der Ortsgemeinde St. Georg in Hauptbahnhofnähe am letzten Sonntag im Monat um 18 Uhr als »AIDS- und Gemeindegottesdienst« gefeiert wird.

Kirche setzte hier ein Zeichen: einerseits sollten Menschen mit ihrem Schicksal spezielle Hilfe bekommen, andererseits nicht noch weiter aus Kirche und Gesellschaft ausgegrenzt werden. Deshalb wurde die zielgruppenspezifische Arbeit in einer normalen Kirchengemeinde verortet, die allerdings durch ihren multikulturellen, -religiösen und schwulennahen Stadtteil schon lange offen war für Dialog und Begegnung. So sollten die Gottesdienste Zwischenstation sein, bis auch »normale« Gemeinden HIV-infizierte und AIDS-kranke Menschen seelsorgerlich ernstnehmen und sozial einbinden würden.

Starke Berührungsängste sind jedoch auch fast ein Jahrzehnt später vielerorts in der Kirche vorhanden. Bisher ist die Nordelbische Landeskirche die einzige in Deutschland, die eine umfassende seelsorgerliche Betreuung AIDS-Kranker in solchem Umfang gewährleistet. Aus der Hamburger Übergangslösung wurde eine Dauereinrichtung - eine eigene Gemeinde bildete sich, nicht nur von Infizierten, sondern von PartnerInnen, FreundInnen, Familienangehörigen und 70-200 Menschen, vorwiegend jüngere Männer, die die offeneren Formen der Gottesdienste schätzen gelernt hatten. Verstärkt sollen auch heterosexuelle, infizierte Frauen und Männer angesprochen werden, die häufig noch versteckter leben als homosexuelle Infizierte und denselben Stigmatisierungen ausgesetzt sind.

Ein Gottesdienst für diese heterogene Zielgruppe braucht einerseits eine stabile und verlässliche Form, andererseits eine Form, die für kirchen- und traditionsferne Menschen verständlich und nachvollziehbar ist. So wird auf traditionelle liturgische Wechselgesänge verzichtet; vor Beginn des Gottesdienstes werden Lieder und Liedrufe eingeübt, da nur sehr wenige Kenntnisse von Liedern und gottesdienstlichen Ritualen vorrausgesetzt werden können. Statements zum Thema, oft durch Betroffene, sprechen den Einzelnen direkt an und schließen im theologischen Sinn Kyrie und Gloria ein. Grundsätzlich wird Abendmahl im Gottesdienst gefeiert, da in dieser Form der Gemeinschaft die von Gott ausgehende Überwindung der Stigmatisierung und Ausgrenzung am stärksten zu spüren ist - eine Vorwegnahme der ersehnten Annahme auch bei den Menschen.

»Das Positive am Positiven«

Einzug der Mitwirkenden /Orgelvorspiel
Allgemeine Begrüßung der Anwesenden
Einführung in das Thema
Lied: »Frühmorgens, da die Sonn aufgeht«
Statement 1: Krankheitsgewinn
Musik
Statement 2: Jaa, aber..
Musik
Kyriegebet
Lied: »Christ ist erstanden«
Lesung (2. Kor 4, 6-10)
Lied: »In dir ist Freude«
Predigt
Aktion: Scherbe verteilen
Lied: »Ich lobe meinen Gott, der aus der Tiefe mich holt«
Abkündigungen
Fürbitten
Lied: »Der Lärm verebbt«
Abendmahl
Segen
Lied: »Dona nobis pacem«
Orgelnachspiel

Ablauf

(In der Stunde vor dem Gottesdienst gibt es im Vorraum der Kirche Kaffee und Kekse, ein Treffpunkt zum Gespräch auch mit den PastorInnen.)

Einzug der Mitwirkenden

Orgelvorspiel

Allgemeine Begrüßung der Anwesenden

Wir feiern den ersten Sonntag nach Ostern. Die Hoffnungsbilder der Auferstehung sind noch ganz frisch. Das Leben hat über den Tod triumphiert. Und doch, das weiß auch unsere Heilige Schrift, der nimmermüde Zweifel an der Kraft des Lebens über den Tod lässt nie lange auf sich warten. Der steht immer schon in den Startlöchern. Sinnigerweise hat dieser 1. Sonntag nach Ostern wohl deshalb die Geschichte vom ungläubigen Thomas eigentlich als Evangeliumslesung vorgesehen. Ostern und Zweifel folgen fast nahtlos aufeinander. Das heißt, das Vertrauen auf die österliche Kraft des Lebens über allen Tod hinaus, ich übersetze einmal »über alles Positivsein hinaus« bestimmt diesen Sonntag genauso, wie der Zweifel und seine hartnäckige Anfrage an den Wahrheitsgehalt unseres Glaubens.

Einführung in das Thema

Am Positiv-Sein gleich Infiziertsein ist zunächst überhaupt nichts positiv: Das positive Testergebnis bedeutet für den Einzelnen und die Einzelne zunächst eine Katastrophe: Du kannst andere anstecken, du bist gefährdet, kannst erkranken, musst regelmäßig zum Arzt - und du musst höllisch aufpassen, wem du es erzählst - denn Angst und Stigmatisierung gehören immer noch zum Thema AIDS. Aber dann habe ich neulich bei »Leder positiv«, dem Stammtisch für Infizierte aus der schwulen Lederszene, gefragt, was denn positiv sein könnte am Positiv-Sein. Ich war überrascht, wie viele Aspekte dabei zusammenkamen: Ich lebe seitdem bewusster - achte auf Kleinigkeiten, z.B. in der Natur - habe neue, ehrliche Freunde gefunden - bin dankbar für jeden Tag. Aber das Schlusswort war dann doch: »Es ist und bleibt Scheiße, infiziert zu sein!« Lassen wir uns berühren von diesem Thema, das viele Aspekte hat.

Lied »Frühmorgens, da die Sonn aufgeht«

Statement 1 Krankheitsgewinn

Um allen Missverständnissen vorzubeugen, auch ich wäre lieber gesund - aber nach und nach dem Virus etwas Positives abzugewinnen, war meine Überlebensstrategie - sonst hätte ich es sicher nicht ertragen. All die Jahre vor meiner Ansteckung schien mir mein Leben wertlos, unwichtig. Aber mit dem positiven Testergebnis entwickelte ich plötzlich einen enormen Lebenshunger, so, als wollte ich dem Tod das Leben entgegensetzen. Der verbleibenden Lebenszeit musste soviel Leben wie möglich eingehaucht werden, nichts konnte intensiv genug sein. Jetzt gibt es kein »das mache ich irgendwann später« mehr, jetzt gibt es nur noch das Heute und ich verschiebe nichts mehr auf später. Ich lebe sehr bewusst, sehr intensiv, jedes kleine Lächeln, jede Umarmung hat eine ganz besondere Bedeutung bekommen. Ein unverhofftes Kinderlachen, die ersten Krokusse können mich den ganzen Tag begeistern.

So lange war ich Außenseiterin, nirgends zugehörig; plötzlich habe ich viele Freunde und Mitstreiter, auch wenn wir alle in der Liga der Verachteten spielen. In persönlichen Beziehungen ist nun eine Offenheit möglich, die früher undenkbar gewesen wäre. Sogar, dass ich den Tod einiger Menschen miterleben durfte, war ein Zugewinn, denn dies empfand ich als großen Vertrauens- und Liebesbeweis. Soviel Nähe und Ehrlichkeit, in der sich keiner verstellen musste, weil nur noch das Existentielle zählte, habe ich nie zuvor erlebt. Und ich erfuhr, dass sogar dann, wenn man sich selbst aufgrund von Krankheit, von ständigem Durchfall, Erbrechen, Verwirrtheit usw. nur noch unerträglich findet, immer noch Menschen für einen da sind, die sich nicht dadurch abschrecken lassen. Außerdem sind nun ganz andere Dinge für mich wichtig geworden und durch das Wissen vom frühen Tod konnte ich alles erledigen, was getan werden musste.

Positiv ist für mich eindeutig, dass ich nie zuvor wusste, wieviel Kraft und Kampfgeist in mir steckt. Hätte man mir vor zehn Jahren gesagt, was alles auf mich zukommt, hätte ich geantwortet: »Das würde ich nie aushalten« - aber, wie Ihr seht, ich stehe immer noch hier. Inzwischen ist es sogar so, dass ich mich zwischendurch bremsen muss in meinem Größenwahn, der mir sagt: »Jetzt hast du schon soviel überstanden, deshalb egal, was kommt, mich haut nichts mehr um«.

Als ich noch im Berufsleben stand, dachte ich so oft, das ganze Leben ist eine Maskerade, ständig musst du dem Chef, den Kunden, den Kollegen gegenüber freundlich, nett und zuvorkommend sein. Selbstverständlich auch immer diplomatisch sein und korrekt gekleidet. Jetzt als Frührentnerin entfällt all das, ich umgebe mich bloß noch mit Menschen, die mir gut tun und habe auch meine Kontakte neu sortiert, sprich, all jene ausgemustert, die mir schaden. Äußerlich werde ich gerne zum Paradiesvogel, der ich gerne wäre. Von der Meinung meiner Nachbarn habe ich mich endlich befreit und kann nun ganz ich selbst sein.

Außerdem kenne ich jetzt meinen Körper besser als je zuvor und kann mich, so paradox es auch klingen mag und soweit es meine finanziellen Mittel erlauben, ganz meiner Gesundheit widmen. Nicht zuletzt habe ich, seit ich HIV-positiv bin, an diversen Kursen teilgenommen, die mich meiner Seele und meinem Unterbewusstsein ein großes Stück nähergebracht haben. In diesen Kursen habe ich auch gelernt, dass ich gar nicht so allein bin mit meinen Erfahrungen, sondern dass es vielen anderen genauso geht wie mir. Vor allem aber habe ich endlich wieder zu Gott zurück und hier in der Kirche eine zweite Heimat gefunden - außerdem hat der Tod seinen Schrecken verloren. Um all jene, die mir soviel Positives am Positiven nicht abnehmen, zu beruhigen - dies ist nur die eine Seite der Medaille.

Musik

Statement 2 Jaa, aber...

Vor über 30 Jahren hatte ich einen Verkehrsunfall, der mich dem Tod sehr nahe brachte. In den Jahren lernte ich, aus aller Unbill, die mir widerfahren war, positive Gedanken zu ziehen: Ich hatte überlebt, mir war Hilfe zuteil geworden, das Leben war wieder lebenswert. Dann kam 1985. Ich erfuhr, positiv zu sein, und war absolut sicher, das Ende dieses Jahres nicht erleben zu können. Doch die Panik wich auch hier: es gab wieder Unterstützung durch Menschen, die zu mir hielten, und ich erinnerte mich, was ich schon überstanden hatte. Die Rückbesinnung auf den Unfall gab mir die Kraft, mit dieser neuerlichen Bedrohung leben zu können. Ich suchte - und fand - das Positive am Positiven.

Heute allerdings etwas über die »Leichtigkeit des Seins« zu hören, bereitet mir Pein. Seit längerem finde ich am Positiv-Sein überhaupt nichts Gutes mehr. Die Ängste sind wieder da, und es wächst kontinuierlich die Furcht, das, was ich mir für mein Leben vorgenommen habe, nicht mehr schaffen zu können. Es sind nicht die altersbedingten Zipperlein, die sich häufen, es ist wirklich die Angst, dass die so lange geübten Überlebensstrategien nicht mehr funktionieren.

Der Psalm 39 beginnt mit den Worten »Herr, lehre mich doch, dass es ein Ende mit mir haben muss und mein Leben ein Ziel hat und ich davon muss...« Das Tröstliche, das dieser Psalm unzweifelhaft auch bietet, erschließt sich mir vielleicht noch, wenn ich die Vertonung von Johannes Brahms in seinem Requiem höre. Mein Leben hat ein Ziel - welches?

Musik

Kyriegebet
Gott, du Freund und Freundin des Lebens, wir haben gehört, wie aus Angst und Todesphantasie neue Lebendigkeit entstehen kann. Wir bewundern die Lebenskraft darin und den Mut zu einem neuen Blick auf das eigene Leben. Wir ersehnen uns diese Zuversicht für uns selber und für unsere Freundinnen und Freunde, aber zugleich fürchten wir, dass sie doch oft nicht stimmt.
Krankheit, Angst und Leiden beschweren unser Leben und demütigen unsere Hoffnung. Sie sind oft stärker als alle Zuversicht und alles Leben wollen. Hilf uns

aus unserer Not. Lass uns im Blick auf deinen Sohn, der in dieser Welt Angst, Leiden und Tod durchschritten hat, selber Auferstehung erfahren. Kyrie eleison. Herr, erbarme dich.

Lied »Christ ist erstanden«

Lesung (2. Kor 4, 6-10)

»Denn Gott, der sprach: Aus Finsternis soll Licht aufleuchten!, er ist in unseren Herzen aufgeleuchtet, damit wir erleuchtet werden zur Erkenntnis des göttlichen Glanzes auf dem Antlitz Christi. Diesen Schatz tragen wir in zerbrechlichen Gefäßen; so wird deutlich, dass das Übermaß der Kraft von Gott und nicht von uns kommt. Von allen Seiten werden wir in die Enge getrieben und finden doch noch Raum; wir wissen weder aus noch ein und verzweifeln dennoch nicht; wir werden gehetzt und sind doch nicht verlassen; wir werden niedergestreckt und doch nicht vernichtet. Wohin wir auch kommen, immer tragen wir das Todesleiden Jesu an unserem Leib, damit auch das Leben Jesu an unserem Leib sichtbar wird.«

Paulus beschreibt sich selbst als einen Menschen, der von Jesus Christus spricht, - nicht, weil er so stark sei, sondern, weil Gott durch ihn hindurch wirkt. So schreibt er im vierten Kapitel: »Ich verkündige nicht mich selbst, sondern Jesus Christus als den Herrn. Ich selbst bin nur ein Diener - euer Diener um Jesu willen. Gott hat einst gesagt: »Aus der Dunkelheit soll Licht aufleuchten!« So hat Gott sein Licht in meinem Herzen aufleuchten lassen, damit die Menschen die göttliche Herrlichkeit erkennen, die Jesus Christus ausstrahlt. Ich selbst bin nur wie ein zerbrechliches Tongefäß für einen so kostbaren Inhalt. Man soll ja ganz deutlich sehen, dass die überragende Kraft von Gott kommt und nicht von mir. Obwohl ich von allen Seiten bedrängt bin, - werde ich nicht erdrückt. Obwohl ich nicht mehr weiter weiß, - verliere ich nicht den Mut. Ich werde verfolgt, - aber Gott verlässt mich nicht. Ich werde niedergeworfen, - aber ich komme wieder auf die Füße. Ich erleide fortwährend das Sterben Jesu an meinem eigenen Leib. Aber, - wenn das geschieht, dann wird auch etwas vom Leben und Auferstehen Jesu an mir sichtbar. Darum verliere ich nicht den Mut. Die Lebenskräfte, die ich von Natur habe, werden aufgerieben; aber das Leben, das Gott mir schenkt, erneuert sich jeden Tag.

Lied »In dir ist Freude«

Predigt

Liebe Freunde und Freundinnen, liebe Gemeinde. »Scherben bringen Glück« - so sagen wir es im Alltag. Warum eigentlich? Ist etwas zerbrochen - oder stehen wir vor einem Scherbenhaufen - oder fühlen wir uns wie zerschlagen - dann bringt daran überhaupt nichts »Glück«. Ist das Leben durch die HIV-Infektion und daraus erwachsene Probleme besonders belastet und Träume zerbrochen - dann ist das Glück weit weg - dann wirkt die Suche nach dem Positiven im Positiv-Sein nahezu zynisch - wenn nicht, ja, wenn ich nicht für mich selbst formuliere, wie ich selbst die Kraft gefunden habe, die mir hilft, mit der Infektion, mit Schmerz, mit Tod zu leben.

Wir haben zwei Stimmen gehört: Die eine, die in aller Vorsicht beschreibt, wie in der Zumutung der Infektion sie neuen Mut und neuen Willen zu leben fand. Die andere, die das Positive auch sehen konnte, bis die Angst das laute »Ja, aber« rief. Hurra, ich lebe noch - hieß es vielleicht früher für ihn - heute hingegen: Nun ja, ich lebe - doch mit welchem Sinn, mit welchem Ziel? Zwei Positionen im Leben mit der Infektion? Nein, wohl eher zwei Positionen in mir drinnen, - in vielen von euch drinnen.

Es sind zwei Seiten des gleichen Erlebens: Ich erlebe, wie zerbrechlich mein Körper und meine Seele sind, wie gefährdet, wie wenig ich noch meinen alten Sehnsüchten nachrennen kann - Sehnsüchten von Erfolg, Partnerschaft, Familie, von erfüllter Sexualität, von befriedigenden Erfolgen bei der Arbeit. Immer wieder steht dieses Virus - oder andere Krankheiten und Belastungen - dazwischen. Wie oft sitzen wir zusammen und sprechen darüber, wie fraglich der Sinn eines Lebens sei, dass nur mit Hilfe schwerer Medikamente und mit dem Preis großer Einschränkungen gelebt werden kann. Nein, sagen da manche von euch - oft weiß ich nicht mehr, wofür. Doch, sagen da manche - und sprechen Worte wie B. Und das Gute ist dann: Keine ist allein mit ihrem Erleben - wir können es teilen und die ein wenig mittragen, die gerade auf der dunklen Seite stehen.

Das Positive am Positiven - so sagen wir es heute und meinen damit nicht eine Ideologie des positiven Denkens, sondern suchen nach Hilfen, damit die Kräfte in uns sind und nicht allein in den Gedanken. Wir können nicht herbeireden, dass jemand in seinem Leben für sich einen neuen Sinn findet - doch wir können bei den ersten Christen hören, wie sie in Leid und drohendem Tod nicht verzweifelten:»Ich selbst bin nur wie ein zerbrechliches Tongefäß für einen so kostbaren Inhalt.« Paulus spricht in seinem Brief von sich selbst als ein zerbrechliches Gefäß - krank ist er immer wieder - mickrig fühlt er sich neben all den tollen Predigern und Wunderheilern seiner Zeit, die die Menschen beeindrucken und für ihren Glauben einnehmen wollen. Heute würde er sich wahrscheinlich mit den amerikanischen, wortgewaltigen Fernsehpredigern vergleichen. Im Glanz der Scheinwerfer wirken sie so glatt und perfekt, ihr eigenes Strahlen wirkt gut einstudiert.

Nein, Paulus ist da eher leicht zerlumpt, manchmal gerät er ins Stottern - manche mögen ihn auch nicht, weil er manchmal ganz schön streng und schroff wirkt. Er hat Stress mit der Gemeinde in Korinth - sie scheinen eher auf die äußere Erscheinung zu schauen. Nun schreibt er ihnen, was er von Gott weitergeben will. Paulus hat in seiner ganzen Brüchigkeit und Unvollkommenheit etwas ganz Entscheidendes verstanden. Er redet nicht von Gott und Jesus Christus, um sich beliebt zu machen - er will weitergeben, was er selbst von Gott erlebt: Gott braucht keine Menschen, die sich selbst genug sind, Gott braucht Menschen, die sich selbst erleben wie ein zerbrechliches tönernes Gefäß - oftmals angeschlagen, nicht überall glatt, auch nicht überall gut anzusehen - eher durchschnittlich halt. Gott sucht gerade Menschen, die spüren, dass Kraft und neuer Mut nach dunkler Nacht wie ein Geschenk ist, das von innen her verändert.

Er will von Jesus als dem Sohn Gottes erzählen, der die Grenzen von Angst und Tod überwunden hat - für uns, damit wir uns nicht mehr fürchten müssen. Paulus spürt, wie innere Kraft und äußerer Zustand bei ihm selbst oft nicht zusammenzupassen scheinen. Und da spürt er Gott in sich als Kraft, die wie ein Schatz in ihm ruht und immer größer und wertvoller wird, je mehr er davon nimmt. Sein zerbrechlicher und angeschlagener Körper birgt diesen Schatz in sich - Gott selbst wohnt in diesem Körper. Dies ist für ihn Zuspruch und Trost zugleich - und eröffnet ihm neues Leben: »Die Lebenskräfte, die ich von Natur habe, werden aufgerieben; aber das Leben, das Gott mir schenkt, erneuert sich jeden Tag.«

So ist das Positive für ihn das täglich neue Leben mit der Kraft Gottes, die er in sich weiß und die auch dem Tod standhält. Und nun zurück zu uns: Die meisten von uns kennen beide Seiten. Mal fühle ich mich wie zerschlagen, mal erlebe ich das Leben wie ein Geschenk, das ich in meiner Brüchigkeit viel bewusster erlebe als früher, als scheinbar alles glatt ging.

Aktion Scherbe verteilen
Das möchte ich Euch mitgeben:
(aus Papier geschnittene Stücke in Form einer Scherbe, auf deren einen Seite steht »Ich weiß - auch wenn ich selbst wie ein zerbrechliches tönernes Gefäß bin - so ruht der Schatz Gottes in mir.« (nach 2. Kor 4, 7) und auf deren anderen Seite steht: »Ich bin matt geworden und ganz zerschlagen, ich schreie vor Unruhe meines Herzens. Psalm 38, 9«)

Vielleicht eine Scherbe eines Lebens. Man kann sie drehen und wenden, immer findet sich beides auf ihr: der verzweifelte Schrei und der liebevolle Zuspruch meines Wertes. Mal brauche ich den und mal jenen Satz. Und Paulus gibt uns mit: Verzweifele nicht an deiner Brüchigkeit, du bleibst immer ein wertvolles Geschöpf Gottes, gerade in den Schwachen ist Gott ganz nah. Er liebt dich mit deinen verschiedenen Seiten, so, wie du bist, bist du gut für ihn! Suche das Leben immer wieder neu, nicht, um dir und anderen zu gefallen, sondern, um den Schatz des Lebens mit Gott immer wieder neu zu entdecken.

So haben wir ja auch in der Vorbereitungsrunde darüber nachgedacht, was wir in den dunklen Zeiten tun können - und nannten dann Strategien, die uns helfen, um den Blick auch mal wieder auf die andere Seite der Scherbe zu lenken - vom entspannenden Bad bis hin zum Gespräch mit Menschen, die mich so und so aushalten. Es gibt keine Tipps und keine Geheimnisse, die wir hier erzählen könnten. Dennoch können wir einander helfen, indem wir von unseren Strategien erzählen. In allem gilt: Es gibt immer den Zuspruch Gottes, seine Liebe für uns brüchige Geschöpfe.

Scherben bringen also doch Glück - wenn in ihnen etwas sichtbar wird von Hoffnung, die nicht zerschlagen werden kann an den Ecken und Kanten des Lebens. So nehmt die Scherben mit - erinnert euch in den dunklen Zeiten an den Zuspruch und in den hellen Zeiten daran, wie wenig selbstverständlich geschenktes Leben ist. Und wenn wir nachher Abendmahl feiern, dann können wir uns daran auch erinnern:

Der zerschlagene Körper Jesu, die Bruchstücke seines Lebens sind uns im Abendmahl Bruchstücke einer Hoffnung geworden, die mit Händen zu greifen ist und uns stärken will. Amen!

Lied »Ich lobe meinen Gott, der aus der Tiefe mich holt«

Abkündigungen

Fürbitten
(Karten mit Fürbitten einsammeln und vorlesen)

Lied »Der Lärm verebbt«

Präfation
Gott lädt uns alle an seinen Tisch - zu seinem Mahl: zum Brot des Lebens, zum Trank der Freude. Wir danken Gott, dem Schöpfer und Erhalter, für diese Welt, die uns das Leben ermöglicht - und für alle Menschen, die uns in unsrer Brüchigkeit schützen und tragen. Wir danken Gott für Jesus, unseren Bruder, der uns mit seiner Liebe befreit aus Schuld und Angst, nie genug zu sein für Gottes Liebe. Wir danken Gott für seinen Geist, der uns Mut macht zum Leben, zum Glauben, zum Hoffen. So singen wir gemeinsam.

Sanctus

Einsetzungsworte

Vaterunser

Einladung und Austeilung
(In großer Runde vom Altar her teilt der Vorbereitungskreis Oblaten und Traubensaft aus. Wir beschließen die Runde mit einem Entlassungssegen, bei dem sich die Runde die Hände gibt.)

Dankgebet

Segen

Lied »Dona nobis pacem«

Orgelnachspie

Kontakt:
Christel Rüder
Spadenteich 1
20099 Hamburg
040-2804462
aidsseelsorge@hamburg.de

Gottesdienste für Flüchtlinge

Andacht in der Flüchtlingsunterkunft am Frankfurter Flughafen

In der Flüchtlingsunterkunft am Frankfurter Flughafen halten sich vorüberge-
hend Menschen auf, die bei ihrer Ankunft in Deutschland um Asyl gebeten
haben. Nach den Regularien des Flughafenverfahrens wird vom
Bundesinnenministerium geprüft, ob ein ausreichender Grund für das
Asylbegehren vorliegt und die Menschen einreisen können oder ob sie zurük-
kkehren müssen. In der Wartezeit bis zur Entscheidung halten sich die
Männer, Frauen und Kinder in der Flüchtlingsunterkunft auf, die per
Definitionem im Niemandsland vor den Grenzen der Bundesrepublik
Deutschland liegt. Einmal in der Woche findet in der Unterkunft ein
Gottesdienst statt. Die Christen kommen überwiegend aus den Staaten
Afrikas. Manchmal nehmen Muslime teil. Die Zahl der Teilnehmenden ist sehr
unterschiedlich, zwischen drei und zwanzig.

In Frankfurt am Main ist die einzige Unterkunft dieser Größenordnung. An
anderen Flughäfen finden keine Gottesdienste nur für Flüchtlinge statt. Die
»Gemeinde« der Flughafen-Seelsorge besteht aus Betriebsangehörigen der
unterschiedlichen Firmen am Flughafen (62.000 Menschen), den Reisenden
(ca. 50 Millionen im Jahr) und den Flüchtlingen. Krisenintervention und
Besuche am Arbeitsplatz sind Teil der Seelsorge. Gottesdienstliche Angebote
sind unter anderem: Festgottesdienste an den hohen Feiertagen, Taufen,
Beerdigungen, Hochzeiten sowie tägliche Mittagsgebete. Einmal im Jahr fin-
det eine »Abrahamische Feier« statt, die der Rabbiner von Frankfurt, ein
Imam, die evangelische Pfarrerin und der katholische Pfarrer veranstalten. Der
»diakonische Arm« der Seelsorge ist der Kirchliche Sozialdienst für
Passagiere, an den sich Reisende in Notlagen wenden.

Die Flüchtlinge befinden sich zwischen den Welten, entwurzelt der alten
Heimat und ohne neue Heimat. Was ist die Kraftquelle in diesen dürren Tagen
und Wochen? Die Gottesdienste zeigen, dass Worte wie Brot sein können. Die
Seele hungert nach guten Worten und die Menschen haben ihre Trostworte,
die sie begleiten, an denen sie sich festhalten. Die biblische Tradition führt
Menschen in Leidsituationen an den »Brunnen des Lebendigen, der mich
sieht...« (Gen 16, 14).

Wenn die Geschichten der Bibel erzählt und dadurch wiederbelebt werden,
werden die Menschen Teil der Erinnerungs- und Erzählgemeinschaft der

Glaubenden. Das eigene Leben erscheint in einem neuen Licht. Wie in dem Leben der Vormütter und Vorväter, so zeigt sich Gott in unserem Leben. Da gibt es einen »Brunnen des Lebendigen, der mich sieht...«; Himmelsbrot mitten in der Wüste; einen gedeckten Tisch im Angesicht meiner Feinde. Die biblischen Geschichten führen so an die Quellen und können erlebbar gemacht werden, so dass die Menschen mit allen Sinnen spüren, dass Gott an ihrer Seite ist.

Die Stimmung verändert sich während des Gottesdienstes. Gefühle machen sich Luft und das gemeinsame Singen und Beten befreit. Bewegung kommt zunehmend in die Menschen.

»Du bereitest den Tisch«

Begrüßung
Psalm 23
Bibelarbeit zu Psalm 23
Phantasiereise
Lied: »We shall overcome«
Nochmaliges Lesen des Psalms 23
Fürbittengebet
Abendmahl
Gebet

Ablauf

Begrüßung

Psalm 23
»Der Herr ist mein Hirte, / nichts wird mir fehlen. Er lässt mich lagern auf grünen Auen / und führt mich zum Ruheplatz am Wasser. Er stillt mein Verlangen; / er leitet mich auf rechten Pfaden, treu seinem Namen. Muss ich auch wandern in finsterer Schlucht, / ich fürchte kein Unheil; denn du bist bei mir, / dein Stock und dein Stab geben mir Zuversicht. Du deckst mir den Tisch / vor den Augen meiner Feinde. Du salbst mein Haupt mit Öl, / du füllst mir reichlich den Becher. Lauter Güte und Huld werden mir folgen mein Leben lang / und im Haus des Herrn darf ich wohnen für lange Zeit.«

Bibelarbeit zu Psalm 23

Vers 4: »Und ob ich schon wanderte im finsteren Tal,...«
Diese Erfahrung kennen wir alle. Welche Situationen fallen Ihnen hierzu ein?
(Oft wird die Situation in der Unterkunft als eine Erfahrung des finsteren Tales beschrieben. Der Austausch über diese Erfahrungen sollte genügend Raum haben. Solange wir uns sprachlich verständigen können, ist das kein Problem.)

Vers 5: »Du bereitest vor mir einen Tisch im Angesicht meiner Feinde. Du salbst mein Haupt mit Öl und schenkst mir voll ein.«
Haben Sie diese Erfahrung auch schon gemacht? Sicherheit und Fülle. Alles war da, was sie zum Leben brauchten.

Phantasiereise

Holen Sie sich den Tisch hierher, an dem Sie Sicherheit und Fülle erlebt haben. Schließen Sie die Augen, wenn Sie mögen. Setzen Sie sich bequem hin, die Füße auf den Boden. Am Ende der Übung bitte ich Sie, die Erfahrung mit einer Handbewegung festzuhalten. Sie gehen ganz in die Situation des gedeckten Tisches. Es ist, als wenn Sie jetzt wieder dort wären. Und Sie sehen alles, was es zu sehen gibt. Ist da Licht? Gibt es Schatten? Sehen Sie links. Sehen Sie rechts. Gibt es Kontraste? Wie sind die Farben? Glänzend oder matt? Wie tief ist das Bild? Gibt es Bewegung?

Und während Sie alles sehen, hören Sie alles. Was gibt es für Geräusche? Lärm oder Stimmen? Töne? Musik? Sie können es genau hören. Gibt es einen Rhythmus? Pausen? Stille? Lauschen Sie auf Ihre innere Stimme. Was sagt Sie Ihnen? »Hier ist es gut.« ?

Und während Sie alles sehen und hören, können Sie auch alles riechen. Was gibt es für Gerüche? Welche Düfte sind in der Luft? Woher kommen sie? Wie ist es die Luft in die Nase einzuziehen?

Und während Sie alles sehen, hören und riechen, können Sie schmecken. Wie ist der Geschmack auf der Zunge? Süß? Sauer? Bitter? Salzig? Schmecken Sie auch anderes? Sicherheit? Geborgenheit? Heimat?

Alles, was Sie sehen, hören, schmecken und riechen, haben Sie in sich. Können Sie es spüren? Spüren Sie, da ist ein Tisch gedeckt und da ist voll eingeschenkt. Sie spüren: Sicherheit und Fülle. Nehmen Sie sie zu sich. Machen Sie eine Geste, die Sie spüren, und behalten Sie so Ihre Sicherheit und Fülle bei sich. Ihre Geste bleibt Ihnen, sie verbindet Sie mit Ihrem Tisch.

Ich kann schon den ein und den anderen Tisch sehen. Erzählen Sie uns etwas von Ihrem Tisch?

Lied »We shall overcome«

Nochmaliges Lesen des Psalms 23

Fürbittengebet (EG 789.6)

Abendmahl

Gebet
Gott, es gibt Orte in meinem Leben, die sind wie ein reich gedeckter Tisch. Mitten im Alltag, ja, mitten in Erfahrung von Leid und Entbehrung, kann es geschehen, dass mich die Erinnerung stärkt.
Da ist ein Tisch und du schenkst mir voll ein. Ich sehe, höre, rieche, schmecke und spüre, du bist an meiner Seite. Die Fülle des Leben umgibt mich. »Und ich werde bleiben im Hause Gottes immerdar.« Amen.

Anmerkungen

Ich spreche Englisch und Französisch abwechselnd und manchmal übersetzt ein Besucher in weitere Sprachen. Mein Englisch und Französisch geht dann manchmal durcheinander und mir fallen keine Worte mehr ein, dann helfen mir die Gottesdienstbesucher. Das ist eine schöne Situation, weil für die meisten Flüchtlinge Englisch und Französisch auch nicht die erste Sprache sind.

Kontakt:
Ev. Flughafenseelsorge Frankfurt am Main
Ulrike Johanns
60549 Frankfurt
069-69073178

Kapitel IV

Den Menschen entgegenkommen
Gottesdienste zu Phasen und Anlässen im Leben

Die Kirche begleitet die Menschen ein ganzes Leben lang. Zu den klassischen Wendepunkten des Lebens wie zum Lebensanfang, im Jugendalter, zur Eheschließung oder im Trauerfall hat die Kirche in ihrer langen Tradition stabile Gottesdienstformen ausgeprägt. Sie dienen dem Bedürfnis der Menschen, zu bestimmten Anlässen im Leben, Rituale in Gemeinschaft zu vollziehen und dabei göttliche Geborgenheit fühlen zu dürfen. Für diese Eckdaten des Lebens gibt es von jeher die kirchlichen Sakramente und Liturgien.

Mittlerweile haben sich die Lebensstile gewandelt, Biographien sehen anders aus als zu den Zeiten, in denen die kirchlichen Kasualien wurzeln. Viele erleben in ihrem Leben unterschiedliche Wendepunkte. Partnerschaften und Familien halten oft nicht mehr so stark und dauerhaft zusammen wie früher. Somit gibt es für jeden mehr Abschiede und Neuanfänge. Der Einzelne gewinnt eine größere Auswahl an unterschiedlichen Lebensentwürfen, um zur freien Entfaltung zu kommen. Er büßt dadurch aber auch an Lebenssicherheit ein und ist mit vielfältigeren Lebensrisiken konfrontiert.

Gottesdienstliche Formeln erscheinen vielen Menschen zunehmend inhaltsleer. Sie werden nicht mehr verstanden und verlieren dadurch ihre gemeinschaftsstiftende Integrationskraft. Der Theologe Peter Cornehl erklärt: »Die Individualisierung... hat im Gottesdienst fatale Folgen... Die Leute kennen die Lieder nicht mehr. Sie singen nicht mehr mit. Die liturgischen Formeln bleiben ohne Antwort. [...] Was also homiletisch tragend ist und seelsorgerlich Halt gibt, droht an der nicht gelingenden liturgischen Kommunikation zu scheitern.« (In: Gottesdienst als Lebensraum. epd-Dokumentation, 10/1997, S.19).

Dennoch bleibt die Sehnsucht nach Gott gerade in Krisen- und Übergangssituationen bei den Menschen bestehen. Gestern wie heute empfinden Menschen Trauer, die geheilt werden, Freuden und Ängste, die ausgedrückt und im Gottesdienst in einer Gemeinschaft geteilt werden möchten.

Die Autoren versuchen mit ihren Gottesdienstkonzepten, einerseits die jeweilige Lebenssituation des Einzelnen wahrzunehmen und einzubeziehen und andererseits die individuellen Erfahrungen auf ein gottesdienstliches Gemeinschaftserlebnis zurückzuführen. So bleibt die Trennung der Partnerschaft oder die Trauer um ein verstorbenes Kind ein für jeden einzigartiges Erlebnis und ist auch nicht in jeder Biographie zu finden. Gleichzeitig geben die Betroffenen der Gemeinschaft Raum - so viel, wie jeder möchte. Eine Konfirmationsfeier für Schüler mit Behinderung zeigt, wie die Bedürfnisse dieser speziellen Zielgruppe auch bei dieser kirchlichen Kasualie der Jugendzeit wahr und ernst genommen werden können.

Lebensphasen, durch die vermeintlich jeder Mensch irgendwann durch muss, wie beispielsweise die Zeit als Schüler oder das Altern, werden als solidaritätsstiftend gedeutet und im Gottesdienst zu gemeinschaftsbildenden Lebensstufen verdichtet.

Die »Gottesdienste für Phasen und Anlässe im Leben« zeigen, dass traditionelle Liturgien weiterentwickelt und neue Rituale entworfen werden können, um sie auch für spezielle Zielgruppen, die (nur noch) ähnliche Lebenswege wandern und gemeinsam Schwellen überschreiten, spürbar zu machen. Sensible Seelsorger bieten hier Formen an, die die Freiheit lassen, sich so weit einzubringen, wie es für den einzelnen gut und richtig ist. Eine gemeinsame Lebenserfahrung scheint heute die Gottesdienstteilnehmer eher aneinander zu schmieden als gemeinsame oder fast nicht mehr vorhandene, religiöse Traditionen.

Gottesdienste für Schüler

Schuljahresabschluss am Pius-Gymnasium in Coesfeld/ Westfalen

Wer heute jungen Menschen den christlichen Glauben nahe bringen möchte, ist mit zwei Grundproblemen konfrontiert. Zum einen scheint das Interesse der Jugendlichen an religiösen Fragen eher begrenzt zu sein, zum anderen begegnen Jugendliche Kirche und Gemeinde eher skeptisch und distanziert. Die Schulpastoral versucht hier, kreativ neue Wege zu gehen und dabei die Sinnfrage und die Frage nach Gott zur Sprache zu bringen.

Schulseelsorge - sofern dieser Begriff überhaupt verwandt wurde - reduzierte sich in Deutschland lange Zeit auf den Religionsunterricht und einige wenige Gottesdienste zu besonderen Anlässen im Jahr. Es entwickelten sich langsam neue Formen wie z.B. Besinnungstage und religiöse Schulwochen, die aber eher als Ergänzung des Religionsunterrichtes angesehen wurden. Angeregt durch die Würzburger Synode (1975) erhielt die katholische Schulseelsorge neue Impulse für das eigene Verständnis. Sie bemühte sich, über die SchülerInnen hinaus alle am Schulgeschehen Beteiligten mit einzubeziehen, im Bereich der Schule Lebenshilfe aus dem Glauben anzubieten und sich vom Religionsunterricht zu emanzipieren.

Dabei profilierte sich zunehmend der Begriff der Schulpastoral. Wichtige Wegmarken bei der Entwicklung der Schulpastoral sind eine Erklärung der Deutschen Ordensoberen (1990) »Schulpastoral in Katholischen Schulen in freier Trägerschaft (Orden) in der Bundesrepublik Deutschland. Grundlagentext«, die von einem entschieden diakonischen Ansatz geprägt ist, und die erste bistumsübergreifende Erklärung zur Schulpastoral der Deutschen Bischofskonferenz (1996) »Schulpastoral - der Dienst der Kirchen an den Menschen im Handlungsfeld Schule«, die sich für den Begriff Schulpastoral entscheidet und diese definiert als »ein Dienst, den Christen aus dem Glauben heraus für das Schulleben leisten mit der Absicht, so zur Humanisierung der Schule beizutragen.«

Die Aufgaben der Schulpastoral umfassen nicht nur die Gestaltung von Gottesdiensten. Sie nehmen zwar im Gesamt der Schulpastoral auch zeitlich einen hohen Stellenwert ein, dürfen aber nicht isoliert von den anderen Aspekten der Schulpastoral betrachtet werden. Schulpastoral ist idealerweise ein personales, seelsorgerliches Angebot für alle am Schulgeschehen Beteiligten.

Auf der Ebene der SchülerInnen ergeben sich für einen Schulpfarrer verschiedene mögliche Aufgaben:

Beziehungsarbeit: Gespräche, die sich am Rande ergeben; Besuche in Klassen, damit Schulpastoral ein persönliches Gesicht bekommt; Gesprächsangebot; da sein bei Problemen und Fragen; Angebot des Mailkontaktes.

Beitrag zur Humanisierung der Schule: Mitarbeit bei schulischen Dauer-Projekten und Angeboten wie z.b. Hilfe zur Streitschlichtung, regelmäßige Entspannungsangebote in der großen Pause, Angebote an Projekttagen.

Ermöglichung von Unterbrechungen des Alltags, um Tiefe und Vielfalt des Lebens zu entdecken, z.b. bei Tagen religiöser Orientierung außerhalb der Schule, in denen Zukunftspläne, Entwicklungsmöglichkeiten und auch spirituelle Fragen besprochen und vertieft werden können.

»Durst auf Leben«

Lied: »Meine engen Grenzen«
Begrüßung
Liturgische Eröffnung
Anspiel: »Kühlschrankgespräch«
Lied: »Kleines Senfkorn Hoffnung«
Überleitung
Statements: Durst
Refrain: »Du bist das Leben«
Evangelium
Kurzansprache
Lied: »Laudato si«
Aktion
Fürbitten
Vaterunser
Lied: »Da berühren sich Himmel und Erde«
Segen

Benötigte Materialien

Ausgeschnittene Papierflaschen für jeden Teilnehmenden; Plakate mit den verschiedenen Flaschen (Fanta, Saft...) für das Anspiel; mit dem »Durst« (Freunde, Gesundheit...) beschriftete Glasflaschen.

Ablauf

Lied »Meine engen Grenzen«

Begrüßung
SchülerIn Liebe MitschülerInnen, liebe LehrerInnen, im Namen aller Vorbereitenden begrüße ich euch und Sie ganz herzlich zu diesem Schuljahresabschlussgottesdienst. Bei der Vorbereitung sind zwei Stränge zusammen gelaufen. Zum einen haben einige SchülerInnen ein »Kühlschrankgespräch« vorbereitet und werden es gleich vorspielen. Zum anderen haben sich die SchülerInnen der 9c Gedanken dazu gemacht, was für sie Durst im übertragenen Sinn bedeutet. Zudem waren SchülerInnen auch mit der Schere sehr aktiv. Unser Thema »Durst auf Leben« kann eine gute Einstimmung auf die Ferien sein, in denen sicherlich der Durst nach Leben und Entspannung gut gestillt wird. Und manche Grenzen, die die Schule uns auferlegt oder die wir im Lernprozess erfahren, fallen für eine Zeit lang weg. Ich wünsche uns allen einen gewinnbringenden Gottesdienst.

Liturgische Eröffnung
Beginnen wir nun den Gottesdienst mit dem Kreuzzeichen: Im Namen des Vaters... Gott, der für uns Quelle sein möchte, er sei mit euch!

Anspiel »Kühlschrankgespräch«
(SchülerInnen der Jahrgangsstufen 5+6)

Cola Hört nur, sie kommen vom Sport!
Fanta Jawohl, und ich hoffe, dass sie viel Durst mitbringen!
Saft Warum muss es hier eigentlich immer so kalt sein?
Cola und Bier Damit wir besonders gut schmecken und sie jetzt gleich, wenn sie den Kühlschrank öffnen werden, nach uns äh...
Bier ...nach mir greifen.
Cola ...quatsch nicht, nach mir werden sie greifen.
Milch Jeder weiß doch, dass ich viel gesünder bin als ihr alle zusammen.
Fanta Und trotzdem trinken sie mich lieber als dich.
Bier Bei mir können sie den Frust vergessen!
Saft Du bist als Milch doch gar kein Getränk, sondern ein Lebensmittel!
Cola Und deswegen werden sie mich nehmen, die ich gekühlt so cool schmecke.
Saft Du vergisst, dass sie nach Sport auch immer Vitamine brauchen. Von denen du ja wohl nicht viele hast, oder?
Fanta Moment mal, ich bin zwar eine Limonade, aber mit Vitaminzusatz.

Milch Klar, und einer ganzen Menge Zucker, von denen sie Pickel kriegen.

Bier Psst. Seid mal still. Ich höre was.

Saft Sind sie schon in der Küche?

Milch Gleich werdet ihr es sehen. Der Kühlschrank geht auf und sie greifen nach...

Cola ... mir! Versteht sich!

Bier Wovon träumt ihr nachts? An mir werden sie sich berauschen!

Saft So ein Blödsinn. Ich bin der Star unter den Getränken.

Fanta Da ich von allem etwas habe, bin ich doch ein sehr vernünftiger und doch prickelnder Genuss.

Milch Wieso machen sie nicht die Tür auf? Die wissen doch, dass wir hier drin sind!

Cola Sie wollen dir deine Illusion, dass du ein Getränk bist, noch etwas lassen.

Saft Hört ihr das auch?

Bier Was?

Milch Das gibt es doch nicht!

Fanta Was ist denn los?

Saft Das klingt wie ein Wasserhahn!

Cola So ein Mist. Mit dem haben wir nicht gerechnet, dass der uns dazwischenpfuscht.

Lied »Kleines Senfkorn Hoffnung«

Überleitung

Wir werden jetzt hören, was Durst alles bedeuten kann, was den SchülerInnen der 9c eingefallen ist zum Thema »Durst«. Ich denke, dass kann uns alle anregen, unserem Durst, unserer Sehnsucht auf die Spur zu kommen. Die SchülerInnen werden ihren, auf Wasserflaschen geschriebenen, Durst auf den Altar legen. Der Altar ist der Ort, wo ChristInnen aller Konfessionen Eucharistie bzw. Abendmahl feiern. Es ist der Ort, wo die Anwesenheit Gottes besonders deutlich wird. Die Durstflaschen auf dem Altar zeigen dann, dass wir Gott unseren Durst anvertrauen und er uns zusagt, dass er mit uns geht und unseren Durst stillen möchte. Deshalb singen wir nach jedem Statement: »Du bist das Leben, Gott«.

Statements Durst

(Nach jedem Statement werden die beschrifteten Flaschen auf den Altar gestellt und der Refrain gesungen.)

Ich habe Durst auf Spaß, ich will viel mit meinen Freunden erleben. Refrain: »Du bist das Leben, Gott.« *(aus: Miteinander)*

Ich habe Durst auf Freunde, weil Freunde für mich das Wichtigste sind. Refrain: »Du bist das Leben, Gott.«

Ich habe Durst nach einem Zeichen von Gott, damit mir der Glaube an ihn leichter fällt. Refrain: »Du bist das Leben, Gott.«

Ich habe Durst nach Gesundheit, denn Gesundheit ist die Vorbedingung für das Meiste im Leben. Refrain: »Du bist das Leben, Gott.«

Ich habe Durst auf Erfolg in der Schule, da Schule sonst keinen Spaß macht. Refrain: »Du bist das Leben, Gott.«

Ich habe Durst auf Abwechslung, da mein Leben nicht eintönig sein soll. Refrain: »Du bist das Leben, Gott.«

Ich habe Durst auf Freiheit, ich will endlich mein Leben leben. Refrain: »Du bist das Leben, Gott.«

Ich habe Durst auf Schule, weil ich dort meine Freunde sehe. Refrain: »Du bist das Leben, Gott.«

Ich habe Durst auf Liebe und Menschen, die mich wirklich gerne haben, da das Leben für mich sonst keinen Sinn ergibt. Refrain: »Du bist das Leben, Gott.«

Ich habe Durst auf Urlaub, ich will mich vom Stress der Schule erholen. Refrain: »Du bist das Leben, Gott.«

Ich habe Durst nach den Menschen, die ich lange nicht mehr gesehen habe und die ich vermisse. Refrain: »Du bist das Leben, Gott.«

Ich habe Durst auf Ferien, damit ich mich richtig entspannen und wieder Kraft tanken kann. Refrain: »Du bist das Leben, Gott.«

Evangelium (Joh 4, 5-14)

»So kam er zu einem Ort in Samarien, der Sychar hieß und nahe bei dem Grundstück lag, das Jakob seinem Sohn Josef vermacht hatte. Dort befand sich der Jakobsbrunnen. Jesus war müde von der Reise und setzte sich daher an den Brunnen; es war um die sechste Stunde. Da kam eine samaritische Frau, um Wasser zu schöpfen. Jesus sagte zu ihr: Gib mir zu trinken! Seine Jünger waren nämlich in den Ort gegangen, um etwas zum Essen zu kaufen. Die samaritische Frau sagte zu ihm: Wie kannst du als Jude mich, eine Samariterin, um Wasser bitten? Die Juden verkehren nämlich nicht mit den Samaritern. Jesus antwortete ihr: Wenn du wüsstest, worin die Gabe Gottes besteht und wer es ist, der zu dir sagt: Gib mir zu trinken!, dann hättest du ihn gebeten, und er hätte dir lebendiges Wasser gegeben. Sie sagte zu ihm: Herr, du hast kein Schöpfgefäß, und der Brunnen ist tief; woher hast du also das lebendige Wasser? Bist du etwa größer als unser Vater Jakob, der uns den Brunnen gegeben und selbst daraus getrunken hat, wie seine Söhne und seine Herden? Jesus antwortete ihr: Wer von diesem Wasser trinkt, wird wieder Durst bekommen; wer aber von dem Wasser trinkt, das ich ihm geben werde, wird niemals mehr Durst haben; vielmehr wird das Wasser, das ich ihm gebe, in ihm zur sprudelnden Quelle werden, deren Wasser ewiges Leben schenkt.«

Kurzansprache

Liebe Schulgemeinde, endlich ist die Ferienzeit da. Ein langes Schuljahr liegt hinter uns. Und jetzt endlich Ferien. Und wenn ich ehrlich bin: Ich brauche die Ferien jetzt wirklich. Meine anderen Aufgaben laufen zwar weiter, aber keine Schule, das hat schon was. Und Ende August fahre ich dann auch endlich in den Süden. Endlich Ferien.

Meine Gedanken wanderten bei der Vorbereitung dieser Predigt - nicht zuletzt wegen des Themas »Durst« - zu den letzten Sommerferien. Da war ich für zwei Wochen mit dem Semibratowo-Kreis in Russland. Neben dem Aufenthalt in den Familien waren wir viel mit dem Bus unterwegs, um die Kultur des Landes kennen zu lernen. Es war tierisch heiß. Und überhaupt haben mich die klimatischen Verhältnisse in Russland überrascht. Es war immer deutlich über 35 Grad im Schatten. Ich hatte mir Russland kälter vorgestellt, vermutlich wegen der kalten Winter und der Kälteopfer, die durch die Medien gingen. Mittlerweile aber wurde mir Nachhilfe in Erdkunde zuteil: Kontinentales Klima. Wir waren also mit dem unklimatisierten Bus unterwegs in der Hitze und haben zwischendurch eine Schmuckfabrik besichtigt. Ich fühlte mich total schlapp, ausgedörrt und hatte eigentlich null Bock auf nichts. Alles ging mir ein wenig auf den Keks. Ich hatte nur noch Durst. Einige Frauen aus der Gruppe brauchten noch etwas Zeit und ich entdeckte etwas entfernt ein Geschäft, in dem es kaltes Mineralwasser zu kaufen gab. Ich kaufte eine große Flasche und sie war im Nu leer. Die zweite Flasche, die ich mir leistete, trank ich dann genüsslicher. Und ich merkte wie meine Lebensgeister wiederkamen, wie ich mich wieder putzmunter fühlte und ich wieder richtig Spaß auf Russland, Sightseeing und überhaupt hatte.

Und wie ich von LehrerInnen und SchülerInnen so mitbekomme, fühlen sich viele jetzt schlapp, ausgedörrt und haben eigentlich null Bock. Und könnte das nicht auch daran liegen, dass wir alle Durst haben? Durst auf all die Dinge, von denen wir am Anfang gehört haben: Spaß, Freunde, Freiheit, Abwechslung und vieles mehr. Ich habe mich dann gefragt, ob wir diese Dinge nicht auch während der Schulzeit haben. Eigentlich schon, so finde ich zumindest. Ein wenig Spaß habe ich auch während der Schulzeit gehabt, Freunde nur in den Ferien wäre auch nicht optimal, Freiheit und Abwechslung habe ich eigentlich immer.

So fragte ich mich: Worin besteht eigentlich wirklich dein Durst. Und ziemlich schnell kam mir die Antwort: Ich möchte freie Zeit haben; Zeit, die nicht verzweckt ist; Zeit, einfach das zu tun, was mir Spaß macht. Die Dinge, die ich neben dem Verreisen in den Ferien machen werde, unterscheiden sich gar nicht so sehr von den Dingen während der Schulzeit. Aber ich kann sie anders tun.

Ich lese zum Beispiel sehr gerne, auch theologische Sachen, Romane, Geschichten, Zeitungen. Einfach alles. Und natürlich lese ich auch während der Schulzeit. Allerdings erstens unter Zeitdruck und zweitens meistens unter einem bestimmten Blickwinkel. Du musst noch zu diesem oder jenem Thema was finden, weil du dazu etwas vorbereiten musst. Du hast noch das und das vor der Brust. Erstens ist Lektüre dann oft zweckgerichtet und zweitens fehlt ein wenig der Spaß, wenn noch soviel im Hintergrund ist. Lesen in den Ferien heißt dann, einfach lesen, weil es Spaß macht, weil es mich interessiert.

Oder Freunde. Natürlich besuche ich auch während der Schulzeit Freunde und bekomme Besuch. Aber angesichts meines meistens sehr vollen Terminkalenders ist es dann oft so, dass ich denke: Den oder die hast du schon lange nicht mehr gesehen, und hier ist eine kleine Lücke im Kalender, die muss du ausnutzen. Natürlich sind diese Besuche dann schon schön, aber noch besser sind sie, wenn sie nicht unter Zeitdruck stehen; wenn es egal ist, ob es später wird. Alles ist dann viel entspannter.

Und ich finde es auch gut, mal wirklich Zeit zu haben um nachzudenken, zu beten, zur Ruhe zu kommen, mit Gott in Kontakt zu kommen. Und dabei etwas von dem lebendigen Wasser zu spüren, dass Jesus uns schenkt. Natürlich tue ich das auch, wenn ich Stress habe und feiere dann gerne Gottesdienste, ich brauche es dann oft besonders, aber so richtig entspannt, fällt es mir leichter ruhig zu werden, Gottes Gegenwart zu erahnen. Da drückt nichts, was noch getan werden muss, da ist eben frei. Und auf diese Zeit, die nicht verzweckt ist, freue ich mich. Und auf all das, was dann möglich ist.

Und das wünsche ich auch euch von Herzen. Dass ihr in den Ferien Zeit habt und dass ihr diese Zeit nicht nur verzweckt, sondern einfach dabei die Seele baumeln lassen könnt. Dass ihr Beziehungen anders und tiefer leben könnt, dass viele alltäglichen Dinge einfach mehr Spaß machen. Und allen, die wegfahren, wünsche ich natürlich einen tollen Urlaub, viel Spaß und eine gute Rückkehr. Ich wünsche uns allen eine gute zweckfreie Zeit bis die Zeit wiederkommt, wo ein Zweck im Mittelpunkt steht: Schule. Aber bis dahin ist es ja noch total lange hin. Amen.

Lied »Laudato si«

Aktion

(SchülerInnen werden gebeten, auf die (Papier-)Flaschen, die sie erhalten, zu schreiben, worauf sie wirklich Durst haben, was für sie ganz wichtig ist, besonders in der Ferienzeit. Während der Aktion:»Ich kenne nichts, das so schön ist wie du« (Xavier Naidoo))

Fürbitten

Herr, wir bitten für die Kriegopfer und Kriegswaisen aus dem Irakkrieg. Christus höre uns. A: Christus, erhöre uns.

Herr, wir bitten dich, hilf den Menschen, die leiden, indem du ihnen Kraft schenkst. Christus höre uns. A: Christus, erhöre uns.

Herr, wir bitten dich für die Menschen, die den Mut zum Leben verloren haben, hilf ihnen den Mut wiederzufinden. Christus höre uns. A: Christus, erhöre uns.

Herr, wir bitten dich, hilf den Menschen, die sich nicht selbst helfen können und gib ihnen die Kraft, ihren Weg alleine zu gehen. Christus höre uns. A: Christus, erhöre uns.

Herr, wir bitten dich für die Menschen dieser Welt, die Hunger, Gewalt, Zerstörung und Krieg erleben müssen. Hilf, dass es uns gelingt, Frieden und ein menschenwürdiges Leben für alle zu schaffen und zu bewahren. Christus höre uns. A: Christus, erhöre uns.

Herr, wir bitten für die Menschen in der dritten Welt, dass sie genug Kraft haben, um die Hitzewellen gesund zu überstehen. Christus höre uns. A: Christus, erhöre uns.

Herr, wir bitten für die Menschen auf der ganzen Welt, die nicht genug Liebe und Zuneigung zu spüren bekommen, dass sie diese wichtigen Sachen in ihrem Leben noch zu spüren bekommen. Christus höre uns. A: Christus, erhöre uns.

Herr, wir bitten für die Menschen, die alleine und einsam durch das Leben gehen, dass sie die Einsamkeit durch Freunde und Freundinnen im Leben ersetzen. Christus höre uns. A: Christus, erhöre uns.

Vaterunser

Lied »Da berühren sich Himmel und Erde«

Segen

Anmerkungen

Anhand der Ergebnisse von Kleingruppenarbeiten wurde dieser Gottesdienst zusammengestellt. Die Kleingruppen wurden in den jeweiligen Religionskursen gebildet. Eine Gruppe bekam die Aufgabe, Fürbitten zu erarbeiten. Eine weitere machte sich Gedanken, worauf sie im übertragenen Sinn Durst haben. Die SchülerInnen, die wenig zu inhaltlicher Arbeit motiviert waren, hatten den Auftrag, die für den Gottesdienst benötigen Flaschen aus Papier auszuschneiden. Wieder andere SchülerInnen machten Vorschläge für Lieder im Gottesdienst und weitere Musikstücke.

Schulgottesdienste sind für mich ein wesentlicher und unverzichtbarer Bestandteil von Schulpastoral. Im Hinblick auf die sehr unterschiedliche und teilweise eher mangelnde Erfahrung der Jugendlichen mit Gottesdiensten gibt es am Pius-Gymnasium ein differenziertes Gottesdienstangebot. Einmal in der Woche findet ein Gottesdienst als Angebot für alle SchülerInnen und LehrerInnen und weitere Interessierte statt, der teilweise von SchülerInnen mitvorbereitet wird. Zu Beginn des Schuljahres gibt es einen von den Paten mit vorbereiteten Begrüßungsgottesdienst für die neuen Fünfer und ihre Eltern. Zudem feiert jede Klasse bzw. jeder Religionskurs der Oberstufe einen in der Regel von mir zusammen mit drei bis vier SchülerInnen vorbereiteten verbindlichen Gruppengottesdienst, damit SchülerInnen überhaupt Kontakt zu Gottesdiensten haben und nicht etwas ablehnen, was sie nicht kennen. Diese Gruppengottesdienste werden auf Wunsch der SchülerInnen oft sehr meditativ und mit Phantasiereisen gestaltet. Außerdem feiern wir vor Weihnachten mit den einzelnen Stufen Gottesdienst und am Ende des Schuljahres einen verbindlichen Gottesdienst für alle SchülerInnen. Gerade die Gottesdienste vor Weihachten und vor allem der Schulabschlussgottesdienst stellen eine besondere Herausforderung dar. Jedes Jahr sehen wir uns vor verschiedene Probleme gestellt: Wie können möglichst viele SchülerInnen in die Gottesdienstvorbereitung mit einbezogen werden? Wie gehen wir damit um, dass bei der Vorbereitung in Klassen ein Großteil der SchülerInnen wenig bis gar nicht bereit ist, sich auf die Gottesdienstvorbereitung einzulassen? Inwieweit ist es sinnvoll auch mit sanftem Druck zu arbeiten, der im Bereich Liturgie auch kontraproduktiv sein kann?

Kontakt:
Carsten Roeger
Regerstraße 4 48301 Nottuln-Appelhülsen
02509-993464
carstenroeger@t-online.de

Gottesdienste für körperbehinderte Jugendliche

Konfirmation für körper- und mehrfach-behinderte Schüler in Mössingen/ Württemberg

»Behinderte Kinder und Jugendliche werden oft in Tagesschulen an anderen Orten unterrichtet oder leben in diakonischen Einrichtungen. Umso bedeutsamer ist es für sie, dass ihre Kirchengemeinde sie wahrnimmt und sie einlädt, am Gemeindeleben teilzunehmen. Eine Behinderung ist kein Grund dafür, Menschen von Taufe, Abendmahl oder Konfirmation auszuschließen. Gottes Liebe und Zuwendung sind weder an individuelle Fähigkeiten noch an physische Voraussetzungen gebunden.« (Rahmenordnung für die Konfirmandenarbeit der Ev. Landeskirche in Württemberg 2000, 12)

Ein gemeinsamer Konfirmandenunterricht von Jugendlichen mit und ohne Behinderung ist trotz dieser Erklärung noch immer die Ausnahme. Die Gründe dafür sind vielfältig und komplex. Häufig zeigt es sich, dass PfarrerInnen, Konfirmandengruppen und Heimatgemeinden sich nicht in der Lage sehen, Jugendliche mit einer Behinderung zu integrieren. Dies ist vermehrt bei Jugendlichen mit Beeinträchtigungen der Fall, die als schwer oder mehrfach bezeichnet werden. Zunehmend gelingt es aber, junge Leute mit solchen Handicaps in die örtliche Kirchengemeinde hineinzunehmen und das Zusammenleben durch sie zu bereichern.

Der theologische Sinn der Konfirmation von Jugendlichen mit einer schweren geistigen Behinderung ist nicht unumstritten. Denn wo ein solches Handicap vorliegt, kann nicht mehr von der Bestätigung (Konfirmation) der Taufe durch ein mündiges Subjekt gesprochen werden. Im hier dokumentierten Gottesdienst wurde darum bei einzelnen Jugendlichen ein Subjektwechsel vollzogen. Die mündigen Gemeindeglieder, Eltern und Paten bestätigen nun den Konfirmanden und Konfirmandinnen, die nicht für sich selbst sprechen können: »Deine Taufe ist ungebrochen gültig. Du bist von Gott geliebt und gehörst zu uns. Wir wollen dir unsere Herzen und Lebensräume öffnen.« Die Katechismustexte im Gottesdienst wurden alle gemeinsam mit der Gemeinde gesprochen, um den kognitiven und psychischen Kräften der Förderschüler und Förderschülerinnen Rechnung zu tragen.

»mit dabei!«

Vorspiel
Begrüßung
Lied: »Morgenlicht leuchtet«
Votum und Einleitung
Psalmgebet: »Ehr sei dem Vater«
Glaubensbekenntnis
Lied: »Ein jeder kann kommen«
Predigt
Geschichte
Musikstück: »Von guten Mächten«
Verpflichtung der Konfirmanden und der Gemeinde
Gebet für die Konfirmanden
Lied: »Gott, dein guter Segen ist wie ein großes Zelt.«
Einsegnung und Übergabe der Denksprüche auf Kreuz und Bild
Konfirmationssprüche, Aktionen für die einzelnen Konfirmanden
Rollitanz/ Lied: »Kommt mit Gaben und Lobgesang«
Gebet
Einsetzungsworte
Austeilung des Abendmahls
Sendungswort
Text: »Gebet um Lebensfarben«
Vaterunser
Lied: »Geh unter der Gnade«
Bekanntmachungen
Irischer Segen
Nachspiel: »Oh happy day!«

Benötigte Materialien/ Vorbereitung

Rhythmusinstrumente, Schmuckschatulle mit Spiegel, Utensilien für die Aktionen, Zeltdach, Liedblatt, Kreuz und Bild mit Denkspruch.

Ablauf

Vorspiel »Andante« (Vivaldi, Orgel & Violine)
(Einzug der Konfirmanden)

Begrüßung
(durch den Kirchengemeinderatsvorsitzenden)

Lied »Morgenlicht leuchtet« (EG 455)
(mit Orffschen Instrumenten)

Votum & Einleitung
Wir feiern diesen Konfirmationsgottesdienst nicht in unserem eigenen Namen, sondern

Im Namen Gottes,
der uns unser Leben schenkt
und im Namen des Sohnes,
der uns seine Liebe schenkt
und des Heiligen Geistes
der uns seinen Glauben schenkt.
Amen.

Gut, dass Sie heute Morgen »mit dabei« sind und wir gemeinsam Gottesdienst feiern.
Gut, dass ihr, die Konfirmanden, nach fast einem Jahr Unterricht hier hergekommen seid, um klar zu machen: Ihr seid in der Gemeinde Jesu »mit dabei«.
»Mit dabei« ist das Motto dieser Feier. Dass ihr zur christlichen Gemeinschaft »total« dazugehört, soll heute von euch und uns allen bestätigt und obendrein mit dem Segen Gottes besiegelt werden.
Anschließend feiern wir als Zeichen einer Gemeinschaft, die keinen ausschließt, das Heilige Abendmahl. Dazu laden wir im Namen Jesu Christi herzlich ein.
Lasst uns nun gemeinsam beten mit einem Psalm aus unserer Zeit. Sie finden ihn auf ihrem Liedblatt.
Wir, die Gemeinde, sprechen den Kehrvers »Gott, du bist freundlich...«

Psalmgebet: »Ehr sei dem Vater« (EG 768)
Mit den Konfirmanden gemeinsam bringen wir nun zum Ausdruck, was der Grund unseres Glaubens ist, indem wir das Apostolische Glaubensbekenntnis sprechen; sie finden es auf ihrem Liedblatt.

Glaubensbekenntnis
(Konfirmanden & Gemeinde)

Lied »Ein jeder kann kommen« (Liederbuch für die Jugend 512)
(Keyboard & Saxophon)

Kurze Predigt
Liebe Konfirmanden, liebe Gemeinde, in der neuen Konfirmandenordnung unserer Landeskirche steht: »Keine Behinderung schließt von Taufe, Abendmahl und Konfirmation aus!« Wir haben in unserem Konfirmandenunterricht versucht, damit ernst zu machen, gegen alle Versuche und Versuchungen der Ausgrenzung.

Zwei aus unserer Gruppe, Alexander und Nadine wurden bereits in ihrer Heimatgemeinde in Reutlingen konfirmiert. Und Philipp wird zuhause in Balingen eingesegnet werden. Dass ihr als Konfirmanden in der Kirche »mit dabei« sein könnt, sollte eine Selbstverständlichkeit sein, ist es aber nicht. Wie viel Eltern bekommen heute zu hören: »So ein Kind, so eine Behinderung muss heute nicht mehr sein. Haben sie denn keinen Test machen lassen?« In unzähligen gentechnischen Labors im Ausland wird heute fieberhaft daran gebastelt, beispielsweise durch Präimplantationsdiagnostik den perfekten Menschen nach Wunsch zu produzieren und wie viele würden es in unserem Land gerne tun, wäre es denn erlaubt. Selbst Christinnen und Christen sehen in einer vererbten Behinderung nicht selten einen Schöpfungsunfall Gottes. Auch in unseren Gemeinden tun wir uns schwer, Menschen mit einer Behinderung Herzen und Räume zu öffnen.

Wirklich »mit dabei zu sein« ist noch immer die Ausnahme. Sie muss erst noch zur Regel werden! Vielleicht hilft uns die folgende Geschichte weiter, dieses Ziel zu erreichen.

Geschichte

Ein unermesslich reicher König hatte eine Tochter. Sie war jung und schön und im heiratsfähigen Alter. Deshalb ließ der König verkünden: »Wer mir ein Hochzeitsgeschenk bringen kann, das einmalig ist auf der Welt, der soll meine Tochter heiraten und mein Königreich erben.« Viele Liebhaber machten sich auf den Weg. Sie brachten bedeutende, wertvolle, originelle Geschenke: Goldpokale und Edelsteine, den Zopf von Rapunzel, einen Goldkessel, Gedichte, Bilder, Kutschen und Ländereien, sogar die berühmte blaue Blume. Aber jedes Mal stieg der König in seine Schatzkammer und brachte aus seinen unermesslichen Reichtümern ein noch schöneres, noch originelleres, noch bedeutenderes Geschenk zurück.

So vergingen die Jahre. Die Königstochter wurde immer unglücklicher, denn die Liebhaber kamen immer seltener. Bis eines Tages ein junger Mann erschien. Er war weder reich noch originell, weder bedeutend noch gutaussehend, aber ihm gefiel die Königstochter, und der Königstochter gefiel er. »Lass ihn mich heiraten« flehte sie ihren Vater an. Aber auch Könige müssen sich an die Regeln halten, die sie selber aufgestellt haben. »Er soll ein einmaliges Geschenk bringen« brummte der König, »dann kann er dich haben.«

Verzweifelt wanderte der junge Mann hinaus in die weite Welt, in der es nichts gab, was der reiche König nicht schon hatte. Müde legte er sich am Abend unter einen Baum und schlief ein. In jener Nacht gab es ihm der Herr im Schlaf. Er hatte einen Traum und als er am Morgen erwachte, kannte er ein einzigartiges Geschenk. Im Thronsaal warteten schon der König, seine Tochter und alle Minister. Als der junge Mann eintrat, strahlte ihn die Königstochter an. Doch der

König knurrte: »Wo ist dein Geschenk?« Da zog der junge Mann eine kleine Schachtel heraus und gab sie dem König. (*Eine Schachtel/ Schmuckschatulle hervorholen und sie öffnen.*) Der öffnete die Schachtel, runzelte unwillig die Stirn, dann begann er zu grinsen und brach in dröhnendes Gelächter aus: »Großartig«, sagte er: »Du sollst sie haben. Wirklich, ein einmaliges Geschenk!«

Wer mag nachschauen, was sich in der Schachtel befindet? Jemand von den Konfirmanden oder ein Kind? *(Den Deckel der Schachtel heben. Innen befindet sich ein Spiegel.)*

Jeder Mensch ist ein einmaliges Geschenk, auch ihr sechs, die ihr heute konfirmiert werdet. Jeder von euch, so wie er oder sie geschaffen ist, trägt ein ganzes Weltall in sich, große Geheimnisse und ungeahnte Möglichkeiten. Ihr seid einzigartige Geschenke Gottes, nicht, weil ihr so viele Werte habt oder hervorbringt, nein, weil ihr ihm so viel wert seid.

In der Taufe hat Gott zu jedem von euch gesagt: »Freu dich, dein Name ist im Himmel aufgeschrieben. Du bist mit dabei! Du gehörst zu mir!« Das macht euch einzigartig, das gibt euch den unverlierbaren Adel und die Würde von Gott berührt, mit seinem Geist beschenkt zu sein. Deshalb seid ihr - so wie ihr seid - Königskinder, allen Versuchen der Ausgrenzung und der Auslese zum Trotz. Amen.

Musikstück »Von guten Mächten«
(Orgel & Saxophon)

Verpflichtung der Konfirmanden und der Gemeinde
Liebe Konfirmanden, ihr seid auf den Namen des dreieinigen Gottes getauft worden. In der Taufe hat Gott euch wie seine leiblichen Kinder angenommen und zu euch gesagt: »Du bist mein geliebter Sohn/ du bist meine geliebte Tochter!« Ihr gehört zu ihm und zur christlichen Gemeinschaft.

Ihr drei, Larissa, Sebastian und Simon könnt euch selbst entscheiden. Ihr seid religionsmündig. Darum frage ich euch: Wollt ihr im Glauben annehmen, was Gott euch in der Taufe geschenkt hat und zur Kirche Jesu Christi gehören, dann sprecht:

Ja, Gott helfe uns!

Konfirmanden: Ja, Gott helfe uns!

Nun frage ich auch euch, liebe Gemeinde, stellvertretend für die Konfirmanden, die ihr Ja nicht selber sprechen können: Wollt ihr bestätigen, was Gott Manuel, Sebastian und Philipp in der Taufe geschenkt hat, eine königliche Würde und die

Gotteskindschaft und wollt ihr ihnen in der Kirche Jesu Christi einen weiten Raum schaffen, dann sprecht: Ja, Gott helfe uns!

Gemeinde: Ja, Gott helfe uns!

Lasst uns nun für die Konfirmanden beten:

Gebet für die Konfirmanden
Herr, du hast jeden von uns einzigartig geschaffen. Wir sind alle keine Kinder des Zufalls, keine Laune der Natur. Deshalb bitten wir dich besonders für die Konfirmanden: Begleite du sie auf ihrer Lebensreise. Schenke ihnen Freunde, die zu ihnen stehen und sie ermuntern. Schenke ihnen Mut und Kraft, sich in unserer schwierigen Gesellschaft zurecht zu finden. Lass sie immer spüren, dass wir alle von deiner Liebe getragen sind. Amen.

Einleitung zum Segen
Gottes Liebe ist uns sicher. Das gilt auch für euch, liebe Konfirmanden. Um dies sichtbar und deutlich zu machen, lege ich meine Hände auf euren Kopf. Dabei bitte ich unseren Schöpfer, um seine belebende und erneuernde Kraft. Seine Kraft ist der Segen, der unser Leben trägt, so wie dieser feste Boden hier uns. Er beschirmt uns wie ein Zelt. Kommt also bitte vor auf diesen Boden und unter das Zelt, das eure Paten nun aufbauen werden. Das schützende Zelt veranschaulicht - sogar besser als die Hand - die bergende Kraft des Segens. Dazu singen wir die erste Strophe des Liedes:

Lied »Gott, dein guter Segen ist wie ein großes Zelt.«
(Liederbuch für die Jugend 382, Umdichtung Wolfhard Schweiker)
»Gott, dein guter Segen ist wie ein großes Zelt,
hoch und weit, fest gespannt über ihrer Welt.
Guter Gott, wir bitten dich: Schütze und bewahre sie.
Lass sie unter deinem Segen leben und ihn weitergeben.
Bleib bei ihnen alle Zeit,
segne sie, segne sie, denn der Weg ist weit.«

Einsegnung und Übergabe der Denksprüche auf Kreuz und Bild
(Die Kniebank wird bei Rollstuhlfahrern entfernt, um räumliche Nähe herzustellen. Biegsame, zusammensteckbare Alustangen eines kleinen Igluzeltes wurden an ein Schwungtuch (3x3m; Sportunterricht) genäht und von 4 Personen bis zum Ende der Einsegnung gehalten.)

Liebe Konfirmanden, kommt nun vor an den Altar, damit ich euch die Hände auflegen und empfangt den Segen Gottes.

Gott ist die Macht, die unser Leben trägt, seine Liebe begleite dich, Sebastian, bei jedem Schritt, den du gehst. Amen.

Gott, der wie ein guter Freund ist, behüte dich, Simon, in allem, was dir begegnet. Er schenke dir Vertrauen, Hoffnung und Liebe. Amen.

Der Friede Gottes, der mehr ist als alles, was wir sehen und begreifen können, umhülle dich, Daniel, dein ganzes Leben lang. Amen.

Gott, der Herr, behüte dich, Larissa, vor allem Übel, er behüte deine Seele. Der Herr behüte deinen Ausgang und Eingang, jetzt und jederzeit. Amen.

Der Gott des Friedens heilige dich, Manuel, durch und durch und bewahre deinen Geist samt Seele und Leib unversehrt. Amen.

Gott, der Herr, sei mit dir, Sebastian, er sei freundlich zu dir und bewahre dich in seiner Liebe. Amen.

Konfirmationssprüche
(Die Sprüche wurden von den Eltern ausgesucht und erlebbar gemacht.)

Damit die Konfirmationssprüche, die euch ein Leben lang begleiten, nicht nur so dahingesprochen werden, haben eure Eltern und Paten versucht, diese Bibelverse für euch spürbar und sichtbar zu machen. Für jeden Konfirmanden singen wir eine Strophe vom angefangenen Lied.

Aktion für Sebastian
Sebastian, dein Denkspruch steht in Ps 91, 1f: »Wer unter dem Schirm des Höchsten sitzt und unter dem Schatten des Allmächtigen bleibt, der spricht zu dem Herrn: Meine Zuversicht und meine Burg, mein Gott, auf den ich hoffe.«
(Ein Schirm, der bemalt und mit dem Konfimationsspruch beschriftet ist, wird von den Eltern über Sebastian aufgespannt und gehalten.)

Lied »Gott, dein guter Segen ist wie ein großes Zelt.«
Gott, dein guter Segen ist wie ein Regenschirm,
der dich birgt in Gefahr und beschützt ganz firm.
Guter Gott, wir bitten dich: Schütze und bewahre ihn.
Lass ihn unter deinem Segen leben und ihn weitergeben.
Bleibe bei ihm alle Zeit,
segne ihn, segne ihn, denn der Weg ist weit.

Aktion für Manuel
Manuel, dein Denkspruch steht in Ps 27, 1: »Der Herr ist mein Licht und mein Heil, vor wem sollte ich mich fürchten?«
(Ein Lichtstrahler wird hinter Manuel aufgestellt, auf ihn gerichtet und angeschaltet. Manuel empfand die segnenden Hände über sich bei der Probe als Bedrohung. Darum hielt ich meine segnenden Hände sichtbar vor seine Augen.)

Lied »Gott, dein guter Segen ist wie ein großes Zelt.«

Aktion für Larissa

Larissa, dein Denkspruch steht in Joh 10, 9: »Ich bin die Tür. Wenn jemand durch mich hineingeht, wird er glücklich werden und wird ein- und ausgehen und Weideland finden.

(Ein Türrahmen wird mit zusammengeschraubten Holzbrettern angedeutet. Die Konfirmandin geht aus und ein. Einmal wird ihr etwas zu trinken gereicht, ein andermal Brot zu essen.)

Lied »Gott, dein guter Segen ist wie ein großes Zelt.«

Aktion für Daniel

Daniel, dein Denkspruch steht in Jes 41, 13: »Denn ich bin der Herr, dein Gott, ich fasse dich bei der Hand und sage zu dir: Fürchte dich nicht! Ich selbst, ich helfe dir!«

(Die Eltern nehmen Daniel an die Hand und umarmen ihn.)

Lied »Gott, dein guter Segen ist wie ein großes Zelt.«

Aktion für Simon

Simon, dein Denkspruch steht in Jes 43, 2: »Wenn du durch Wasser gehst, will ich bei dir sein, dass dich die Ströme nicht ersäufen; und wenn du durchs Feuer gehst, sollst du nicht brennen und die Flamme soll dich nicht versengen. Denn ich bin der Herr, dein Gott.«

(Das Wasser wird wie bei einem Mobile mit Wassertropfen aus Papier an Fäden dargestellt, durch die Simon gehen muss. Das Feuer wird mit roten und gelben Krepppapierstreifen versinnbildlicht, die an ein Holz gebunden und hochgehalten werden. Durch sie geht Simon hindurch.)

Lied »Gott, dein guter Segen ist wie ein großes Zelt.«

Aktion für Sebastian

Sebastian, dein Denkspruch steht in Ps 27, 5: »Wenn schlimme Tage kommen, nimmt der Herr mich bei sich auf, er gibt mir Schutz unter seinem Zeltdach und stellt mich auf sicheren Felsengrund.«

(Das Zeltdach, das vor der Einsegnung alle Konfirmanden geschützt hat, wird nun von den Eltern und Paten über ihn gehalten.)

Lied »Gott, dein guter Segen ist wie ein großes Zelt.«

Abendmahl

Trotz guten Willens, trotz schöner Segensworte, es gibt auch Menschen, die uns »gestohlen« bleiben können. Solche, denen wir ungern die Hand geben, mit

denen wir nicht am selben Tisch sitzen wollten, vor denen wir auf dem Absatz umdrehen. Larissa, Simon, Sebastian und Alexander haben solche Leute, solche »Typen«, für uns aufs Papier gebracht.
Jemand, der nur an sich selbst denkt und für andere nichts übrig hat. Jemand, der auf die Frage wie »Darf ich mit deinen Rollschuhen fahren?« grundsätzlich mit »Nein!« antworten. *(Szene am Tisch)*
Solche, die mir zehn Meilen gegen den Wind stinken - wie nach übelstem Achselgeruch und faulen Eiern *(Fliegen)*
So jemand, der rücksichtslos alle überfährt nach dem Motto: »Wenn ich den Rasen mähe, steht mir keiner im Weg!« *(Rasenmäher)*
Solche, die andere auf brutale Weise missbrauchen. *(Missbrauch)*
Solche, die sich aufführen wie der Teufel persönlich. *(Teufel)*

Ich bin sicher: Jeder und jede von Ihnen könnte auch so eine Gestalt zeichnen, eine ganz und gar unmögliche Person. Dazu braucht es nicht viel Phantasie. Wir kennen sie aus unserem Alltag oder aus Funk und Fernsehen. Doch das Verblüffende ist: Jeder unmögliche Mensch, auch der, den ich in den Augen anderer selber bin, ist am Tisch Jesu willkommen, er darf Platz nehmen, bekommt eingeschenkt und aufgetischt, Brot und Wein. Wir alle dürfen dabei sein, ganz gleich, ob wir schon erwachsen sind oder noch ein Kind, ganz gleich, ob wir evangelisch oder katholisch, Rechtgläubige oder Zweifler sind: Gottes Vergebung ist größer als unsere Schuld, sein Herz ist weiter als unsere »Schubladen«. Alle sind wir an seinen Tisch geladen. Wir bekräftigen dies mit dem Lied:

Rollstuhltanz/ Lied »Kommt mit Gaben und Lobgesang« (EG 229)
(Rollstuhltanz: Zuerst links gehen/ schieben bis »Dank«, dann rechts bis Kehrvers. Beim Kehrvers um sich selbst im Kreis drehen. Dazu Rhythmusinstrumente einsetzen. Der Tanz kommt aus Jamaika!)

Gebet
Gott, du willst, dass wir dazugehören. Du schließt keinen aus. Zu dir kommen wir mit unserer Sehnsucht nach Anerkennung und Annahme. Zu dir kommen wir mit dem, was uns misslungen ist, mit dem, was wir anderen schuldig geblieben sind: unseren Kindern, unseren Eltern, unseren Freunden. Vergib uns und lass uns neue Schritte wagen. Ist dies eure Bitte, so sprecht mit mir: »Herr, erbarme dich!«
Gemeinde: Herr, erbarme dich!
Freut euch! Gottes Güte reicht so weit der Himmel ist, seine Wahrheit so weit die Wolken gehen! Amen.
Wir erinnern uns an die Nacht, in der Jesus mit seinen Jüngern ein letztes Mal zu Tisch saß, wenn wir nun mit und für die Konfirmanden die Einsetzungsworte zum Abendmahl sprechen.

Einsetzungsworte

Wir feiern das Abendmahl mit Traubensaft in Einzelkelchen und in großen Gruppen hier vorne vor dem Altar. Zuerst sind die Konfirmanden mit Eltern und Paten geladen.
Kommt, denn es ist alles bereit. Seht selbst und schmeckt wie freundlich der Herr ist, glücklich, wer ihm vertraut!

Austeilung

Nehmt und esst vom Brot des Lebens
Nehmt und trinkt vom Kelch des Heils
Wir fassen uns an den Händen:
(Im Konfirmationsunterricht wurde das Abendmahl mit den schwer mehrfach-behinderten Konfirmanden über mehrere Wochen regelmäßig gefeiert. Dabei konnte allmählich herausgefunden werden, wie das Abendmahl am günstig-sten eingenommen wird (Oblate, Brot ohne Kruste, Intinktion o.ä.). Mögliche Schwierigkeiten (nicht essen können, z.B. bei PEG-Sondenernährung, ver-weigern, ausspucken) können beim Abendmahl angesprochen und als Normalität dieses/r Jugendlichen benannt werden.)

Sendungswort (Ps 23)

»Du bereitest vor mir einen Tisch im Angesicht meiner Feinde, du salbst mein Haupt mit Öl und schenkst mir voll ein!«
Geht hin im Frieden des Herrn.

Text »Gebet um Lebensfarben« (Ursula Bittner)
Herr, in meinem Leben gibt es viel Alltagsgrau.
Ich bitte dich um Alltagsfarben in mir, damit mein Leben mit dir
und den Menschen besser gelingen kann.

Herr, gib mir viel vom Gelb des Lichtes für die Dunkelheiten in meiner Seele.
Herr, gib mir vom Orange der Wärme gegen alles Unterkühlte in meinem Herzen.
Herr, gib mir vom Grün der Hoffnung gegen Resignation und Ausweglosigkeiten.
Herr, gib mir vom Rot der Liebe, um davon wieder austeilen zu können.
Herr, gib mir vom Blau des Glaubens, um meine Lebensentscheidungen zu leben.
Herr, gib mir vom Violett der Buße für Wege zu Umkehr und Neuanfang.
Herr, gib mir vom Schwarz des Todes, damit ich mich einstimme auf Abschiede.
Herr, gib mir vom Weiß des Neuen, um für dich offen und bereit zu sein.
Herr, gib mir vom Braun der Erde für Beständigkeit und Ausdauer.
Herr, gib mir vom kostbaren Gold, dass ich dich als das Kostbare ehre.
Herr, gib mir ein wenig von allen Farben, denn buntes Leben lebt sich leichter.
Herr, zeige mir ab und zu einen Regenbogen, damit ich weiß: Du bist ja da!
(Die Mütter halten sich während des Fürbittengebets selbstbewusst an den Händen und stehen damit sichtbar zu ihren Kindern. Nach jeder Bitte fixieren

sie ein Seidentuch in den entsprechenden Farben mit Wäscheklammern an einer biegsamen Zeltstange. Bei der letzten Bitte (Regenbogen) wird die waagrechte Zeltstange von zwei Vätern an den Enden nach innen zu einem bunten Bogen zusammen gedrückt und während dem Vaterunser gehalten.)

Vaterunser

Lied »Geh unter der Gnade« (EG 543)

Bekanntmachungen

Irischer Segen

Nachspiel »Oh happy day!«
(Orgel & Saxophon)

Kontakt:
Dr. Wolfhard Schweiker
Pädagogisch-Theologisches Zentrum der Evangelischen Landeskirche in Württemberg
Grüninger Str. 25
70599 Stuttgart
0711-45804-62
wolfhard.schweiker@elk-wue.de

Gottesdienste für Männer

Landesmännertag in Berlin

Die Männerarbeit hat ihren Ursprung in der so genannten ständischen Gemeindearbeit. So wie es früher Frauenkreise gab, so gab es auch Männerkreise, in denen man die Bibel las oder auch anderes tat. Nach dem zweiten Weltkrieg gab es im Mai 1946 mit den »Echzeller Richtlinien« den Aufbruch in eine neue Epoche der Männerarbeit. Die Echzeller Richtlinien sollten die Männerarbeit in der Evangelischen Kirche in Deutschland bis zur neuen Konzeption von 1995 prägen. Geprägt von der Leitlinie: »Eine Kirche ohne Männer ist eine Kirche in ernster Gefahr«, forderte sie Kirche dazu auf, »mit Männerarbeit die Männer in der Wirklichkeit ihres Lebens aufzusuchen, sie zur Gemeinde zu rufen, unter Wort und Sakrament zu sammeln, ihnen zu rechter christlicher Bruderschaft zu verhelfen und sie für den Dienst in Kirche und Volk nach Schrift und Bekenntnis auszurüsten. Dabei ist ihre Losung: Sammlung der Männer unter dem Wort, Ausrüstung der Männer mit dem Wort, Sendung der Männer durch das Wort.«

Es kamen die Achtundsechziger, die Frauenbewegung, das Verschwinden der Männer aus der Kirche, und im Laufe der späten Achtziger entstand dann die so genannte emanzipatorische Männerarbeit, die auf die brüchig gewordenen, traditionellen Männerbilder reagiert hat. Männer machten sich mit Hilfe der Männerarbeit auf die Suche nach neuen Perspektiven ihrer Männlichkeit, fingen an, sich als Mann neu zu definieren und auch die Heilige Schrift neu zu lesen und mit der Perspektive der Gleichberechtigung und Gleichverpflichtung neu zu verstehen. Männerarbeit hat die Männer auf diesem Weg zu einem neuen Verständnis ihrer Männlichkeit, Sexualität, Partnerschaft und Väterlichkeit begleitet. Auf diesem Wege war und ist sie nicht immer wohlgelitten in der Kirche und galt manchem traditionellen Mann als Nestbeschmutzer.

Die Männerarbeit in Deutschland wurde mit der Zeit aber zur größten, organisierten Männerbewegung in der Bundesrepublik. Sie hat etwas geschafft, was die einzelnen Stränge der Männerbewegung in ihrer Zerstrittenheit nicht vermocht haben. Mit rund 5.000 Männergruppen und Landesämtern in den einzelnen Landeskirchen ist sie zu einem der wichtigsten gesellschaftlichen und politischen Partner bei der Umsetzung der Geschlechterdemokratie geworden.

Die Männerarbeit wird seit einigen Jahren von kirchenamtlicher Seite aus finanziellen Gründen mehr und mehr in die ausschließliche Ehrenamtlichkeit überführt, da Mann vielerorts noch heute glaubt, dass man keine Männerarbeit braucht, dass Männer keine spezifische Ansprache, keine spezifische Seelsorge, keine spezifischen Angebote brauchen. Der Exodus der Männer aus der Kirche macht deutlich, dass genau das Gegenteil, die personelle Aufstockung der Männerarbeit Not tut, denn eine Kirche ohne Männer ist eine Kirche in ernster Gefahr. So kommt es, dass es nicht mehr in jeder Landeskirche einen hauptamtlichen Männerseelsorger gibt. Nichtsdestotrotz gibt es in vielen Gemeinden Pfarrer, die sich die Männerseelsorge auf die Fahnen geschrieben haben.

In der Regel gibt es zwei Männergottesdienste im Jahr. Einen am so genannten Landesmännersonntag, der in jeder Landeskirche eine andere Tradition hat, und dann einen am offiziellen Männersonntag, der immer auf dem zweiten Sonntag im Oktober liegt. Mit diesen Gottesdiensten möchte man Männer in besonderer Weise erreichen, ihnen Perspektiven eröffnen und ihnen versichern, dass sie nicht die einzigen Männer sind, die zur Kirche gehen. Na ja, und man möchte Männer, die sonst an einer Kirche vorbeigehen, neugierig machen.

»Der vollendete Mann«

Vorspiel und Einzug
Eingangslied: »Ich möchte, dass einer mit mir geht«
Begrüßung durch den gastgebenden Pfarrer
Sündenbekenntnis
Gnadenzuspruch
Psalmlesung
Kyrie
Kollektengebet
Epistel (1. Kor 7, 3-6)
Graduallied: »Der Herr ist mein getreuer Hirt«
Evangelienlesung (Mk 3, 1-5)
Glaubensbekenntnis
Lied: »Strahlen brechen viele aus einem Licht«
Predigt
Lied: »Gott hat das erste Wort«
Abkündigungen
Lied: »Such, wer da will, ein ander Ziel«
Einsammeln der Kollekte
Dankgebet
Fürbitten

Pater noster
Gemeinsamer Auszug der Gemeinde mit den Liturgen
Lied:»Ausgang und Eingang, Anfang und Ende«
Segen und Sendung

Benötigte Materialien/ Vorbereitung

An jeden Gottesdienstbesucher werden ein Teelicht, ein Kugelschreiber, und ein frankierter Briefumschlag mit Briefkarte verteilt, außerdem Gottesdienstzettel.

Ablauf

Vorspiel und Einzug

(Vor Einzug der sechs Liturgen verteilen fleißige Helfer an alle Gottesdienstbesucher: Gottesdienstzettel, einen frankierten Briefumschlag mit einer Briefkarte drin, einen Kugelschreiber der Männerarbeit, ein Teelicht.)
(Einzug der Liturgen. Im gleichen Moment beginnen zwei Dudelsackpfeifer einen schottischen Traditional zu spielen. Sie gehen voran und die Liturgen folgen ihnen.)
(Am Altar angekommen, nehmen alle Platz. Mit dem Verklingen des letzten Dudelsacktons stimmt die Orgel zum ersten Lied ein. Die an der Eingangsliturgie beteiligten Liturgen stellen sich links und rechts neben dem Altar auf.)

Eingangslied »Ich möchte, dass einer mit mir geht« (EG 209)

Begrüßung durch den gastgebenden Pfarrer

»Christus spricht: Ich bin der gute Hirte. Meine Schafe hören meine Stimme, und ich kenne sie, und sie folgen mir; und ich gebe ihnen das ewige Leben. Wir feiern diesen Gottesdienst im Namen des Vaters und des Sohnes und des Heiligen Geistes. Amen.« *(Mt 22, 37-40)* Unsere Hilfe steht im Namen des Herrn, der Himmel und Erde gemacht hat.
Jesus spricht: Du sollst den Herrn, deinen Gott, lieben mit ganzem Herzen, mit ganzer Seele und mit all deinen Gedanken. Das ist das wichtigste und erste Gebot. Ebenso wichtig ist das zweite: Du sollst deinen Nächsten lieben wie dich selbst. An diesen beiden Geboten hängt das ganze Gesetz samt den Propheten.

Sündenbekenntnis

Lasst uns in der Stille vor Gott bekennen, was uns Herz und Seele schwer macht. Sie haben dafür einen Briefumschlag mit einer Briefkarte und einen Kugelschreiber bekommen. Auf diese Karte können Sie schreiben und vor Gott bringen: Was Ihnen das Herz schwer macht. Wie Sie es ändern könnten. Und: Worum Sie Gott bitten.

Wenn Sie das getan haben, tun Sie die Karte wieder in den Umschlag, verschließen ihn, schreiben auf den Umschlag Ihre Adresse und werfen ihn hier vorne am Altar in den Briefkasten. Irgendwann, wenn Sie vielleicht gar nicht mehr an diesen Gottesdienst denken, werden wir Ihnen diesen Brief wieder zuschicken.

(Um die meditative Atmosphäre ein wenig zu verstärken, spielt ein Gitarrist dezente, meditative Musik. Wenn der Liturg das Gefühl hat, dass alle, die sich daran beteiligen wollten, nach vorne gekommen sind, spricht er noch einen kurzen Gebetsschluss.)

Lieber Vater, zu Dir können wir kommen, mit unseren Ängsten, Hoffnungen und Verfehlungen. Dir können wir alles bekennen, ohne aus Deiner Liebe zu fallen. Deshalb können wir alles bekennen, dürfen und können wir ungeschönt ehrlich sein.

Lieber Vater, hilf uns, den Weg Deiner Liebe zu gehen und unserem inneren Schweinehund zu widerstehen. Gib uns dafür die Kraft und vergib uns unsere Schuld, wie auch wir vergeben unseren Schuldigern. Amen.

Gnadenzuspruch

»Kommt alle zu mir, die ihr euch plagt und schwere Lasten zu tragen habt. Ich werde euch Ruhe verschaffen.« *(Mt 11, 28)*

Gott vergibt und heilt. Er befreit und schenkt Hoffnung. Das mache er wahr bei euch allen.

Psalmlesung (Ps 119, 9-19)

»Wie wird ein junger Mann seinen Weg unsträflich gehen?
Wenn er sich hält an deine Worte.
Ich suche dich von ganzem Herzen;
lass mich nicht abirren von deinen Geboten.
Ich behalte dein Wort in meinem Herzen,
 damit ich nicht wider dich sündige.
Gelobt seist du, Herr!
Lehre mich deine Gebote!
Ich will mit meinen Lippen erzählen
 alle Weisungen deines Mundes.
Ich freue mich über den Weg,
den deine Mahnungen zeigen, wie über großen Reichtum.

Ich rede von dem, was du befohlen hast,
und schaue auf deine Wege.
Ich habe Freude an deinen Satzungen
und vergesse deine Worte nicht.
Tu wohl deinem Knecht, dass ich lebe und dein Wort halte.
Öffne mir die Augen,
dass ich sehe die Wunder an deinem Gesetz.
Ich bin ein Gast auf Erden;
verbirg deine Gebote nicht vor mir.«

Kyrie

Kollektengebet
Lieber Vater, gib uns Gelassenheit und Weisheit, lass uns die Gabe leben, uns zu
lieben und so auch unsere Nächste und unseren Nächsten durch die Kraft Deines
Heiligen Geistes und die Liebe Deines Sohnes Jesus Christus von heute und
sofort an bis in Ewigkeit. Amen.

Epistel (1. Kor 7, 3-6)
»Der Mann soll seine Pflicht gegenüber der Frau erfüllen und ebenso die Frau
gegenüber dem Mann. Nicht die Frau verfügt über ihren Leib, sondern der Mann.
Ebenso verfügt nicht der Mann über seinen Leib, sondern die Frau. Entzieht euch
einander nicht, außer im gegenseitigen Einverständnis und nur eine Zeit lang,
um für das Gebet frei zu sein. Dann kommt wieder zusammen, damit euch der
Satan nicht in Versuchung führt, wenn ihr euch nicht enthalten könnt. Das sage
ich als Zugeständnis, nicht als Gebot.«
Erkennt: »Der Herr allein ist Gott. / Er hat uns geschaffen, wir sind sein Eigentum,
/ sein Volk und die Herde seiner Weide.« *(Ps 100, 3bc)*

Graduallied »Der Herr ist mein getreuer Hirt« (EG 274)

Evangelienlesung (Mk 3, 1-5)
»Als er ein andermal in eine Synagoge ging, saß dort ein Mann, dessen Hand
verdorrt war. Und sie gaben Acht, ob Jesus ihn am Sabbat heilen werde; sie suchten nämlich einen Grund zur Anklage gegen ihn. Da sagte er zu dem Mann mit
der verdorrten Hand: Steh auf und stell dich in die Mitte! Und zu den anderen
sagte er: Was ist am Sabbat erlaubt: Gutes zu tun oder Böses, ein Leben zu retten oder es zu vernichten? Sie aber schwiegen. Und er sah sie der Reihe nach
an, voll Zorn und Trauer über ihr verstocktes Herz, und sagte zu dem Mann:
Streck deine Hand aus! Er streckte sie aus und seine Hand war wieder gesund.«

Glaubensbekenntnis

Lied »Strahlen brechen viele aus einem Licht« (EG 268)

Predigt

Gnade sei mit euch von dem, der da war und der da ist und der da sein wird. Amen.

Liebe Gemeinde, liebe Schwestern und Brüder, welche Rolle spielt der Mann in der Kirche? Diese Frage werden wir heute den ganzen Tag über stellen. In der Regel tauchen Männer in der Gemeinde nicht so oft auf wie die Frauen. Sie kommen seltener zu den Gottesdiensten.

Welche Rolle spielt der Mann in der Kirche? Auf der einen Seite ist er immer wieder Funktionsträger, Propst, Bischof, Generalsuperintendent, Superintendent, Pfarrer, Konsistorialpräsident, GKR-Vorsitzender, Präses, etc. Er ist also Gestalter. Auf der anderen Seite ist er aber auch einfaches Gemeindeglied. Und als Gemeindeglied geraten Männer - das ist unsere Erfahrung als Männerarbeiter - nicht so sehr in den Blick. St. Johannis ist hier eine große und rühmliche Ausnahme.

Welchen Predigttext könnte man also nehmen, um eine Antwort, eine Hilfestellung zu finden. Lange habe ich über meiner Bibel gesessen und gesucht. Ich gebe zu, ich habe auch die so genannte Computerbibel benutzt, weil sie eine so schöne Suchfunktion hat. Schließlich habe ich mich für Epheser 4, 11-16 entschieden:

»Und er gab den einen das Apostelamt, andere setzte er als Propheten ein, andere als Evangelisten, andere als Hirten und Lehrer, um die Heiligen für die Erfüllung ihres Dienstes zu rüsten, für den Aufbau des Leibes Christi. So sollen wir alle zur Einheit im Glauben und in der Erkenntnis des Sohnes Gottes gelangen, damit wir zum vollkommenen Menschen werden und Christus in seiner vollendeten Gestalt darstellen. Wir sollen nicht mehr unmündige Kinder sein, ein Spiel der Wellen, hin und her getrieben von jedem Widerstreit der Meinungen, dem Betrug der Menschen ausgeliefert, der Verschlagenheit, die in die Irre führt. Wir wollen uns, von der Liebe geleitet, an die Wahrheit halten und in allem wachsen, bis wir ihn erreicht haben. Er, Christus, ist das Haupt. Durch ihn wird der ganze Leib zusammengefügt und gefestigt in jedem einzelnen Gelenk. Jedes trägt mit der Kraft, die ihm zugemessen ist. So wächst der Leib und wird in Liebe aufgebaut.«

Der vollendete Mann. Wir wissen, dass Männer durchaus vollendete Gentlemen sein können. Aber was ist ein vollendeter Mann? Im griechischen Originaltext heißt das »andra teleion«. Telos heißt auch Ziel. Es ist der Mann, der am Ziel angekommen ist. Angekommen ist er, wenn er zum vollen Maße der Fülle Christi gelangt ist. Doch was ist das? Die Fülle Christi lässt uns mündig werden, so dass wir uns nicht von jedem Wind einer Lehre bewegen lassen oder durch trügerisches Spiel der Menschen, mit dem sie uns arglistig verführen.

Das Patriarchat oder der patriarchale Gedanke - ich mag den Begriff der Väterherrschaft nicht - ist so ein trügerisches Spiel, mit dem es Männern noch immer gelingt Männer arglistig zu verführen, weil es Männern arglistig vorgaukelt, wie einfach und ordentlich das Leben als Mann aussehen kann; wie man Macht im eigenen Sinne zum eigenen Zwecke einsetzen und legitimieren und wenigstens die Hälfte möglicher Konkurrenz ausschalten und klein halten kann.

Das Patriarchat erklärt die Welt und das Arglistige daran ist, dass es auch immer wieder christlich verbrämt als unumstürzbare Ordnung der Welt gesehen wird. Dass Männer so nicht nur auf Kosten der Frauen, sondern auch auf eigene Kosten leben, ohne auf ihre Kosten zu kommen, macht immer wieder der Druck deutlich, unter den wir uns als Männer mit dem traditionellen Männerbild setzen, das dem Patriarchat innewohnt. Männer sind so und sind nicht so, so sind sie keine Männer. Das Leben eines am traditionellen Männerbild ausgerichteten Mannes besteht aus Imperativen und Regelsätzen:

Männer kennen keinen Schmerz!
Ein Mann heult nicht!
Männer reden nicht über Gefühle!
Männer schlucken keine Pillen!
Ein Mann darf niemals schwach sein!
Ein Mann darf kein Pantoffelheld seiner Frau sein!
Der Mann sei das Haupt der Frau!
Ein Mann muss sich vor den anderen auch durch Kraftakte erweisen!
Zu enge Bindungen zu einer Frau sind für einen Mann bedrohlich.

Wir Männer neigen immer wieder dazu, gegen unsere Sehnsüchte zu leben, weil ein arglistiges Männerbild es so will. Wir Männer lassen uns leider immer noch gerne vom patriarchalen Gedanken einfangen und gefangen nehmen, weil es unsere eigenen Unfähigkeiten zur besonderen Kompetenz erhebt. Im Grunde genommen ist das Patriarchat oder das Bild des so genannten traditionellen Mannes nur ein Hilfs-Ich für schwache Männer, die sich nicht trauen Mann zu sein.

Die Imperative und das Regelwerk des Patriarchats sind Ausdruck von Misogynie sprich: Frauenfeindlichkeit. Jeder einzelne Punkt seines Regelwerkes wertet die Frau - als ein gleichberechtigtes Geschöpf Gottes und damit Ebenbild Gottes - ab und zeigt den Einfluss des berühmten Paulus-Zitats, das der Mann das Haupt der Frau sei. Dabei wird allerdings außer Acht gelassen, was im Brief an die Epheser

5, 28 steht: »Darum sind die Männer verpflichtet, ihre Frauen so zu lieben wie ihren eigenen Leib. Wer seine Frau liebt, liebt sich selbst.« Somit geht bei allem frauenfeindlichen Verhalten des patriarchalen Mannes auch immer eine eigene Männerfeindlichkeit mit einher. Der Mann steht mit seinem eigenen Mannsein auf Kriegsfuß.

Und nun begebe ich mich auf gefährliches Terrain, denn mir scheint, dass die Kehrseite des Patriarchats der orthodoxe Feminismus ist, der die Veränderbarkeit von Männern in Abrede stellt, Feindbilder am Leben hält und die eigene morali-sche Definitionsmacht festigen will. Auch der orthodoxe Feminismus, der zum System gewordene Feminismus, steht einer neuen Gemeinschaft von Männern und Frauen im Wege. Beide Systeme stehen als Fronten nahezu unversöhnlich gegenüber. Der Feminismus, der einmal aufgebrochen ist, das Patriarchat zu zer-schlagen und Frauen zu befreien und soviel bewegt und vorangebracht hat, droht wie die patriarchale Gedankenwelt, zum Selbstzweck zu werden. Beide Seiten nehmen für sich die absolute Definitionsmacht in Anspruch. Beide Seiten wollen die erworbenen Privilegien nicht aufgeben.

Beide verhindern eine wirkliche Gemeinschaft von Männern und Frauen, weil der eine noch immer Angst vor dem anderen hat, sich die Geschlechter noch immer nicht wirklich über den Weg trauen. Ja, ich weiß, Ihr werdet jetzt Protest einle-gend fragen: »Und was ist mit den vielen glücklichen Paaren?« - Das will ich gar nicht in Abrede stellen. Doch ich möchte versuchen, das große Ganze zu erfas-sen, es zu verstehen. Patriarchat und Feminismus erklären im Grunde genom-men nur, warum es zwischen Frauen und Männern nicht funktioniert, nicht funktio-nieren kann, nicht funktionieren darf.

Auf diesem Wege scheint mir allerdings die befreiende und Gemeinschaft stif-tende Botschaft unseres Herrn Jesus Christus aus dem Blick geraten zu sein: »Wir wollen uns, von der Liebe geleitet, an die Wahrheit halten und in allem wach-sen, bis wir ihn erreicht haben. Er, Christus, ist das Haupt. Durch ihn wird der ganze Leib zusammengefügt und gefestigt in jedem einzelnen Gelenk. Jedes trägt mit der Kraft, die ihm zugemessen ist. So wächst der Leib und wird in Liebe auf-gebaut.«

Paulus benutzt das Bild des Leibes, der von Christus aus zusammengefügt ist und ein Glied am anderen hängt durch alle Gelenke, wodurch jedes Glied das andere unterstützt nach dem Maß seiner Kraft und macht, dass der Leib wächst und sich selbst aufbaut in der Liebe.

Die Gemeinde Christi, die Kirche Christi ist so lange ein hinkendes Etwas, solan-ge Männer und Frauen nicht gleichermaßen in Liebe und Zugewandtheit in ihr zusammenkommen und zusammenleben. Wenn Kirche nicht bewusst und gezielt auf Männer zugeht, fehlt dem Leib ein Glied. So lange in unserer Kirche Männer und Frauen nicht gleichermaßen und in vergleichbarer Zahl im kirchlichen Leben vorkommen und spezifisch angesprochen werden, so lange wird die Kirche ein kranker Leib sein, der sich durch das Leben schleppt und damit immer kraftloser wird.

Der Brief an die Epheser macht deutlich, dass sich der Leib nur in der Liebe selbst aufbaut und wächst. Doch das geht nur, wenn man sich zur Liebe traut. Und das nicht nur in Worten und Gedanken, sondern allem voran auch in Taten. Der vollendete Mann ist der, der wahrhaftig in der Liebe ist. Der vollendete Mann ist der, der zur Liebe bedingungslos fähig ist, seine Liebe nicht an Bedingungen knüpft, so wie Gott uns bedingungslos liebt. Jesus hat uns zur bedingungs- und vorbehaltlosen Liebe befreit. Das macht Feminismus und Patriarchat überflüssig und öffnet den Weg zur wirklichen Gemeinschaft von Männern und Frauen.

Lasst uns aber wahrhaftig sein in der Liebe und wachsen in allen Stücken zu dem hin, der das Haupt ist, Christus. Amen.

Lied »Gott hat das erste Wort« (EG 199)

Abkündigungen

Lied »Such, wer da will, ein ander Ziel« (EG 346)

Einsammeln der Kollekte

Fürbitten

Unsere Fürbitte ist vorbereitende Tat und aktive Nächstenliebe. In der Fürbitte nehmen wir unsere Verantwortung als Christinnen und Christen in der Welt wahr. Wir bitten um Verbündete, das Wirken des Heiligen Geistes und die Kraft, selbst aktive Fürbitte zu werden. Wo wir beten und mit seiner Hilfe Taten folgen lassen, kommt mehr Licht in die Dunkelheiten und Verborgenheiten des Lebens, kommt mehr Liebe und Wärme in unsere Welt.

Darum laden wir Sie ein, Ihre Fürbitte laut oder leise vor Gott zu bringen. Sie haben von uns am Eingang ein Teelicht erhalten. Jedes Teelicht steht für eine Fürbitte, die jeder Mensch von uns mit sich trägt. Kommen Sie einfach zu uns nach vorne an den Altar und zünden Sie das Teelicht an der Osterkerze an. Sie können dann die Kerze auf den Altar stellen und Ihre Bitte vor Gott bringen.

Lieber Vater, erhöre unsere Bitten. Kyrie eleison. Herr erbarme dich!

(Auch hier gilt, der Gemeinde Zeit zu geben. Es kann manchmal einige Minuten dauern, bis der erste nach vorne geht. Wenn man das Gefühl hat, dass alle, die nach vorne kommen wollten, nach vorne gekommen sind, beginnt der entsprechende Liturg mit der abschließenden Bitte.)

Dankgebet

Auferstandener Christus, du hast dem Tode die Macht genommen und das Leben und ein unvergängliches Wesen ans Licht gebracht. Dafür sagen wir Dir Dank.

Heiliger Geist, wir wissen um so viel Trennendes zwischen den Religionen und Konfessionen. Wir wissen, dass es Religionen gibt, die kämpferischer sind und solche, die friedvoller sind. Wir wissen, dass allen Religionen das Streben nach Liebe, Frieden und Heil zu eigen ist.

Daher bitten wir dich, Vater, wirke mit deinem Heiligen Geist, dass die in der Religion Entscheidungstragenden, die Predigenden nicht in trennenden religiösen Eifer verfallen, wirke bei ihnen und allen - auch denen, die an keinen Gott glauben -, dass sie zu Liebe und Frieden und damit zu einer neuen Weltordnung aufrufen.

Bewirke, dass die Menschen, denen Fanatismus, religiöses Eifertum, Hass und Krieg, das Ende der Liebe gepredigt wird, erkennen, dass ihre Prediger ihnen gefährliche Verblendung predigen und den eigentlichen göttlichen Willen nicht erfasst haben.

Lieber Vater, wir beten um Wege aus der Gewalt. Lass uns Männer selbstkritisch unser Männerbild hinterfragen, das stark vom Herrschen geprägt ist und Ohnmachtserfahrungen kaum erträgt.

Lass uns mit den Gewalttraditionen der Bibel und Kirchengeschichte auseinandersetzen. Lass uns Männer die Botschaft von der Nächsten- und Feindesliebe als Ausdruck jener Freiheit entdecken, die den Kreislauf von Gewalt und Gegengewalt unterbricht.

Lass uns diese Freiheit ausprobieren, nicht naiv, sondern realistisch und mögliche Folgen bedenkend.

Verhilf uns zu einer Lebenshaltung des längeren Atems, die die Hoffnung auf Veränderung nicht aufgibt, weil sie sich zu Hoffnung berufen weiß.

Hilf uns Männern, unseren Teil der Verantwortung zu erkennen und damit unseren Teil des Weges zu gehen, auf dem deutlich wird, dass Du uns als Mann und Frau gleichermaßen nach Deinem Bilde geschaffen hast.

Pater noster

Gemeinsamer Auszug der Gemeinde mit den Liturgen
(Die Dudelsackpfeifer stimmen »Amazing Grace« an und ziehen aus der Kirche aus. Dabei folgt Ihnen die Gemeinde, die diese »Regieanweisung« dem Gottesdienstblatt entnimmt, und ganz am Schluss folgen die Liturgen. Alle sammeln sich auf und vor den Stufen zur Kirche. Vor der Kirche wird der Gemeinde der Segen gespendet.)

Lied »Ausgang und Eingang, Anfang und Ende« (EG 175)

Segen und Sendung

Der Herr segne und behüte dich. Der Heilige Geist erleuchte deine Seele. Die Liebe Jesu weise dir den Weg des Lebens. Geh hinaus in die Welt und erzähle von dieser Liebe. Erzähle von ihr und lebe sie.

Und wo dir der Wind der Ablehnung entgegenweht, da lass dich nicht umwehen, sondern wandle den Wind gleich einem Windkraftwerk in positive Energie.

Der Herr erhebe sein Angesicht über dich und gebe dir Frieden. Amen.

Kontakt:
Martin Dubberke
martin@dubberke.com
www.dubberke.com
www.maenner-online.de (Hier finden sich alle Adressen evangelischer Männerarbeit in Deutschland.)

Gottesdienste für Geschiedene

Gottesdienst im Evangelischen Zentrum Rissen, Hamburg

Mit folgendem Text wurde zu diesem Gottesdienst eingeladen:

Ein Gottesdienst zum Thema »Trennung«
»Und sie konnten nicht beieinander wohnen...« - der Satz steht nicht nur in der Bibel, sondern wird auch von immer mehr Menschen so erlebt. Eine Trennung oder Scheidung ist schmerzhaft und braucht Zeit und Räume, um verarbeitet zu werden. Das Evangelische Zentrum Rissen bietet nicht nur Seminare für Menschen nach einer Trennung an, sondern gestaltet jetzt auch einen Gottesdienst zum Thema Trennung mit Anstößen und Raum für eigene Gedanken. [...] Eingeladen sind alle, für die Trennung in irgendeiner Weise ein Thema ist.

»Trennung«

Einführungsteil
Musik zum Hineinkommen
Begrüßung
Votum
Psalm: »Gott, die Zuflucht bis ins Alter« (Ps 71)
Lied: »Befiehl du deine Wege«
Gebet mit Symbolhandlung
Verkündigungsteil
Lied: »Ist Gott für mich«
Bibliolog zu Gen 13, 1-12
Lied: »Vertaut den neuen Wegen«
Abendmahlsteil
Gabenbereitung
Einsetzungsworte
Austeilung
Fürbittengebet
Vaterunser
Lied: »Von guten Mächten«
Symbolhandlung am Altar
Segen

Ablauf

Musik zum Hineinkommen

Begrüßung

Votum
Wir sind zusammen im Namen Gottes, der uns die Liebe schenkt und der uns Grenzen der Liebe erfahren lässt.
Wir sind zusammen im Namen Gottes, die uns nahe ist in den guten Zeiten und auch in bitteren Tagen.
Wir sind zusammen im Namen Gottes, der unsere Wege segnet und sie nicht festlegt. Amen.

Psalm »Gott, die Zuflucht bis ins Alter« (Ps 71)

Lied »Befiehl du deine Wege« (EG 361)

Gebet mit Symbolhandlung
(Auf dem Altar stehen Schalen mit unterschiedlichen Stoffen.)

Wir kommen nicht leer in diesen Gottesdienst, sondern mit Erfahrungen und Gedanken, mehr oder weniger gefüllt, vielleicht sogar randvoll. Ganz unterschiedliche Erfahrungen und Gedanken bewegen uns. Manche sind wie Sand: körnig, fein, sie rinnen durch die Finger, sind schwer zu fassen.
(Aus einer Schale wird Sand genommen und rieselt durch die Finger.)

Manche sind wie Steine: hart und gewaltig, nicht leicht wegzuschieben, ein Last.
(Aus einer Schale werden Steine genommen und in den Händen gewogen.)

Manche sind wie Scherben: kantig und scharf, sie tun weh und verletzen.
(Aus einer Schale werden Scherben genommen und aneinander gerieben.)

Manche sind wie Wasser: schnell in Bewegung zu bringen, aber auch klar und deutlich.
(Aus einer Schale wird Wasser in die Hände genommen und rinnt durch die Hände.)

Manche sind wie welkes Laub: Überreste von einer vergangenen Jahreszeit, müde, manchmal auch hart geworden.
(Aus einer Schale werden Blätter genommen und aneinander gerieben.)

Welche Gedanken, Gefühle und Erfahrungen auch immer uns bewegen, sie dürfen sein und sind gut aufgehoben bei Gott.

Guter Gott, du siehst, was uns bewegt und beschäftigt. Wir kommen aus so unterschiedlichen Phasen und Situationen des Lebens. Immer bist du bei uns - mal ganz nah, mal aber auch kaum zu spüren. Wir bringen zu dir, was wir erlebt haben und erleben. Lass uns erfahren, dass es bei dir gut aufgehoben ist, was auch immer es ist: Sand, Steine, Wasser, Scherben, Laub oder ganz anderes. Lass uns in diesem Gottesdienst jetzt Atem schöpfen und Heilvolles erfahren. Amen.

Lied »Ist Gott für mich« (EG 351)

Bibliolog zu Gen 13,1-12
(Der Bibliolog ist eine in Deutschland noch wenig bekannte, aus den USA stammende Möglichkeit, mit der ganzen Gemeinde zu predigen. Die Gemeinde versetzt sich dabei in biblische Gestalten hinein und antwortet aus dieser Rolle heraus auf Fragen, die der Text aufwirft, aber nicht beantwortet. Biblische Geschichte und Lebensgeschichte verweben sich dabei. Wichtig war in diesem Gottesdienst vor allem der Perspektivenwechsel zwischen der aktiv sich trennenden Rolle (Abraham) und der Rolle, der die Trennung aufgenötigt wurde (Lot).)

»So zog Abram herauf aus Ägypten mit seiner Frau und mit allem, was er hatte, und Lot auch mit ihm, ins Südland. Abram aber war sehr reich an Vieh, Silber und Gold. Lot aber, der mit Abram zog, hatte auch Schafe und Rinder und Zelte. Und das Land konnte es nicht ertragen, dass sie beieinander wohnten; denn ihre Habe war groß, und sie konnten nicht beieinander wohnen. Und es war immer Zank zwischen den Hirten von Abrams Vieh und den Hirten von Lots Vieh.«

Du bist eine Hirtin/ein Hirte. Wie ist das mit den anderen? Warum gibt es Streit zwischen Euch?

»Da sprach Abram zu Lot: Lass doch nicht Zank sein zwischen mir und dir und zwischen meinen und deinen Hirten; denn wir sind Brüder. Steht dir nicht alles Land offen? Trenne dich doch von mir!«

Du bist wiederum Lot. Dein Onkel hat dir gerade einen klaren Vorschlag gemacht? Wie fühlst du dich dabei?

»Willst du zur Linken, so will ich zur Rechten, oder willst du zur Rechten, so will ich zur Linken.«

Du bist jetzt Abraham. Du machst deinem Neffen einen klaren Vorschlag. Wie geht es dir dabei?

»Da hob Lot seine Augen auf und besah die ganze Gegend am Jordan. Denn ehe Gott Sodom und Gomorra vernichtete, war sie wasserreich, bis man nach Zoar kommt, wie der Garten Gottes, gleichwie Ägyptenland. Da erwählte sich Lot die ganze Gegend am Jordan und zog nach Osten. Also trennte sich ein Bruder von dem andern, so dass Abram wohnte im Lande Kanaan und Lot in den Städten am unteren Jordan. Und Lot zog mit seinen Zelten bis nach Sodom.«

Du bist wieder Abraham. Nun habt ihr euch getrennt. Es sind ein paar Wochen her. Abraham, wie geht es dir jetzt?

Du bist jetzt noch einmal Lot. Du hast dir einen besonders fruchtbaren Ort im Osten ausgesucht. Was geht dir durch den Kopf, wenn du an Abraham zurück denkst?

Lied »Vertraut den neuen Wegen« (EG 395)

Abendmahlsteil

Gabenbetrachtung
Gepriesen seist du, Gott, Quelle des Lebens. Du schenkst uns das Brot, die Frucht der Erde und der menschlichen Arbeit. Wir danken dir mit dem Brot für alles, was wir nötig haben wie Brot: für die Luft, die wir atmen; für Menschen, die unser Leben teilen; für den Frieden, für deine Nähe in Worten und Zeichen. Lass dieses Brot für uns zum Brot des Lebens werden.

Gepriesen seist du, Gott, Quelle des Lebens. Du schenkst uns den Saft der Trauben, die Frucht des Weinstocks und der menschlichen Arbeit. Wir danken dir mit dem Saft der Trauben für alles, was wir genießen: für die Sonne und den Nachthimmel, für Liebe und Freundschaft, die uns geschenkt werden, für Zeiten der Stille und Erholung. Lass diesen Saft der Trauben für uns zum Trank des ewigen Lebens werden. Du, Gott des Lebens und der Lebendigkeit, mit allem, was wir mitbringen, lädst du uns ein: von tiefen Verwundungen gezeichnet, beladen mit Sorgen und Kümmernissen, und mit Verfehlungen und Versäumnissen. Du lädst uns ein an deinen Tisch, du willst uns stärken, entlasten und aufrichten. In Brot und Wein schenkst du uns Anteil an deiner neuen Schöpfung, an deiner Liebe, an deiner Hoffnung für diese Welt. In dieser Weise teilen wir nun deine Gaben und erinnern uns, wie es damals war.

Einsetzungsworte

Austeilung

Fürbittengebet
Barmherziger Gott, wir haben heute Abend den Mut aufgebracht, hierher zu kommen und uns dir anzuvertrauen. Manchen von uns fiel es schwer, weil wir fürch-

ten, alte Wunden aufzureißen und weil Trennung wehtut. Mit den Bruchstücken unseres Daseins kommen wir zu dir und bitten um dein Heil.

Gott, wir trauern um das, was wir verloren haben oder verlieren könnten: eine Partnerin oder ein Partner, Hoffnungen, Ideale oder Ziele, die wir uns gesteckt hatten. Manchmal erscheint uns der Verlust und der damit verbundene Schmerz größer, als wir aushalten können. Schenke uns die Kraft, den Schmerz zu durchleiden ohne daran zu verzweifeln und dabei stehen zu bleiben. Schenke uns Menschen an unsere Seite, die uns beistehen, mit aushalten, die uns trösten.

Barmherziger Gott, wir sind aneinander schuldig geworden, wir sind verletzt worden und haben andere verletzt, und manchmal tun wir uns selbst weh. Bei dir ist Vergebung, die wir uns gegenseitig nicht geben können; vor dir können wir bestehen mit allem, was uns ausmacht. Wir können nicht ungeschehen machen, was war, aber vor dir können wir uns aufrichten und es wagen, einen Schritt vor den anderen zu tun.

Gott, gib uns die Stärke, genau hinzusehen: Manchmal stellen wir fest, dass eine Trennung auch Erleichterung, Befreiung aus einer Beziehung sein kann, die uns nicht gut tut. Hilf uns zu erkennen, wie wir Verantwortung für unser Leben übernehmen können, wie wir für uns selbst sorgen, wie wir Freude erleben und unserem Leben eine neue Richtung geben können. Schenke uns den Mut, Neues zu wagen und andere Wege zu gehen. Amen.

Vaterunser

Lied »Von guten Mächten« (EG 65)

Symbolhandlung am Altar
Die Schalen - gefüllt mit Gedanken und Gefühlen. Manches hat seinen guten Ort da, wo es ist. Es soll - jedenfalls im Moment - da bleiben.
(Eine Schale wird hochgehoben.)

Manches schichtet sich um, bekommt eine neuen Ort und eine neue Bedeutung.
(Ein Stoff wird in eine andere Schale umgefüllt.)

Manches mischt sich mit anderem und verbindet sich zu etwas Neuem.
(Die Inhalte von zwei Schalen werden gemischt.)

Von manchem befreien wir uns - jetzt oder später.
(Eine Schale wird geleert.)

Der Ort bleibt leer - oder wartet auf Neues, was noch kommen soll.
(Die leere Schale wird hochgehoben.)

Manche Schale ist vielleicht schon in Bewegung geraten - andere brauchen Zeit, um zu bleiben, einen neuen Ort zu bekommen, sich zu Neuem zu verbinden, leer zu werden, und Neues zu empfangen.

Segen

Anmerkungen

Der Gottesdienst stand im Rahmen der Tätigkeit des Evangelischen Zentrums Rissen, in dem Seminare für Menschen nach einer Trennung angeboten wurden. Der Gottesdienst wurde konzipiert und gestaltet von:

Cornelia Blum, Pastorin in der Martin-Luther-King-Gemeinde Steilshoop, Hamburg

Frank Muchlinsky, Referent der Landespastorin im Diakonischen Werk Hamburg

PD Dr. Uta Pohl-Patalong, Studienleiterin in der Ev. Akademie Nordelbien

Kontakt:

Dr. Uta Pohl-Patalong
Ev. Akademie Nordelbien
Marienstraße 31
23795 Bad Segeberg
Telefon 04551-8009-0
Fax 04551-8009-50

Gottesdienste für Getrennte, Geschiedene und Menschen in ihrer Nähe

Arbeitskreis »Begleitung bei Trennung Köln«

Wenn eine Beziehung zerbricht, entsteht ein tiefer Einschnitt. Die bisherige Lebensplanung gerät durcheinander, das Selbstwertgefühl ist oft schwer verletzt und die Erfahrung, gescheitert zu sein, hinterlässt ein Gefühl von Schuld. Die Trauerarbeit gleicht in ihren Phasen nicht selten der nach einem Sterbefall.

Die Kirche bietet seelsorglich-rituelle Begleitung zu lebensgeschichtlichen Wendepunkten: Taufe, Konfirmation, Trauung, Beerdigung begleiten Menschen in Umbruchphasen ihres Lebens: Die Geburt eines Kindes, die Eheschließung, ein Todesfall. Dass die Trennung bzw. Scheidung zweier Menschen ein vergleichbarer Einbruch ist, blieb bislang unberücksichtigt. Dabei wächst die Zahl derer, die von Trennung und/oder Scheidung unmittelbar oder mittelbar betroffen sind - auch innerhalb der Kirche. Das Gottesdienstangebot »Das war's jetzt!« richtet sich an diese Zielgruppe, aber auch an Menschen, die sich für die Entwicklung neuer lebensbegleitender Rituale interessieren.

Im Mittelpunkt des Gottesdienstes stehen vier Stationen, die den wechselnden Gefühlen nach einer Trennung entsprechen: Trauer, Wut über die Verletzungen, aber auch Dank für das, was gut war, etwa die gemeinsamen Kinder, wie die bange Frage: Wie geht es weiter? Trauer, Wut, Dank und Hoffnung - vier Stationen, die die Gottesdienstbesucher und -besucherinnen in ihrem eigenen Tempo aufsuchen und die dazu einladen, sich selbst zu verorten - als Momentaufnahme. Jede Station bietet Formen, die eigenen Gefühle auszudrücken, sei es durch ein Ritual oder in schriftlicher Form. Wandplakate ermöglichen es, miteinander in ein stummes Gespräch zu kommen.

Bei den »Das war's jetzt!«-Gottesdiensten kommen Menschen zusammen, deren gemeinsamer Nenner die Trennungserfahrung und die Verbundenheit zur Kirche ist. Indem die Gottesdienste übergemeindlich stattfinden, eröffnen sie auch gemeindlich eng verbundenen Menschen einen Schutzraum, ihren Gefühlen freien Lauf zu lassen und die gute Erfahrung: Wir sind viele - auch innerhalb der Kirche - und wir sind noch gewollt!

»Das war's jetzt!«

Musik
Votum
Begrüßung und kurze Einführung
Lied: »Meine engen Grenzen«
Psalm 31
Gebet
Lied: »Aus der Tiefe rufe ich zu dir«
Einstimmung
Musik
Gedicht: »Nichts bleibt«
Meditation über einen zerbrochenen Krug
Gedicht: »Das«
Musik-Improvisation
Einladung, die Sationen zu begehen
Begehen der Stationen mit Musik
Kurzer liturgischer Abschluss
Lied: »Vertraut den neuen Wegen«
Fürbitten
Vaterunser
Musik
Segen
Lied: »Bewahre uns Gott«
Einladung
Musik

Vorbereitung

Den vier Stationen ist je eine Farbe zugeordnet: Wut: rot; Trauer: schwarz; Hoffnung: blau; Dank: grün. Die Farben finden sich in Form von großen Tüchern an den jeweiligen Stationen und noch einmal (als 2m x 1m) Tücher auf dem Altar, der ansonsten normal eingedeckt ist. Die Anordnung der Stationen entscheidet sich im Raum. Es gibt keine feste Reihenfolge, da sich die Gottesdienstbesuchenden frei zuordnen.

Für die vier Stationen werden benötigt:

Große Tücher: 6-8m x 1,5

4 Tonkarton, A2, je mit der Aufschrift: »Wut«, »Trauer«, »Dank«, »Hoffnung« zur Kennzeichnung der Stationen,

Plakate, A1 oder A0, möglich auch Packpapier, zum möglichen Gedankenaustausch der Besuchenden ausreichend Filzschreiber, Kreppband zum Anbringen der Plakate

Die Stationen im Einzelnen:

Wut (Farbe rot): Abdeckfolie (Baumarkt), Betttuch oder großes Plakat etwa 2x3m, Anbringung an die Wand, Pinsel, rote Farbe, Becher. Die Besucher drücken ihre Wut aus, indem sie rote Farbe an die Wand »klatschen«.

Trauer (Farbe schwarz): Schwarzes (Samt-)Tuch, Tischchen o.ä. (Pappkarton tut's auch), Glaskrug, Glassteine in blau (»Tränen«). Der Glaskrug wird auf ein mit einem schwarzen (Samt-)Tuch verhangenem Tischchen o.ä. gestellt und die Glastränen drumherum drapiert. Die Besuchenden legen »ihre« Tränen in den Krug (nach dem Psalm 56, 9b »sammle meine Tränen in einem Krug - ohne Zweifel, du zählst sie«).

Dank (Farbe grün): Wäscheleine oder Kordel, Wäscheklammern, Motiv-Postkarten zum Thema in ausreichender Zahl (günstig sind die aus Kneipen), Stifte, auch ein paar Blanko-Karten (Uni-Karteikarten) zum selbst gestalten. Die Wäscheleine oder Kordel wird - beispielsweise zwischen zwei Säulen - gespannt. Die Besuchenden lassen sich von den Bildmotiven inspirieren und hängen »ihr« Dankmotiv auf.

Hoffnung (Farbe blau): blaue z.T. transparenten Stoffbahnen, Teelichter in Glasschälchen in ausreichender Zahl, dicke Kerze (wenn vorhanden Osterkerze) zum Entzünden der Teelichter. Aus den blauen Stoffen wird ein Flusslauf gestaltet. Die Besuchenden entzünden »ihr« Hoffnungslicht an der Osterkerze und setzen es auf den Flusslauf. Alternativ: mit Tüchern dekoriertes Wasserbecken (z.B. Plantschbecken) mit Schwimmkerzen.

Ablauf

Musik

Votum
Wir feiern diesen Gottesdienst
Im Namen Gottes - Quelle des Lebens
Im Namen Jesu Christi - Grund unserer Hoffnung
Im Namen des heiligen Geistes - Kraft, die uns stärkt und bewegt. Amen.

Begrüßung und kurze Einführung

Lied »Meine engen Grenzen«

Psalm 31
(In: Carola Moosbach: Gottflamme, Du Schöne. Lob- und Klagegebete. Gütersloher Verlagshaus)

Gebet

Gott, du Lebendige, manchmal ist alles wie ein großer Scherbenhaufen: Zerbrochen das, was einmal zusammengehörte. Auseinander gebrochen, was für ewig gedacht. Verloren, was ein Stück von mir. Es tut so weh!

Gott, du Bergende, manchmal stehe ich vor dem Scherbenhaufen. Und sehe auch die Fehler, auch die Schuld, das Versäumte und Verletzende. Das, was nicht einfach wieder gutzumachen ist. Es ist so schmerzhaft!

Gott, du Tröstende, manchmal ist alles so zerbrechlich: Die neuen Schritte schon wieder im Stocken. Der Aufbruch und schon wieder so allein. Die Lust auf Neues und schon wieder der traurige Blick zurück. Es ist so schwer!

Das mit der Trennung von einem Menschen ist die eine Sache, das mit dir, Gott, eine andere.

Gott, du Verbündete, brich mit mir aus! Brich mit mir auf! Zeig dich doch und lass uns Frieden machen! Amen.

Lied »Aus der Tiefe rufe ich zu dir«

Einstimmung

»Das war's jetzt!«. Diesen Titel haben wir unserem Gottesdienst gegeben. Irgendwann habe ich das gesagt - zu mir selbst oder auch zu ihm, zu ihr: Das war's jetzt. Es reicht. Es geht nicht mehr. Es ist vorbei. Das war's jetzt. Es ist Vergangenheit. »Wir« sind Vergangenheit. Eine Beziehung, auf die ich mich tief eingelassen hatte. Egal wie ihr Name war.

Es gehört viel Mut dazu, das zu sagen. Jetzt ist es zu Ende! Es liegt hinter mir. Das war's! Viele von uns haben das so für sich gesagt: gestöhnt unter Schmerzen und Erschrecken, wütend herausgeschrieen, voller Trauer geweint, erleichtert geseufzt: Das war's jetzt.

War's das? Alles vorbei? Was war das überhaupt? Und was kommt jetzt? Da schwingen unvertretbar persönliche Erinnerungen mit, die mein Leben ausmachten - und Angst und Unsicherheit vor dem, was sein wird, was kommen wird. Wir haben eingeladen, diesen Gottesdienst zu feiern. Der gemeinsame Gottesdienst symbolisiert unsere Sehnsucht nach neuer Lebendigkeit, nach Gott. Hier ist der

Ort für unseren Schmerz, unsere Bitterkeit, unsere Hilflosigkeit. Wir haben ein besonderes Verlangen nach Gottes Gegenwart, um etwas zum Ende zu bringen und neu zu beginnen.

Musik

Gedicht »Nichts bleibt« (nach Rose Ausländer)

»Tage kommen und gehen.
Alles bleibt wie es ist.
Nichts bleibt wie es ist.
Es zerbricht wie Porzellan.
Du bemühst dich die Scherben zu kleben
Zu einem Gefäß
Und weinst
Weil es nicht glückt.«

Meditation über einem zerbrochenen Krug
(Der Krug wird während der Meditation zerbrochen.)

Bringen Scherben wirklich Glück?
Am Anfang: Erlebnisse - Geschichte - Erinnerungen - Liebgewonnenes
Zerbrechlich das Zarte - formschön vollendet - in Watte gepackt.
Schon der erste Riss bleibt, deutet das Ende an, ist nicht zu kitten.
(Scherbe fallen lassen.)

Scharf, kantig - Zerschnittenes schmerzt,
einmal Gerissenes ist nicht zu kitten?!
Wenn nicht ein Neuaufbruch kommt, ein neues Ganzes.
Die Scherben lassen sich nicht wieder zusammenflicken.
Aber es gibt ein Neues, das die Schönheit der einzelnen Mosaiksteine in sich trägt. Gelingt der Aufbruch dahin?
Unfassbar.
(Henkel in die Hand nehmen.)

Den Händen entglitten, zersprungen ein Traum. Aber der Traum bleibt.
Die Scherben tragen alle Erinnerungen in sich,
die schmerzhaften wie die zarten zerbrechlichen,
die bitteren wie die unerfüllten.
Zwischen den Scherben wächst auch Neues.
Aufbruch mitten aus dem Scherbenhaufen.
Die Hoffnung stirbt zuletzt.

Gedicht »Das« (Mascha Kaléko)

»So also ist das gewesen.
Man frage bitte nicht, was.
Ich habe die Scherben wieder aufgelesen.
Aber alle Scherben zusammen
Machen noch immer kein Glas.«

Musik-Improvisation

Einladung, die Stationen zu begehen

Wir laden Sie nun ein die Stationen dieses Gottesdienstes zu begehen. Nehmen Sie sich Zeit für die Aspekte, die zu einem Erfahren bei Trennung und Scheidung dazugehören. Spüren Sie nach, wo es sie hinzieht, schauen Sie auch die Aspekte an, die Ihnen zunächst fremd sind. Auch die, die selbst nicht betroffen sind, wissen in ihren Beziehungen um Dank und Wut, um Trauer und Hoffnung.

Die Stationen bieten Ihnen die Möglichkeit sich auszudrücken, ein Ritual zu vollziehen, eigene Spuren zu hinterlassen, anderen etwas mitzuteilen, sich auszudrücken.

Station Trauer: Tränenperlen liegen neben dem Krug. Sie können eine nehmen und in den Krug hinein geben.

Station Hoffnung: Das Leben ist im Fluss, kommt an neue Ufer, geht weiter. Lichter können Sie in den angedeuteten Fluss setzen oder an den Rand. Lichter, die für Hoffnung stehen.

Station Wut: Die Farbe steht für die Wut. Wutworte, Striche, Bilder können andeuten, was Sie bewegt.

Station Dank. Dankbare Erinnerungen: an schöne Zeiten, an Gutes, Dank für Kinder, für das Tanzen, für die Zeit, die nicht ausradiert werden soll. Sie können eigene Karten schreiben und als Erinnerung aufhängen. Eine Leine der Erinnerung. Dankbare Momente, auf Karten festgehalten, können sie festmachen.

Wir laden Sie ein, sich auf den Weg durch die Kirche zu machen. Nehmen Sie auch wahr, dass andere mit dabei sind, andere mit uns unterwegs sind.

Begehen der Stationen mit Musik
(20-30 Minuten)

Kurzer liturgischer Abschluss

Wir sind gegangen - einen Weg durch die Gefühle. Manches ist angestoßen, Einiges hochgekommen und manches verborgen geblieben.

Gott, Du tröstender Begleiter! All die Gefühle - vor Dir haben sie Raum: Die Tränen und die Sehnsucht. Die Bitterkeit und die Erleichterung. Die Ohnmacht und die Hoffnung.

Gott, Du kostbare Perle! All die Gefühle - bei dir dürfen sie sein. Bei dir sind sie aufgehoben: Der Zorn und das tiefe Durchatmen. Die Verzweiflung und das Zuversichtlichsein. Das Erinnern und das Nach-Vorne-Schauen.

Gott, du starke Löwin! Erneuere den Geist, erneuere den Lebensatem in uns. Amen.

Lied »Vertraut den neuen Wegen«

Fürbitten

Ich denke an die Freunde, die sich immer wieder geduldig dieselben Geschichten anhören. Gib auch ihnen Raum!

Ich denke an die Kinder, die erleben müssen, wie die Liebe zwischen ihren Eltern erkaltet. Schenke ihnen Wärme und bewahre ihnen ihre Kindheit!

Ich denke an die Schuld, die entsteht, wo Menschen sich trennen. Gott, vergib!

Ich denke an die Wunden, die wir tragen und die wir anderen zugefügt haben. Heile sie!

Ich denke an die ungelebten Träume. Bewahre sie!

Ich denke an die gemeinsamen Erinnerungen. Lass sie zu einem Teil des Lebens werden, auch wenn sich die Lebenswege trennen!

Lass uns das Leben wieder finden. Damit aus Trauer und Wut eines Tages Hoffnung und Dank erwächst. Das braucht Zeit. Gib uns deinen Frieden!

Vaterunser

Musik

Segen

Gott stärke, was in dir wachsen will.
Und schütze, was dich lebendig macht.
Gott behüte, was du weiter trägst.
Und bewahre, was du zurück lässt.
Gott segne und behüte dich. Amen.

Lied »Bewahre uns Gott«

Einladung

Wir laden Sie ein, noch etwas zu bleiben. Vielleicht möchten Sie miteinander ins Gespräch kommen über ihre persönlichen Erfahrungen in Sachen Trennung oder Scheidung. *(Ort für Gruppengespräche ansagen.)* Wir, die wir am Gottesdienst mitgewirkt haben, stehen gerne für Einzelgespräche bereit.

Musik

Anmerkungen

Die Gestaltung des Raumes: Da im Zentrum des Gottesdienstes die Begehung der Stationen steht, sollte der Raum neben einer spirituellen Ausstrahlung auch genügend Platz zum Herumgehen (»Wandeln«) und für die vier Stationen bieten. Empfehlenswert ist daher ein von der Grundform quadratischer Raum. Sitzmöglichkeiten an den Stationen, etwa ein Halbrund an Stühlen, wurden von den Gottesdienstbesuchern und -besucherinnen gerne angenommen. Auf Texte an den Stationen (etwa Gedichte) haben wir bewusst verzichtet, um den Gottesdienst textlich nicht zu überladen.

Die Angebote zu Gruppen- und Einzelgesprächen bzw. zum Forum wurden von vielen Besuchern genutzt. Wir bekamen weiterbringende Anregungen. Um erkennbar zu sein, haben wir uns Anstecker mit unserem Namen gemacht. Unsere Liturgin blieb im Talar, um für die Besuchenden auch nach dem Gottesdienst in dieser Funktion ansprechbar zu sein.

Am Ausgang legten wir für Interessierte ein Faltblatt mit Adressen von Beratungsstellen und den Texten des Gottesdienstes aus. Es ist sinnvoll, für diesen Zielgruppengottesdienst frühzeitig und übergemeindlich zu werben, da er überwiegend von Interessierten bzw. Betroffenen aus einem weiteren Einzugsgebiet besucht wird.

Kontakt:
Arbeitskreis »Begleitung bei Trennung Köln«
Armin Beuscher, Beuscher@Kirche-Koeln.de
Christiane Schulte-Birgden, Christiane.Schulte@web.de (Autorin)
Andreas Ester, Andreas.Ester@maennerwerk.ekir.de
Daniela Hammelsbeck, hammelsbeck@web.de
Christoph Damm, christoph-damm@t-online.de

Gottesdienste für die ältere Generation

Ein generationsübergreifender Gottesdienst in der Paulusgemeinde, Hagen

Ältere Menschen wohnen in unserer Gesellschaft häufig allein. Die geforderte Mobilität in der Berufswelt führt dazu, dass ihre Kinder vielfach wegziehen. Besuche sind nur zu besonderen Gelegenheiten möglich. Begegnungen mit den jüngeren Generationen geschehen eher außerhalb der Familie in der Nachbarschaft, im Bus oder auf der Straße. Dabei werden besonders Konflikte wahrgenommen. Die zunehmende Gewaltbereitschaft erschreckt. Die Infragestellung vertrauter Regeln irritiert.

Deshalb ist der hier vorgestellte Gottesdienst auf Verständigung und Kommunikation zwischen den Generationen angelegt und auch entsprechend von Senioren und Jugendlichen gemeinsam vorbereitet worden. Das Thema Geburt kommt durch den Taufteil ebenso zur Sprache wie der Tod - so schließt sich der Lebenskreis im Gottesdienst.

Mitglieder der älteren Generation sind noch am stärksten mit dem traditionellen Gottesdienst verbunden. Die heutigen Senioren aber sind geprägt durch die Kirchenkritik des Dritten Reiches und fragen, ob denn »ihre Sache« im Gottesdienst vorkommt. Deshalb ist ihre Beteiligung an Vorbereitung und Gestaltung des Gottesdienstes wichtig.

»Oma, da musst du durch!«

Eingangsteil
Taufe
Lied: »Nehmet einander an«
Beiträge zum Thema: Nehmet einander an
Lesung (Mk 3, 31-35)
Ansprache
Fürbitten
Abendmahl mit Musik
Lied: »Menschenbrückenlied«
Gebet einer Seniorin
Segen
Lied: »Ausgang und Eingang«

Ablauf

Eingangsteil

Taufe

(Durch die ganz normale, agendarische Taufe wird die Vielfalt des Lebens deutlich. Das ganze Leben soll seinen Platz haben.)

Lied »Nehmet einander an« (Andreas Overdick/ Stefan Riepe)

Beiträge zum Thema Nehmet einander an

Frau G. Nehmet einander an - ich denke an das Zusammenleben zwischen den Generationen. Es gibt so schöne Erinnerungen, wie wir früher zusammengehalten haben. Einer hat dem anderen geholfen. Und jetzt? Jeder lebt für sich. Wir haben wenig Zeit füreinander. Bei uns im Haus sind junge Leute eingezogen. Ich hab mir gedacht: »Für eine gute Nachbarschaft musst du was tun.« Ich wollte sie zum Kaffee einladen. Aber die sind ja den ganzen Tag unterwegs. Eigentlich ganz aufgeweckte Leute. Aber ihre Musik ist etwas zu laut. Und den Schmutz auf der Treppe sehen die, glaube ich, auch nicht. Ich habe ein paar mal geklingelt. Auch als sie abends zu Hause waren. Aber die Tür haben sie nicht aufgemacht. Nehmet einander an?! Dafür muss man sich doch begegnen.

Frau S. Meine Kinder? Die haben ihre eigene Familie und ihre Arbeit. Gewiss besuchen die mich auch. Und sie fragen: »Können wir dir was besorgen? Oma, du sollst doch nicht immer so viel schleppen! Zieh doch zu uns, dann wäre alles viel einfacher. Und du bräuchtest dich um nichts mehr zu kümmern.« Aber ich will nicht zu meinen Kindern ziehen. Wir verstehen uns gut. Aber ich bin hier mein eigener Herr. Ich kann tun und lassen, was ich will. Ich lebe doch schon viele Jahre in dieser Wohnung. Was haben wir hier nicht alles erlebt! Und die Bekannten wohnen hier. Der Hausarzt. Die Läden. Der Friedhof. Wenn man zu den Kindern zieht, muss man doch immer Rücksicht nehmen. Ich will doch keinem zur Last fallen.

W. Eigentlich komme ich mit meiner Oma am besten zurecht. Mit den Eltern gibt es ja doch immer wieder Trouble. Wegen der Schule: »Hast du schon wieder eine 5 geschrieben?« Wegen der Klamotten: »Musst du dich schon wieder so anziehen?« Wegen des Nachhausekommens am Abend: »Um 9 bist du zu Hause!« »Aber dann geht die Féte doch erst richtig los! Und es ist doch Wochenende!« »Solange wir für dich verantwortlich sind, musst du dich auch an die Regeln halten. Hast du eigentlich dein Zimmer schon aufgeräumt?« Oma sieht das wirklich viel lockerer. Mit der kann ich auch gut reden. Die will nicht immer vorschreiben. Die hört mir auch zu. Ich finde es gut, dass sie sich nicht zu Hause einmauert. Sie unternimmt eine ganze Menge. Neulich hat sie auch mal vom Sterben geredet und dass sie nicht ewig leben wird. Ich kann mir das überhaupt nicht vorstellen. Oma hat doch immer dazugehört. Ich weiß auch gar nicht, ob sie Angst vorm Sterben hat, oder ob sie sich's vielleicht auch manchmal wünscht. - Ich werde sie fragen.

Frau S. Ich nehme mir schon immer wieder was vor, gehe zu Veranstaltungen. Und ich reise gern. Das konnten wir ja früher gar nicht bezahlen. Aber abends gehe ich lieber nicht mehr raus. Und die Tage sind lang. Da merke ich dann, dass ich auch viel allein bin. Als mein Mann noch lebte, war das was anderes. Aber jetzt? Ich bräuchte eine Aufgabe, irgendetwas Sinnvolles, was ich tun kann. »Oma, da musst du durch!«, hat mein Enkel mir neulich gesagt. Erst war ich erschrocken. Aber er hat Recht. Es hilft doch nichts, wenn ich nur jammere.

Lesung (Mk 3, 31-35)
»Da kamen seine Mutter und seine Brüder; sie blieben vor dem Haus stehen und ließen ihn herausrufen. Es saßen viele Leute um ihn herum und man sagte zu ihm: Deine Mutter und deine Brüder stehen draußen und fragen nach dir. Er erwiderte: Wer ist meine Mutter und wer sind meine Brüder? Und er blickte auf die Menschen, die im Kreis um ihn herumsaßen, und sagte: Das hier sind meine Mutter und meine Brüder. Wer den Willen Gottes erfüllt, der ist für mich Bruder und Schwester und Mutter.«

Ansprache
Der Friede des Herrn sei mit euch allen. Amen.

Liebe Gemeinde! Liebe Paten! Liebe Jüngere und Ältere! Im alten Israel spielt die Familie eine große Rolle. Sie ist Lebens- und Wirtschaftsgemeinschaft. Sie bietet Schutz und gibt Halt. Wichtig sind die Wurzeln, woher einer stammt, und über Generationen werden die Vorfahren genannt, wenn sich jemand vorstellt, bis zurück zu Joseph und seinen Brüdern, bis Isaak und Abraham oder gar bis Adam. Niemand lebt einfach nur so für sich. Er verdankt sich anderen, die vor ihm waren. Und genauso wichtig ist es, dass die Kette nicht abreißt, dass Kinder geboren werden und aufwachsen, zumindest ein Sohn muss es sein. In den Kindern und Enkeln geht das Leben weiter. Darin hat alles seinen Sinn.

Die Familie hat solch einen Stellenwert, dass auch von Gott so gesprochen wird, als gehöre er zur Familie: »Wie sich ein Vater über Kinder erbarmt, so erbarmt sich der Herr über die, die ihn fürchten:« - »Wir sind Gottes Kinder«, sagt der 1. Johannesbrief, und »Gott tröstet uns, wie einen seine Mutter tröstet«, heißt es bei Jesaja. Schließlich wird Christus für alle zum Bruder und er lehrt uns, Gott als unseren Vater anzureden.

So wichtig der Schutz der Familie ist, so klar liegt aber von Anfang an auf der Hand, wie konfliktgeladen ihr Zusammenleben ist. Es gibt Konkurrenz zwischen Geschwistern wie Jakob und Esau oder Kain und Abel oder Joseph und seinen Brüdern. Es gibt die Unsicherheit, ob Eltern oder sogar Gott ihre Liebe nicht ungerecht verteilen. Es gibt Kinder, die dem alten Gott Moloch geopfert werden. Es gibt Frauen, die im Stich gelassen werden, und alte Menschen, um die man sich nicht kümmert. Wieder und wieder muss daran erinnert werden, dass die Ehe zu schützen ist, dass Witwen und Waisen nicht bedrängt werden dürfen, dass Vater und Mutter im Alter, wenn sie nicht mehr für sich selbst sorgen können, Achtung und Unterstützung brauchen, damit jeder lange leben kann und es ihm gut geht. Diese vielen Ermahnungen zeigen, dass all das nicht einfach gelang. »Gute alte Zeiten«, davon kann man da kaum sprechen.

Letztlich leben wir heute noch mit diesem Generationenvertrag. Die Versorgung und Betreuung derer, die nicht mehr arbeiten, ist einklagbar geworden und rechtlich abgesichert. Dass diese Absicherung immer neue Gestalt finden muss, äußert sich im Moment in der Diskussion um die Pflegeversicherung und die Renten. Die Würde des Menschen darf auch im Alter nicht durch Armut und Abhängigkeit verletzt werden.

Und was ist aus der Familie geworden? Die finanzielle Verantwortung für die Alten hat die Gesellschaft übernommen. Dazu müssen die Kinder nur noch einen Beitrag, der sich nach Einkommen und Vermögen richtet, beisteuern. Das überfordert keinen. Das entlastet. Die kleiner gewordene Familie soll vor allem einen Beitrag für die Seele leisten. Es wird von ihr erwartet, dass sie Geborgenheit vermittelt. In ihr möchte man sich zu Hause fühlen und erholen - durch sie geht das Leben weiter. Kinder und Enkel ermöglichen, wenn es gut geht, Zukunft und Hoffnung. Doch es geht nicht immer gut. Lebensformen verändern sich immer schneller. Erfahrungen bekommen einen anderen Stellenwert und lassen sich nicht einfach übernehmen. Als Folge werden die Familienbande dünner. Was wird aus der Familie?

Jesus setzt neue Akzente in den überlieferten Ordnungen. Er verlässt sein Elternhaus, sorgt aber noch vor seinem Tod dafür, dass seine Mutter nicht allein zurückbleibt. Er kritisiert heftig, wenn Menschen sich aus der Verantwortung für ihre Eltern mit Spenden freikaufen, aber er akzeptiert auch nicht mehr, wenn die Familie über allem stehen soll. Der Nächste wird für ihn die Aufgabe. Es gilt nicht mehr: »Zuerst kommt die eigene Familie!« - Jesus fragt: »Wer ist meine Mutter und wer sind meine Brüder?«

Das heißt doch: Die Familie ist eingebunden in eine größere Gemeinschaft, wo wir Freunde finden, mit Kollegen zusammenarbeiten, mit Nachbarn uns arrangieren. Heute ist diese Gemeinschaft längst zu einer weltweiten Gemeinschaft geworden. Jedes: »Erst einmal müssen wir an uns denken!«, »müssen wir für uns sorgen«, bekommt da menschengefährdende Züge. Und im Blick auf kommende Generationen gefährdet es auch die ganze Schöpfung. Wir brauchen einen weiten Blick und selbstverständlich daneben auch vertraute Beziehungen vor Ort. Auch Menschen, die uns Halt geben und die wir stärken, auch welche, die wir mit ganzem Herzen lieben.

»Schaut, das ist meine Mutter und das sind meine Brüder!« Dieser Satz Jesu macht Mut, nicht alles von der kleinen Familie zu erwarten. Achtung, ja, Respekt. Aber liebevolle Zuwendung lässt sich nicht fordern. Die braucht Raum, Offenheit und Freiwilligkeit. Wir leben einen immer kürzeren Abschnitt unseres Lebens als Familie zusammen. Deshalb stellen sich neue Aufgaben, auch und gerade im Alter: Kontakte sind zu knüpfen, Freundschaften aufzubauen, Verantwortung ist zu übernehmen - etwa in der Nachbarschaft, in der Kinderbetreuung, bei Ämtergängen oder in der Gemeinde.

Oma und Opa müssen da durch. Genauso wie die Eltern der Jugendlichen, die ihnen ihre Vorstellungen mitgeben können, aber nur in Freiheit. Und genauso müssen auch die Kinder und Jugendlichen da durch: eigene Wege finden und Vertrauen schaffen. Das kommt nicht von allein. »Wer Gottes Willen tut, der ist mein Bruder und meine Schwester und meine Mutter.« Amen.

Fürbitten
Guter Gott, von dir kommt unser Leben. Durch Vater und Mutter hast du es uns geschenkt. Wir bitten dich für alle Eltern, dass sie liebevoll und geduldig ihre Kinder begleiten können, dass ihnen das Gespräch mit ihnen gelingt und sie lernen, auch loszulassen. Wir bitten dich: Erhöre uns.

Stellvertretend für alle Kinder bitten wir dich für D., die wir heute getauft haben. Lass sie aufwachsen im Vertrauen zu dir, dass sie ihren Weg findet und Freude hat am Leben. Wir bitten dich: Erhöre uns.

In Jesus Christus bist du uns allen zum Bruder geworden. Du gibst uns Freunde an die Seite und machst uns zu Schwestern und Brüdern. Wir bitten dich für die Menschen in dieser Stadt, dass sie Gastfreundschaft pflegen und gemeinsam daran bauen, dass niemand an den Rand gedrängt wird, nicht die Wohnungslosen und nicht die ohne Arbeit, nicht die Kranken und ihre Angehörigen und auch die nicht, die sich in dieser Welt nicht mehr zurechtfinden. Wir bitten dich: Erhöre uns.

Wir bitten dich für die alt gewordenen Menschen, dass sie ohne Sorge vor dem, was kommt, jeden Tag neu beginnen können, dass sie die Jüngeren in ihrer Zeit verstehen und Anteil behalten am Leben in den Familien, am Leben dieser Stadt. Wir bitten dich: Erhöre uns.

Für die Verstorbenen bitten wir dich und für ihre Angehörigen, dass deine Liebe allen Schmerz aufhebe und du neues Leben schenkst. Wir bitten dich: Erhöre uns.

Gott, du rufst uns auf deinen Weg zu den Menschen. Gib uns deinen Geist für unser Arbeiten, Beten und Feiern. Dann kann es gehen, nach deinem Willen zu leben. Amen.

Abendmahl mit Musik

Lied »Menschenbrückenlied« (Rolf Krenzer/Detlev Jöcker)

Gebet einer Seniorin
Herr, du weißt es besser als ich, dass ich von Tag zu Tag älter und eines Tages alt sein werde. Bewahre mich vor der großen Leidenschaft, die Angelegenheiten anderer ordnen zu wollen.

Lehre mich, nachdenklich, aber nicht grüblerisch, hilfreich, aber nicht diktatorisch zu sein. Bei meiner ungeheuren Ansammlung an Weisheit tut es mir leid, sie nicht weiter zu geben, aber du verstehst, Herr, dass ich mir ein paar Freunde erhalten möchte.

Lehre mich schweigen über meine Krankheiten und Beschwerden. Sie nehmen zu und die Lust, sie zu beschreiben, wächst von Jahr zu Jahr. Ich wage nicht, die Gabe zu erflehen, mir Krankheitsschilderungen anderer mit Freude anzuhören, aber lehre mich, sie geduldig zu ertragen.

Ich wage auch nicht, um ein besseres Gedächtnis zu bitten - nur um etwas mehr Bescheidenheit und etwas weniger Bestimmtheit, wenn mein Gedächtnis nicht mit dem der anderen übereinstimmt.

Lehre mich die wunderbare Weisheit, dass ich mich irren kann. Erhalte mich so liebenswert wie möglich. Ich weiß, dass ich nicht unbedingt eine Heilige bin, aber ein alter Griesgram ist das Krönungswerk des Teufels.

Lehre mich, an anderen Menschen unerwartete Talente zu entdecken, und verleihe mir, Herr, die schöne Gabe, sie auch zu erwähnen. Amen.

Segen

Lied »Ausgang und Eingang«

Anmerkungen

Mit dem Jahr 1993 haben wir in der Paulusgemeinde Hagen begonnen, gemeinsam mit Seniorinnen und Senioren Gottesdienste zu gestalten. Wir wollten ihre Erfahrungen und Ansichten aufgreifen und zur Sprache bringen und ihren Erwartungen und Bedürfnissen Rechnung tragen. Dazu gehörten praktische genau so wie inhaltliche Überlegungen: Es war zum Beispiel wichtig, in der Kirche für genug Licht zu sorgen, Liedblätter deutlich und in großer Schrift anzufertigen, den Gottesdienst mit einem gemeinsamen Essen zu verbinden. Das Alter ist in der Regel weiblich und lebt allein. Deshalb ist gerade die kommunikative Situation beim Essen sehr wichtig. Leitfrage war und ist für uns: Wie können die alten Menschen genau wie die übrigen Generationen möglichst an allem teilnehmen, was geschieht? Wir möchten, dass Glaube verständlich wird, und dass die Menschen, mit denen wir zu tun haben, ihn als Lebenshilfe erfahren.

Kontakt:
Martin Schwerdtfeger
Borsigstraße 11
58089 Hagen
02331-337810
pfr.schwerdtfeger@gmx.de

Gottesdienste für trauernde Eltern und Geschwister

Gedenkgottesdienst für verstorbene Kinder auf dem Ökumenischen Kirchentag

Gedenkgottesdienste haben eine alte Tradition. Seit Jahrhunderten werden sie zu bestimmten Tagen im (Kirchen-)Jahreslauf gefeiert: Die wohl bekanntesten sind evangelischerseits der Ewigkeitssonntag - in der Volkssprache vielen bekannter als Totensonntag - und Allerheiligen. Zu diesem Bereich zählen beispielsweise aber auch Sechswochenamt oder Jahrgedächtnisfeiern. Über solche Feiertage hinaus haben sich in den zurückliegenden Jahrzehnten weitere - man mag sagen - modernere und zeitgenössische Gedenkgottesdienste herauskristallisiert. Dazu gehören auch die Gedenkgottesdienste für Angehörige von verstorbenen Kindern. Erwachsen sind sie im Wesentlichen aus der Arbeit der verwaisten Eltern und Geschwister, die in Deutschland in den 80er Jahren ihren Anfang nahm und sich vornehmlich von Hamburg und München aus in das gesamte Bundesgebiet hinein vernetzte.

Zunächst wurden die Gedenkgottesdienste als Abschlussfeiern für Wochenendseminare verwaister Familien entwickelt und etablierten sich dort schnell als zentraler Bestandteil. Von dort ausgehend und der Erfahrung, dass sie große seelsorgliche und heilsame Wirkung haben, wanderten sie auf die Initiative zahlreicher Gesprächsgruppen für verwaiste Eltern und Geschwister hin in die Ortsgemeinden hinein und bilden mittlerweile vielerorts einen festen Bestandteil des kirchlichen Lebens. Als vor einigen Jahren aus den USA die Idee des »Worldwide Candlelighting« nach Europa herüber schwappte, bekamen die Gedenkgottesdienste oftmals einen festen Termin: Das »Worldwide Candlelighting« wird traditionell am zweiten Sonntag im Dezember begangen. Abends um 19 Uhr stellen Familien und Angehörige, die um ein verstorbenes Kind trauern, eine Kerze ins Fenster, so dass an diesem Tag rund um den Erdball eine Lichterwelle geht. Das zweite Dezemberwochenende ist seither für viele nun auch das bevorzugte Datum, um Gedenkgottesdienste für verstorbene Kinder zu feiern.

Zentral bei der Vorbereitung von Gedenkgottesdiensten ist, dass sie maßgeblich von Betroffenen mit geplant und dann auch gestaltet werden. Ansonsten halten sie sich mehr oder weniger an normale (Wort-)Gottesdienst- oder Andachtsordnungen. Kennzeichnend für die Gedenkgottesdienste ist das Anzünden von Kerzen im Gedenken an die Kinder. Meistens werden für die thematische Gestaltung der Feiern Symbole aufgegriffen, die die Situation betroffener Familien zu charakterisieren vermögen und anhand derer sich seelsorgliche Begleitung und Auslegung biblischer Botschaft gut nachvollziehen lassen. Neben der sich den EmpfängerInnen in besonderer Weise zuwendenden und die Situation achtsam aufgreifenden Ansprache/ Meditation haben in diesen Gottesdiensten auch die Klagen eine bedeutsame Rolle und Aufgabe.

»Dem Herzen so nah!«

Musik
Begrüßung
Gebet
Lied: »Das wünsch´ ich sehr, dass immer einer bei mir wär«
Klage
Orgelimprovisation
Lesung aus »Der kleine Prinz«: »Man sieht nur mit dem Herzen gut«
Ansprache
Gebet
Aktion und Orgelimprovisation zu »Weißt du wieviel Sternlein stehen«
Lied: »Ubi caritas«
Gebet
Lied: »Von guten Mächten«
Fürbitten
Vaterunser
Segen
Lied: »Bewahre uns Gott«
Musik

Ablauf

Musik

Begrüßung

Gebet

Lied »Das wünsch´ ich sehr, dass immer einer bei mir wär«

Klage

Gott, Kinder sterben, bevor sie die Welt für sich so richtig entdeckt haben. Das klagen wir dir. Wir klagen dir, dass wir unser Kind nicht länger durchs Leben begleiten konnten. Weißt du, wie sehr das schmerzt?!? Dir klagen wir diesen Schmerz und unsere Verzweiflung. Gott, so manches Mal liegen unsere Herzen wie ein Stein im Leib, denn so viele Hoffungen sind dahin. So oft haben wir in die Zukunft geblickt, so viel für unser Kind, unsere Schwester, unseren Bruder erträumt: Wie wir gemeinsam die Welt entdecken werden, was wir zusammen erleben werden, wie wir uns begleiten in schweren und in guten Tagen. Alle diese Träume sind dahin. Das macht uns wütend und ohnmächtig - wütend auch auf dich.

Gott, Einsamkeit umgibt mich. Es ist so still um mich herum und so manches Mal reißt mich das Nichts in seinen Strudel. Ich stürze und weiß nicht wohin. Das zermürbt. Das macht müde und kraftlos. Das klage ich dir, Gott. Gott, du bist mir ein Geheimnis - oft ein unheimliches Geheimnis. Ich möchte glauben, dass du da bist als mein Wegbegleiter, und dennoch sehe ich so oft keinen Weg. Ich möchte glauben, dass du mir Licht zugedacht hast, aber so oft versinke ich in meinen dunklen Gedanken. Darum bitte ich dich: Zeige mir, zeige uns allen einen Weg, wenn wir durch dunkle Nacht wandern müssen. Amen.

Orgelimprovisation

Lesung aus »Der kleine Prinz« »Man sieht nur mit dem Herzen gut«

Ansprache

Liebe Mütter und Väter, liebe Geschwister und Familien, liebe Mitmenschen! »Man sieht nur mit dem Herzen gut ...«: Allein diese wenigen Worte machen deutlich, welche wichtige und zentrale Bedeutung das Herz hat. Was wir mit Herz meinen, geht weit über das Organ hinaus, das im Körper eines jeden Geschöpfes schlägt. Das Herz ist Symbol; es steht für das Leben, für den ganzen Menschen.

Dabei ist es eine uralte Erfahrung, dass das Herz ein ungeheuer empfindsames Wesen hat; schon die Bibel berichtet davon an vielen Stellen: »Ich bin ausgeschüttet wie Wasser, alle meine Knochen haben sich voneinander gelöst; mein Herz ist in meinem Leibe wie zerschmolzenes Wachs« *(Ps 22, 15)*. »Gott ist denen nahe, die zerbrochenen Herzens sind, und hilft denen, die ein zerschlagenes Gemüt haben« *(Ps 34, 19)*. »Maria aber behielt alle diese Worte und bewegte sie in ihrem Herzen« *(Lk 2, 19)*. »Selig sind die reinen Herzens sind, denn sie werden Gott schauen« *(Mt 5, 8)*.

Mein Herz ist wie zerschmolzenes Wachs. Gott ist nahe denen, die zerbrochenen Herzens sind: Trauernde - Menschen, die um ein Kind, trauern, wie alt auch immer es gewesen sein mag - wissen in besonderer Weise davon, wie sehr ihr Herz durch den Tod eines vertrauten, geliebten Menschen leidet. Es ist wie zerschmolzenes Wachs, dahin geflossen, ohne Form und Halt; es ist zerbrochen - und der eine Bruchteil scheint oft wie verloren, wie fort gegangen, auf Nimmerwiedersehen.

Wir sagen ja auch: »Das nehme ich mir zu Herzen.«, »Das ist herzzerreißend.« Oder auch: »Das bricht mir das Herz.« Wenn wir so sprechen, meinen wir es im übertragenen Sinne, aber nicht selten ist es sogar so, dass damit eine tatsächliche Wirklichkeit beschrieben ist. In meiner eigenen Familie haben wir es nach dem Tod meiner Schwester erlebt, dass die Trauer sich in sehr unterschiedlicher Weise bei den einzelnen Familienmitgliedern niedergeschlagen hat: Nicht allein die Seele, sondern auch der Körper hat reagiert. So ist z.B. bei meiner Mutter das Herz zum Ort der Trauer geworden; über längere Zeit kam es aus dem Rhythmus.

Ja, das Herz ist ein zentraler Ort für unser Erleben; es trägt nicht nur unser Blut bis in die letzten Ecken unseres Körpers, sondern hat feinste Antennen dafür, was mit einem Menschen geschieht und reagiert entsprechend darauf. Überdeutlich kommt uns die Empfindsamkeit unseres Herzens zu Bewusstsein, wenn uns Schmerzliches - ein Schicksalsschlag - trifft. Das geht nicht spurlos an unserem Herzen vorbei; wir wehren uns dagegen - wollen nicht, dass das so ist, weil es so grausam ist und praktisch unerträglich quälend ist. Dabei spüren wir, dass es aber kaum Möglichkeiten der Abwehr und der Gegenwehr gibt. Die Gravur des Schweren würden wir meist wohl gern fernhalten. Darüber vergessen wir leicht, dass sich ja auch das Gute ins Herz einprägt: das Gute, das wir gern halten und bewahren wollen, das wir uns wünschen und ersehnen.

In der Trauer spüren wir den großen Schmerz; die Sehnsucht nach dem Kind, nach Schwester oder Bruder droht nicht selten alles zu zerreißen und zerbrechen. Unsere Wahrnehmung konzentriert sich auf diesen Schmerz. Er wird als umfassend und unendlich erlebt. Dass da auch noch etwas anderes ist - vielleicht zur Zeit verborgen - dass da Erfreuliches, Beglückendes, Liebe, Gelungenes sind, die sich ebenso tief ins Herz eingeprägt haben - gerät uns darüber manchmal aus dem Blick. Dabei geben Freude, Glück und Segen einem Herzen Kraft - und zwar weit über den eigentlichen Moment hinaus. Dass ich mich daran erinnere, dass ich mir das bewusst mache, dass ich daran anknüpfe: Ich glaube und erlebe es auch selbst so, dass das etwas ist, was in der Trauer unendlich wichtig ist und helfen kann.

Trauer ist die eine Seite der Medaille, und die andere Seite ist die Liebe, die Verbundenheit. Trauer und Liebe stehen in einem engen, untrennbaren Zusammenhang, sie bedingen sich gegenseitig. Ich hätte keine Trauer, wenn da nicht die Liebe und die Sehnsucht wären. Trauer und Liebe sind wie Geschwister: Beide sind sie da. Da ist die Trauer, der Schmerz in meinem Herzen, aber da ist auch gleichzeitig die Liebe. So schwer das ist, so widersinnig und paradox es ist: Trauer und Liebe gehören zu dem Menschen, um den ich trauere. Für mich bedeutet das: Ich darf dem Menschen, um den ich trauere, einen Platz in meinem Herzen geben - nicht mein ganzes Herz, denn es gibt da ja auch noch anderes, aber einen wichtigen, guten Platz in meinem Herzen. So trage ich den Menschen in meinem Herzen. So ist ein Mensch - meine Schwester, mein Bruder, meine Tochter, mein Sohn, mein Enkel- und Patenkind - meinem Herzen nah!

»Dem Herzen so nah!«: Wohl gerade auch in dieser Stunde und in diesem bergenden, schützenden Haus, in dieser Kirche, ist das Empfinden dafür groß.

»Dem Herzen so nah!« Das heißt: Ich denke an einen Menschen, nehme ihn hinein in mein Innerstes, und er ist mir nahe; und zugleich bin ich ihm nahe - gedenke seiner. Für uns Menschen ist es gut und wohltuend, Zeichen des Gedenkens und der Erinnerung zu setzen. Für uns, die wir leben, ist das wichtig, aber auch bedeutungsvoll für die, die vorangegangen sind.

Gebet
Ein Licht anzünden.
In der Dunkelheit ein Licht anzünden.
Den Kopf heben.
Durchatmen.
Die Tränen abwischen.
Den Kopf in den Nacken werfen und nach oben blicken.
Die verkrampften Hände öffnen.
Den kreisenden Gedanken Einhalt gebieten.
Lauschen.
Sein Herz auftun.
Sich den verwunderlichen Worten hingeben,
dass der Tod nicht das Ende ist, sondern der Anfang,
dass der Tod die unserer Welt zugewandte Seite des einen Ganzen ist, die Auferstehung heißt.

Ein Licht anzünden: ein Licht für die verstorbenen Kinder und Geschwister, ein Licht, das ihnen und uns, die wir leben, leuchtet. Das soll in unserem Gottesdienst seinen Platz haben dürfen. Und so laden wir Sie und euch ein, einen jeden und eine jede, die mag, hier in unserer Gemeinschaft und im Angesicht Gottes eine Kerze anzuzünden und - wer mag - ist herzlich eingeladen, auf einem der ausliegenden Herzen den Namen des Bruders, der Schwester, des Kindes oder auch ein Symbol für das Kind aufzuschreiben. Während wir das tun, wird uns Musik begleiten.

Aktion und Orgelimprovisation zu »Weißt du wieviel Sternlein stehen«
(Herzen beschriften und Lichter entzünden)

Weißt du wieviel Sternlein stehen...? - Nein, das wissen wir wohl nicht. Sie sind so unzählig, wie unsere Liebe, unsere Sehnsucht, unser Empfinden für das verstorbene Kind, den Bruder, die Schwester ungezählt sind. Weißt du, wieviel Sternlein stehen an dem blauen Himmelszelt? Gott der Herr hat sie gezählt, dass ihm auch nicht eines fehlt. - Gott hat sie gezählt: Vertrauensvoll drückt es das Lied aus. Uns kommt es vielleicht eher trotzig, zweifelnd, fragend über die Lippen - vielleicht auch hoffnungsvoll.

So wie die Sterne gezählt und benannt sind von Gott, so sind auch unsere Zärtlichkeit, unser Ringen und Hadern, unsere Sehnsucht, unsere Herzlichkeit und Liebe zum verstorbenen Kind, zur Schwester und zum Bruder gezählt. Sie sind nicht flüchtig, nicht zerstreut, sondern aufgehoben und geborgen. In guten, sicheren Händen sind sie: aufgehoben bei Gott.

Dass die Liebe nicht vergeht, das begreifen und erleben wir in uns wieder und wieder - spüren es in unserem Herzen: Das verstorbene Kind - wie winzig klein oder wie groß auch immer es gewesen sein mag - hat seinen Platz. Und diesen Platz darf es haben. Ja, das ist Trauer; das ist Weg und Ziel von Trauer: dass ich dem verstorbenen Menschen dem ihm gebührenden Platz in meinem Innersten, in meinem Herzen, in meinem Leben gebe. Trauer bedeutet nicht ausreißen und beenden von Beziehung. Vielmehr bedeutet Trauern, verwandeln und neu gestalten jener Beziehung, die ich im Handgreiflichen nicht mehr haben kann.

Rainer Maria Rilke hat einmal gesagt: »Ich fasse dich mit meinem Herzen wie mit einer Hand.« Hier im Leben auf dieser Erde können wir anpacken, zupacken, ergreifen, begreifen, streicheln, liebkosen und zufassen mit unseren Händen. Lebt ein Mensch in jener Welt jenseits des Todes, dann ist dieses direkte Zupacken nicht mehr möglich, aber was wohl möglich, ja sogar lebensnotwendig ist: die Not zum Leben wieder hinwendend nötig ist, das ist: dass ich einen Menschen mit meinem Herzen fassen kann und darf. Ich fasse dich mit meinem Herzen wie mit einer Hand.

Ich fasse dich mit meinem Herzen wie mit einer Hand. Wenn auch mit schwerem, wehmütigen Herzen, aber doch einem Herzen voller Liebe, kann ich so sprechen. Vielleicht mögen auch Sie und ihr es ausprobieren, es zu sagen. Vielleicht braucht es auch gar kein Ausprobieren, weil es sicher ist: Ich fasse dich mit meinem Herzen wie mit einer Hand. Wenn ich diese Worte höre und spreche: hier an diesem Ort - in einer Kirche, dann tue ich es auch in dem Vertrauen - so zögerlich und winzig es manchmal auch sein mag - dass Gott so spricht und es verspricht: Ich fasse dich mit meinem Herzen wie mit einer Hand. Dich, der du schon eingetaucht bist in die göttliche Wirklichkeit jenseits des Todes, und dich Mensch, der du auf Erde lebst. Amen.

Lied »Ubi caritas«

Gebet
Gott, es ist schön, zu lieben und geliebt zu werden. Wir fühlen uns wohl, wenn wir einander nahe sind. Dieses Gefühl soll sich unter uns nicht abnützen und verbrauchen. Lass es vielmehr in deinem Segen wachsen und sich bewähren. Gott, wir kennen auch die dunkle Schwester der Liebe: die Trauer. Ja, Liebe ist manchmal ganz anders, sie ist viel mehr, als wir dachten. Sie kann furchtbar weh tun. Freude und Schmerz werden getragen von ihr, Vergangenheit und Zukunft sind eingebunden in ihr. Hilf uns, Gott, zu spüren, dass du unsere Not verstehst, weil auch du deinen Sohn nicht hast bewahren können vor allem Leid. Hilf uns, Gott, zu glauben, dass auch unseren Lieben und uns selbst einmal eine neue Lebendigkeit voll Wärme und Licht empfängt, wenn wir aus diesem Leben scheiden müssen. Hilf uns, diesen Osterglauben zu unserer ganz persönlichen Hoffnung wachsen zu lassen. In ihr verstehen wir einen Hauch deiner göttlichen Liebe. Amen.

Lied »Von guten Mächten«

Fürbitten
Gott, der Tod und besonders der Tod von Kindern verwirrt uns. Wir können nicht glauben, dass ein Leben so plötzlich abbricht, dass so unendlich und unsagbar viel verloren ist von dem, was uns unsere Kinder, Geschwister und Enkel bedeutet haben und bis heute bedeuten. Wie kann das sein, Gott?

Gott, wir haben so viele Fragen an dich. Wir lehnen uns auf gegen den Tod unserer Brüder, Schwestern und Kinder. Er ist so unfassbar für uns. Und dazu fühlen wir uns oft verlassen mit unseren Gefühlen und Gedanken, weil viele Menschen in unserem Umfeld uns nicht verstehen. So kommen wir zu dir und bitten dich: Gib uns Kraft und schenke uns Mitmenschen, die uns verstehen, die ein Stück unseres Weges mit uns gehen und treu zu uns halten - gerade auch in den dunklen Stunden.

Lass uns zur Ruhe kommen in den Tagen, die besonders schwer sind, weil unsere Sehnsucht nach unseren Kindern und Geschwistern oft unermesslich ist. Komm, du Gott, in unsere Ohnmacht. Brich sie auf und erhelle sie.

Hilf uns erahnen, dass wir unsere Kinder, Geschwister und Enkel nicht aufgeben müssen, sondern dass sie leben: bei dir und in unseren Herzen. Geheimnisvoller Gott, bleibe bei uns und stehe uns bei in unserer Not.

Unterstütze uns, damit wir trotz unseres Schmerzes die Funken der Hoffnung sehen und spüren, damit wir den Mut haben, sie zu entfachen, auf dass sie zu einem Feuer werden, das uns wärmt.

Ermutige uns , Gott, dass wir die nächsten Schritte gehen können, dass wir aus dem Dunklen ins Licht wandern und es wieder hell für uns wird. Pflanze Samen der Hoffnung und des Lichtes in uns, dass wir gestärkt und gesegnet unserer Wege ziehen können.

Vaterunser

Segen

Lied »Bewahre uns Gott«

Musik

Kontakt:
Kristiane Voll
kristiane.voll@web.de

KAPITEL V

»LITURGIE-TAINMENT« -
GOTTESDIENSTE FÜR
KIRCHENDISTANZIERTE

Sie fühlen sich kirchenmüde - kirchenfern - kirchenfremd: die Kirchendistanzierten. Sie haben unterschiedliche Lebensstile entwickelt und suchen (vielleicht wieder) nach gemeinsamen Verstehenshorizonten im Alltag. Sie haben Fragen, die durch die Institution Kirche mit ihren tief in der Vergangenheit wurzelnden Formeln und Lehren nicht mehr ohne weiteres beantwortet werden. Sie haben keinen Bezug (mehr) zu den Liturgieformen einer jahrhundertealten, gottesdienstlichen Tradition. Sie wünschen sich sinnliche Erfahrungen und starke Gefühle, die in den herkömmlichen Gottesdiensten nicht (mehr) ohne weiteres erzeugt werden.

Mit den Formaten für Kirchendistanzierte versuchen die Gottesdienstgestalter die traditionellen Liturgieformen wieder und von Neuem in die Jetzt-Zeit zu inkulturieren. Dabei orientieren sich die Konzepte stärker an der Lebenswelt der Gottesdienstteilnehmer. Wichtig ist die emotionale Beteiligung der Zielgruppe, ähnlich wie man es bei kommerziellen Events gewohnt ist. Der Zielgruppenbezug wird thematisch dadurch unterstützt, dass die ausgewählten, christlich-biblischen Inhalte an die Alltagserfahrungen der Leute angelehnt sind.

Die gottesdienstlichen Angebote sind von einer unverbindlich-einladenden Atmosphäre gekennzeichnet. Den Seelsorgern gelingt es, in ihren Gottesdiensten die Balance zwischen der Aufforderung zur Beteiligung und Interaktion sowie der Wahrung von Freiwilligkeit und Unaufdringlichkeit einzuhalten. Phasen der inneren Differenzierung der Gottesdienstgemeinde, die die Besucher an der Stelle abholen, wo sie gerade mit ihren Erfahrungen stehen, werden eingerichtet. Liturgische Handlungen werden für die Bedürfnisse der Teilnehmer rekonstruiert und erklärend neu eingeführt.

Ein Ursprung der Gottesdienstkonzepte für Kirchendistanzierte liegt in der aus Finnland stammenden, sogenannten "Thomasmesse", deren Konzept an das zweifelnde Fragen des "ungläubigen Thomas" angelehnt ist. Hier wird das Suchen und Fragen der Teilnehmer in den Mittelpunkt gerückt. Die Anknüpfung an die Erfahrungen der Gottesdienstbesucher zeigt sich auch an der Auswahl der Themen. Alltagssituationen, die jeder kennt, wie die "Mittwöchentliche Hauptversammlung bei Aldi", (wenn nämlich gerade die neuen Angebote der Woche herauskommen) werden in den Gottesdienst geholt. Das beliebte Unterhaltungsformat "Wetten, dass..." wird für die Verkündigung nutzbar gemacht. Die Fußball-WM als quasi-religiöse Veranstaltung wird im Gottesdienst vereinnahmt. Mal wird das Feiern einer Party mit allem, was dazu gehört, während der Gottesdienstfeier betont. Mal soll per SMS mit Gott Kontakt aufgenommen werden.

Gottesdienste für Kirchendistanzierte zeichnen sich durch ihre teamorientierte Vorbereitung und ihren hohen zeitlichen und materiellen Aufwand aus. Häufig kommen Anspiele, multimediale Aktionen und (semi-)professionelle Popmusik zum Einsatz. Der Kirchenraum wird thematisch dekoriert und mit einer Sitzplatzordnung versehen, die sich sowohl zu Kommunikation wie auch zu Meditation eignet. Interaktive Elemente, wie die "dialogische Predigt" oder das "Kreuzverhör" (Fragen an den Prediger), und Zeiten, in denen sich die Gottesdienstbesucher frei bewegen und aus verschiedenen Angeboten auswählen können, gehören vielfach zum Standard. Eine gute Öffentlichkeitsarbeit und professionelle Organisation setzen die Rahmenbedingungen, um die Menge an Menschen und den hohen Unterhaltungswert zu erreichen, der den Aufwand lohnt.

Gottesdienste für Kirchendistanzierte 30-50-jährige

Meditative Abendgottesdienste in der Reihe »Die Blaue Stunde« in Dortmund

Die Gottesdienstreihe »Blaue Stunde« richtet sich an kirchendistanzierte Menschen der mittleren Generation (30-50 Jahre) und findet einmal monatlich am Samstagabend in einer Kirche statt. Sie verbindet meditative und kommunikative Elemente. Die 30-50-jährigen gehören zu der Altersgruppe, die in den traditionellen Gottesdiensten, abgesehen von Familiengottesdiensten, selten erscheint. Familiengottesdienste sind meist auf Kinder zugeschnitten, daher fühlen sich Erwachsene dort oft nicht mit ihren eigenen Themen wahrgenommen.

Die Auswahl der Themen, die Auswahl der Musik, der dialogische und kommunikative Charakter sowie die meditative Form sind auf die 30-50-jährigen ausgerichtet. Verschiedene MusikerInnen gestalten die Gottesdienste abwechselnd durch neue geistliche Musik und zum Thema passende ruhige Beiträge aus weltlicher Musik (Pop, Jazz, Soul, Folk) mit. Die Beiträge der weltlichen Musik haben neben dem thematischen Bezug durch den Wiedererkennungseffekt die Funktion, die kirchendistanzierten Menschen - die ja kaum religiöse Lieder kennen - »abzuholen« und im Gottesdienst zu beheimaten.

Nach einem Eingangspsalm oder Eingangsgebet erfolgt eine angeleitete Stille von einigen Minuten, in der eine Zeile des Psalms meditiert wird. Diese meditative Phase klingt mit einem instrumentalen Solo aus. Nach dem meditativen Eingang erfolgt der kommunikative Teil des Gottesdienstes: Statt der üblichen Predigt treten die BesucherInnen in ein von der Pfarrerin moderiertes Gespräch über eine biblische Geschichte ein. Dazu wird die biblische Geschichte passagenweise in zeitgemäßer Sprache von einem Lektor vorgetragen. Dazwischen haben die GottesdienstbesucherInnen die Möglichkeit, an ihrem Platz gedanklich in die Rollen der biblischen Gestalten zu schlüpfen und ihre Assoziationen mitzuteilen. Dieser so genannte »Bibliolog« als Form der Predigtgestaltung eröffnet allen Anwesenden, den biblischen Text zwischen den Zeilen auf dem Hintergrund ihrer eigenen Lebensgeschichte zu »lesen« und umgekehrt aus der biblischen Tradition für sich neue Sichtweisen zu gewinnen. Nach Möglichkeit werden dazu weniger bekannte biblische Erzählungen ausgewählt, wobei die Zielgruppe ohnehin nur wenige dieser Geschichten kennt. Die Gesprächsphase wird schließlich gebündelt und mün-

det in einen thematisch passenden spekulativen Schluss (Gedicht oder Liedtext). So wird ein trocken bilanzierendes Fazit vermieden und es kann über die Poesie auch der emotionale Gehalt einer biblischen Geschichte nachklingen.

Die Fürbitten am Ende des Gottesdienstes liegen vor Gottesdienstbeginn als einzelne Textabschnitte aus. Interessierte BesucherInnen können sich vorab die Fürbitten mitnehmen, die sie persönlich ansprechen, und sie an entsprechender Stelle im Gottesdienst von ihrem Platz aus laut beten.

Nach dem Gottesdienst gibt es im Kirchraum an Bistrotischen bei Wein und einem kleinen Imbiss die Möglichkeit, Gespräche zu führen und Kontakte zu knüpfen.

»Stille Stunden sind tief...«

Musikalisches Vorspiel: »Island in the sun«
Begrüßung und kurze Einführung
Lied: »Herr, wohin sollen wir gehen«
Eingangsvotum
Eingangsgebet
Gemeinsames Gebet (Ps 65, 2-6. 10-14)
Angeleitete Meditation des Psalmverses 65, 12
Instrumentalmusik: »Sound of silence«
Bibliolog über 1. Kön 19, 1-16: Lesung, Moderation
Bündelung und spekulativer Schluss
Lied: »Occuli nostri«
Mitteilungen
Lied: »Bleib mit deiner Gnade bei uns«
Fürbitten
Vaterunser
Segen
Musikalische Nachspiel: »I believe I can fly«
Imbiss

Materialien/ Vorbereitung

Der Raum ist so angeordnet, dass die GottesdienstbesucherInnen in U-Form sitzen können. In der Mitte steht ein niedriger Tisch, der von einer kleinen Gruppe jeweils mit zum Thema passenden Symbolen vorbereitet wird.

Der Tisch in der Mitte des Kirchenraums wird mit einem ockerfarbenen Untergrund (Tuch oder Packpapier) dekoriert. Auf dem Tisch befinden sich ein Fladenbrot, ein Krug Wasser und Ginsterzweige.

Ablauf

Musikalisches Vorspiel »Island in the sun« (Harry Belafonte/ Lord Burgess)

Begrüßung und kurze Einführung ins Thema

Lied »Herr, wohin sollen wir gehen« (Taizé)

Eingangsvotum
Im Namen Gottes, der uns ins Leben ruft.
Im Namen Jesu Christi, der uns Erkenntnis schenkt.
Im Namen der heiligen Geisteskraft, die uns für unsere Aufgaben stärkt, kommen wir zusammen und beten:

Eingangsgebet
Guter Gott, noch wenige Wochen und viele von uns können in die Ferien aufbrechen. Schon lange freuen wir uns auf unsere Reiseziele am Wasser, in den Bergen oder auf Marktplätzen, wo das Leben pulsiert. Zugleich spüren wir, wie sehr uns unsere Aufgaben in den letzten Monaten erschöpft haben. Wir sehnen uns nach einer längeren Unterbrechung unseres Alltags, in der wir neue Kräfte sammeln können. Schenke uns diese Stunde heute als eine Vorahnung der freien Zeit, die wir bald erleben. Komm in unsere Mitte!

Gemeinsames Gebet (Ps 65, 2-6.10-14)
(im Wechsel, Verwendung der »Guten Nachricht«)

Angeleitete Meditation des Psalmverses 65, 12
(nach ca. 4 Minuten Ende durch Anschlagen der Klangschale)

Instrumentalmusik »Sound of Silence« (Simon/ Garfunkel)

Bibliolog über 1. Kön 19, 1-16
Einleitung:

Heute gehen wir mit einem Mann, dessen Name schon fast alles über ihn sagt: Elia. Elia bedeutet sinngemäß: Gott ist Jahwe und niemand sonst. Für diese Überzeugung kämpfte Elia leidenschaftlich und kompromisslos. Ja, er ging dafür sogar über Leichen.

Wie in unseren Tagen auch so oft, hatte sein religiöser Eifer ganz handfeste soziale Hintergründe. Elia kam vom Land, besaß aber keins. Und er sah, wie sein König Ahab die Hauptstadt auf Kosten der Landbevölkerung prächtig ausbaute - Korruption und Justizmord inbegriffen. König Ahab war mit Isebel verheiratet, einer fremden Prinzessin, die ihren eigenen Kult in Israel einführen wollte. Dem stemmten sich Elia und seine Prophetengruppe entgegen. Denn für sie bildete das Volk Israel, der ausschließliche Glaube an den Gott, der sie aus Ägypten geführt hatte, Gottes heilige Weisungen für ein gelingendes Leben und ihr Land, das Gott ihnen als Erbe geschenkt hatte, eine untrennbare Einheit. Alles Fremde, so sah es damals Elia an Ahab und Isebel, zerstörte die Gemeinschaft und die Lebensgrundlage des Volkes. Isebel beschloss, Elia, ihren schärfsten politischen Gegner, zu töten. Aufreibend und lebensbedrohlich waren die Auseinandersetzungen mit ihr. Seine Prophetengruppe war schon fast ausgerottet. Auch Elias Kräfte gingen zu Ende. Er hatte sich in seinem Eifer verausgabt, spürte, dass er langfristig gegenüber dem mächtigen Königshaus der Unterlegene war. Ihm blieb nur noch die Flucht.

1. Lesung (1. Kön 19, 1-5)

»Ahab erzählte Isebel alles, was Elia getan, auch dass er alle Propheten mit dem Schwert getötet habe. Sie schickte einen Boten zu Elia und ließ ihm sagen: Die Götter sollen mir dies und das antun, wenn ich morgen um diese Zeit dein Leben nicht dem Leben eines jeden von ihnen gleich mache. Elia geriet in Angst, machte sich auf und ging weg, um sein Leben zu retten. Er kam nach Beerscheba in Juda und ließ dort seinen Diener zurück. Er selbst ging eine Tagereise weit in die Wüste hinein. Dort setzte er sich unter einen Ginsterstrauch und wünschte sich den Tod. Er sagte: Nun ist es genug, Herr. Nimm mein Leben; denn ich bin nicht besser als meine Väter. Dann legte er sich unter den Ginsterstrauch und schlief ein. Doch ein Engel rührte ihn an und sprach: Steh auf und iss!«

Moderation
(Moderiertes Gespräch in der Gemeinde)

Elia läuft um sein Leben ausgerechnet in die Wüste, den Ort des Todes. Dort legt er sich unter einen giftigen Busch, ohne jedoch davon zu essen. Schlafes Bruder, der Tod, soll ohne eigenes Zutun über ihn kommen. Soll Gott doch mit ihm machen, was er will. Doch Gott weigert sich, ihn zu sich zu nehmen. Durch einen Boten schickt er ihm Lebensmittel, damit Elia wieder zu Kräften kommt.

Schlüpfen wir in die Person des Elia und stellen uns vor, wie wir uns selbst dort müde und ausgelaugt hinlegen. Plötzlich berührt uns eine Hand und eine Stimme fordert uns auf, Brot zu essen und Wasser zu trinken. Was möchte ich als Elia antworten? Und was tue ich?

2. Lesung (1. Kön 19, 6-9)

»Als er um sich blickte, sah er neben seinem Kopf Brot, das in glühender Asche gebacken war, und einen Krug mit Wasser. Er aß und trank und legte sich wieder hin. Doch der Engel des Herrn kam zum zweiten Mal, rührte ihn an und sprach: Steh auf und iss! Sonst ist der Weg zu weit für dich. Da stand er auf, aß und trank und wanderte, durch diese Speise gestärkt, vierzig Tage und vierzig Nächte bis zum Gottesberg Horeb. Dort ging er in eine Höhle, um darin zu übernachten. Doch das Wort des Herrn erging an ihn: Was willst du hier, Elia?«

Moderation

Der erste Gang, den der Engel servierte, war für den Körper. Erst beim zweiten wachen auch Elias Lebensgeister wieder auf. Und dann gleich so stark, dass er Kraft für einen gewaltigen Marsch durch die Wüste hat. Ein heiliges Ziel steht ihm vor Augen - das sagt schon die Zahl 40. Elia will Gott begegnen, und zwar dort, wo Gott sich damals Mose gezeigt hatte. Wie er es sich erhofft hat, sucht Gott am Horeb mit ihm das Gespräch. Was machst du hier, Elia? fragt Gott. Und Elia antwortet:

3. Lesung (1. Kön 19, 10)

»Er sagte: Mit leidenschaftlichem Eifer bin ich für den Herrn, den Gott der Heere, eingetreten, weil die Israeliten deinen Bund verlassen, deine Altäre zerstört und deine Propheten mit dem Schwert getötet haben. Ich allein bin übrig geblieben und nun trachten sie auch mir nach dem Leben.«

Moderation

Angenommen, Sie wären Gott. Wie würden Sie auf Elias Antwort reagieren?

4. Lesung (1. Kön 19, 11-12)

»Der Herr antwortete: Komm heraus und stell dich auf den Berg vor den Herrn! Da zog der Herr vorüber: Ein starker, heftiger Sturm, der die Berge zerriss und die Felsen zerbrach, ging dem Herrn voraus. Doch der Herr war nicht im Sturm. Nach dem Sturm kam ein Erdbeben. Doch der Herr war nicht im Erdbeben. Nach dem Beben kam ein Feuer. Doch der Herr war nicht im Feuer. Nach dem Feuer kam ein sanftes, leises Säuseln.«

Moderation

Elia wirkt vorwurfsvoll: Er hat alles gegeben. Darum fragt er Gott und sicher auch sich selbst, welchen Sinn sein Einsatz eigentlich hat, wenn das Volk den heiligen Bund nicht halten will. Statt auf seine Klage einzugehen, fordert Gott ihn auf, auf den Berg zu steigen und ihm dort oben direkt zu begegnen. Das war nicht einmal dem großen Mose gestattet, der Gott bloß aus einer Felsspalte hinterher schauen durfte. Oben auf dem Gipfel, über sich nur noch den Himmel, unter sich ein karges Felsenmeer bis zum Horizont, erlebt Elia heftige

Naturgewalten: Sturm, Beben und Feuer. Ein wildes Szenario ganz nach seinem Gottesstreiter-Geschmack. Doch Gott zeigte sich ihm nicht im Sturm, nicht im Beben und auch nicht im Feuer. Sondern erst danach, im stillen, abgründigen Schweigen. Für Elia, den ungehobelten, rücksichtslosen, temperamentvollen Propheten eine ganz neue Erfahrung... Und vielleicht auch eine hintergründige Lektion in puncto religiöse Umgangsformen. Nach diesem abgründigen Schweigen wendet sich Gott noch einmal an Elia:

5. Lesung (1. Kön 19, 13-16)

»Als Elija es hörte, hüllte er sein Gesicht in den Mantel, trat hinaus und stellte sich an den Eingang der Höhle. Da vernahm er eine Stimme, die ihm zurief: Was willst du hier, Elija? Er antwortete: Mit Leidenschaft bin ich für den Herrn, den Gott der Heere, eingetreten, weil die Israeliten deinen Bund verlassen, deine Altäre zerstört und deine Propheten mit dem Schwert getötet haben. Ich allein bin übrig geblieben und nun trachten sie auch mir nach dem Leben. Der Herr antwortete ihm: Geh deinen Weg durch die Wüste zurück und begib dich nach Damaskus! Bist du dort angekommen, salbe Hasaël zum König über Aram! Jehu, den Sohn Nimschis, sollst du zum König von Israel salben und Elischa, den Sohn Schafats aus Abel-Mehola, salbe zum Propheten an deiner Stelle.«

Moderation

Gott hat Elia für neue, wichtige Aufgaben vorgesehen. Elia kann nun zu diesen Aufgaben zurückkehren. Denn Gott hat ihn körperlich gestärkt und ist seiner Seele im tiefen Schweigen begegnet. Das »Reif für die Insel« verwandelte sich wieder in ein »Reif für den Beruf«.

Dass wir uns mit dieser Geschichte heute in der letzten »Blauen Stunde« vor den Sommerferien beschäftigen, ist natürlich kein Zufall. Haben Sie in ihr etwas gefunden, das für Sie mit Blick auf die Ferien wichtig geworden ist?

Bündelung und spekulativer Schluss »Bekenntnis II« (Rose Ausländer)

Ich bekenne mich
zu dir
den ich nicht kenne
Ich habe dich erkannt
als wir im Stein
zusammen
schwiegen

Lied »Occuli nostri« (Taizé)

Mitteilungen

Lied »Bleib mit deiner Gnade bei uns« (Taizé)

Fürbitten
(gesprochen von Gemeindegliedern)

Wir bitten dich, Gott, für alle, die sich wie Elia in ihrem Eifer verausgaben und keinen Sinn mehr in ihren Aufgaben sehen. Schenke ihnen Zeiten und Orte, an denen sie sich neu sammeln können.

Wir bitten dich, Gott, für alle, die wie Elia lautstark übers Ziel hinausschießen. Schicke ihnen Menschen, die ihnen liebevoll Grenzen setzen und ihnen das Geheimnis der Stille zeigen.

Wir bitten dich, Gott, für alle, die sich wie Elia ihres Auftrags nicht sicher sind. Schicke ihnen Menschen, die sie bestätigen und unterstützen.

Wir bitten dich, Gott, für alle, die sich wie Elia lebensmüde hinlegen möchten. Schicke ihnen Menschen, die sie anrühren und ihnen Stärkung verschaffen.

Wir bitten dich, Gott, für alle, die wie Elia wegen ihres Glaubens verfolgt werden. Schicke ihnen Menschen, die sie in Sicherheit bringen.

Vaterunser

Segen

Musikalisches Nachspiel »I believe I can fly« (R. Kelly)

Imbiss

Anmerkungen

Der Bibliolog als Methode der Textaneignung greift in Ansätzen die von Uta Pohl-Patalong vorgestellte Idee des »Bibliologs« auf (vgl. Pastoraltheologie 90, S. 285-302). An den Bibliologen beteiligen sich in der Regel aktiv - unabhängig von ihrem Bildungshintergrund - regelmäßig etwa ein Drittel der BesucherInnen.
Die Gelegenheit zum Gespräch an den Bistrotischen wird immer von mindestens der Hälfte der BesucherInnen für ca. 1 Stunde wahrgenommen.

Kontakt:
Elke Rudloff
Westricher Straße 15 44388 Dortmund
0231/831658
elke.rudloff@gmx.de. www.ev.kirche-boevinghausen.de

Gottesdienste für junge Familien und Kirchendistanzierte

ARCHE - Der »andere« Gottesdienst in Schalksmühle/ Westfalen

Die ARCHE-Gottesdienste werden an jedem dritten Sonntag eines Monats, außer während der Ferien, gefeiert. Die Hauptzielgruppe sind junge Familien, aber durchaus auch »Kirchendistanzierte«. Praktisch wird der Gottesdienst aber von nahezu allen Generationen besucht, so dass lebendiges Miteinander von Alt und Jung ermöglicht wird. »Der ARCHE-Gottesdienst soll kein seltenes Event mit geringen Auswirkungen auf den Gemeindeaufbau sein, sondern eine Art Türöffner in die Gemeinde mit (wieder-) erkennbarer Struktur«, so Pfarrer Torsten Beckmann. »Somit ist er integraler Bestandteil eines Gesamtkonzepts von missionarischem Gemeindeaufbau. Wir wünschen uns, dass Menschen in unserer Gemeinde dauerhaft eine geistliche Heimat finden. Wir legen relativ wenig Wert auf aufwändige Technik und Showeffekte, sondern versuchen, persönliche Begabungen der Mitarbeiter voll zu entfalten.« Die positive Resonanz spricht für sich: Der durchschnittliche Gottesdienstbesuch liegt bei der ARCHE zwischen 80 und 200 Personen. Etliche Menschen haben eine gottesdienstliche Heimat gefunden und können zu vertiefenden Angeboten wie Glaubenskursen etc. eingeladen werden.

»Volltreffer!«

Vor dem Beginn: Hintergrundmusik
Musikintro
Kurze Begrüßung
Lied: »Wir sind eingeladen zum Leben«
Eingangsgebet
Lied: »Volltreffer«
Spielszene 1
Spielszene 2
Lied: »Komm, jetzt ist die Zeit«
Schriftlesung
Lied: »Lord I lift your name on high«
Predigt
Lied: »Er hört dein Gebet«
Informationen
Fürbittengebet
Vaterunserlied: »Bist zu uns wie ein Vater«

Ablauf

Vor dem Beginn Hintergrundmusik:

Musikintro

Kurze Begrüßung
Herzlich willkommen zur ARCHE. Mitten im Sommer und mitten in der Fußball-
weltmeisterschaft befinden wir uns. Viele Menschen zieht es in die Freibäder
oder vor die Fernsehapparate. Wir freuen uns, dass ihr am heutigen Sonntag hier
in die Kreuzkirche gekommen seid. »Volltreffer« - die Arche zur Fußball-WM: Das
haben wir als Thema über diesen Gottesdienst gestellt. Was hat denn Kirche und
Glaube mit Fußball zu tun, werden viele sich vielleicht fragen. Mehr als ihr denkt.
Lasst euch einfach überraschen. Wir fangen an mit einem gemeinsamen Lied.

Lied »Wir sind eingeladen zum Leben«

Eingangsgebet

Lied »Volltreffer« (Freut euch mit uns, 849)

Spielszene 1
*(Kulisse: Couch; Tisch mit TV-Gerät; Teewagen mit Chips und Bierflaschen;
Geräusche einer Fußballübertragung)*

> **Sigi** *(zeigt auf sein lädiertes Bein)* Mensch, wie das wieder juckt am
> Schochen.
> **Uwe** Ja, das kommt davon, wenn man auf dem Spielfeld wie ein 19-jäh-
> riger wütet. Bei den alten Herren ist Technik gefragt, Junge. Bei deinen
> Grätschaktionen musste ja auch die Archillessehne reißen.
> **Sigi** Ach komm, hör bloß auf. Das war reines Pech. Das Ärgerliche ist,
> dass der Japan-Urlaub geplatzt ist. Da planst du schon zwei Jahre vor-
> her die ultimative WM-Studienreise, und dann so was.
> **Uwe** Ja, meinst du, ich bin begeistert? Alleine hatte ich auch keinen Bock
> zu fahren. Jetzt häng' ich hier mit meinem Kumpel vor der Glotze,
> obwohl ich kerngesund bin. Was wäre das für eine Stimmung gewesen
> mit den Schlachtenbummlern in Sapporo, in Ibaraki und in Shizuoka!
> Stattdessen müssen wir uns die schlauen Kommentare von Günther
> Netzer anhören. Mann, Mann, Mann... der könnte ja auch mal den
> Friseur wechseln.
> **Sigi** *(aufgeregt)* Jetzt kuck' dir diese Mannschaftsaufstellung an. Wie
> kann der Rudi nur so defensive Leute gegen Kamerun bringen! Die
> haben ja nicht mal bei der Nationalhymne die Zähne auseinanderge-
> kriegt.

Uwe Jetzt schau dir den Christian Ziege an. Bekommt auf seine alten Tage noch mal eine Chance und schlägt zwei Fehlpässe nacheinander. *(regt sich auf)* Da krisses doch im Kopp. Guck dir bloß die Millionäre an. Ich hab' ja schon immer gesagt: Die haben zuviel Geldscheine unter den Stutzen.

Sigi Ich sehe schon: Das wird wieder so`n Gurkenspiel. Gut, dass ich das Geld von der Japanreise gespart habe. - *(lauter)* Jetzt schieß doch endlich, Ballack!

Uwe Oh, oh. Ob das was wird mit dem Achtelfinale? *(schreit)* Foul!!! Foul!!! Jetzt guck dir das an. Sag mal, Schiri, hast du eigentlich unterwegs deine Kontaktlinsen verloren? *(steht auf)* Au Mann. Zwei gegen einen. Thomas, zieh die Notbremse! Zu spät! *(entsetzt)* 1:0 für Kamerun. Jetzt reibt sich Winnie Schäfer die Hände.

Sigi Das musste ja so weit kommen. Hoffentlich sind die Jungs jetzt wenigstens richtig wach. Die spielen ja wie die »Selbsthilfegruppe Niedriger Blutdruck«.
Ach Uwe, weißt du noch? Früher war das alles noch ganz anders: Uwe Seeler, Kaiser Franz, Sepp Maier, Gerd Müller, der Bomber der Nation, der hatte noch`n Torriecher.

Uwe Hör auf, sonst werde ich noch ganz nostalgisch. *(steht auf, macht Schussbewegungen)* Jetzt flank' die Pocke doch rein, Didi... Nein, ich fasse es nicht. *(haut auf das TV-Gerät)...* Wenn die so weiter machen, verlieren die noch gegen die Afrikaner mit ihrem blonden Trainer. Da schmeckt einem selbst das Krombacher nicht mehr.

Sigi Was ist denn das für ein Linienrichter! Das war doch klares Abseits. Da will ich aber noch mal die Zeitlupe sehen.

Uwe Von wegen Zeitlupe. Der Lustmolch von der Bildregie blendet bei jeder Gelegenheit weibliche Fußball-Fans auf der Tribüne ein. Mann, und wir müssen wegen deinem kaputten Schochen im Pantoffelkino hocken *(nimmt Bierflasche)* Prost, die zweite Halbzeit kann nur besser werden.

Spielszene 2

(Ort: Fußgängerzone; große Pappe mit Aufschrift »Reisebüro« als Kulisse)
(Walli und Hanne bummeln durch die Fußgängerzone.)

Walli Hat man eigentlich nirgends Ruhe vor diesen Fußballköppen? Selbst beim Stadtbummel kann man vor dieser WM nicht fliehen. Guck dir nur die grölenden Hooligans dahinten an.

Hanne Das ist ja bald schon kindisch, wie manche Männer sich aufführen. Als ob es nichts wichtigeres als Fußball gibt.

Walli Ach hör auf, du. Mein lieber Gatte ist einer von der schlimmsten Sorte Fußballfans. Der kann abends vor Aufregung kaum einschlafen und murmelt sich dann um 3 Uhr nachts im Traum einen in den Bart: »Rudi Völler, mach deinen Jungs mal Beine!« oder »Christian, du schlappe Ziege!« und lauter so Zeug.

Hanne Ja, das ahnen wohl die wenigsten Frauen vorher, dass für ihre Gatten im Laufe der Jahre Fußball zur schönsten Nebensache der Welt wird.

Walli Die lassen sich völlig vom Fußballfieber packen. Jetzt lässt er sogar den Garten verkommen. Die Nachbarn fragen schon, ob das mal ein Ökogarten werden soll. Also ich wüsste da besseres als ständig vor der Flimmerkiste zu hängen.

(nimmt Zettel von dem Reisebüro in die Hand) Z.B. ins Flugzeug steigen und ab in die Sonne. Du, schau mal hier, das Last-minute-Angebot. Eine Woche Mallorca im Drei-Sterne-Hotel für 399 Euro.

Hanne Hey, zeig mal her! Tatsächlich. Klingt echt gut! Und jetzt sind auch nicht mehr so viele Kegelclubs unterwegs. Weißt du was? Wir machen das. Mein Mann hat mir angeboten, einen zweiten Fernseher zu kaufen, wenn ich ihm während der WM nur das Spielfeld im Wohnzimmer lasse. Da pfeif' ich doch auf den Fernseher und jette in den Süden.

Walli Eigentlich hast du recht. So ´ne Woche richtig ausspannen - das wär´s. Wollen wir nicht zusammen fahren? Ich glaub´, mein Schatz würde sogar vier Sterne für mich buchen.

Weißt du was? Der hat doch in seiner Firma gefragt, ob er während der WM vier Wochen Nachtschicht hintereinander machen kann, wegen der Zeitverschiebung, weißt du?

Ne, ohne mich. Ich fliege mit nach Mallorca, und mein Gatte kann mit gutem Gewissen China gegen Costa Rica um 8.30 Uhr gucken. Außerdem kann ich dann endlich mal länger als anderthalb Minuten in den spanischen Ledergeschäften gucken.

Hanne Gut, machen wir uns also aus dem Staub. Die WM beginnt mir zu gefallen.

Lied »Komm, jetzt ist die Zeit« (Feiert Jesus 2, 212)

Schriftlesung

Lied »Lord I lift your name on high« (Feiert Jesus, 7)

Predigt

In diesen Wochen erleben wir wieder das Phänomen der leergefegten Straßen. Das Großereignis Fußball-Weltmeisterschaft zieht Millionen in seinen Bann. Die Medien versetzen Menschen aus über 200 Ländern auf asiatische Rasenplätze und lassen sie mitfiebern. Endlich ist es wieder so weit. Nach intensiver Vorbereitung wollen 32 Teams mit vollem Einsatz ihr Bestes geben, ins Finale kommen und den Volltreffer zum Sieg schaffen - das wärs. Doch nach etwa der

Hälfte der Soccer-WM sind schon so manche Favoriten gestürzt. Da kochen die Emotionen: Mal fließen die Tränen, mal ist der Jubel grenzenlos.

Nicht nur die eingefleischten Fußballfans verfolgen das Geschehen. Auch andere lassen sich dann einen Monat lang mitreißen, und die WM-Genervten begegnen dem Fußballfieber fast an jeder Ecke. Bei Bäckern gibt's jetzt neue Sorten: »Kickerbrot« oder auch sogenannten »Lattenknaller« - das sind wahrscheinlich französische Baguettes vom Vortag. Und selbst wer in den Süden jettet, wird dort erleben, wie viele Leute sich für eine der schönsten Nebensachen der Welt begeistern. Da wird die ganze Bandbreite an Emotionen geweckt: jubeln, brüllen, singen, tanzen, schimpfen, umarmen. Hochgefühl und Niedergeschlagenheit liegen ganz dicht beieinander. Wir lieben diese Spannung und wenn unsere Mannschaft gewonnen hat, dann haben wir auch gewonnen.

Sport begeistert und setzt in Bewegung, und ich vermute, dass viele von euch der Meinung sind, dass Fußball oder Sport allgemein zu den schönsten Nebensachen in eurem Leben gehört. Es gibt natürlich auch Sportmuffel: Für die ist es schon zuviel Sport, wenn sie zum Rauchen auf den Balkon gehen müssen. Aber die begeistern sich dann wahrscheinlich für andere Dinge, für andere schöne Nebensachen. Ich teile die Leidenschaft für die schöne Nebensache Sport, weil es - vernünftig betrieben - gesund ist und Spaß macht. Ich glaube nicht, dass schöne Nebensachen zum Wichtigsten im Leben werden sollten, aber immerhin: Sie geben dem Leben eine gewisse Würze.

An manchen Stellen der Bibel werden ganz bewusst Bilder aus dem Bereich des Sports gebraucht. Fußball war zwar zu biblischen Zeiten noch nicht erfunden, aber es gab im Umfeld der ersten Christen große sportliche Wettkämpfe in Olympia und anderswo. Seht euch die Athleten an, wird uns in der Bibel gesagt, sie tun alles für den Sieg, sie geben alles, um ihr Ziel zu erreichen. Am Ende gibt's dann einen Lorbeerkranz für den Sieger. Wenn nun solch ein Sportwettkämpfer konzentriert auf sein Ziel ausgerichtet ist, damit man ihm am Ende bei der Siegerehrung schnell verwelkendes Gemüse auf den Schädel drückt, wie viel wichtiger ist es dann für euch, dass ihr für euer Leben ein Ziel vor Augen habt, für das es sich zu leben lohnt. Wie viel wichtiger ist es, ein Leben in der Verbindung mit Gott zu führen. Die Sportler investieren sehr viel in ihre schöne Nebensache, aber wie steht es mit deiner Leidenschaft für die Hauptsache im Leben?

Laufen wir vielleicht der Frage nach Gott davon? Wenn der deutschen Elf Volltreffer gelingen und sie siegreich vom Platz zieht, dann düsen die Autokorsos vor Freude hupend durch die City, oder bei euch gegenüber im Häuserblock flippt jemand auf dem Balkon aus und teilt sich lautstark der Nachbarschaft mit. Volltreffer - der Ball ist im Netz. Es gibt neben diesen schönen Volltreffern, die einem Fußballspiel das Sahnehäubchen aufsetzen, noch viel wichtigere Volltreffer, die vor Gott entscheidend sind. Es kann euer Leben verändern, wenn ihr diese Volltreffer erkennt.

Von einem Volltreffer haben wir vorhin gemeinsam mit den Kindern schon gesungen: »Du bist ein Volltreffer Gottes.« Jeder einzelne ist von Gott geliebt und wertvoll für ihn. Gott hat uns als kostbare Originale geschaffen und hat mit unserem Leben etwas vor. Während Rudi Völler nur einen begrenzten Kader mit nach Asien nehmen konnte, hat Gott alles getan, damit du in seiner Mannschaft dabei sein kannst. Gott mustert keinen aus, weil er zu wenig leistet. Gott sagt uns nicht: Du bist mir gleichgültig. Du musst das Spielfeld des Lebens als Verlierer räumen.

»Ein Volltreffer Gottes bist du.« So hat Gott dein Leben angelegt, als er dich geschaffen hat. Gott ist persönlich an uns interessiert, aber da gibt es ein entscheidendes Problem: wir stehen im Abseits. Die Abseitsfallen im Fußballspiel sind tückisch. Wir kennen die Szenen: die angreifende Mannschaft stürmt über die Flügel nach vorne; eine präzise Flanke genau auf die Pläte des Kopfballspezialisten, der den Ball ins Netz köpft. Der Stürmer reißt die Arme hoch und tanzt mit dem Torpfosten Samba, bis auch er entsetzt feststellt, dass der Linienrichter die Fahne gehoben hat. Abseits. Das Tor zählt nicht.

Die Bibel sagt: Jeder Mensch steht vor Gott im Abseits. Wir haben uns selbst ins Abseits hineinmanövriert. Wenn die Bibel von Sünde spricht, dann meint sie dies: wer sich von Gott losgelöst hat, steht in der Abseitsfalle, ob er das merkt oder nicht. Da kann man manchmal meinen, man hat schon den Volltreffer geschafft und alles Wichtige im Leben erreicht, und auf einmal wird einem deutlich: Ungültig! Das zählt doch letztlich alles nicht. Das Entscheidende fehlt mir noch. Da muss noch Leben ins Leben. Ich brauche den lebendigen Gott.

Wie gut, dass Gott uns nicht im Abseits hängen lassen will. Das ist anders als beim Fußball: Gott lacht sich nicht ins Fäustchen, wenn wir in der Abseitsfalle sitzen. Er leidet an unserer Abseitsposition. Er will uns herauslieben aus dem Abseits der Gottesferne und in seine Nähe, an sein liebendes Herz ziehen. Obwohl Menschen gegen die Spielregeln Gottes verstoßen, sich durch zwischenmenschliche »Fouls« im Alltag das Leben oft gegenseitig schwer machen oder so manches Eigentor schießen, hat er uns noch nicht die »rote Karte« gezeigt. *(Eine rote Karte wird hochgehalten.)* Weil uns die ewige Niederlage droht, hat Gott seinen »Volltreffer« dagegen gesetzt. Der absolute Volltreffer ist das, was Jesus Christus getan hat, damit wir von unserer Schuld befreit werden und damit wir mit einer lebendigen Hoffnung leben können.

Die Bibel sagt, dass Jesus durch sein Sterben am Kreuz und durch seine Auferstehung von den Toten die Mächte entscheidend getroffen hat, die unser Leben am meisten belasten und überschatten: die menschliche Schuld und den Tod. Doch »Volltreffer«: Unsere Schuld wird uns vergeben, wenn wir das im

Glauben annehmen, dass Jesus stellvertretend für unsere Schuld am Kreuz gestorben ist. »Volltreffer«: Jesus befreit von Belastungen und gibt uns die Chance, einen Neuanfang im Leben zu starten. »Volltreffer«: Es gibt mehr im Leben als vergängliche Erfolge und schöne Nebensachen. Jesus Christus ist lebendig und gibt allen, die ihm ihr Leben anvertrauen, Hoffnung und ein Ziel, für das es sich zu leben lohnt. »Volltreffer«: Bewusstes Christsein begeistert, weil Christen den kennen, der die Hauptsache und der Sieger ist. Deshalb können sich Christen auch unverkrampft an den schönen Nebensachen wie Sport usw. erfreuen, ohne dass sie uns zu Götzen werden.

Viele Fußballprofis haben das erreicht, wovon viele Durchschnittsverdiener nur träumen können: Geld, Erfolg, ein scheinbar sorgenfreies Leben. Doch an diesem Punkt merken viele: Das kann doch nicht alles sein im Leben. Was gibt mir in Krisenzeiten Halt? Was erfüllt mein Leben, wenn die Karriere knickt oder ich mit 30 Jahren Sportinvalide bin? In letzter Zeit bekennen sich immer mehr Profifußballer zu ihrem christlichen Glauben. Sie machen Karriere, sind erfolgreich, aber sie haben für ihr Leben etwas noch viel Kostbareres entdeckt. Sie haben eine Beziehung zum lebendigen Gott gefunden. So bezeugt z.B. Adhemar vom VfB Stuttgart: »Die Entscheidung, mit Jesus zu leben, war das absolut wichtigste Tor in meiner Karriere.«

Ich wünsche auch euch, dass ihr in eurem Leben diesen »Volltreffer« macht. Es ist der absolute »Volltreffer«, ein Leben in Verbindung zu Jesus Christus zu führen. Er hat uns vorgelebt, was die »Hauptsache« ist: Gott und seinen Nächsten zu lieben. Wer in diese Hauptsache sein Leben investiert, steht am Ende nicht als Verlierer da, sondern darf sich schon jetzt freuen auf die »himmlische Siegesfeier«. Die Hauptsache kann uns niemand nehmen und steht fest: Dass Gott uns liebt und wir durch Jesus Christus eine persönliche Beziehung zu ihm haben können, ist der absolute Volltreffer.

Doch noch ´ne rote Karte für uns - aber etwas anders. Amen. *(Rotes Herz aus Pappkarton wird hochgehalten)*

Lied »Er hört dein Gebet« (Feiert Jesus 2, 167)

Informationen

Fürbittengebet

Vaterunserlied »Bist zu uns wie ein Vater« (Feiert Jesus 2, 191)

Kontakt:
Ev. Kirchengemeinde Schalksmühle
Torsten Beckmann
Am Mathagen 40 58579 Schalksmühle. 02355-7992

Gottesdienste für kirchenmüde Menschen

»M&M - Musik und Mehr« - der etwas andere Gottesdienst in Waldenbuch/ Württemberg

Seit 1997 gibt es den Gottesdienst, der kirchenmüden Menschen sechs mal pro Jahr »Musik und Mehr« bietet und damit großen Erfolg zu verzeichnen hat: Die Rede ist vom M&M-Gottesdienstprojekt. Das vielköpfige M&M-Mitarbeiterteam setzt auf zeitgemäße Formen der Glaubensvermittlung: modernes Liedgut live von einer Band vorgetragen, Nutzung von Medien und interaktiver Einbezug der Gemeinde ins Geschehen. Auch Showeffekte dürfen vorkommen, ohne dass dabei geistliche Inhalte verflacht werden. M&M will unterhalten und gerade dadurch neue Begeisterung für Gott wecken. Es geht um Spaß bei M&M, aber nicht als Selbstzweck.

Was im kleinen Rahmen begann, hat sich mittlerweile zu einem großen Projekt mit Sponsoren und bis zu 500 Besuchern entwickelt. Der hier vorgestellte Gottesdienst orientiert sich an einem lange etablierten und nicht minder aufwändigen Dauerprojekt des Deutschen Fernsehens: Wetten, dass...?! Auch hier gibt es die bekannten Show-Elemente (Talkgäste, Wetten, Musikeinlagen), aber anders als im TV geht es nicht um die Götter des Showbusiness, sondern Gott selbst steht im Mittelpunkt.

»Wetten, dass... es Gott gibt?!«

Musik: »Eurovisions-Lied«
»Wetten, dass«-Jingle
Begrüßung
Saalwette: »Running Gag«
Lied: »Another day in paradise«
1. Gast - Talk und Wette
Lied: »Singt dem Herrn ein neues Lied«
Lied: »Fear not«
2. Gast - Talk und Wette
Außenwette
Lied: »Auge im Sturm«
Gebet
Lied: »Etwas in mir«

Saalwette: »Running Gag«
3. Gast - Talk und Wette
Ansprache
Instrumentalmusik
Saalwette
News
Finale
Segenslied
Pianomusik »an der Bar«

Benötigtes Material
Leinwand und ein Videobeamer, große Papptafeln mit Buchstaben-Aufschrift für das Menschenscrabble, runde Holzscheibe als Rennstrecke für den Schneckenlauf.

Ablauf

Musik »Eurovisions-Lied«

»Wetten, dass«-Jingle
(währenddessen werden Bilder aus der Original-Show eingeblendet)

Begrüßung
Einen wunderschönen guten Abend und herzlich willkommen in Waldenbuch! Ich begrüße mit einem freundlichen »Grüß Gott miteinand« unsere Zuschauer in Österreich und mit »Guten Nabig« alle Zuschauer, die uns aus der Schweiz zugeschaltet sind.

Leckere Schokolade spielt eine große Rolle hier in Waldenbuch - ich bin sicher, dass Ihnen die nächsten 90 Minuten schmecken werden. Es werden wettreiche, kreative und musikalische 90 Minuten. Mit dabei: Die legendäre M&M-Band - eine der erfolgreichsten deutschen Bands in Waldenbuch. Drei kreative Wetten, an denen sich das Publikum teilweise beteiligen wird. Interessante Wettpaten, die auf unserer Couch Platz nehmen werden. Eine Kurzansprache zum Thema des Abends: Wetten, dass... es Gott gibt?! Zwei Überraschungsgäste: Jan und Ulrich, zum ersten Mal im deutschsprachigen Fernsehen.

Saalwette »Running Gag«
Und mit ihnen wollen wir auch beginnen. Jan und Ulrich, die beiden Rennschnecken, werden heute unsere Saalwette bestreiten. Begrüßen Sie mit mir: Daniel, Prissy, Jan und Ulrich.

Man glaubt ja nicht, was die Leute so machen: Diese beiden hier, Daniel und Pussy, sind Rennschneckenbesitzer. Bei unserer Saalwette werden wir zwei weltweit beachtete Rennschnecken gegeneinander antreten lassen. Vielleicht kann das die Kamera mal kurz einfangen... Sieger ist, wer sich am weitesten vom Start entfernt.

Zunächst aber zu den Trainern, die diese Schnecken in die Weltspitze des Schneckensports geführt haben. Die Dame zuerst - woher kommen Sie? [...]
Und wie haben Sie Ihre Schnecke vorbereitet? [...]
Und Sie kommen aus [...]
Gab es für Ihre Schnecke ein besonderes Trainingsprogramm? [...]

Schreiten wir zur Tat. Natürlich wetten beide, dass ihre Schnecke gewinnt. Aber wie denken die Waldenbucher? Wer gewinnt dieses knallharte Rennen? Bitte Handzeichen für Jan... und nun für Ulrich.

So, wir setzen die beiden an den Start - wir werden Sie übrigens immer wieder mal kurz über den Zwischenstand informieren und Bilder vom Rennen einfangen. Top - die Wette gilt.
Seit Jahren spielen sie zusammen. Natürlich sind sie heute Abend dabei - und wir freuen uns sehr. Die M&M-Band spielt einen Titel von Phil Collins: »Another Day in paradise«. Wetten, dass... es ein Paradies gibt?!

Lied »Another Day in paradise«

1. Gast - Talk und Wette:
(Gast: Leiter der M&M-Band, seit ein paar Tagen Dipl. Ing.)

Lieber S., erst mal herzlichen Glückwunsch zum Dipl. Ing. Sag uns doch mal kurz, was du machst, wenn du gerade nicht die M&M-Band leitest, Songs arrangierst oder nach Texten im Internet suchst? [...]
Nochmal zur M&M-Band. Wie lange gibt es euch denn schon und was gefällt dir bei der Arbeit in der Band am besten? [...]
Wetten, dass... es Gott gibt?! Würdest du diese Wette so formulieren können? [...]
Was bedeutet der Glaube für dich? Wann war dieser Glaube an den christlichen Gott nicht mehr abstrakt, sondern erfahrbar? [...]
Letzte Frage: Für wen hast du getippt - Jan oder Ulrich? [...]

Wir kommen zur ersten Wette an diesem Abend. Der Mann hier hat bei M&M mit Musik zu tun. Und so geht es auch bei der Wette um Musik. Und die Waldenbucher sind gefordert. Dieser Mann wettet, dass es im Publikum keine Person gibt, die hier vorne - begleitet von der M&M-Band - ein Lied von Bon Jovi singt. Es ist alles vorbereitet. Die Band ist bereit - der Text des Liedes »It's my life« liegt vor. Jetzt liegt es an Ihnen. Wer traut sich? Mindestens eine Person brauchen wir, damit S. seine Wette verliert.

Ja, und was ist dein Wetteinsatz? [...]

Livemusik im Anschluss an den M&M. Das ist ein Wort. Das sollten Sie sich nicht entgehen lassen - und so wie ich unser Wetten-dass-Publikum kenne, wird das gar kein Problem sein, hier jemanden zu finden. Vielleicht kommen ja auch zwei nach vorne, die das gemeinsam versuchen. Top - die Wette gilt.
(Freiwilliger kommt nach vorne und singt. Refrain alle gemeinsam. - Jingle für nicht gelungene Wette.)

So, die erste Wette liegt hinter uns. Und bevor die Band gleich noch mal loslegen darf, um mit uns gemeinsam zwei Lieder zu singen, wollen wir mal zu Jan und Ulrich blicken, und einen Zwischenstand erfahren.

Lied »Singt dem Herrn ein neues Lied« (»In love with Jesus«, 127)

Lied »Fear not, for I am with you« (»Feiert Jesus«, 157)

2. Gast - Talk und Wette
(2. Gast: P. ist als Pfarrer mit der deutschen Zeltmission unterwegs.)

Herzlich willkommen. Sie sind ab morgen Referent der zweiten Woche dieser Zelttage. Wir freuen uns, dass Sie heute Abend bei uns sind und sich als Wettpaten zur Verfügung gestellt haben. In der Zeltzeitung steht, dass Sie ein humorvoller Mensch sind. Haben Sie einen Witz auf Lager? [...]
Sie sind als Referent viel unterwegs. Wo haben Sie die letzte Woche verbracht? Was haben Sie erlebt? [...]
Uns interessiert natürlich, wie der Alltag eines »Reisepredigers« aussieht. Wie können wir uns das vorstellen? [...]
Unser Motto heute Abend ist ja: »Wetten dass... es gott gibt?!« Nun glaubt man - der Mann ist Pfarrer, der muss das so unterstreichen. Ist das so, und wenn ja, was ist der Grund dafür? [...]
Nächste Woche sind Sie hier in Waldenbuch jeden Abend im Einsatz - noch zwei Sätze dazu? [...]
Letzte Frage: Für wen haben Sie getippt - Jan oder Ulrich? [...]

Außen-Wette
(Der zugehörige Video-Film wurde vor dem Gottesdienst aufgezeichnet.)

Nun freue ich mich auf die zweite Wette dieses Abends. Und darauf sind wir alle ein bisschen stolz. Unsere Außenwette steht auf dem Programm - und unser Mann fürs Grobe, Oli Dietrich, befindet sich nicht auf dem Werksgelände von Ritter-Sport - hier ganz in der Nähe. Nein, Oli steht in der süditalienischen Sonne, über 1000 km entfernt. Grüß dich Oli - wie ist denn das Wetter in Süditalien? *(Film 1: Oli begrüßt und gibt nach wenigen Worten zurück.)*

Sie werden sich fragen: Was macht der Mann da?

Also - die Wette: Zwei Italiener, Antonio und Peppino, wetten, dass 15 Leute in ihren Fiat Panda passen. Und das Ganze in einer Minute und 15 Sekunden. Der Italiener an sich sieht nun nicht aus wie Helmut Kohl. Trotzdem, ich habe da große Bedenken. Aber Oli wird das vor Ort überwachen - und wir schalten wieder nach Santa Lucia.
(Film 2: Vorstellung der Personen - Oli gibt wieder zurück.)

Die Bedingungen sind klar - alle 15 müssen in die Kiste rein. P. schaffen die Italiener das und wie sieht Ihr Wetteinsatz aus?
P.: Sie schaffen das. Falls nicht, lade ich das gesamte Team in Süditalien nach der Rückkehr zum Italiener ein.
(Film 3: Die Wette wird erfolgreich durchgeführt. Jingle für gewonnene Wette.)

Bevor wir uns gleich nach Jan und Ulrich erkundigen, gibt es erst einmal Musik.

Lied »Auge im Sturm« (»Projektion J«, Musikverlag Asslar)

Gebet
Lieber Vater, es ist einfach toll, dass Du so viele Menschen eingeladen hast, um sie zu beschenken, um sie zu segnen und ihnen zu begegnen. Wir haben heute abend bereits einige Wetten erlebt und auch viel gelacht. Doch lass uns auch erfahren, dass Du uns in unserer Freude spürbar nahe bist - dass wir eine Freude erleben, die von innen kommt und uns befreit.
Die Wette, ob es Dich gibt, bitte ich, doch selbst zu beantworten. Rede Du heute abend zu uns, zu jedem einzelnen, und schenke uns die Gewissheit, dass Du lebst, dass Du existierst, dass wir Dir wichtig sind und Du uns lieb hast, so wie wir sind! Danke, dass Du jetzt da bist und wir mit deiner Gegenwart, Deinem Wirken und Deinem Segen rechnen dürfen! Amen.

Lied »Etwas in mir« (»In love with Jesus«)

Saalwette »Running Gag«
(Zwischenergebnis des Schneckenrennens)

3. Gast - Talk und Wette

(3. Gast: A. ist Pastor der Evangelisch-Methodistischen Kirche und Dozent am Theologischen Seminar)

Herzlich willkommen. Schön, dass Sie heute bei uns sind. Sie sind der Referent dieses Abends und werden zum Thema »Wetten, dass... es Gott gibt?!« konkret Stellung beziehen. Zuvor aber noch ein paar Takte zu Ihnen. Sie sind Pastor in der EmK. Nun fragt sich der Laie: Was ist die EmK und wie kommt man bloß auf die Idee, Pastor zu werden? [...]
Als Pastor hat man keine Stempeluhr. Hat ein Pastor Hobbys, die nicht mit Kirche und Gott zu tun haben? [...]
Wie würden Sie den Slogan dieses Abends »Wetten, dass... es Gott gibt?!« in einem kurzen Satz untermauern? [...]
Letzte Frage: Für wen haben Sie getippt - Jan oder Ulrich? [...]

Eine Ansprache, eine Predigt hat mit vielen Worten zu tun. Auch unsere dritte Wette hat mit Worten zu tun. An dieser Stelle ist unser Publikum wieder gefordert. Das M&M-Team wettet, dass es bestimmte Worte schneller zusammenstellt als ein Team aus dem Publikum. Fünf Menschen werden gesucht. Fünf vom Team M&M und fünf aus unserem Publikum. Das sollte nicht so schwer sein. Je fünf Menschen, die der deutschen Sprache mächtig sind. Ein Abschluss der Grundschule ist dabei sicher von Vorteil...

Tja, A., wer gewinnt das Ding? *(Sollte A. mit seiner Einschätzung falsch liegen, so wird er mit der E-Gitarre frei zu dem improvisieren, was die M&M-Band spielt.)* Top - die Wette gilt!
(Das Menschenscrabble: Fünf M&Mler spielen gegen fünf Leute aus dem Publikum. Jeder bekommt zwei große Buchstaben um den Hals gehängt, einen vorne, einen hinten, schön groß, damit das Publikum es lesen kann. Aus diesen Buchstaben müssen die Gruppen ausgesuchte Worte zusammenstellen. Die Gruppe, die schneller ist, bekommt jeweils einen Punkt. Die Buchstaben: O + E / G + L / A + E / N + I / B + S. Mögliche Begriffe: Geben (Übungswort) / Liebe / Lesen / Leise / Segen / Nebel / Nabel / Leben / Sagen... - Jingle für nicht gewonnene Wette.)

Ansprache
Wetten, dass... es Gott gibt?! Wer kennt sie nicht, die Sendung, die Millionen von Menschen vor den Fernseher lockt. Wetten haben etwas Faszinierendes und Spontanes an sich. Seit jeher üben sie einen besonderen Reiz auf uns Menschen aus. Doch ist das möglich, eine Wette auf die Existenz Gottes zu formulieren? Lässt sich das denn auch nachweisen, dass es ihn wirklich gibt? Versuche von formulierten Gottesbeweisen gibt es zahlreich und sie können uns gedanklich auf die Sprünge helfen, aber Beweise? Vielleicht geht es ja doch mehr um ein

Wagnis, das sich weniger auf wissenschaftliche Beweise stützt als auf Vertrauen und Mut. Wetten, dass es Gott gibt?! - das ist eine mutige Formulierung, die eine Gewissheit zum Ausdruck bringt. Eine Gewissheit, die das Leben spannend, sinnvoll und erlebnisreich macht. Wetten, dass...?!
(Auszug aus der Ansprache)

Der Mathematiker und Philosoph Blaise Pascal (1623-62) kam zu dem Ergebnis, dass Gottes Existenz durch solche »Gottesbeweise« nicht zwingend erwiesen werden könne. Dass der Glaube darum nichts Widervernünftiges ist, wollte der Begründer der modernen Wahrscheinlichkeitsrechnung mit Hilfe seiner »Wette« aufzeigen. Diese ist als fiktives Zwiegespräch in Pascals unvollendetem Hauptwerk, den »pensées sur la religion« (»Gedanken über die Religion«) wiedergegeben. Drei Gedanken sind Pascal besonders wichtig: »Wir kennen weder Dasein noch Wesen Gottes, weil er weder Ausdehnung noch Grenzen hat«, sagt Pascal, darum können wir nicht mehr sagen, als dass die Chancen, dass Gott ist, 50:50 stehen. Pascal hält fest: wir müssen uns entscheiden, ob wir auf »Ja« oder »Nein« setzen. Wir müssen wählen, so betont er - wer Recht hat, zeigt sich freilich erst nach dem Tode. So stehen sich die Haltungen des Glaubens und des Unglaubens gegenüber als Alternativen, die es in ihren Gewinn- und Verlustmöglichkeiten zu durchdenken gilt.

Dabei ist der Philosoph der Überzeugung, dass der Glaube an Gott in Betracht gezogen werden sollte, weil er zwei Chancen bietet. Zum einen das ewige Leben. Zum anderen ein erfülltes Leben zu Lebzeiten. Man kann also nur gewinnen. Selbst wenn sich die Menschen, die sich an der Bibel orientieren irren sollten, was hätten sie verloren? Sie hätten sich zwar getäuscht, aber nicht unbedingt ein unbefriedigendes Leben gehabt, im Gegenteil. Pascal fragt seinen fiktiven Gesprächspartner am Schluss eindringlich: »Was haben Sie zu verlieren?... was könnte Ihnen Schlimmes passieren, wenn Sie diesen Entschluss fassen?... Sie werden in diesem Leben gewinnen und mit jedem Schritt, den sie auf diesem Wege tun, immer mehr die Gewissheit des Gewinnens und die Nichtigkeit des Einsatzes erkennen, so dass sie endlich begreifen, dass Sie auf eine unendlich sichere Sache setzten und dass Sie nichts dafür gegeben haben.«

So weit Blaise Pascals »Wette«. Konnten Sie sich auf seinen Gedankengang einlassen? Hat Ihnen seine Argumentation eingeleuchtet? Sind Sie an der einen oder anderen Stelle »ausgestiegen« oder haben einen kritischen Einwand? Wir können später miteinander darüber reden!

Zwei Dinge habe ich bei Pascal neu gelernt: Erstens, dass Glaube wie Unglaube gleichermaßen ein Wagnis sind, den Charakter einer Wette tragen und zweitens, dass wir in unserem Leben zum »Setzen« aufgefordert sind; Gleichgültigkeit ist nicht erlaubt. Pascal spricht vom »ewigen Gut«, das es im Glauben zu gewinnen gäbe. Manche finden es unredlich, mit der Aussicht auf ein »ewiges Leben« zum Glauben einzuladen. Auch wenn es für mich eine aussichtsreiche Perspektive ist, in einem »ewigen Leben« bei Gott zu leben. Für mich war und ist dies nicht das Hauptmotiv für das Christsein. Wie man an dieser Stelle, wo es nichts zu beweisen gibt, überhaupt nur persönlich Rede und Antwort stehen kann, mochte und möchte ich mich nicht auf ein schöneres Jenseits vertrösten lassen.

Blaise Pascal notierte am 23. November 1654 in sein Tagebuch: »Gott Abrahams, Gott Isaaks, Gott Jakobs, nicht der Philosophen und Gelehrten. Gewissheit, Gewissheit, Empfinden: Freude, Friede. Gott Jesu Christi: ...dein Gott ist mein Gott.«

Diese Erfahrung, auch wenn ich sie anders ausdrücken würde, ist auch meine Erfahrung geworden. Ich habe mir vor Jahren als Jugendlicher ein Herz gefasst und Gott in einem Gebet gebeten, mir Gewissheit des Glaubens zu schenken. Ohne dass es dabei spektakulär zugegangen wäre, hat sich in meinem Leben etwas eingestellt, was im vierten Jahrhundert nach Christus der Mönch Augustinus so ausgedrückt hat: »Unruhig ist unser Herz, bis es Ruhe findet in dir!«

Ich hatte nach Gott gefragt, nach Sinn und Richtung in meinem Leben. Ich habe diskutiert, gefragt, gelesen. Dabei war mir ein Buch mehr als alles andere Wegweiser und Hilfe, die Bibel. Die Bibel kennt eine Vielzahl von Beispielen, in denen Menschen - oft gegen allen Augenschein - ihre ganze Existenz in die Waagschale werfen, um sozusagen auf Gott zu wetten. Da ist der blinde Bettler Bartimäus (Mk 10, 46-52), der sich mit seinem Schicksal blindlings in die Arme Jesu wirft und dessen Leben neue Perspektiven gewinnt. Da ist der Zollbeamte Zachäus, der seine Betrügereien aufgibt und auf Jesu Wort hin ein neues Leben beginnt. So kann Jesus zu ihm sagen: »Heute ist diesem Haus Heil widerfahren«. Da sind Frauen und Kinder, Kranke und Benachteiligte, die in der Begegnung mit Jesus Christus ihre Würde und ihren Wert finden.

Beispiele wie diese, die ich in der Bibel gefunden habe und Menschen, die ihren Glauben wie eine tägliche Wette leben, haben mich überzeugt und ermutigt, auch und gerade in schweren Zeiten, wo Zweifel und Anfechtung den Glauben zu verdrängen suchten. Auch ich sehne mich nach mehr Sicherheit, nach mehr Kraft und Erweisen Gottes im Weltgeschehen. Aber ich bin dankbar für den Weg, den Gott mit mir gegangen ist, und ich habe seine Gegenwart und Nähe sehen und spüren gelernt - gerade in den scheinbar kleinen und unscheinbaren Dingen des Alltags. Auf Gott wetten bedeutet für mich: Ich möchte mich an ihn halten, weil ich mich von ihm gehalten weiß.

In der letzten Zeit hat eine Aktion unter jungen Leuten für Aufsehen erregt, die mich an Blaise Pascals »Wette« erinnert. Vielleicht haben Sie das auch schon bemerkt: ein Armband mit vier Buchstaben eingewoben: WWJD. Wer dies trägt, stellt sich im Alltag regelmäßig die Frage: »What would Jesus do? - Wie würde Jesus an meiner Stelle handeln?« Dabei wird den suchenden und fragenden Menschen geraten, was übrigens schon Blaise Pascal geraten hat, nämlich die Probe aufs Exempel zu machen und eine bestimmte Zeit so zu leben, als ob man gläubig wäre: die Worte der Bibel zu beherzigen, darauf zu vertrauen, dass Gott bei einem ist und einen im Alltagsgeschäft leitet. Wer dabei darauf achtet, ob sich das Leben verändert, kann eine bewusste Entscheidung treffen, für oder gegen ein Leben mit Gott. Wie finden Sie das?

Allerdings gilt auch hier: der Glaube lässt sich nicht erzwingen oder machen, die Wirklichkeit Gottes nicht im Rahmen eines Selbstversuchs erweisen. Aber wir dürfen dazu ermutigen und einladen, sich auf diese ungewöhnliche und sicherlich wichtigste aller Wetten einzulassen. Meine herzliche Bitte deshalb: Geben Sie ihr Fragen und Suchen nach Gott nicht auf. Lassen Sie es auf den Versuch ankommen: Wetten, dass... es Gott gibt?! Im Unterschied zum Fernsehen sind Sie und ich am Zug zu sagen: Top - die Wette gilt!

Instrumentalstück

Saalwette »Running Gag«
Unsere Schnecken sind wahrscheinlich am Ende ihrer Kräfte. Wir wollen jetzt sehen, welche Schnecke die Nase vorne hat und sich am weitesten vom Start entfernt hat. Die Spannung steigt, ich hoffe wir haben einen eindeutigen Sieger... Ich denke doch: ...hat dieses spektakuläre Rennen für sich entschieden. Damit dürfen sich alle, die... die Daumen gedrückt haben, als Wettkönig fühlen. Glückwunsch!

News
Es ist mal wieder ein bisschen später geworden als geplant, dafür haben wir einen etwas anderen Gottesdienst erlebt, mit tollen Besuchern und interessanten Menschen auf der Bühne.

Ein paar Infos wollen wir zum Schluss noch an Sie weitergeben: Unsere netten Mitarbeiterinnen und Mitarbeiter werden Ihre Wünsche nach etwas Schmackhaftem und Erfrischendem hinten am Bistro nach ihren Möglichkeiten erfüllen. Es gibt jede Menge Pizza, Donuts, Capuccino... Highlight: Latte Macchiato - sehr kostengünstig übrigens. Schlagen Sie zu.

Sie haben auch die Möglichkeit, mit uns ins Gespräch zu kommen. Die Mitarbeiterinnen und Mitarbeiter tragen diese Schildchen. Einfach anquatschen. Auch A. steht noch zur Verfügung. Sicher gibt es zu diesem Thema weitere berechtigte oder knifflige Fragen. Wem das zu direkt ist oder wem erst zu Hause noch eine brennende Frage einfällt, der kann das auch per Email loswerden. Unter referent@mm-emk.de. Infos zur EmK-Gemeinde und zu M&M gibt es hinten am Infotisch. Wer beispielsweise mehr wissen will über den Teeniekreis oder die Lobpreisabende ist dort genau richtig. Hier gibt es auch M&M-T-Shirts und M&M-Tassen zu erwerben. Ein ideales Weihnachtsgeschenk.

M&M besteht seit knapp sechs Jahren - möchte aber immer dazu lernen. Helfen können Sie uns dabei, wenn Sie uns Ihre Meinung sagen. Meinungszettel liegen am Infotisch. Außerdem finden Sie jede Menge interessante Bücher am Büchertisch.

Finale

Wir sind fast am Ende angekommen! Waldenbuch - ihr seid toll gewesen. Zum Finale bitte ich alle Mitwirkenden auf die Bühne - also alle Wettpaten und Kandidaten. Herzlichen Dank an alle, die diesen Abend möglich gemacht haben, Dank an alle M&Mler vor und hinter den Kulissen. Und S. wird nun seine Wette einlösen und für Hintergrundmusik sorgen. Tschüss - bis zum nächsten Mal.

Segenslied »Segne uns o Herr, segne uns o Herr« (C. Zehendner/ M. Staiger)

Pianomusik »an der Bar«

Kontakt:
Evangelisch-methodistische Kirche in Schönaich und Waldenbuch
Thomas Reich
thomas.reich@emk.de
www.mm-emk.de

Gottesdienste für Kirchendistanzierte

KI! FOR YOU! - Gottesdienst-Projekt in Marl/ Westfalen

Der KI! FOR YOU entstand in der Evangelischen Gemeinde Marl-Lenkerbeck als ein Versuch, für die Menschen zwischen 25 und 45 eine Gottesdienstform zu schaffen, die sie anspricht. Diese Altersgruppe ist unter den durchschnittlichen Gottesdienstbesuchern schwach vertreten. Sie können oft mit den herkömmlichen Gottesdiensten wenig anfangen und fühlen sich unbehaglich, weil sie mit der festgelegten Liturgie nicht vertraut sind. Eine neue Form des Gottesdienstes, die moderne Elemente in die traditionelle Liturgie einbringt, schien hier eine Lösung. Mit Hilfe von alltagsrelevanten Themen, aber auch besonderen theologischen Themen soll der Glaube den eher Kirchendistanzierten wieder nahegebracht werden. Es soll gezeigt werden, dass man immer noch großen Halt und Hilfe für den Alltag in der Kirche finden kann und dass Gottesdienst nicht nur auf verstaubten Riten beruht, sondern auch lebendig sein und Spaß machen kann.

Der KI! FOR YOU findet einmal im Monat statt, am Sonntag Nachmittag um 16.30 Uhr. Damit auch Familien mit kleineren Kindern die Möglichkeit haben, daran teilzunehmen, gibt es stets eine Betreuung für Kinder von vier bis zwölf Jahren während des Gottesdienstes. Alle KI! FOR YOU-Gottesdienste folgen dem gleichen Ablaufplan. Dieser beruht auf der üblichen Liturgie, nur eben in einer modernisierten Form. Die Musik kommt von einer Band und nicht von der Orgel und es werden moderne, bzw. neubearbeitete Lieder, zum Teil auch in Englisch gesungen. Es gibt ein zweiköpfiges Moderatorenteam und meist externe Gäste, die zum jeweiligen Thema kurze Statements abgeben. Der Kreativteil kann aus einem Anspiel, einem Filmausschnitt oder kabarettistischen Einlagen bestehen. Zu dem Konzept gehört weiterhin ein ‚Kreuzverhör' zur Predigt, die üblicherweise ohne Talar gehalten wird, sowie eine Begrüßung am Eingang des Gebäudes, bei der es eine kleine Gabe für die Besucher gibt, die auf das Thema einstimmen soll. Das können Plätzchen zu Weihnachten sein, Erfrischungstücher zum Thema Wasser und anderes mehr.

»Mittwochs bei ALDI: Wir treffen uns!«

Begrüßung am Kircheneingang
Lied: »Das Lied der Aldi-Versessenen«
Begrüßung durch das Moderatorenteam
Kreativteil
Statement
Lied: »Er hat mich froh gemacht«
Lied: »Gott ist gut«
Lied: »Kommt und feiert ihn«
Predigt
Moderation
Instrumentalmusik
Kreuzverhör
Preisverleihung
Musik: »Come on rejoice and let your heart sing«
Fürbitten der Besucher
Vaterunser
Segenslied: »Herr, segne uns und behüte uns«
Verabschiedung
Musik zum Abschluss: »«Das Lied der Aldi-Versessenen«

Benötigtes Material/ Vorbereitung

Auf den Sitzplätzen werden Zettel verteilt für Fragen an den Prediger, Gebetsanliegen und ein allgemeiner Auswertungszettel, auf dem neben der Qualität der einzelnen Gottesdienstteile auch statistische Angaben zu Alter, Geschlecht, Häufigkeit von Kirchenbesuchen und Entfernung zum Wohnort gemacht werden.

Verfolgerspot, Verstärkeranlage mit Mikrofonen, Info-Werbeflyer von Aldi zur Deko, Aldi-Tüten, Einkaufswagen mit Aldi-Lebensmitteln, Arbeitskittel vom Supermarkt, Tisch oder Regal, ein sehr großer, nach oben offener Karton (80 -100 cm hoch, 100 x 100 cm Grundfläche).

Ablauf

Begrüßung am Kircheneingang
(Am Eingang steht ein voller Aldi-Einkaufswagen, der den Wocheneinkauf einer fünfköpfigen Familie bei Aldi enthält. Die Besucher sollten den Preis der Ware erraten und zusammen mit ihrem Namen auf Zettel schreiben. Diese

Zettel werden dann ausgewertet und später gibt es Preise für die besten Schätzungen.)

Lied »Das Lied der Aldi-Versessenen« (Till und Obel)

Begrüßung durch das Moderatorenteam
(Es kommen die beiden ModeratorInnen nach vorne. Sie tragen Aldi-Kittel.)

A Guten Tag meine Damen und Herren. Wir begrüßen Sie recht herzlich zu unserem KI! FOR YOU.
B Dem etwas anderen Gottesdienst. Unser Thema lautet heute: Mittwochs bei Aldi, fast alles, was das Herz begehrt. Man trifft sich.
A Ja, man trifft sich bei Aldi. Gerade am Mittwoch. Da ist ja immer Aktionstag.
B Stimmt. Und schau mal, was ich mitgebracht habe. Den Werbezettel für die nächste Woche. Hier ist einer für dich.
(Holt zwei Aldi-Werbezettel hervor und gibt einen an A.)
Lass uns doch mal schauen, ob nicht was dabei ist, was wir gebrauchen können. Irgendwas ist ja immer dabei.
A Ach, ich sehe schon. Da gibt es Balkon- und Terassenpflanzen. Ich habe doch gerade meinen Balkon neu gestrichen. Da brauche ich doch auch noch ein paar neue Pflanzen und für 8,98 Euro ist dass doch 'ne gute Gelegenheit.
B Ja keine 9 Euro. Das ist wirklich günstig für diese großen Pflanzen. Die schmücken deinen Balkon sicher ganz ungemein. Und schau doch mal, Oliven gibt es, verschiedene Sorten, eingelegt. Die sind doch sonst auch so teuer.
A Oh, ja das ist ein guter Preis. Also, wenn Sie Oliven mögen. Nichts wie hin zu Aldi am nächsten Mittwoch. Aber sieh doch hier. Auf der Rückseite. Ein Doppelzelt für sechs Personen. Wäre das nicht was für deine Familie?
B Das ist überhaupt eine Idee. Wir haben noch gar nichts für den Sommerurlaub geplant. Man muss ja auch mal sparen. Aber so ein Campingurlaub. Das wäre ja vielleicht noch drin. Groß genug wäre das Zelt ja.
A Ja und für die Kinder ist doch so ein Camping-Urlaub schön. Und für 129 Euro kriegst du so was nicht so schnell wieder.
B Hmm. Du hast recht. Wenn wir dann die nächsten zehn Jahre in den Campingurlaub fahren, sind das knapp 13 Euro pro Jahr. Dafür kriegst du keine Ferienwohnung. Das ist wirklich eine gute Idee. Sollen wir uns am Mittwoch treffen bei Aldi?
A Ja, warum nicht. Schaffst du es denn auch schon um acht Uhr?

B Ach nein, da ist es doch immer so voll. Lass uns um halb neun hingehen. Das müsste noch reichen.
A Vielleicht schaffe ich es früher. Dann kann ich dir ja ein Zelt reservieren.
B Oh, ja das wäre nett. Also, diese Zettel sind doch immer wieder eine Fundgrube.
A Wo du gerade Zettel sagst. (Wendet sich an die Besucher.) Sie haben da auch noch ein paar Zettel auf ihren Stühlen liegen.
B Stimmt. Drei Stück sollten es sein. Die brauchen Sie aber noch nicht. Wir sagen rechtzeitig Bescheid, wenn Sie diese brauchen.
A Jetzt können Sie sich erst einmal zurücklehnen, schauen, mitsingen. Viel Spaß beim KI! FOR YOU.

Kreativteil

(Ein Regal oder ein Tisch stehen auf der Spielfläche. Auf diesem Möbelstück stehen die Produkte, die benötigt werden. Außerdem ein sehr großer, oben offener Karton. Eine Frau (F) schiebt einen Einkaufswagen. Ihr Mann (M1) kommt auf sie zu und hält ein Paket Spaghetti hoch.)

F Was ist denn das?
M1 Spaghetti, was sonst?
F Wie Spaghetti, aber das sind doch keine Barilla und auch keine Birkel mit Ei!
M1 Nein, haben sie hier nicht, die haben hier ihre eigenen Marken. Kriegst du nicht überall.
M1 wendet sich an Mann *(M2)*, der im Hintergrund ein Glas Nuskati in der Hand hält.
M1 Ach, entschuldigen Sie bitte, wo finde ich denn hier Nutella?
M2 Nuskati!
M1 *(lacht und sagt)* »Nein, ich suche Nutella«.
M2 *(etwas genervt)* »Nuskati« und hält ihm das Glas hin, das er in der Hand hat.
M1 Das ist ja toll. *(Will das Glas in den Einkaufswagen tun).*
M2 Das ist mein Nuskati!
M1 *(gibt das Glas zurück)* Entschuldigung ...
F Und was ist jetzt mit dem Olivenöl?
M1 *(nimmt eine Flasche Olivenöl in die Hand)* Hier, das soll ja im Test ein »Sehr gut« bekommen haben. *(liest vom Etikett)*, »Dieses wertvolle Olivenöl wurde aus reifen Oliven verschiedener Anbaugebiete gewonnen. Abgefüllt in der Emilia Romana. Dieses Olivenöl eignet sich hervorragend zum Kochen, Braten, Grillen und Anrichten von Salaten.« Wie? Gegrillte Salate?

F Keine gegrillten Salate. Eignet sich aber bestimmt auch gut für meine Carbonara Sauce!

M1 Du willst Carbonara Sauce mit Öl machen? Da kommt doch kein Öl rein!

F *(schiebt Wagen weiter und M2 in die Hacken).*

M2: Aua, passen Sie doch auf. Außerdem kommt da Sahne rein. Carbonara ist eine Sahnesauce!

F *(nimmt Ölflasche in die Hand und liest)* Bei diesem Öl kann es zu leichten Eintrübungen kommen. Das ist ein normaler Vorgang und beeinträchtigt die Qualität keineswegs. Und davon kann ruhig ein wenig in die Carbonara-Sauce!

M2 Und Schinken. Schinken gehört auf jeden Fall rein!

M1 Ach Sie. Warum müssen sie als Rentner eigentlich zur Stoßzeit hier einkaufen. Sie haben doch den ganzen Tag Zeit.

M2 Ach, auch noch frech werden *(geht weg).*

F Wo ist denn jetzt der Schinken?

M1 Wieso Schinken? In die Carbonara-Sauce gehört Speck!

F Schinken, du Ei. Apropos Ei. Wir brauchen noch Eier für die Sauce. Die sollen ja hier immer ganz frisch sein.

M1 Eier in die Sauce? Also ich esse das nicht. Überhaupt bin ich ja nur wegen der Laptops hergekommen. Wo sind die denn eigentlich?

M2 *(kommt wieder vorbei)* Die Laptops? Die sind schon längst weg. Da hätten Sie aber ein bisschen früher kommen müssen.

M1: Wieso früher. Ich bin doch schon extra um 12 Uhr aufgestanden! Aber die Digitalkameras. Die müssen doch noch da sein!

M2 *(schaut sich um)* Ach die sind dahinten. Die wollte ich auch gerne. Für die Fotos von den Enkeln. *(Schaut in den großen Karton).* Eine ist da noch!

(Beide Männer stürzen sich in die Kiste.)

M2 Ich habe Sie zuerst gesehen.

M1 Ich habe Sie.

M2 Nein, ich.

(Schließlich taucht M2 aus dem Karton auf und hält einen kleinen Karton in die Höhe.)

M2 Ha, ich habe Sie!

(F läuft am Karton vorbei und nimmt M2 den kleine Karton aus der Hand.)

F Stimmt nicht, ich habe sie. *(F läuft davon)*

Beide Männer im Karton Das ist ja wohl das letzte!

Statement

Einen Vertreter von Aldi zu einem Gespräch zu bekommen ist sehr schwierig. Trotz verschiedener Versuche auf unterschiedlicher Ebene, vom Verkaufsstellenleiter bis zur Bezirksverwaltung, wurde kein Vertreter von Aldi gefunden, der zu einem Gespräch bereit war. Daher wurde eine kurze Fragerunde zum Thema »Aldi« bei den Besuchern gemacht. Die Erfahrungen waren durchaus verschieden.

Lied »Er hat mich froh gemacht«

Lied »Gott ist gut«

Lied »Kommt und feiert ihn«

Predigt

Die großen Philosophen lehren uns, dass der Mensch die Wahrheit entdeckt, der ganz unverstellt, ganz unbedarft, mit dem Blick eines staunenden Kindes sich an das zu untersuchende Phänomen herangeht. Das möchte ich mit Ihnen zusammen tun, das ist unser staunendes Kind, nennen wir es Sofie.

Sofie betritt das erste Mal in ihrem Leben einen Aldi-Markt. Sie hat vorher noch nichts davon gehört, was denn ein Aldi-Markt ist. Sie sieht ein einfach gebautes Haus nach Billigbauweise ohne Schnörkel und ohne Stockwerke. Äußerlich erinnert es mehr an einen Pferdestall als an ein Kaufhaus. Im Inneren gibt es ebenfalls nicht viel zu staunen. Sie sieht eine große Halle mit einfachen Regalen, die mit verschiedenen Produkten aller Art bestückt sind, die meisten von ihnen noch in Kartons, noch nicht ausgepackt. Alles erinnert an ein normales Kaufhaus. Auch was die Menschen angeht, fällt Sofie nichts Besonderes auf. Es ist nicht sonderlich voll und die Menschen verhalten sich wie in jedem anderen Kaufhaus. Es ist Dienstag.

Sofie denkt sich, dass ein Aldi-Markt ein Kaufhaus wie jedes andere in der Stadt ist. Am nächsten Tag kommt sie zufällig wieder an diesem scheinbar ganz normalen Markt vorbei und sie staunt nicht schlecht. Da stehen die Menschen bis auf die Straße in einer langen Schlange. Im Aldi-Markt ist alles in Bewegung, die Gänge sind mit verschiedenen Tischen voll gestellt. Auf diesen Tischen liegen bergeweise Socken, Schuhe, CDs, Blumen, Kissen, Hüte, Brillen, Nähmaschinen... Die Menschen drängen sich an diese Tische, als bekämen sie dort pures Gold geschenkt. Sofie schaut in die Gesichter der Menschen und sie sieht eine Mischung aus Begeisterung, Gier, Angespanntheit, Hektik und Faszination. Sofie hat so was noch nie gesehen und wundert sich, warum die Menschen an diesem Mittwoch wie die Motten um das Licht der Aldi-Produkte schwirren.

Meine Damen und Herren, ich möchte abbrechen, weil mir an dieser Stelle der Erzählung etwas Folgenschweres aufgefallen ist. Sofie beschreibt in ihrer unbedarften Art das Phänomen »Mittwochs bei Aldi« mit religiösen Kategorien: Wie Motten schwirren die Menschen um das Licht der Aldi-Produkte, ich ergänze: Wie Planeten um die Sonne oder wie die Menschen um Gott... !? Ich wage es kaum auszusprechen.

Wenn wir unseren sonntäglichen Gottesdienste mit der mittwöchentlichen Hauptversammlung bei Aldi vergleichen, dann ziehen wir, sowohl was die Menge der Versammelten als auch was die Begeisterung angeht, den Kürzeren. Statistik: Wofür können sie sich persönlich begeistern? Aldi wichtiger als Bibel? So lautete die Schlagzeile der Marler Zeitung vor einem halben Jahr. Ich frage also: Was hat Aldi, was wir als Kirchen nicht haben? Die Antwort lautet: Was unser Herz begehrt. Meine Arbeitsthese lautet: Wir können als Kirche viel von Aldi lernen, nämlich was unser Herz begehrt.

Der Aldi-Markt ist jeden Mittwoch zu einem weithin bekannten Treffpunkt geworden. Deswegen lautet der Untertitel unseres Gottesdienstes »Wir treffen uns.« »Mittwochs bei Aldi - wir treffen uns.« Und es ist erstaunlich, wer sich da trifft, das geht nämlich quer durch alle Altersgruppen: Du findest mittwochs bei Aldi genauso die 80-jährige Oma, wie den 14-jährigen Jugendlichen, beide Altersgruppen findest du auch im Gottesdienst, aber du findest hier nicht die Männer und Frauen zwischen 30 und 60, die große Mehrheit mittwochs bei Aldi. Warum kommen die zu Aldi, aber nicht in die Kirche? Weil es ihr Herz begehrt.

Es ist erstaunlich, wer sich hier trifft, das geht nämlich quer durch alle Bevölkerungsgruppen: Du findest mittwochs bei Aldi genauso die türkische Frau mit dem Kopftuch, die um die Sommerhose für ihren Sohn kämpft, wie den Mann im Anzug, der den neuen Drucker fest unter den Arm geklemmt hat, als auch den arbeitslosen Dieter von nebenan, der sich die neuen Turnschuhe sichert. Ich behaupte, Aldi führt wie kein anderes Haus arm und reich zusammen. Unsere Gottesdienste schaffen das leider oft nicht und sprechen oft nur die Wohlhabenderen und die Gebildeteren an. Warum fühlen sich arm und reich vom Aldi angesprochen? Weil es ihr Herz begehrt.

Es ist erstaunlich, wie flächendeckend Aldi seine Produkte anpreist: Du findest jeden Mittwoch morgen im Lokalteil die neuesten Angebote und bei Aldi am Ausgang bereits die Ankündigung. In der Kirche heißt das die Abkündigung, für den nächsten Mittwoch. Wer von uns weiß schon, was nächsten Sonntag in der Kirche Besonderes läuft, wo ich unbedingt hin will, unbedingt hin muss.

Meine Damen und Herren, der Aldi-Markt ist eine der wichtigsten Treffpunkte für alle, er integriert arm und reich und lebt von einem weit verbreiteten Werbesystem, das die Sehnsüchte der Menschen anspricht, das ihr Herz entflammt. Wir lesen in der Bibel an vielen Stellen, dass die genannten Merkmale für die Gemeinde zutrafen. Der Tempel war in Israel ein Treffpunkt für alle; wenn Passahfest war, machten sich alle auf den Weg dorthin, ausdrücklich auch die Armen. Für sie wurde mit dem Zehnten gesorgt, sie gehörten dazu.

Oder wenn Paulus vor dem Abendmahl in der Gemeinde spricht, dann klagt er die Reichen an, wenn sie die Armen ausschließen wollen. Alle gehören zur Gemeinde dazu. Paulus sagt in Gal 3, 28: »Hier ist weder Jude noch Grieche, weder Sklave noch Freier, weder Mann noch Frau; ich übertrage: weder Türke noch Deutscher, weder Armer noch Reicher, weder alt noch jung, sondern ihr seid allesamt eins in Christus Jesus. Der Glaube an Jesus verbindet untereinander und er geht tief ins Herz hinein. Gott hat einen hellen Schein in unsere Herzen gegeben, dass durch uns entstünde die Erleuchtung zur Erkenntnis der Herrlichkeit Gottes.

Und damit bin ich wieder bei der Beschreibung von Sofie: Ist das heute der helle Schein der Erkenntnis der Herrlichkeit Gottes bei Aldi? Verstehen Sie mich nicht falsch, ich möchte nicht den Aldi-Markt mit seinen Mittwochs-Messen verherrlichen; er hat mit seinem Kult durchaus auch Schattenseiten, die ich hier nur kurz streifen möchte, wie etwa die unglaubliche Aggression, die untereinander bei den Käufern herrscht oder auch die nicht immer humanen Vorgaben den Zulieferern gegenüber oder dem Personal gegenüber. Wie leicht könnte man das mit dem Tanz ums Goldene Kalb abkanzeln, aber was bringt das?

Entscheidend ist für meine Predigt heute aber, dass wir am Aldi-Markt lernen, dass es gilt, neu das Herz der Menschen anzusprechen. Die biblische Beispielgeschichte ist für mich die Erkenntnis der Emmausjünger, sie gingen voller Trauer um den verstorbenen Jesus, voller vermeintlicher Gottesferne nach Emmaus und mit ihnen ging Jesus inkognito. Sie erkannten ihn nicht oder nur sehr viel später. Dieser Fremde erzählt ihnen von der Bibel und der Verheißung. Später sagten die beiden: »Brannte unser Herz nicht von Anfang an, als Jesus zu uns sprach?«

Meine Damen und Herren! Wann brennt ihr Herz? Bei der neuen Folge von »Gute Zeiten, schlechte Zeiten« oder bei dem, was wir im Gottesdienst hören als das, was uns unbedingt angeht? Lässt die Botschaft, das Evangelium Jesu, der in unsere Welt die Liebe brachte, unsere Herzen brennen? Es gibt im Alten Testament ein Gebot, das den Juden außerordentlich wichtig ist: »Du sollst den Herren, deinen Gott, lieb haben von ganzem Herzen, von ganzer Seele und mit all deiner Kraft.« Mich beschleicht immer mehr das Gefühl, dass die Menschen sich nicht mehr in unseren Gottesdiensten wiederfinden, weil es hier an Herz mangelt. Wir sprechen viel zu viel immer nur den Kopf an. Immer geht es nur um den Verstand: in der Schule, im Betrieb, vorm Computer und zu viel auch im Gottesdienst.

Niemand erzähle mir, die Gefühle sind out, da schaue ich auf die Schlager, auf die Unterhaltungsfilme und auf den Aldi-Markt. Wer seine Sehnsucht entdeckt, sein Gefühl, sein Staunen, ganz unbedarft, aus der Tiefe des Herzens, der ist wie Sofie auf dem Weg zur Wahrheit. Gott schenke uns den hellen Schein in unsere Herzen, dass wir die Sehnsüchte unserer Mitmenschen neu entdecken und entzünden. Amen.

Moderation

(Es wird auf die verteilten Zettel hingewiesen, auf die die Gottesdienstteilnehmer Fragen an den Prediger schreiben können.)

A Sie haben jetzt die Predigt gehört. Vielleicht haben Sie noch eine Frage dazu. Oder eine kritische Anmerkung. Dazu haben Sie jetzt Gelegenheit. Denn jetzt kommen unsere Zettel um Einsatz. Sie haben einen Zettel mit einem Fragezeichen für Fragen an den Prediger. Den können Sie jetzt nutzen. Und einen Zettel mit einem Ausrufezeichen für Gebetsanliegen. Haben Sie etwas, was Ihnen auf dem Herzen liegt, für das wir hier gemeinsam beten sollen? Schreiben Sie es auf diesen Zettel. Während Sie die beiden Zettel ausfüllen, hören wir Instrumentalmusik.

Instrumentalmusik

Kreuzverhör

(Der Prediger stellt sich den Fragen der Besucher. Es ist für die Beantwortung jeder Frage maximal eine Minute Zeit. Ein Gong markiert das Ablaufen der Zeit.)

Preisverleihung

(Die besten fünf Schätzergebnisse werden prämiert. Als Preise gibt es jeweils in einer Alditüte)

5. Preis: Ein Glas Nuskati
4. Preis: Ein Paket Spaghetti und eine Flasche Olivenöl (für die »richtige« Carbonara- Sauce)
3. Preis: Erste Hilfe bei Heuschnupfen: eine große Packung Taschentücher
2. Preis: Verschiedene Meeresfrüchte: eine Dose Hering in Tomatensauce und eine Packung belgischer Schokoladen-Meeresfrüchte
1. Preis: Ein Abendessen für zwei Personen: eine Packung Nudeln in Tomatensauce (Aldi-Variante von Miracoli) und eine Flasche Rotwein.

Musik »Come on rejoice and let your heart sing.«

Fürbitten der Besucher

Vaterunser

Segenslied »Herr, segne uns und behüte uns«

Verabschiedung
A Wir sind nun am Ende unseres Gottesdienstes angelangt. Wir hoffen, dass er Ihnen gefallen hat.
B Und wir möchten Sie einladen zu unserem Gottesdienst im nächsten Monat. Wieder am zweiten Sonntag.
A Aber bevor Sie gehen, bitten wir Sie, den letzten Zettel, den Sie noch haben auszufüllen. Er ist sehr wichtig, weil er Ihnen die Möglichkeit bietet, uns zu sagen, was wir gut machen, und was noch verbessert werden kann.
B Also, wenn es Ihnen gefallen hat, so sagen Sie es weiter, wenn Sie Kritik haben oder Anregungen, so schreiben Sie es auf den Zettel. Diese können Sie dann am Ausgang in unsere großen Kollekteneimer werfen.
A Ja und dabei darf es ruhig etwas klingeln. Oder auch knistern.
B Das wäre schön. Schließlich muss sich dieser Gottesdienst als unser zweites Programm selbst tragen.
A Wenn Sie Lust haben, können Sie gerne noch etwas bleiben, es gibt auch etwas zu trinken. Ansonsten wünschen wir Ihnen einen guten Heimweg und hoffen, Sie bald wieder zu sehen.

Musik zum Abschluß »Das Lied der Aldi-Versessenen«

Kontakt:
Birgit Fischer
Brucknerstraße 12a
45772 Marl
02365-86071
birgit.k.fischer@web.de

Andreas Wuttke
Ringerottstraße 89
45772 Marl
02365-203668
pfarrer-wuttke@esm.de

Thomasmessen

Thomasmesse im Herforder Münster

Die Thomasmesse ist Ende der 80er Jahre in Finnland entstanden und wird seit Anfang der 90er Jahre auch in Deutschland gefeiert. Sie wendet sich an Menschen, die auf der Suche sind. Den Namen hat die Thomasmesse vom »ungläubigen Thomas«, dem Jünger, der erst sehen und fühlen muss, bevor er glauben kann. Die Thomasmesse möchte Wege weisen zu einer solchen existentiellen Erfahrung des Glaubens. Sie spricht dabei alle Sinne an. Die Thomasmesse wird von einem Team aus Haupt- und Ehrenamtlichen gemeinsam vorbereitet. Dabei tragen die einzelnen Begabungen der Mitarbeitenden sowie deren Frömmigkeitsprägungen zur Bereicherung der Thomasmesse bei. Wichtige Aufgabenbereiche sind z.B. Suche nach einem Thema, Gestaltung von Kreativelementen, Auswahl der Musik, Öffentlichkeitsarbeit, Dekoration und Gestaltung der Liturgie.

Eine Thomasmesse braucht wegen ihrer größten Besonderheit, der »Offenen Zeit«, bestimmte räumliche Voraussetzungen: Die TeinehmerInnen werden während des Gottesdienstes eingeladen, sich in einer »Offenen Zeit« selbst zu beteiligen: man kann z.B. zum stillen Gebet an einem Seitenaltar eine Kerze anzünden, eigene Bitten und Fürbitten auf einen Zettel schreiben, sich persönlich segnen und salben lassen, einen Raum der Stille aufsuchen, Tee trinken und miteinander reden. Man kann auch einfach an seinem Platz bleiben und die Eindrücke auf sich wirken lassen. Ideal ist eine Kirche mit Seitenschiffen oder Seitenkapellen, in denen einzelne Stationen der »Offenen Zeit« untergebracht werden können. Es muss Raum vorhanden sein, damit sich die Gottesdienstbesucherinnen und -besucher ermuntert fühlen, aufzustehen und in der Kirche umherzugehen.

Die zentrale Lage einer Stadtkirche kommt dem Konzept der Thomasmesse entgegen: Sie ist in der Regel gut erreichbar, relativ groß und bietet daher die notwendige Anonymität, die erforderlich ist, um bestimmte Angebote wahrzunehmen. Besonders die Salbung braucht einen abgeschiedenen und ungestörten Platz im Kirchenraum. Zur Thomasmesse gehört die gemeinsame Feier des Abendmahls. So wie auch Thomas ein sinnliches, sinnenhaftes Zeichen brauchte, um glauben zu können, soll das Abendmahl unsere Sinne ansprechen. Das Abendmahl wird so gefeiert, dass alle gleichzeitig nach vorne kommen können: In großen Kreisen um einen oder mehrere Altäre. Dabei bietet sich die Möglichkeit unterschiedlicher Formen (Wein oder Saft, Einzelkelche oder Gemeinschaftskelch, Brot oder Oblaten...). Das Abendmahl

wird mit Rücksicht auf die Ökumene von einer/-m ordinierten Geistlichen ein-
gesetzt. Bei der Austeilung sind alle Mitarbeitenden beteiligt.

Wer besucht die Thomasmesse? In Herford ergibt sich nach Umfragen bei den
Gottesdiensten ein heterogenes Bild: Die GottesdienstbesucherInnen sind zu
80% evangelisch, 20% kommen aus der katholischen Kirche, aus Freikirchen
oder gehören keiner Kirche an. Zwei Drittel der Besucherinnen und Besucher
geben an, häufig andere Gottesdienste zu besuchen. Ein Drittel besucht ande-
re Gottesdienste selten oder nie. Hier ist die Tendenz steigend. Drei Viertel
sind Frauen, ein Viertel Männer, die Mehrzahl der Besucher ist zwischen 40
und 70 Jahre alt. Die Thomasmesse zieht also Menschen aus ganz unter-
schiedlichen kirchlichen Hintergründen und Lebenssituationen an. Sie ist ein
attraktives Angebot für alle, die auf der Suche nach einer Neubelebung ihres
Glaubens sind und sich nach einem Gottesdienst sehnen, der alle Sinne
anspricht.

»Thomas, der Zweifler«

Begrüßung am Eingang
Lied: »Christus, dein Licht«
Begrüßung in freier Form
Schuldbekenntnis: Garderobengebet
Lied: »Laudate omnes gentes«
Hören und Sehen
Biblische Lesung (Joh 20, 24-29)
Lied: »Ich werfe meine Fragen«
Auslegung: »Thomas, der Zweifler« - Standbild
Lied: »Suchen und Fragen«
Erfahren: Die »Offene Zeit«
Liturgie der Salbung
Lied zum Abschluss der »Offenen Zeit«: »Meine Hoffnung und meine
Freude«
Verlesen der Fürbitten
Lied: »Er hört dein Gebet«
Schmecken (Abendmahlsteil)
Lied: »All die Fülle ist in dir«
Dankgebet
Behütet werden: Sendung und Segen
Lied »Den Segen Gottes sehn«
Abschlussgebet für Mitwirkende
Gemeinsames Aufräumen und Ausklang der Thomasmesse

Benötigte Materialien/ Vorbereitung

Die Kirche ist vom Mitarbeiterteam geschmückt worden. Es gibt thematisch gestaltete Seitenaltäre, überall sind Blumen, bunte Tücher und Kerzen aufgestellt.

Ablauf

Begrüßung am Eingang

(Die BesucherInnen werden am Eingang durch Mitarbeitende begrüßt. Sie erhalten eine Liedermappe und das Gottesdienstprogramm sowie Vigilkerzen. Zu Beginn des Gottesdienstes werden die Kerzen entzündet.)

Vigilkerzen (lange, dünne Kerzen mit 1 cm Durchmesser) bieten sich als Kerzen für die Thomasmesse an, weil sie im Gegensatz zu Teelichtern und anderen Kerzen brennen, ohne dass flüssiges Wachs entsteht, das dann verschüttet werden kann. Je nach Kirchenbank können von einem Schreiner einfache Kerzenhalter hergestellt werden. Für Kirchenbänke mit waagerechter Unterlage bieten sich Holzklötze aus Buchenholz von 6x6 cm mit 1 cm Bohrung an. Kirchenbänke mit Schräge erfordern einen Holzklotz mit Gehrung.

Lied »Christus, dein Licht«

(Einzug des Vorbereitungskreises. Eine/-r trägt die Osterkerze voran.)

Begrüßung in freier Form

(Kurze Einführung in die Thomasmesse durch den Moderator, der durch die Liturgie und die einzelnen Elemente des Gottesdienstes führt und sie erklärt.)

Schuldbekenntnis Garderobengebet

Wir haben uns hier versammelt, um eine »Thomasmesse« zu feiern. Vielleicht sind wir nur zufällig in diese Kirche geraten. Vielleicht belasten uns Ängste, Sorgen und Probleme, die wir sonst mit niemandem besprechen können. Vielleicht kommen wir auch ganz bewusst, um einen Gottesdienst zu feiern, der den ganzen Menschen und alle Sinne anspricht. Es ist egal, ob wir zufällig hier sind oder mit Absicht. Es ist egal, ob wir einer Kirche angehören oder nicht. Alle sind heute Abend willkommen.

Lied »Laudate omnes gentes«

Hier können wir loslassen, was uns belastet: Sorgen und Probleme, Ängste und Nöte, die jenseits dieser Kirchentür wieder auf uns lauern. Hier haben wir die Chance, freizuwerden: Von den einengenden Zwängen des Alltags und den eingespielten Mustern unseres Lebens. Hier dürfen wir uns beflügeln lassen: dass

uns Mut geschenkt wird, um dem Leben ins Auge zu sehen und Kraft, um die Belastungen des Alltags mit unverletzter Seele zu bestehen. Wir wollen darum beten,
dass die Fragenden heute Antwort finden, dass die Suchenden ein Licht am Horizont erspähen und dass die Trauernden getröstet werden.

Lied »Laudate omnes gentes«
Wir bitten darum, dass wir mit allen Sinnen erfahren, dass da mehr ist zwischen Himmel und Erde, als unser verzagter Verstand uns so oft einreden will: Wir bitten, dass unsere Augen die Probleme unserer Mitmenschen wahrnehmen. Wir bitten, dass unser Mund die Sprache der Versöhnung spricht. Wir bitten, dass unsere Hände lieber helfen als schlagen. Wir bitten, dass unsere Ohren für die guten Worte, die wir heute hören, nicht verschlossen sind. Wir bitten, dass unsere Herzen durch die liebevolle Berührung deines Geistes angesprochen werden, damit Trost und Hoffnung in uns wachsen können. Amen.

Lied »Laudate omnes gentes«

Hören und Sehen
Ich möchte so gern glauben, aber immer wieder kommen mir Zweifel. Gott, gibt es dich? Ich möchte dich sehen, fühlen, berühren - nicht immer nur hören, was andere über dich erzählen. Dann würde es mir leichter fallen, zu glauben, dass du da bist. Manchmal habe ich so eine Ahnung, dass es dich gibt, Gott. Ich bin auf der Suche.

Biblische Lesung (Joh 20, 24-29):
»Thomas, genannt Didymus (Zwilling), einer der Zwölf, war nicht bei ihnen, als Jesus kam. Die anderen Jünger sagten zu ihm: Wir haben den Herrn gesehen. Er entgegnete ihnen: Wenn ich nicht die Male der Nägel an seinen Händen sehe und wenn ich meinen Finger nicht in die Male der Nägel und meine Hand nicht in seine Seite lege, glaube ich nicht. Acht Tage darauf waren seine Jünger wieder versammelt und Thomas war dabei. Die Türen waren verschlossen. Da kam Jesus, trat in ihre Mitte und sagte: Friede sei mit euch! Dann sagte er zu Thomas: Streck deinen Finger aus - hier sind meine Hände! Streck deine Hand aus und leg sie in meine Seite und sei nicht ungläubig, sondern gläubig! Thomas antwortete ihm: Mein Herr und mein Gott! Jesus sagte zu ihm: Weil du mich gesehen hast, glaubst du. Selig sind, die nicht sehen und doch glauben.«

Lied »Ich werfe meine Fragen«

Auslegung »Thomas, der Zweifler« - Standbild
(Idee: Parallel zur Nacherzählung der biblischen Geschichte wird Thomas jeweils entsprechend »modelliert«.)

Personen: Thomas (Standbild), Erzählerin, 3 Bildhauerinnen.

(Thomas: steht »eingefroren«; abgewandt; er ist abwesend.)
Ein paar Tage nach diesem schrecklichen Karfreitag trafen wir uns abends; wir schlossen die Türen sorgfältig ab, und plötzlich war er da. Jesus trat in unsere Mitte und sagte: Friede sei mit euch. Wir glaubten zu träumen, aber es war eine ganz reale Erfahrung. Er war in unserer Mitte.
(Sie deutet auf Thomas.)
Thomas war an diesem Abend nicht dabei. Natürlich erzählten wir ihm bei nächster Gelegenheit, was wir erlebt hatten: Jesus in unserer Mitte.
(1. Bildhauerin: kommt langsam aus einer Bank nach vorn; modelliert Thomas: zugewandt, zuhörend, aufmerksam.)
Thomas: lässt sich modellieren, ohne mitzuhelfen; bleibt dann so regungslos stehen.)
Aber Thomas glaubte uns nicht. Er zweifelte an unserer Erfahrung. Er sagte: Wenn ich nicht die Male der Nägel an seinen Händen sehe und wenn ich meinen Finger nicht in die Male der Nägel und meine Hand nicht in seine Seite lege, glaube ich nicht. Er konnte sich nicht vorstellen, dass es nach Karfreitag eine neue Begegnung mit Jesus geben könnte.
(Chor summt leise, während die 2. Bildhauerin kommt und arbeitet; einige singen leise den Text: »Seht ihr den Mond dort stehen, er ist nur halb zu sehen, und ist doch rund und schön. So sind wohl manche Sachen, die wir getrost belachen, weil unsre Augen sie nicht sehn«.)
(2. Bildhauerin: kommt langsam aus einer Bank nach vorn; modelliert Thomas: ungläubig, zweifelnd, seine suchenden Hände.
Thomas: bleibt »eingefroren« so stehen.)
Wir konnten Thomas nicht überzeugen und waren sicher, dass er seine eigene Erfahrung machen würde. Er musste selber erleben, wie Jesus in die Mitte tritt. - Ja, und so kam es dann auch. Eine Woche später, als wir uns wieder versammelt hatten, erlebten wir alle noch einmal, wie Jesus in unsere Mitte kam. Diesmal war Thomas dabei. Er erfuhr die Begegnung mit Jesus ganz leibhaftig. Es war eine überzeugende Erfahrung: Seine Hände hatten die Wundmale berührt. Thomas hatte wie wir den Auferstandenen erfahren.
(Chor summt leise noch einmal »Seht ihr den Mond dort stehen«; nur die letzte Texthälfte ab »So sind wohl...« wird diesmal vom ganzen Chor leise gesungen.)
(3. Bildhauerin: kommt, während der Chor summt, langsam nach vorn; modelliert Thomas: tastend, vertrauend, erkennend.
Thomas: bleibt regungslos so stehen.)
Thomas erkannte, dass er Gott begegnet war. Die Gotteserfahrung erschütterte ihn tief. Er kam zum Glauben und bekannte den Auferstandenen als seinen Gott. Es gibt viele andere, die wie Thomas zweifeln, die leibhaftige Erfahrungen brau-

chen, um glauben zu können. Sie alle können erleben, wie Gott in ihre Mitte kommt, wie Gott ihnen leibhaftig begegnet und sie tief erschüttert. Gott wohnt in jeder und jedem von uns. Begeben wir uns gemeinsam auf die Suche nach Gott in uns.

(Chor: summt leise »Selig seid ihr...«)

(alle Bildhauerinnen: modellieren Thomas schwer erschüttert, offen für Gott, hingegeben. Sie stellen sich im Anschluss in der genau gleichen Position neben Thomas, ebenso die Erzählerin. Solange der Chor singt, bleiben alle »eingefroren« so stehen.)

Lied »Suchen und Fragen«

Erfahren Die »Offene Zeit«

Liturgie der Salbung
Wünschst du dir ganz allgemein den Segen Gottes oder hast du ein besonderes Anliegen? *(Vornamen erfragen)*
(Freies Segensgebet, dass das Gesagte aufgreift (mit Handauflegung).)

Segnungs- und Salbungsformel
»Es segne dich Gott, der Vater, der dich erschaffen hat *(Salbung der Stirn)*, Gott, der Sohn, der dich und alle Menschen am Kreuz mit dem Vater versöhnt hat *(Salbung der ersten Handfläche)* und Gott, der Heilige Geist, der uns in der Kraft der Liebe mit Gott und untereinander verbindet« *(Salbung der zweiten Handfläche)*. Es folgt als Sendungsformel, bei der beide Hände gehalten werden: »Du bist nicht allein. Gott ist mit dir. Geh deinen Weg in Frieden.«

Lied zum Abschluss der »Offenen Zeit« »Meine Hoffnung und meine Freude«

Verlesen der Fürbitten
Beten heißt teilhaben. Wenn wir jetzt beten, nehmen wir Anteil an der Not und auch der Freude anderer Menschen. Wir lassen uns berühren von ihren Gebeten und stimmen nach jeweils drei Gebeten ein in den Kyrie-Ruf.

Gott, du Schöpfer des Lebens: Wir vertrauen dir an, was uns bewegt. Höre unsere Bitten und unseren Dank!

Gott, Schöpfer des Lebens: Du hast uns deine Zusage geben, uns zu begleiten auf unserem Lebensweg. Hilf uns, dass wir dir vertrauen. Und sei bei den Menschen, für die wir gebetet haben. Amen.

Lied »Er hört dein Gebet«

Schmecken (Abendmahlsteil)

Gebet zur Abendmahlsbereitung

Im Mahlgebet, dessen Gedanken aus jüdischer Tradition stammen, werden die Symbole des Brotes und des Weins gedeutet. Beide Nahrungsmittel sind Kombinationen göttlicher Schöpferkraft und menschlicher Arbeit. Gott lässt Korn und Wein reifen. Menschliche Handwerkskunst verarbeitet diese Früchte zu Brot und Wein. Brot gilt als Symbol des Grundnahrungsmittels (tägliches Brot), Wein hingegen als das Zeichen des Festes und der Freude (Joh 2). Zudem wird häufig auf das einheitsstiftende Moment der Abendmahlselemente hingewiesen: Wie ein Brot aus vielen Körnern gebacken, der Wein aus vielen Beeren gekeltert ist, so soll auch die am Tisch Gottes versammelte Gemeinde ein Leib werden.

Lebendiger Gott, du lädst die Menschen an deinen Tisch. Niemand soll ausgeschlossen werden. Alle sollen satt werden. Heute bist du mitten unter uns. Segne das Brot, unser Grundnahrungsmittel: Frucht der Erde und der menschlichen Arbeit. Segne Wein und Traubensaft, das Festgetränk: Frucht des Weinstocks und Zeichen der Freude. Wir bitten dich: Erneuere durch Brot und Kelch unser Leben und schenke uns eine neue Perspektive.

Präfation

Die Präfation deutet an, dass im Abendmahl die Grenzen zwischen Himmel und Erde, die Grenzen von Zeit und Raum überwunden werden. Wir feiern das Abendmahl zusammen mit den Engeln im Himmel und allen, die uns im Glauben vorangegangen sind und nach uns kommen werden. Dadurch treten wir schon jetzt in die himmlische Wirklichkeit ein bzw. hält die himmlische Wirklichkeit Einzug in unsere Welt.

Wir danken dir, Gott, dass du uns beschenken willst: Du gibst unserem Leben Richtung und Ziel. Du gibst unseren Fragen Antwort. Du erfüllst unsere Sehnsucht nach Sinn. Deine Engel trösten und stärken uns. Mit ihnen zusammen loben dich Himmel und Erde.

Lied »Sanctus« (Taizé)

Lobgebet I (Epiklese)

In den ökumenischen Vereinbarungen von Lima wurde die Herabrufung des Heiligen Geistes (Epiklese) und die Erinnerung an die Heilstaten Christi (Anamnese) als unverzichtbarer Bestandteil der Abendmahlsliturgie festgehalten. Vor dem ökumenischen Hintergrund (auch aufgrund innerprotestantischer Ökumene) sollten diese Teile in der Thomasmesse nicht fehlen.

Wir loben dich, heiliger Gott, und bitten dich: Sende deinen heiligen Geist. Belebe, was in uns abgestorben ist. Erfrische, was in uns vertrocknet ist. Heile, was unsere Seelen vergiftet. Lass uns durch dieses Brot und durch diesen Kelch neue Menschen werden: Menschen mit dem Blick für das Wesentliche; Menschen mit einem Herz für den Nächsten; Menschen mit der Hoffnung; dass du unserem Leben Sinn und der Welt Frieden gibst. In dieser Hoffnung tun wir, was du uns aufgetragen hast:

Einsetzungsworte

Lobgebet II (Anamnese)

Wir denken an Jesus Christus: Was er für uns getan hat und was wir durch ihn erhalten. Mit ihm sind alle, die das Abendmahl empfangen, verbunden. Wir empfangen Liebe und Vergebung. Wir werden zu einer Gemeinschaft.

Wir denken an Jesus Christus: Er erfüllt unsere verzagten Seelen mit überquellender Freude. Durch ihn können auch wir Liebe, Vergebung und Freude weitergeben. Er hat seinen Freundinnen und Freunden das Beten beigebracht. Mit diesen Worten beten auch wir heute:

Vaterunser

Friedensgruß

Ein Wunder geschieht: Gott schenkt uns seinen Frieden. Umhüllt von der Liebe Gottes dürfen auch wir auf unsere Nächsten zugehen. Lasst uns einander die Hand zum Frieden reichen und uns mit einem freundlichen Blick den Frieden Gottes weitergeben. Wir dürfen dazu sprechen »Friede sei mit dir« oder ein anderes gutes Wort, das uns in den Sinn kommt.

Agnus - Christe, du Lamm Gottes

In vielen evangelischen Gemeinden gehört das »Christe, du Lamm Gottes« zum unverzichtbaren Bestandteil der Abendmahlsliturgie. Liturgiegeschichtlich ist es als Gesang zum Brotbrechen das späteste Element, das zur Abendmahlsfeier hinzugetreten ist. Hier ist nach den vorfindlichen Gegebenheiten zu entscheiden, ob der traditionellen Liturgie oder einem modernen Agnus-Gesang der Vorzug gegeben wird. Das Agnus kann natürlich auch entfallen.

Austeilung

Lied »All die Fülle ist in dir«

Dankgebet

Wir danken dir, Jesus Christus, dass du unser Leben zum Guten verändert hast. Du hast uns gestärkt, eingefahrene Strukturen aufzubrechen. Du hast uns ermutigt, falsche Wege zu verlassen. Du gibst uns die Hoffnung, dem neuen Tag mit Zuversicht entgegenzublicken. Wir danken dir, dass du bei uns bist.

Behütet werden - Sendung und Segen
(Jede Thomasmesse wird ausgewertet, dazu liegen dem Programm Fragebögen bei, auf denen die BesucherInnen nach Alter, Wohnort, Kirchenzugehörigkeit, Gottesdienstbesuch befragt werden. Außerdem besteht die Möglichkeit, hier Anregungen und Kritik für kommende Thomasmessen abzugeben.)

»Geht hin, ihr seid gesandt« - nach diesem Satz aus der urchristlichen Liturgie hat die »Messe« ihren Namen. Wir werden in die Welt gesandt, in unseren Alltag, jede und jeder an den eigenen Ort. Wir gehen dorthin unter dem Segen Gottes. Mit uns nehmen wir Gottes Segen und teilen ihn aus, wem immer wir begegnen:

Der Gott allen Trostes und aller Verheißung, segne euch und behüte euch. Er begleite euch mit seiner Liebe, die trägt und fordert. Er sei euch Licht und Kraft für euer Leben. Er begleite euch auf all euren Wegen und schenke euch Frieden. Amen.

Lied »Den Segen Gottes sehn« (F. Baltruweit)

Abschlussgebet für Mitwirkende (EG 827)

Gemeinsames Aufräumen und Ausklang der Thomasmesse

Anmerkungen

Für weitere Informationen zur Entstehung der Thomasmesse ist das Gemeindekolleg der VELKD in Celle Ansprechpartner, das sich um die Koordination und den Austausch der Thomasmessen-Initiativen in Deutschland bemüht (www.gemeindekolleg.de). Dort finden sich auch Links zu anderen Thomasmessen-Initiativen in Deutschland.

Die Auslegung »Thomas, der Zweifler - Ein Standbild« wurde von Sabine Haverkamp, Bielefeld verfasst.

Kontakt:
Simone und Christian Rasch
Herford
05221-693890
CSRasch@gmx.de

Senfkorn-Gottesdienste

Ein Gottesdienst-Projekt in der Erlanger Innenstadt-Pfarrei Herz Jesu

Die katholische Herz Jesu Gemeinde liegt in der Erlanger Innenstadt, umgeben von Unikliniken in der Nähe der Universität und am Rande eines großen Kneipenviertels. Hier wohnen wenige Familien - es überwiegen Single-Haushalte, Studentenwohnheime, Häuser für Klinikangestellte... Seit einiger Zeit nimmt die Gemeinde diese besondere Situation mit ihren Herausforderungen bewusster wahr. Das Projekt der »Senfkorn-Gottesdienste« ist ein kleiner Schritt auf diesem Weg.

Ein eher schlecht angenommener Gottesdienst speziell für Kinder wurde aufgegeben und etwas Neues, eher an Erwachsenen Orientiertes wurde gewagt. Dabei lehnte sich das Erlanger Team an dem Konzept des »Senfkorn-Gottesdienstes« an (Horst Bracks: Glauben erfahrbar machen. Claudius Verlag) und entwickelte dieses kreativ auf die besondere Gemeindesituation weiter.

Der Erlanger Senfkorn-Gottesdienst versteht sich als Eucharistiefeier, die den Teilnehmern Freiräume für innere und äußere Bewegung und aktive Beteiligung ermöglichen will. Neue liturgische Zugänge sollen kirchenfernen Menschen helfen, Spiritualität wieder zu erfahren, sich und das eigene Leben im Gottesdienst angesprochen zu fühlen und sich so auch allmählich wieder auf die Traditionsliturgie einzulassen. Diese ist im Ablauf des Senfkorn-Gottesdienstes durchaus präsent; sie wird aber immer wieder in bewusster »Inszenierung« für die heutige Zeit aktualisiert.

Das Bild vom kleinen Senfkorn, das wächst, stellt sich der ganzen Wirklichkeit: Menschen sagen ja selbst, dass ihr Glaube und ihr Vertrauen, ihr religiöses Wissen und ihre spirituelle Praxis gering sind - winzig wie ein Senfkorn. Aber wie beim Senfkorn kann genau an diesem Punkt ein Wachstumsprozess beginnen, der die eigenen Potenziale entwickelt, entfaltet und reifen lässt. Was die Menschen mitbringen, ist einerseits genug, weil alle Anlagen darin vorhanden sind. Andererseits gilt es, für das Wachstum förderliche Rahmenbedingungen zu schaffen. Dazu will der Senfkorn-Gottesdienst beitragen.

»Kleines Senfkorn Hoffnung«

Einzug des Liturgischen Dienstes
Lied: »Kommt herbei, singt dem Herrn«
Spielszene
Lied: »Kyrie eleison«
Gloria-Lied: »Allein Gott in der Höh sei Ehr«
Spielszene
Gebet zum Tag
Spielszene
Lied: »Ich steh vor dir mit leeren Händen, Herr«
Evangeliums-Lesung (Mt 17, 14-20)
Kurz-Dialog zum Bibeltext
Spielszene
Fürbitten
Bereitung der Gaben
Lied: »Kleines Senfkorn Hoffnung«
Gebet
Spielszene
Hochgebet
Vaterunser
Friedensgruß
Gebet »Lamm Gottes«
Kommunion
Schlusslied: »Wer unterm Schutz des Höchsten steht«
Schlussgebet
Schlusslied: »Wer unterm Schutz des Höchsten steht«
Abkündigungen
Segen
Aussendung der Gemeinde

Benötigtes Material/ Vorbereitung

Für den hier vorgestellten Gottesdienst sind einige Requisiten wichtig (Handy, Terminkalender, kugelsichere Weste, »Sorgensteine«).

Ablauf

Einzug des Liturgischen Dienstes

Gemeindelied »Kommt herbei, singt dem Herrn« (GL 270)

Spielszene

(Während der Begrüßung kommt ein Mann in die Kirche, schwer bepackt mit Tüten und Taschen. Langsam geht er den Mittelgang vor. Eine Frau aus einer der vorderen Bänke geht ihm entgegen.)

Frau Was haben Sie denn alles dabei?!

(Der Mann packt seine Tüten aus und kommentiert.)

Mann Hier habe ich Schachteln mit wichtigen Einkäufen; dicke Brocken von Problemen und Sorgen; schließlich einige schwere Steine, die für ganz besondere Ängste und Nöte stehen. Das alles muss ich mit mir herumschleppen!

Frau Hier bei uns können Sie das alles ablegen - wie in der Garderobe am Eingang zum Festsaal!

(Gemeinsam legen sie die Dinge vor den Altar, während die Gemeinde mehrmals ein schlichtes ostkirchliches »Kyrie eleison« singt.)

Lied »Kyrie eleison«

Gloria-Lied »Allein Gott in der Höh sei Ehr«

Gebet zum Tag

Pfarrer Wir wollen beten!

Spielszene

(Vor den Altarstufen steht der Mann mit Handy und Terminkalender in seinen Händen.)

Mann Ich kann nicht beten!

(Die Frau kommt auf ihn zu.)

Frau Wenn du beten willst, musst du auch dein Handy und deinen Kalender loslassen! Dann hast du die Hände frei.

Mann Das kann ich nicht! Das will ich nicht! Ich habe Angst vor der Leere, die dann kommt! Ich habe Angst, die Kontrolle zu verlieren!

Frau Versuch es! Es lohnt sich!

(Stille, Abwarten. Schließlich legt der Mann sichtlich zögernd und unsicher Handy und Terminkalender vor sich auf den Boden. Die Frau trägt sie behutsam vor den Altar zu den anderen Utensilien.)

(Jetzt breitet der Pfarrer zum Gebet die Hände aus. Die Mitglieder des Senfkorn-Teams tun es ihm gleich; der Mann schließt sich zögernd an. Der Pfarrer betet.)

Verborgener Gott! Wir stehen in deiner Gegenwart. Mit unseren Fragen und Hoffnungen, mit unseren Enttäuschungen und Verletzungen, mit unserer großen

Sehnsucht nach Glück. Wir bitten dich: Schau auf uns. Nimm uns an, so, wie wir sind. Und öffne du unser Herz für dich. Darum bitten wir durch Jesus Christus, unseren Bruder und Herrn. Amen.

Lied »Ich steh vor dir mit leeren Händen, Herr« (GL 621)

Evangeliums-Lesung (Mt 17, 14-20)

»Als sie zurückkamen, begegneten sie einer großen Zahl von Menschen. Da trat ein Mann auf ihn zu, fiel vor ihm auf die Knie und sagte: Herr, hab Erbarmen mit meinem Sohn! Er ist mondsüchtig und hat schwer zu leiden. Immer wieder fällt er ins Feuer oder ins Wasser. Ich habe ihn schon zu deinen Jüngern gebracht, aber sie konnten ihn nicht heilen. Da sagte Jesus: O du ungläubige und unbelehrbare Generation! Wie lange muss ich noch bei euch sein? Wie lange muss ich euch noch ertragen? Bringt ihn her zu mir! Dann drohte Jesus dem Dämon. Der Dämon verließ den Jungen, und der Junge war von diesem Augenblick an geheilt. Als die Jünger mit Jesus allein waren, wandten sie sich an ihn und fragten: Warum konnten denn wir den Dämon nicht austreiben? Er antwortete: Weil euer Glaube so klein ist. Amen, das sage ich euch: Wenn euer Glaube auch nur so groß ist wie ein Senfkorn, dann werdet ihr zu diesem Berg sagen: Rück von hier nach dort!, und er wird wegrücken. Nichts wird euch unmöglich sein.«

Kurz-Dialog zum Bibeltext

(Team-Mitglieder und Pfarrer beleuchten unterschiedliche Facetten des Textes.)

Ich finde gut, dass für Jesus schon ein winziger Glaube ausreicht. Damit können wir etwas ganz Großes bewirken!

Für mich ist das ganz anders. Dieses Wort überfordert und entmutigt mich: Schon mit einem winzigen Glauben müsste ich einen Berg versetzen können! Aber ich weiß genau: Das kann ich nicht! Habe ich dann überhaupt Glauben?

Mir fällt auf, dass hier keine »Taufschein-Christen«, sondern die engsten Mitarbeiter Jesu, die Jünger, hier ziemlich dumm dastehen und nichts bewirken - weil sie keinen Glauben haben!

Ich persönlich sehe dieses Wort als Aufforderung, Jesus ganz zu vertrauen - und darauf zu bauen, dass er es gut machen wird mit mir und meinem Glauben...

Spielszene

(Der Mann mischt sich von unten ein.)

>**Mann** Ich habe keine Ahnung, von was Ihr da redet! Ich verstehe kein Wort!

(Eine Frau aus dem Team kommt zu ihm herunter.)
Frau Mensch, das kannst du doch auch verstehen! *(Sie stupst ihn freundschaftlich.)*
Mann *(gereizt, aggressiv)* Bleib mir vom Leib! Lass mich in Ruhe!
(Er schützt sich mit den Händen und geht auf Distanz.)
Frau Was hast du denn da? Das fühlt sich ja ganz hart an!
Mann Eine kugelsichere Weste! Damit ich nicht verletzt werde!
(Der Mann zieht seinen Mantel aus. Er trägt darunter auf der bloßen Haut eine kugelsichere Polizei-Weste. Der Mann steht regungslos da, mit dem Gesicht zu den Menschen.)

Fürbitten
Wir alle haben Angst vor Verletzungen. Wir sind selbst oft verletzt. Und wir verletzen andere. Bringen wir in einer Stille all das zu Gott, was uns bewegt und beschäftigt, bedrückt und quält...

Bereitung der Gaben
(Nach der Fürbitten-Stille bringen die MinistrantInnen Brot und Wein zum Altar.)

Gemeindelied »Kleines Senfkorn Hoffnung«
(Der Mann bleibt während dieser Zeit unten an den Altarstufen stehen.)

Gebet
Lebendiger Gott! Wir stehen vor dir und spüren tief im Herzen: Wir sind nicht würdig, dich zu empfangen. Und gleichzeitig vertrauen und hoffen wir darauf: Du bist größer als unser Herz, das uns anklagt. Wir bitten dich: Wandle uns von Grund auf - ganz und gar. Darum bitten wir durch Jesus Christus, unseren Bruder und Herrn. Amen.

Spielszene
Mann *(aggressiv)* Ich verstehe das alles nicht! Ich spüre nichts!
Eine Frau Wenn du etwas spüren willst, musst du deinen harten Schutz-Panzer ablegen!
Mann Das will ich nicht! Ich möchte nicht verletzt werden!
Pfarrer *(kommt vom Altar auf den Mann zu)* An diesem Tisch wirst du nicht verletzt! Hier kannst du deinen Schutzpanzer ablegen!
Mann Ich will das nicht! Darunter sind ganz alte Wunden!
Pfarrer Du musst keine Angst haben! Leg deinen Panzer ab! Lass dir helfen!
(Nach einigem Zögern willigt der Mann ein. Der Pfarrer öffnet mit einer kräftigen Bewegung die Klettverschlüsse der kugelsicheren Weste. Ein Team-Mitglied nimmt sie ihm ab und legt sie vor den Altar.)

in die Mitte. Der Pfarrer nimmt den Mann an der Schulter und führt ihn behutsam zum Altar. Während der Präfation, die das Vertrauen thematisiert, steht er neben dem Pfarrer: Mit nacktem Oberkörper; in der Herzgegend klebt ein großes, etwa 20 cm langes Operationspflaster. Während des Heilig-Liedes bringt ein Team-Mitglied dem Mann seinen Mantel; der zieht ihn an.)

Hochgebet
(Großes Lob- und Dankgebet mit dem Abendmahlsbericht)

Vaterunser

Friedensgruß

Gebet »Lamm Gottes«

Kommunion

Schlusslied »Wer unterm Schutz des Höchsten steht« (GL 291, 1+2)

Mann *(von den Stufen zum Altarraum)* Und was ist jetzt mit meiner Wunde? Sie ist ja immer noch da! Und sie tut weh!
Ein Team-Mitglied Das hier ist keine Zauberei! Deine tiefe Wunde verschwindet nicht plötzlich. Aber hier und heute kann die Heilung beginnen!

Schlussgebet
(sprechen der Mann und zwei Team-Mitglieder (A und B) abwechselnd, wieder mit weit ausgebreiteten Armen.)

Mann Gott, du rätselhaftes Geheimnis! Kaum können wir glauben, dass du uns bewahrst und schützt. So viele Verletzungen, so viel Unheil, so viele Zweifel...
A Und doch! Du hast uns dein Wort gegeben. Du bist bei uns im Wort. Und dein Wort gilt!
B Du bist unsere Wege mitgegangen - du Gott mit uns, du Gott für uns: in Jesus, unserem Bruder.
A Dafür danken wir dir. Und wir bitten dich: Stärke und ermutige uns mit deiner Kraft! Heile uns mit deiner göttlichen Medizin!
(kurze Gebets-Stille)

Pfarrer So bringen wir alles zu dir, guter Gott, durch Jesus Christus, unseren Bruder und Herrn. Amen.

Lied »Wer unterm Schutz des Höchsten steht« (GL 291, 3)

Abkündigungen

Segen

Aussendung der Gemeinde

Kontakt:
Max-Josef Schuster
Sonntagsweg 1
90427 Nürnberg
0911/ 9346539
mj.schuster@web.de

Gottesdienste für Kirchendistanzierte

»Ja + Amen« - Projekt der Ev. Kirchengemeinde in Wetter-Wengern

»Ja + Amen« sind die Gottesdienste in der Evangelischen Gemeinde Wetter-Wengern, die - sechs mal im Jahr - auf wirklich »andere Weise« gefeiert werden. Zielgruppe sind die Menschen zwischen 30 und 60 - also die, die sonst nicht unbedingt im Gottesdienst anwesend sind. Es kommen 150 bis 200 Leute, in einer Gemeinde, wo sonst maximal 50 Teilnehmer den »normalen« Gottesdienst besuchen.

Das Besondere an »Ja + Amen«: Die Vorbereitung wird von einem extra für diesen Gottesdienst jeweils neu zusammen gestellten Team vorbereitet und durchgeführt. In der Regel gibt es keine Predigt im herkömmlichen Sinne, dass jemand im Talar auf die Kanzel steigt; das religiös-biblische Thema wird immer in den Dialogen/ Spielszenen aufgenommen, bzw. in den Text-Meditationen weitergeführt. Der musikalische Schwerpunkt von »Ja+Amen« übernimmt zudem die »religiöse« Dimension durch die Texte der Gospels und die gefühlsbetonte Musik.

Die Struktur des Gottesdienstes orientiert sich schon am Schema des neuen Gottesdienstbuches:

A.   Eröffnung und Anrufung (wir haben immer ein Eingangsvotum (Im Namen des Vaters ...), immer ein Gebet/ Psalmgebet am Anfang)

B.   Verkündigung und Bekenntnis (manchmal originale biblische Lesungen, immer einen »Verkündigungsteil«, Glaubensbekenntnis im eigentlichen Sinne nicht, manchmal persönliche Statements zum Thema)

C.   Kein Abendmahl

D.   Fürbitte und Sendung (oft Fürbitten, immer Vaterunser, immer Segen)

Es wird immer ein Gospelchor oder eine Gruppe, die Sacro-Pop spielt, eingeladen. Dies ist ein entscheidender Faktor! Wir haben ein besonderes Thema z.B.: »Masken« - »Mitte des Lebens - Krise des Lebens« - »Sonntags Ruhetag« - »Was ist Glück?«. Wir verwenden offene und teilweise ungewöhnliche Darstellungsformen wie z.B.: Text-Meditationen - persönliche

Statements - »news and stories«, die Nachrichten zum Thema (= ernste und lustige, interessante und so-noch-nicht-gehörte Infos zum Thema, vorgetragen wie in einer Nachrichtensendung) - Anspiele, Dialoge, Spielszenen, in denen das Thema von verschiedenen Seiten angegangen wird - je nach Thema auch spontane andere Ideen.

»Zeitgeist - Geistzeit«

Chor: »Ain't no mountain«
Chor: »Every nation«
Begrüßung
Gebet
Gemeinde-Lied: »Unser Leben sei ein Fest«
Zeitgeist-Vorspiel
Chor: »Every time«
Chor: »Count on me«
Zeitgeist-Gespräch
Gemeinde-Lied: »Meine Zeit steht in deinen Händen«
Geistzeit-Ballade (Teil 1)
Gemeinde-Lied: »Geist der Freude«
Geistzeit-Ballade (Teil 2)
Chor: »The way I care«
Chor: »Medley: When Israel was/ Joshua fit the battle/ Nobody knows«
Geistzeit-Meditation
Gemeinde-Lied: »Dein Geist weht wo er will«
Vaterunser
Segen
Chor: »Joyful, joyful«
Hinweise/ Danksagungen/ Einladung zum Kaffee

Ablauf

Chor »Ain't no mountain« (Ashford/ Simpson)

Chor »Every nation« (Red Hot R&B AllStars)

Begrüßung
Guten Morgen allen und herzlich willkommen bei »Ja + Amen«. Heute zum 31. Mal »Gottesdienst anders« in der evangelischen Dorfkirche. Manchmal, wenn ich zu »Ja + Amen« einlade oder, wenn jemand an den Ortseingangsschildern vor-

beigefahren ist, wo groß »Ja + Amen - Sonntag 10.30 Uhr - Evangelische Kirche« drauf steht - fragen mich Leute - was ist das überhaupt: »Ja und Amen«? Um was geht es da? Dann sage ich: »Ja und Amen« ist der Versuch wieder in Kontakt mit dem Heiligen zu kommen - mit Gott und mit den Menschen, um mich herum - wieder in Kontakt zu kommen - durch hören, schauen, singen, nachdenken.

Und darum ist die Musik so wichtig, die Chöre und die Musiker, die mit uns und für uns spielen und singen. Darum seid ihr so wichtig dabei - ihr habt sie schon gehört - »Into Joy« - der Gospelchor aus der evangelisch-freikirchlichen Gemeinde in Wetter. Wir freuen uns, dass ihr da seid und uns ein bisschen mit nehmt »in eure Freude«. Und »Ja + Amen« lebt vom Thema. Immer wieder ein anderes - durch Zufall entdeckt - mal vorgegeben von den Zeitereignissen - oder geboren aus dem Interesse der Leute, die vorbereiten. Diesmal geht's um den Zeitgeist, der unser Leben bestimmt und um den Geist, den Jesus uns versprochen hat, dass er bei uns ist und uns beim Leben hilft. Und »Ja + Amen« lebt von den anderen Formen und Darstellungsarten, die wir mit hinein nehmen. Ganz anders als in anderen Gottesdiensten - und doch letztlich immer Lobpreis Gottes. Heute z.B. ist es zum Teil sehr merkwürdig. Wir wissen nicht genau, welcher Geist uns da getrieben hat. Nach dem Gottesdienst bitten wir euch, noch ein wenig da zu bleiben, und noch nicht gleich aufzubrechen, denn es gibt noch ein Käffchen.

Alles was wir tun, heute und morgen, lasst uns tun im Namen unseres Gottes. Wir sind hier im Namen des Vaters und des Sohnes und des heiligen Geistes. Amen. Unsere Hilfe steht im Namen des Herrn, der Himmel und Erde gemacht hat. Ich möchte noch beten.

Gebet (Jörg Zink)

»In dir sein, Gott, das ist alles. Das ist das Ganze, das Vollkommene, das Heilende. Die leiblichen Augen schließen, die Augen des Herzens öffnen und ein-tauchen in deine Gegenwart. Ich hole mich aus aller Zerstreutheit zusammen und vertraue mich dir an. Ich lege mich in dich hinein wie in eine große Hand. Ich brauche nicht zu reden, damit du mich hörst. Ich brauche nicht aufzuzählen, was mir fehlt, ich brauche dich nicht zu erinnern oder dir zu sagen, was in dieser Welt geschieht und wozu wir deine Hilfe brauchen. In dir sein, Gott, das ist alles, was ich mir erbitte. Damit habe ich alles erbeten, was ich brauche für Zeit und Ewigkeit. Amen.«

Gemeinde-Lied »Unser Leben sei ein Fest« (EG 571)

Zeitgeist-Vorspiel

(Drei Teammitglieder stehen - mit Hüten, schwarzen Sakkos und Sonnenbrillen bekleidet - Rücken an Rücken - und rezitieren - recht schnell -

den unten stehenden Text - den ersten und letzten Vers gemeinsam, die anderen immer reihum.)

Zeitgeist geistert durch die Zeit / Seid zum Geistern Ihr bereit ?
Hip und trendy - alles top / in and out - und ex und hopp
Lifestyle - Moden - Trends / action - hypes - events
Neudeutsch - Kanak - Anglizismen / Floskeln - Kürzel - Dadaismen
Tempo - power - energy / Busen-Schönheitschirurgie
Joy - Brigitte - Bild der Frau / perfekt gestylter Körperbau
Studio - Sixpacks - fit for fun / bloß kein Grämmchen Fett mehr dran
Adventure - Trekking - Bunjee-Sprung / auch im Alter ewig jung
wellness - tupper - beauty-farm / parties - disco - kinderarm
Harald Schmidt - TV-Total / alles easy - voll normal
Sieben Köpfe - Comedy / Einschaltquoten - Pay-TV
Talkshows - Salesch - Olli Geissen / Expertenrunden - Wirtschaftsweisen
höher - weiter - just in time / die Ware muss aus Spanien sein
Lidl - Plus und Pennymarkt / um neun bei Aldi Herzinfarkt
Börse - Aktien - Dividenden / Sharehold value - Fonds und Renten
Nichts verschenken - Geiz is geil / und höher der Gewinnanteil
Last minute - Ibiza - Mallorca / Kidnapping In der Sahara
zum Shoppen kurz mal nach Bahia / als 1. Klasse Passagier
Effe - Boris - Dieter Bohlen / Frauen, Sex und Kapriolen
berühmt - beliebt - und auch beneidet / mit dem besten Zwirn bekleidet
Video-Streaming - DVDs / MP3 - und auch CDs
Klingeltöne - SMS / Siemens-Handy - trotzdem Stress
Bis zur Zukunft ist's noch weit / Zeitgeist geistert durch die Zeit.

Chor »Every time« (Amorosi)

Chor»Count on me« (Houston)

Zeitgeist-Gespräch
> **Sie** (*sitzt und blättert in einer Frauenzeitschrift*) Liebling, du weißt doch nie, was du mir zum Geburtstag schenken sollst...
> **Er** Oh je, was kommt denn jetzt schon wieder...
> **Sie** Ich sehe hier gerade was. Du könntest mir doch mal ein Wellness-Wochenende auf einer Beauty-Farm schenken. Das wollte ich schon immer mal machen.
> **Er** (*genervt*) Was ist mit Black Beauty?
> **Sie** Ha ha. Sehr witzig. Ich meine das aber ernst. Hier in der Brigitte ist so ein tolles Angebot: »5 Tage-Verwöhn-Programm für die Frau von heute«. Und gar nicht so teuer... Hach, mal so richtig entspannen. Mich mal richtig verwöhnen lassen...

Er Ach was, verwöhnen kann ich dich doch.

Sie Ja ja, nicht was du schon wieder denkst. - Das hier ist was richtig Gutes. Gesundes Essen, Typberatung, Fitness-Park, Tai-Chi-Aerobic, Sauna... Und hier, guck mal - da gibt's noch Extra-Programme - da kann man auswählen. *(liest)* »Sind Sie eine »Beauty-Königin« - oder mehr die »Gesundheitsbewusste« - oder die »Sportlich Aktive« - oder doch die »Genießerin«? Wählen Sie sich Ihr passendes Wellness-Programm«. Hört sich doch toll an.

Er Ach, das ist doch alles Quatsch: *(sarkastisch)* beauty, fitness, fun, jogging, walking, sauning, schwimming, essing... Können die überhaupt noch normal reden? Die sollen mal deutsche Ausdrücke benutzen.

Sie Ach hör doch auf! Du musst wieder alles madig machen. Mir würde das sicher gut tun.

Er Das ist doch eine einzige Geldmacherei. Unser Land geht den Bach runter. Und meine Frau gönnt sich ein wellness-weekend. Na super.

Sie Geld. Geld. Du denkst immer nur an die Kosten. Und fragst nie, ob man so was auch mal für die Seele braucht. Damit's einem gut geht.

Er Immer dieses Zeitgeist-Gequatsche. Du fällst mal wieder prompt auf diese Zeitgeist-Trends rein. »Seele baumeln lassen« - »sich verwöhnen lassen« - »sich keine Gedanken machen« - alles easy - alles cool«. Kopf in den Sand stecken eben. Das passt doch prima. Bloß nicht sehen, was wirklich los ist. Die Augen vor der Wirklichkeit zumachen. Und sich in eine Traumwelt flüchten. Das ist der Geist unserer Zeit.

Sie Stimmt doch gar nicht. Wie sollte ich mich als deine Ehefrau und berufstätige Mutter von zwei Kindern in eine Traumwelt flüchten? Da habe ich überhaupt keine Zeit zu. Und die Augen vor der Wirklichkeit machst du doch wohl eher zu als ich.

Er Wie bitte?

Sie Ja, vor allem, wenn's um die Wirklichkeit des dreckigen Geschirrs geht, das in die Spülmaschine rein muss.

Er Ha ha.

Sie Ja genau. Und wenn ich dann mal ein bisschen Zeit für mich möchte, dann fängst du an zu philosophieren über den Zeitgeist und spielst dich als Kulturkritiker auf.

Er Ja, ist doch auch so. Das ist doch alles verlogenes Zeug, was da in deinen Frauenzeitschriften steht. Die wollen euch doch glauben machen, dass alles im Leben sich um Mode, Klamotten, Sex und Schminke dreht.

Sie Unsinn! Da werden auch ganz wichtige Lebensfragen angesprochen. Kindererziehung, Partnerschaft und Liebe, Gesundheit, Berufliches.

Er Na und? Ist doch auch nur der Zeitgeist, dass man über alles quatschen muss und alles zum Problem macht.

Sie Und dass man über nichts miteinander redet, weil man sich gar nicht für den anderen interessiert, nicht mal, wenn's Probleme gibt - und dass man dem anderen nicht zuhört, wenn der Sorgen hat - und dass man nur an sich denkt und nicht mal an andere - das gehört wohl nicht zum Zeitgeist, oder wie?

Er Wie meinst du das denn?

Sie Du suchst dir immer aus, was dir nicht in den Kram passt und nennst das dann den Zeitgeist. Dabei richtest du dich genauso nach dem Zeitgeist. Der ist nämlich viel umfangreicher, als du denkst.

Er Versteh ich nicht. Der ganze Modekrempel - der Konsum - das Getue um das Aussehen, dieser Körperkult - das ist doch der Zeitgeist. Darum geht's doch in deinen Zeitschriften.

Sie Gut, gebe ich zu, dass das so ist. Aber das ist noch lange nicht der ganze Zeitgeist. Da gibt's auch genug, was ich kritisieren könnte.

Er Ach ja? Was denn?

Sie Na dieser ganze Egoismus. Hab ich doch eben schon gesagt. Jeder denkt nur noch an sich. Keiner will mehr was für andere tun. Jeder ist sich selbst der Nächste. Wenn ein Mädchen auf offener Straße vergewaltigt wird, schauen alle weg. Das ist auch der Zeitgeist.

Er Hm, da ist was dran. Ich dachte immer, Zeitgeist wäre, was sich so ein paar Wirtschafts-, Werbe- und Medienfuzzis ausdenken, damit sie uns verdummen können, gutes Geld verdienen und uns schließlich völlig kontrollieren können, wie Marionetten. Aber da gehört wohl doch noch mehr zum Zeitgeist dazu. Du meinst, wir selber schaffen den Zeitgeist mit?

Sie Ja, alles, was die Menschen heutzutage denken und fühlen, macht den Zeitgeist aus. Was viele oder die meisten Menschen glauben. Und was sie wichtig finden.

Er Und wenn dann der Zeitgeist fertig ist, dann beeinflusst der wieder die Menschen, und sie orientieren sich daran. Und dann schaffen sie dadurch wieder einen neuen Zeitgeist. Oh je, das ist ja ein ewiger Kreislauf.

Sie Ja, und da gibt's eben Positives und Negatives; Entwicklungen, die gut sind, und solche, die uns schaden. Ich finde ja auch nicht alles gut, was den allgemeinen Trends entspricht.

Er So habe ich da noch nicht drüber nachgedacht. Du meinst, dann bin ich auch zeitgeist-geschädigt?

Sie Geschädigt? Weiß ich nicht. Wir Menschen sind eben so, wie wir sind. Auf jeden Fall bist du auch ein Kind deiner Zeit. Und der Geist der Zeit fegt auch durch deine Eingeweide.

Er Na, scheint so. Jetzt, wo du's sagst. Aber es stimmt - ich hab da gestern so eine Sendung über das Dritte Reich gesehen -

Kriegsbegeisterung, Judenverfolgung - das war ja auch der Zeitgeist damals. Das hat ja Weltbrände entfacht.

Sie Ja, aber es gab eben auch gute »Zeitgeiste«. Denk mal an die Entstehung der Demokratie, an die Sklavenbefreiung oder das Wahlrecht der Frauen - hat auch gedauert, bis das alles kam. Aber irgendwann war es einfach so weit - da hat der Zeitgeist Gutes hervorgebracht.

Er Na ja, da muss man aber gut die Geister unterscheiden können. Gar nicht so einfach.

Sie Hm. Und? Was ist jetzt mit meinem Wellness-Urlaub ?

Er *(überlegt)* Dürfen da auch Männer mit?

Gemeinde-Lied »Meine Zeit steht in deinen Händen«

Geistzeit-Ballade (Teil 1)

A Um den Zeitgeist ging es hier, / doch noch mehr ist mein' Begier. Wissen will ich was es heißt, / wenn man sagt: das ist der Geist.

B Geist? - geht's hier jetzt um Gespenster? / Um Spukgestalten nachts am Fenster?

Um einen Grafen aus dem Schloss, / den irgendwann sein Sohn erschoss?

C Nein, Geist gibt's auch im Spiritismus. / Viele steh'n auf Okkultismus, sitzen in der Dunkelheit, / immer zum Kontakt bereit.

B Brillanter Geist, voller Esprit, / so kennt man es von dem Genie. Geistesgestört und kein Verstand, / so ist der Kleingeist uns bekannt.

C Und dann der gute Geist im Hause, / immer Arbeit ohne Pause. Kommandiert das Personal, / dienstbare Geister allzumal.

A Wie man es dreht und wendet. / Die Diskussion ist nie beendet. Doch manches kann man sagen / und zu beschreiben wagen:

D Der Geist ist flüchtig und nicht sichtbar, / nichts Materielles - doch sehr fruchtbar.

Ein Hauch, ein Wind, ein Feuer. / So manchem ist er nicht geheuer. Der Geist ist Wirkkraft, Energie, / eine geheime Alchemie.

Doch zu ertasten und zu sehen / ist es nicht, des Geistes Wehen.

A All das ist »Geist« und geistig. / Doch welcher Geist ist »geistlich«? Gar nicht so einfach - die Unterscheidung der Geister. / Was sagt denn Jesus, unser Meister?

E Der Geist weht wo er will, / unbändig ist er, steht nie still. (Joh 3, 3) Gottes Geist lässt sich nicht greifen, / wehen will er stets, und schweifen.

F »Heiliger« Geist wird er genannt / und ist vom Himmel ausgesandt; zu wirken hier auf Erden, / damit wir göttlich werden. (Joh 14, 26)

E Im Menschengeist wohnt Gottes Geist. / Darum ein Mensch »Kind Gottes« heißt.
Denn zu Gotteskindern werden / die Menschenkinder schon auf Erden.

Gemeinde-Lied »Geist der Freude« (aus Amerika)

Geistzeit-Ballade (Teil 2)

A Doch »heilig«? - nun, wo merke ich's dran?
Weil ja auch der Teufel zaubern kann.
F Prüfet alles, und das Gute behaltet. (1.Thess. 5, 21)
Ihr werdet schon merken, wo der Geist wirklich waltet.
E An ihren Früchten sollt ihr sie erkennen (Mt 7, 20); / und als Frucht - da wär' zu nennen:
Freundlichkeit, Geduld und Liebe, / Sanftmut, Friede, gute Triebe.
F Freude, Güte, Treue; / aber nichts, was ich bereue. (Gal 5, 22)
Im Geiste leben, »geistlich« wandeln, / für Gott und seinen Nächsten handeln.
E Dass Gott uns nahe ist - auch hier in Wengern; / in euch und uns und in den Sängern,
dafür steht Gottes guter Geist, / den man auch den »Tröster« heißt.
F Gottes Kraft und Jesu Nähe / Alles, was im Herz ich spähe,
was mich bewegt, nach vorne treibt, / und in mir beständig bleibt:
E Das ist der Geist, die Kraft des Lebens, / so dass mein Wirken nicht vergebens.
Ich stehe da und öffne mich / und lass mich leiten innerlich.
A Vom Zeitgeist hin zur Geisteszeit, / da ist der Weg gar nicht so weit:
Wenn alles, was die Zeit so bringt, / in Harmonie mit Gott erklingt.

Chor »The way I care« (Kosse)

Chor »Medley: When Israel was/ Joshua fit the battle/ Nobody knows«

Geistzeit - Meditation
(Während zwei sprechen, spielt das Klavier leise im Hintergrund das Lied: »Dein Geist weht wo er will«.)

A Und - wie komm ich nun da dran - als Mensch der Zeit und Zeitgeistmensch? Wie komm ich dran - an Gottes Kraft und Jesu Gegenwart, wie werd ich Teil von Gottes Geistzeit? Wo kann Gottes Geist in meinem Leben wehen und sein Wesen treiben?
B Alles, was das Herz uns leicht macht, den Kopf frei und den Bauch locker, das kommt vom Heiligen Geist. Er macht, dass wir so viel reden

können, dass wir malen und singen können, dass wir lustige Gedanken haben, dass wir Spaß und Freude haben.

Gemeinde-Lied: »Dein Geist weht, wo er will« (Poeplau/Edelkötter)

A Er ist da, wenn sich zwei Menschen lieben und beieinander bleiben und sich gegenseitig ihr Herz schenken. Wenn ich etwas sage - und du schaust mich an und hörst mir zu - und du verstehst, was ich sagen will - das ist vom Heiligen Geist.

B Wenn du mit Gott reden kannst und Gott dich fröhlich macht, so dass du keine Angst mehr hast: Das ist vom Heiligen Geist. Wenn du das Wort hörst und dich trösten lässt und dich bewegen, dann weißt du: Gottes Geist und Segen ist bei mir.

Gemeinde-Lied »Dein Geist weht wo er will«

A Und wenn wir uns streiten - und das kommt oft genug vor - und wir müssen dann irgendwann nicht mehr immer weiter trotzen, sondern können zueinander sagen: Es tut mir leid! Sei bitte wieder gut zu mir: Das ist vom Heiligen Geist.

B Wenn ich wieder mal alles hinschmeißen möchte, wenn ich glaube, die ganze Welt ist gegen mich, alle haben's auf mich abgesehen - und wenn dann das Schwere plötzlich in mir abfällt, der Panzer um mich aufspringt - dann spüre ich Gottes Geist in mir - und um mich und über mir.

A Und dann fange ich an zu verstehen, weil ich etwas von Gottes Kraft und Jesu Gegenwart in meinem Leben spüren kann, die mich lebendig und liebevoll machen - nicht immer und auf Abruf - aber mit Gewissheit und beständig. Amen

Gemeindelied »Dein Geist weht wo er will«

Vaterunser

Segen

Chor »Joyful, joyful« (L.v. Beethoven)

Hinweise / Danksagungen / Einladung zum Kaffee

Anmerkungen

Diese Versform in »Zeitgeist-Geistzeit« war schon sehr ungewöhnlich, weil ich persönlich ein Faible für Reime habe. Die Dialoge, die oft von unterschiedlichen Autoren geschrieben werden, haben aber meistens eine gute Mischung aus Ernsthaftigkeit und witzigen Elementen; bei Gebeten und Meditationen achten wir darauf, dass sie »umgangssprachlich« sind und nicht diese »pastoralen« Assoziationen erwecken. Dennoch sind sie immer auch »anders« als normaler Smalltalk, weil sie natürlich eine spirituelle Atmosphäre schaffen sollen.

Es findet kein Abendmahl statt, weil es unserer Meinung nach eben nicht zum Angebot für eher »kirchenferne« Menschen passt.

Musik, Musik, Musik! Gospelmusik ist im Moment am boomen. Wir haben schon seit 1998 Gospelchöre eingeladen, um »Ja + Amen« mitzugestalten, weil wir gemerkt haben, dass Menschen das hören wollen und dass es sie »anrührt«. Das ist Musik, die so völlig anders als die klassischen Kirchenlieder ist. Sie erreicht die Menschen mehr und tiefer als unser klassisches Repertoire. Wenn wir mit der Gemeinde in »Ja + Amen« singen - das tun wir jedes mal - dann Lieder, die singbar sind und dem Geschmack der Besucher entgegenkommen.

Dann ist es die themenorientierte Ausrichtung; wir können Themen ansprechen und anklingen lassen, die nicht unbedingt zur Sprache kommen, wenn man sich an die Perikopenordnung hält, die aber Menschen unserer Zeit beschäftigen. Das ist theologisch unter Experten sicher verpönt, das wiederum ist uns aber egal.

Weiter sind es vermutlich die offenen Formen der Darstellung. Auch wenn man in »Ja + Amen« hauptsächlich zuhört und wahrnimmt, ist es doch anders als liturgische Standards und eine 20-Minutenpredigt zu hören. Das ist nur noch für Menschen wichtig, die sich in diesen liturgischen Formen aufgehoben fühlen. Das sind aber immer weniger. Dass man auch mal lachen darf und klatschen, weil die Spielszene lustig war und die Musik einfach klasse, öffnet viele Menschen für das, was wir wollen: Kontakt zu Gott behalten (bzw. wieder neu bekommen) - und wenn nur für diese Stunde - und erfahren, dass Kirche etwas anderes ist als eine Institution, die Kirchensteuer erhebt, die Oma beerdigt und ansonsten nur im Weg steht. Das ist vielen Verantwortlichen vielleicht zu wenig - aber letztlich ist es sehr viel angesichts der kirchlichen Realität.

Kontakt:
Ulrich Mörchen
Am Brasberg 3   58300 Wetter-Wengern
02335-739358. moerchen@kirche-hawi.de

Gottesdienste für Kirchenüberzeugte und Kirchenfremde

Ein Gottesdienstfest in Buttstädt/ Thüringen

Wie kann man die oft große Kluft zwischen Kirchenüberzeugten und Kirchendistanzierten heute in der Gemeinde überwinden? Wie kann man Nicht-Kirchgängern wieder Appetit auf Gottesdienst machen? Eine mögliche Antwort: Ein gemeinsames Fest feiern, das auch Gottesfeier ist, aber weniger durch starke Ritualisierung abschreckt. Das hier vorgestellte Weinfest ist ein Beispiel für diesen Ansatz.

Beim Weinfest ist viel Raum für persönliches Gespräch, für ungezwungenes Miteinander. In vielen Menschen werden hier Hemmungen wach: »Darf ich überhaupt entspannt reden, trinken, feiern in einem gottesdienstlichen Raum?« Solche Bedenken und Berührungsängste sollen abgebaut werden. Die Stammgemeinde wird behutsam auf diese Art des Gottesdienstes vorbereitet. Sie soll dabei sein und mitfeiern, denn es soll ja gerade auch zur Begegnung von Stammgemeinde und Kirchenfremden kommen. Dafür muss die Gemeinde wissen, was sie erwartet, ohne dass zu viel vorweggenommen wird.

In der Tagespresse sollte unbedingt eine Vorankündigung auftauchen. Dabei sollte klar werden, dass hier zu einer ganz anderen Art von sonntäglicher Gemeindezusammenkunft eingeladen wird. Aber es muss dennoch deutlich sein, dass es sich um eine kirchliche Veranstaltung handelt. Plakate und Handzettel ergänzen die Werbung.

»Das Weinfest war ein bisher einmaliges Angebot ohne besondere Vorbilder. Den Gottesdienst als erlebbares fröhliches Fest zu feiern, ist jedoch keine einmalige Sache, im Gegenteil. Es ist notwendig, dass dies öfter im Jahr geschieht«, so die Initiatorin. »Durch wechselnde Themen kann die Neugier der Kirchenfernen wach gehalten werden. Und für die Stammgemeinde wird es langsam normal, dass Gottesdienste auch in freier Form gefeiert werden. So lernen die treuen Gemeindeglieder, an diesen besonderen Tagen den Kontakt zu den Kirchenfernen zu suchen und zu freuen sich dann auch wieder auf den traditionellen liturgischen Gottesdienst.«

»Das Weinfest«

Begrüßung an der Tür
Glockengeläut
Musik
Dialog und Begrüßung
Lied: »Wir feiern heut ein Fest«
Hinführung und Gebet
Ausschenken des Weines
Anstoßen
Einige Zeit für persönliches Gespräch
Lied: »Lobet den Herren«
Hinführung zum Bibeltext
Textlesung (Joh 2, 1-12)
Posaunenchor hören
Hinführung zur Erlebniserzählung
Lied: »Singt dem Herrn und lobt ihn«
Aktion der Kinder
Abkündigungen
Lied: »Singet dem Herrn«
Schlussgebet
Vaterunser
Segen
Lied: »In dir ist Freude«
Musik zum Ausklang

Vorbereitung

Der Gottesdienstraum wird festlich geschmückt. Die Tische stehen längs zum Altar, damit alle dorthin schauen können. Weiße Tischdecke, Blumen, Kerzen, kleine Knabbereien und natürlich Weingläser machen den Raum zum Festsaal. Es gibt kein Lesepult. Der Altar ist wie bei einem normalen Gottesdienst geschmückt, auch wenn er an diesem Tag nicht genutzt wird. Die Kerzen auf dem Altar brennen als sichtbares Zeichen der Gegenwart Christi. Der Raum für die Kinder sollte ebenfalls geschmückt sein. Wer viel Zeit hat, kann die Liedzettel noch mit Texten ergänzen, quasi wie bei einer »Hochzeitszeitung«.

Ablauf

Begrüßung an der Tür
(mit Handschlag und »Herzlich willkommen«)

Glockengeläut

Musik

Dialog und Begrüßung
Mitarbeiter Hallo Frau Sch. Ich muss doch mal mit Ihnen reden. Also, mal einen etwas anderen Gottesdienst zu machen, das ist ja O.K. Aber den Gottesdienst einfach ausfallen zu lassen? Geht das nicht zu weit?
Pastorin Der Gottesdienst fällt doch nicht aus! Wie kommst du darauf?
Mitarbeiter Gottesdienst heißt: Andacht, Stille und zuhören. Da wollen die Leute zur Ruhe kommen. Na ja, manchmal ist das zwar ein wenig langweilig. Aber das ist eben so. Es wird auch gesungen und Musik gehört. Orgelmusik natürlich! Aber hier sieht es eher aus wie bei einem turbulenten Fest. Auf den Tischen stehen Weingläser und leckere Sachen zum Naschen. Nein! Ein Gottesdienst wird das nicht.
Pastorin Wir feiern Gottesdienst. Heute ist der Schwerpunkt besonders auf das Feiern gelegt. Das bedeutet nicht, dass nicht auch zugehört wird und Stille sein kann. Beim Unterhalten gibt es auch immer jemanden, der zuhört und jemanden, der redet. Singen werden wir ebenfalls. Was wäre ein Fest ohne Musik. Alle sind gekommen: Erwachsene, Kinder, Jugendliche, Omas und Opas; alle, die zu unserer Familie gehören. Es wird also ein richtiges Familienfest.
Mitarbeiter Wieso ein Familienfest? Ich sehe Leute aus vielen Familien, nicht nur aus einer.
Pastorin Ich sehe Leute aus einer Familie, aus der Familie Gottes. Gott ist unser Vater, darum sind wir eine Familie. Wir feiern also einen Familien-Fest-Gottesdienst.
Mitarbeiter Gibt es irgendeinen besonderen Grund?
Pastorin Nur den, den es immer gibt. Jesus ist gekommen. Wenn Jesus zu uns kommt, dann muss man einfach feiern. Wenn so jemand Wunderbares, wie Jesus zu uns kommt, dann muss man ihn einladen, dass er bleibt. Das ist so toll, dass ich nicht still sein kann und brav auf einer Kirchenbank sitze. Hast du noch eine Frage oder können wir endlich anfangen?
Mitarbeiter Es ist O.K. Legen wir los.
Pastorin Ich grüße euch alle ganz herzlich. Liebe Familienangehörige, Schwestern, Brüder. Ich freue mich über euer Kommen. Ihr habt es ja gerade gehört. Der besondere Grund des Festes ist nur der, dass Jesus da ist. In seinem Namen wollen wir feiern. Und im Namen Gottes, Jesu Vater und unser Vater und auch im Namen des Heiligen Geistes, das geistige Band unserer Familie. Nun lasst uns singen!

Lied »Wir feiern heut ein Fest« (Das große Liederbuch von Rudolf Krenzer Nr. 128)

Hinführung und Gebet

Ihr Lieben. In vielen Familien heißt es: Vor dem Essen wird gebetet. Warum, eigentlich? Es gibt da einen ganz schönen Witz: Klein Fritzchen kommt in die Küche und stürzt sich auf das Mittagessen. Da mahnt ihn seine Mutti: »Halt, wir haben noch nicht gebetet.« Daraufhin antwortet er: »Das brauche ich heute nicht, das Essen ist schon kalt«. Aus solch einem Grund kann man das beten schnell abschaffen. Wie mag das wohl bei Ihnen zu Hause sein? Ich bete vor dem Essen, damit Gott unsere Tischgemeinschaft segnet. Meist ist unser Gebet recht kurz. Aber bei einer besonderen Tischgemeinschaft darf es ruhig auch ein besonderes Tischgebet sein. Heute haben wir so eine besondere Tischgemeinschaft. Darum bitte ich Sie, mit mir zu beten:

Herr, ich bitte dich: Segne unsere Gemeinschaft, segne unseren Familien-Fest-Gottesdienst. Es ist schön, dass wir so ungezwungen beieinander sein können. Schenke uns Freude miteinander. Herr, lass uns nicht vergessen, dass du da bist, auch wenn es nicht so still zugeht wie sonst. Amen.

Ausschenken des Weines

Anstoßen

Und nun erhebe ich mein Glas und ich trinke auf unsere Gemeinschaft, und dass wir noch oft so fröhlich zusammen kommen.

Einige Zeit für persönliches Gespräch

Lied »Lobet den Herren«
(Die Kinder werden nun gebeten, sich mit unseren MitarbeiterInnen zur Vorbereitung ihrer Tanzeinlage zurück zu ziehen.)

Hinführung zum Bibeltext

Mitarbeiter Es ist schön, so gemütlich beisammen zu sein, zu singen und Musik zu machen. Aber eins verstehe ich nicht. Sie haben gesagt, dass wir Jesus einladen. Ist es nicht umgekehrt? Jesus lädt uns ein. Denken sie doch mal an das »Gleichnis vom großen Abendmahl«. Der Hausherr lädt zum Festmahl ein. Damit ist doch Jesus gemeint.

Pastorin Du hast schon recht. Jesus lädt uns zu seinem Fest. Und dafür bin ich auch dankbar, denn ich sehe daran, wie sehr mich Jesus liebt. Aber stell dir mal vor: Du lädst immer jemanden ein, und der erwidert deine Einladungen nie und feiert seine Feste ohne dich. Was ist das für ein Freund? Jesus will auch von uns eingeladen werden. Er will in unser

Leben kommen, mit uns fröhlich sein. Wir sollen das Leben nicht in religiöse Zeit und weltliche Zeit einteilen. Die Verbindung von beiden ist wichtig. Damit zeigen wir ihm unsere Liebe. Manche Leute brauchen Jesus nur, wenn es ihnen schlecht geht. Dann laden sie ihn ein, aber nicht zum Feiern, sondern zum Helfen. Das ist schon O.K. so. Aber es darf nicht dabei bleiben. Auch die guten Tage des Lebens will Jesus mit uns teilen. Das ist zwischen uns Menschen doch auch so. Freunde sind nicht nur zum Ausheulen da, sondern auch zum Fröhlichsein.

Mitarbeiter Ich erinnere mich. Es wird in der Bibel immer wieder einmal erzählt, wie Jesus bei den verschiedensten Leuten zu Gast ist. Das hat ihm viel Ärger eingebracht. Sogar Spott: »Er ist ein Fresser und Weinsäufer«, wurde über ihn getuschelt.

Pastorin Schon zu Beginn seiner Wirksamkeit war das so. Jesus hat nicht nur gepredigt, sondern auch mit den Menschen gefeiert. Der Glaube ist nichts Trauriges, sondern etwas Fröhliches. Wir können das am Anfang des Johannesevangeliums nachlesen.

Mitarbeiter Ich schlage es mal auf und lese vor.

Textlesung (Joh 2, 1-12)

»Am dritten Tag fand in Kana in Galiläa eine Hochzeit statt und die Mutter Jesu war dabei. Auch Jesus und seine Jünger waren zur Hochzeit eingeladen. Als der Wein ausging, sagte die Mutter Jesu zu ihm: Sie haben keinen Wein mehr. Jesus erwiderte ihr: Was willst du von mir, Frau? Meine Stunde ist noch nicht gekommen. Seine Mutter sagte zu den Dienern: Was er euch sagt, das tut! Es standen dort sechs steinerne Wasserkrüge, wie es der Reinigungsvorschrift der Juden entsprach; jeder fasste ungefähr hundert Liter. Jesus sagte zu den Dienern: Füllt die Krüge mit Wasser! Und sie füllten sie bis zum Rand. Er sagte zu ihnen: Schöpft jetzt und bringt es dem, der für das Festmahl verantwortlich ist. Sie brachten es ihm. Er kostete das Wasser, das zu Wein geworden war. Er wusste nicht, woher der Wein kam; die Diener aber, die das Wasser geschöpft hatten, wussten es. Da ließ er den Bräutigam rufen und sagte zu ihm: Jeder setzt zuerst den guten Wein vor und erst, wenn die Gäste zu viel getrunken haben, den weniger guten. Du jedoch hast den guten Wein bis jetzt zurückgehalten. So tat Jesus sein erstes Zeichen, in Kana in Galiläa, und offenbarte seine Herrlichkeit und seine Jünger glaubten an ihn. Danach zog er mit seiner Mutter, seinen Brüdern und seinen Jüngern nach Kafarnaum hinab. Dort blieben sie einige Zeit.«

Posaunenchor hören

Hinführung zur Erlebniserzählung

Ihr Lieben! Bei einem Fest gibt es Festreden. Je nach Anlass sind das mehr oder weniger. Bei einer Hochzeit zum Beispiel, werden viele Reden geschwungen. Auf das Paar oder die Eltern oder die Liebe im Allgemeinen. Auch heute soll es

Festreden geben. Ich beginne den Reigen der Festreden mit einer Laudatio auf den Hauptgast. Ich preise Jesus, denn er kann das Wasser meines Lebens in Wein verwandeln, Jesus will mit uns fröhlich sein.

Uns Christen wird oft vorgeworfen, dass wir so tranig sind, mit süßsaurer Miene und gequältem Lächeln. Alles ist immer still und besinnlich. Christsein macht keinen Spaß. Manchmal stimmt dass vielleicht auch. Ich will mit meinem Christsein nicht Teil einer Spaßgesellschaft werden. Ich liebe die Ruhe in der Kirche. Denken Sie nur an Weihnachten, die Christnacht. Das ist sehr feierlich. Da braucht man nicht viel Worte hören. Die Stille und die Kerzen sind genug. Es ist deutlich zu spüren, dass Jesus wirklich da ist. Um Gott zu hören brauchen wir Besinnlichkeit. Im Lauten überhören wir ihn. Ruhe, Stille und Feierlichkeit hat also eine wichtige Bedeutung, Aber sie sind eben nur die eine Seite der Medaille. Das Leben besteht nicht nur aus tiefsinnigen Zeiten. Ich bin froh, dass Jesus uns das gezeigt hat. Durch ihn vereint sich beides, Stille, Besinnung und ausgelassene Freude. Wenn er in unser Leben kommt, dann gibt es Grund zum Feiern, zum Fröhlichsein. Freude, Feste, Fröhlichkeit im Alltag - all das brauche ich nicht von meinem Christsein abtrennen. Im Gegenteil: Weil Jesus bei mir ist, habe ich noch mehr Grund zum Feiern. Jesus kann das Wasser meines Lebens in Wein verwandeln. Wie geschieht das?

Liebe Festgäste! Vielleicht kennen Sie auch die Sehnsucht der Menschen, etwas Besonderes zu sein. Durch den Glauben wird das möglich. Jeder von uns ist ein von Gott geliebtes Geschöpf. Sie müssen sich nicht dafür abrackern. Sie müssen nichts besonderes dafür leisten. Egal ob Sie Arzt oder Krankenschwester, Abteilungsleiter oder Bauarbeiter, Professor oder Studentin sind. Jeder ist vor Gott gleich viel wert. Das finde ich ungeheuer erleichternd. Gerade in unserer Zeit. In unserer Gesellschaft gelten nur diejenigen etwas, die Großartiges leisten, viel Geld haben, oder jung und dynamisch sind. Alle anderen sind nichts wert. Bei Gott ist das anders. Und genau das hat Jesus den Menschen erzählt. Nein, er hat es nicht nur erzählt, sondern er hat so mit ihnen gelebt. In seiner Gegenwart konnte jeder spüren: Ich bin, so wie ich bin, geliebt. Heute können wir das noch genauso mit Jesus erleben. Sie kennen sicher das Sprichwort: »Sie predigen öffentlich Wasser und saufen heimlich Wein«. Wir tun das nicht. Wir predigen öffentlich auch Wein. Wir reden von der Freude und Lust durch den Glauben. Wir feiern und lachen mit Jesus und nicht ohne ihn. Er ist der Ehrengast. Damals in Kana sorgte er dafür, dass das Fest weitergeht. Heute sorgt er dafür, dass das Fest des Lebens beginnt. Vielleicht fragen sie sich, ob das nicht graue Theorie ist. Muss ich das sagen, weil ich Pastorin bin?
Zwei von uns, werden jetzt aus ihrem eigenen Leben erzählen, wie Jesus ihr Leben zu einem Freudenfest gemacht hat. Jesus hat das Wasser ihres Lebens in Wein verwandelt.

(Es folgen weitere Festreden von Gemeindegliedern.)

Lied »Singt dem Herrn und lobt ihn« (EG 601)
(Dabei kommen die Kinder wieder dazu.)

Aktion der Kinder
Als kulturellen Beitrag zum Fest sehen wir jetzt eine Tanzeinlage der Kinder.

Abkündigungen
Liebe Schwestern und Brüder, liebe Festgäste! Wenn man zu einem Fest geht, bringt man eigentlich etwas mit. Wir lassen jetzt ein Körbchen rumgehen. Es wäre schön, wenn Sie Ihr Mitbringsel in Form von Geld da hineinlegen.

Lied »Singet dem Herrn« (EG 287)

Schlussgebet
Herr, wir danken dir, für die Tischgemeinschaft, welche wir heute erfahren durften. Wir danken dir für alle Freunde und Freude. Herr, es gibt so vieles, was uns schwer auf dem Herzen liegt. Darum bitten wir dich um den Schutz unserer Familien, um die Bewahrung des Friedens in unserem Land und auf der ganzen Welt, um die Bewahrung vor Katastrophen, ... *(aktuell erweitern)*

Herr ich bitte dich: Schenke uns immer wieder einen Grund zum Feiern und zum Fröhlichsein. Wandle das Wasser unseres Lebens in Wein.

Vaterunser

Segen

Lied »In dir ist Freude« (EG 398)

Musik zum Ausklang

Anmerkungen

Die Idee entstand nach der Beschäftigung mit dem Predigttext, Johannes 2,1-12. Der Grundgedanke war für mich: Durch Jesus wird mein Leben zu einem Fest. Jesus kann das Wasser meines Lebens in Wein verwandeln. Ich habe versucht, den liturgischen Rahmen mit dem Ablauf eines Festes zu verbinden. Daher rühren auch so manche erklärenden Worte. Es sollte alles für die Kirchenfremden ganz einfach nachzuvollziehen sein. Es geht auf keinen Fall darum, die Geschichte vom Weinwunder nachzuspielen. Dadurch würde etwas Theatralisches, Unechtes in den Gottesdienst kommen. Mir war wichtig, dass es ein echtes Fest ist. Wir haben wirklich Wein ausgeschenkt und für die

Kinder Traubensaft. Hinterher sagte mir eine Jugendliche:»Ich habe erwartet, sie verteilen Mineralwasser«. Diese Variante würde ich dennoch nicht ausprobieren. Es könnte das Gefühl von mirakelhafter Erwartung geweckt werden (»Wann wird denn nun aus diesem Wasser Wein?«). Das entspräche nicht meiner Intention.

Kontakt:
Christa-Maria Schaller
Gustav Reimannstr.1
99628 Buttstädt
kirche-buttstaedt@t-online.de

Gottesdienste für Kirchendistanzierte

»Take Off«-Gottesdienst in Gochsheim/ Bayern

Aufgrund der heutzutage sehr unterschiedlichen religiösen Sozialisationserfahrungen der Menschen erscheint es immer schwieriger, ein einheitliches Gottesdienstformat zu konzipieren. Dem trägt das Gottesdienst-Projekt »Take Off« mit seiner inneren Differenzierung der Gottesdienstgemeinde Rechnung. Es holt die Menschen dort ab, wo sie stehen. Kernpunkt dieses Gottesdienstkonzeptes ist demnach die »Offene Phase«, während der jeder Teilnehmer ein Angebot auswählen kann, um sich dem Thema anzunähern. Sowohl meditative Zugänge zum Thema als auch kommunikative und sinnliche Elemente, bei denen sich die Mitarbeiter zur Verfügung stellen, kommen zum Tragen.

Seit etwa vier Jahren ist der »Take Off« auf Initiative von Jugendlichen und ihrem Pfarrer eine dauerhafte Einrichtung geworden. Jeder Gottesdienst wird - je nach den zeitlichen Möglichkeiten des Teams - intensiv vorbereitet und auch nachbesprochen. Am letzten Schultag, an dem der Gottesdienst im Freien veranstaltet wird, sowie an vier weiteren Terminen im Jahr findet der »Take Off« statt. Anfänglich als ein Jugendgottesdienstformat geplant, beteiligen sich nunmehr sämtliche Altersstufen von Kirchgängern als auch eher Kirchendistanzierte am Gottesdienst. Neben den üblichen Bestandteilen eines Gottesdienstes stechen vor allem die Kreativelemente - »Anspiele, Filme, Interviews, Raps oder was uns sonst noch Skurriles einfällt« - heraus. Dazu gibt es dann eine kurze Ansprache und die »Offene Phase«.

»Ruf doch mal an! - Gottes Nummer«

Lied: »Gott ist Leben«
Anspiel: Auf der Suche nach Gott
Lied: »Was Menschen brauchen«
Offene Phase: Auf der Suche nach Gott
Lied: »Wir strecken uns nach Dir«
Anspiel (2.Teil)
(Ansage: Handys aus)
Ansprache
Lied: »Gott versteckt sich nicht in Büchern«
Abendmahl
Lied: »Gott hört dein Gebet«

Fürbitten
Vaterunser
Segen
Lied: »Bewahre uns Gott«

Ablauf

Lied »Gott ist Leben«

Anspiel Auf der Suche nach Gott
Kevin Gott ist Leben?! Na, wenn das so ist, mache ich mich mal auf die Suche nach diesem Gott, ich schaue mal wie er so zu erreichen ist. Ich gehe gleich mal ins Internetcafé und schreib ihm eine Mail.
Barbara Hey, kann ich dir helfen?
Kevin Nein danke, ich schreibe nur schnell eine Mail an Gott.
Barbara: Probier' es mal, aber das hat hier noch keiner gemacht!
Kevin Also,... senden an: Mail@Gott.de. Ah, da ist schon eine Antwort. Oh, vom Provider. Fehler: Ihre Nachricht konnte nicht versendet werden, Mailadresse existiert nicht. Geht also nicht. Ach, ich glaube, ich rufe einfach mal an. Aber wie ist die Nummer von Gott? Vielleicht weiß die Auskunft weiter. *(ruft Auskunft an)*
Nicole Telegate Auskunft, Platz 113, mein Name ist Kern, was kann ich für Sie tun?
Kevin Hallo, ich brauche die Nummer von Gott?
Nicole Welcher Vorname, bitte? Karel - vielleicht Karel Gott??
Kevin Nee einfach Gott! Sie wissen schon, den im Himmel!
Nicole Nach welchem Wohnort soll ich suchen?
Kevin Na, im Himmel halt!
Nicole Tut mir leid, ich habe keinen Eintrag gefunden! Auf Wiederhören!
Kevin Wahnsinn, was mach ich jetzt!? Ich probiers einfach mal mit SMS! Also, *(schreibt SMS)* okay und jetzt senden an G, O, T, T, ...Ah, Kurzmitteilung kann nicht gesendet werden - Teilnehmer unbekannt! Mist! Jetzt reicht´s, ich schreibe einen Brief und trage den dann zur Post. Zwar ein altmodischer Weg, aber was soll's! *(geht zur Post!)*
Kevin Ich möchte den Brief aufgeben!
Jessie: *(lacht)* »An Herrn Gott, Im Himmel« Den können sie gleich wieder mitnehmen der kommt sowieso nicht an. Die Adresse gibt es nicht!
Kevin Haben Sie dann vielleicht die richtige Adresse für mich?
Jessie Keine Ahnung, aber probieren Sie doch mal diese neuen Telefonnummern:
0700 und dann den Namen! Sonst weiß ich auch nicht!
Kevin Danke! Ich ruf gleich mal an 0700-4688!

Ramona Hier ist der Anschluss 0700/4688, diese Nummer ist noch nicht vergeben.
Wenn Sie sich für diese Nummer interessieren setzen Sie sich bitte mit einem Kundenberater in Verbindung.
Kevin So, genug Kommunikation mit Gott betrieben, der ist ja nie zu erreichen, ist echt schade. Irgendwie fühle ich mich ganz schön allein gelassen...
(einen Tag später)
Melli Hallo Kevin, wie geht's dir?
Kevin Ach, ich habe gestern den ganzen Tag versucht, Gott zu erreichen ohne Erfolg! Weißt du vielleicht, wie ich ihm näher kommen kann?
Melli Ich habe eine Idee! Geh mal zum nächsten »Take Off« nach Gochsheim in die Kirche. Da ist ein junger Gottesdienst zum mitmachen... Probier's mal aus.
Kevin Okay, das mache ich, danke!

Lied »Was Menschen brauchen«

Offene Phase Auf der Suche nach Gott
(Länge nach Gefühl; wenn sich die ersten wieder hinsetzen und der Andrang an den »großen« Stationen vorbei ist, fängt die Band an, das nächste Lied zu spielen.)
(Die folgenden Beschreibungen der einzelnen Stationen sind auch im Liedblatt abgedruckt. Die Stationen werden zu Beginn der offenen Phase vorgestellt.)

Meditationsecke
(Die Meditationsecke findet sich im Chorraum der Kirche, hinter dem Altar. Es gibt eine gestaltete Mitte mit Kerzen und thematisch passenden Materialien und leise meditative Musik. In diesem Chorraum findet später auch das Abendmahl statt.)

Hier findest du Ruhe für deine Gedanken und dein Gebet. Nimm dir Zeit, nachzudenken. Nimm dir Zeit, mit Gott zu reden. Vielleicht spürst du auch, dass Gott dir neue Kraft gibt - nachher im Abendmahl und auch schon jetzt, während du hier sitzt, betest, nachdenkst, meditierst...

SMS-Börse/ Briefbörse
Hier kannst du deine Handynummer auf einem Zettel hinterlassen. Nimm dir eine andere Nummer dafür heraus. Dann kannst du an diese Nummer eine SMS schicken... eine Botschaft, etwas Aufmunterndes, einen netten Satz. Und wenn du selbst eine SMS kriegst... vielleicht antwortest du ja auch darauf? Für die Nicht-Handybenutzer gibt es die Möglichkeit, einen kleinen Brief zu schreiben.

Vielleicht nimmt ja jemand anders ihn heraus, und legt dafür einen eigenen hinein?

Gebetswand

Hier kannst du draufschreiben, was dich bewegt. Alles, was du Gott sagen willst. Egal, ob es eine Bitte ist oder ein Dank oder eine Klage. Hänge es an die Wand, wenn du willst, oder nimm den Zettel mit nach Hause. Einige dieser Gebetszettel werden wir nachher vorlesen, und für alle, die hier ihre Anliegen angehängt haben, werden wir später im Team gemeinsam beten.

Du kannst Gott auch einen Brief schreiben! Anders als die Gebete an der Gebetswand, werden diese Briefe nicht vorgelesen, sondern einfach nur im Rahmen der Fürbitten auf den Altar gelegt.

Segnen lassen

(Der am wenigsten genutzte Eingangsbereich der Kirche ist zur Segnungskapelle umdekoriert worden.)

Hast du ein besonderes Anliegen, oder möchtest du einfach nur von Gott ganz persönlich gestärkt werden an diesem Abend? In dieser Kapelle wirst du gesegnet. Drei Menschen: Ein Pfarrer und zwei Mitarbeiterinnen unseres Teams sprechen dir ein Segenswort zu. Wir Segnenden sind auch nicht »würdiger« oder »heiliger« als du. Aber wir haben uns darauf vorbereitet, dir Gottes Segen mit auf den Weg zu geben.
(Zwei »Take Off«-Mitarbeiterinnen legten dem/ der BesucherIn von hinten die Hände segnend auf die Schultern, der Pfarrer spricht von vorne einen Segenswunsch.)

Handynummer schicken - Beamer

Gottes Nummer 0160/xxxxxxx: Schick' deine Gebetsanliegen per SMS an diese Nummer. Sie werden vorne auf dem Beamer für alle sichtbar sein. Und: Du wirst eine Antwort bekommen. Möglicherweise nicht gleich heute Abend, aber in den nächsten Tagen bestimmt.

Tikis Gebetswand (Bilder)

Werner »Tiki« Küstenmacher hat viele kirchliche Comics gezeichnet - natürlich auch einiges zum Thema Gebet... viel Spaß beim Schmökern! :-)

Kerze

(Die oberste Altarstufe ist mit Alufolie abgeklebt. Das verhindert Wachsflecken und spiegelt gleichzeitig sehr schön. Darauf stehen Teelichter, die von den BesucherInnen angezündet werden können. An beiden Ende steht je eine hohe Kerze, an der man die Teelichter leichter anzünden kann.)

Vielleicht kennst du einen Menschen, der Hilfe braucht. Vielleicht bist auch du selbst der- oder diejenige, die ein bisschen Aufmerksamkeit von Gott haben will. Oder du willst Gott für etwas Wunderbares danken. Stelle als Zeichen deines Gebets eine brennende Kerze auf die Altarstufen.

Gebete-Wand

Du weißt nicht, was du beten sollst? Hier, auf dieser Stellwand, findest du ein paar Vorschläge und Gedanken, alte und neue Texte nebeneinander. Bestimmt auch ein Gebet, das deine Situation trifft.
(z.B. Psalmen in der Übersetzung von Jörg Zink, Texte von Werner Schaube: G-online. Jugendgebetbuch)

Lied »Wir strecken uns nach dir«

Anspiel (2.Teil)

Jessie Hallo, bist du das erste Mal hier?
Kevin Ja, aber ich fühle mich hier jetzt schon sehr wohl!
Jessie Und wie hat dir der »Take off« gefallen?
Kevin Endlich habe ich das gefunden, was ich die ganze Zeit gesucht habe: Die Nähe zu Gott. Besonders gefällt mir die »offene Phase«. Hier erlebt man etwas ganz besonderes. Es ist alles so vertraut... Bei euch gefällt es mir, ich komm garantiert beim nächsten Mal wieder!

Ansprache

Wo finde ich Gott? Kevin hat's vorhin versucht, ihn zu finden. Alles hat er probiert. Zur Post ist er gegangen, er hat eine SMS geschickt, er hat andere gefragt. Aber gefunden? Gefunden hat er ihn nicht. Wo finde ich Gott? Manche sagen: Ich finde ihn im Wald. Ob man ihn auch in der Kirche finden kann? Damit haben viele nicht mehr viel am Hut.

Was kann helfen bei der Suche nach Gott? Wie kann ich ihn finden, kann ich irgendwie eine Antwort von ihm bekommen? Es gibt eine Stelle in der Bibel, da sagt Gott: »Wenn ihr mich von ganzem Herzen sucht, dann will ich mich von euch finden lassen«. Gott wartet auf dich. Er will gefunden werden. Aber wir müssen es schon ernsthaft probieren. Von ganzem Herzen sollen wir ihn suchen - das ist oft gar nicht so einfach, es gibt einfach so viele Ablenkungen. Hier im »Take-Off« wollen wir euch dabei helfen, Gott zu finden, und wir hoffen, dass es euch gelingt.

Was kann helfen bei der Suche nach Gott? Ich denke, auch die Gemeinschaft mit anderen. Manche sagen, sie finden Gott im Wald. Aber ich glaube schon, dass da noch mehr dazu gehört. So wie hier, in unserem Gottesdienst: Wir teilen Gebete miteinander, wir zünden gemeinsam Kerzen an, wir singen zusammen.

Aber - kriegt man denn auch eine Antwort von Gott? Ich denke schon. Unser Leben ist so bunt und vielfältig, so voller kleiner und großer Wunder. Für mich ist das schon ein Teil dieser Antwort: Wenn ich einen Schmetterling sehe oder eine Blume oder ein neugeborenes Kind: Wie schön und voller kleiner und großer Wunder diese Welt ist. Und eine Antwort kannst du heute in diesem Gottesdienst feiern und spüren: Gott kommt uns ganz nahe, nachher im Abendmahl. In Brot und Saft ist er da, spürbar bei uns. Er ist mittendrin im Leben, nicht in irgendeiner Theorie. Er versteckt sich nicht in Büchern, er ist im Leben mittendrin. Amen.

Lied »Gott versteckt sich nicht in Büchern«

Abendmahl
(Für das Abendmahl bilden alle TeilnehmerInnen einen großen Kreis um den Altar und geben sich Brot und Traubensaft weiter mit den Worten »Christi Leib für dich gegeben« und »Christi Blut für dich vergossen«.)

Lied »Gott hört dein Gebet«

Fürbitten
(Vom Team ausgewählte Fürbitten von der Gebetswand werden vorgelesen.)

Vaterunser

Segen

Lied »Bewahre uns Gott«

Anmerkungen

Durch die SMS-Börse entwickelten sich viele SMS-Kontakte, die oft noch Wochen später Bestand hatten. Kommunikation ist uns wichtig - in jedem Gottesdienst.

Wir haben sehr gute Erfahrungen mit der Segnungskapelle gemacht; sie war praktisch durchgehend besetzt. Die meisten ließen sich für ein bestimmtes Anliegen segnen, manche auch nur »einfach so«.

Kontakt:
Heiko Kuschel
Pfarrer-Beuschel-Str. 1 97469 Gochsheim. 09721/645199
heiko.kuschel@takeoffgochsheim.de. www.takeoffgochsheim.de

Gottesdienste für Kirchenferne

»Creative Kirche«, ein Projekt des Ev. Kirchenkreis Hattingen-Witten »GoBrunch« - ein Gottesdienst für alle, die noch Hunger haben

»GoBrunch« - ein Zielgruppengottesdienst für sogenannte Kirchenferne - lebt von seinen Mitarbeitenden, deren Ideen und Engagement. Beides fließt aber nicht nur in die Vorbereitung ein, sondern schlägt sich auch im Ablauf des Gottesdienstes nieder. Nicht eine Pfarrerin/ ein Pfarrer hält Gottesdienst, sondern viele Menschen feiern zusammen Gottesdienst. Bei »GoBrunch« gibt es acht Bereiche, in denen mitgearbeitet werden kann: 1. Gottesdienst (Gebet, Lesungen, Fürbitten, Segen etc.), 2. Kinderkirche, 3. Theater/ Anspiel, 4. Musik/ Singen, 5. Dekoration (Bühne, Tische etc.), 6. Technik und Präsentation, 7. Küche, 8. Büchertisch.

Die Einbeziehung der bis zu 20 Mitarbeitenden in Vorbereitung und Ablauf hat eine hohe Identifikation mit diesem Gottesdienst zur Folge. Dabei kommt schon hier der besondere Charakter von »GoBrunch« zum Tragen, denn viele der Mitarbeitenden sind konfessionslos, bzw. ohne kirchliche Bindung aufgewachsen. Ihre Fragen und Themen prägen »GoBrunch« mit und sprechen auch die Gäste an, die ebenfalls aus einem nicht-kirchlichen Hintergrund kommen. Der Altersdurchschnitt der Mitarbeitenden entspricht dem der Gäste, beide Gruppen sind zwischen 25 und 45 Jahre alt und kommen z.T. mit ihren Kindern aus dem ganzen Ruhrgebiet nach Witten. Auf die Kinder wird in besonderer Weise im ersten Teil des Gottesdienstes (bis zur Predigt) Bezug genommen, wie der Ablauf zeigt. Die Präsentation der Ergebnisse der Kinderkirche ist ebenfalls notwendig, um den Kindern zu zeigen: »Ihr gehört dazu!« Darüber hinaus kommen aber auch ältere Menschen der Ortsgemeinde zu diesem Gottesdienst. Im Durchschnitt sind es zwischen 100 und 120 Besucher.

Der Gottesdienst »GoBrunch« lebt von der Phantasie, den Einfällen wie der Spontaneität der Mitarbeitenden, vor allem dadurch wird ein Gottesdienst, nach Meinung der »Creativen Kirche«, erst lebendig und ansprechend. Auf vorgefertigte Anspiele, Theaterstücke und Texte wird daher nur äußerst selten zurückgegriffen. Vielmehr werden die Anspiele vorab selbst erarbeitet, auch

die Gebete sind frei formuliert, die Texte selbst verfasst oder von Mitarbeitenden ausgewählt.

Entscheidend zum Erfolg dieses Gottesdienstmodells hat auch die Werbung
beigetragen. Die Mitglieder und Freunde der »Creativen Kirche« werden
mittels E-Mail eingeladen. Flyer mit den Halbjahresterminen und Hand-outs,
die in jedes Portemonnaie passen, werden bei allen Veranstaltungen der
Creativen Kirche verteilt, Vorankündigungen in der lokalen Presse, aber auch
die Mund-zu-Mund-Propaganda tun ein übriges.

»GoBrunch« - ein gastfreundlicher Gottesdienst. Der »rote Faden«, der sich
durch alle Gottesdienste zieht, ist die biblische Aufforderung zur Gastfreundschaft, wie sie z.B. in Hebräer 13 zum Ausdruck kommt: »Gastfreundlich
zu sein vergesst nicht; denn dadurch haben einige ohne ihr Wissen Engel
beherbergt« (Hebr 13, 2). Hieraus entstand die Idee, in der Kirche nicht nur
einen gastfreundlich gestalteten Gottesdienst zu feiern, sondern diesen
zugleich mit einem anschließenden, gemeinsamen Essen zu verbinden.

Dabei wird aber nicht nur auf den Inhalt des Gottesdienstes Wert gelegt, gerade auch das »Drumherum«, der »äußere Rahmen« muss stimmen. So, wie wir
bei Betreten eines Restaurants in Sekunden entscheiden, ob wir bleiben oder
gehen, weil uns die Atmosphäre und der Raum entweder ansprechen oder
abstoßen, so wird auch in diesem Gottesdienst versucht, eine angenehme,
einladende Atmosphäre zu schaffen, die dem Besucher signalisiert:
»Willkommen! Schön, dass Sie da sind!«. Die persönliche Begrüßung an der
Tür sowie die jeweils neu erstellte Dekoration gehören darum ebenfalls dazu
wie das gemeinsame Essen im Anschluss.

»Vertrauen ist gut - Kontrolle ist besser?«

Vor Beginn: Bildmeditation »Vertrauen« zur Einstimmung in das Thema
Begrüßung am Eingang
Anspiel »Achtung - Kontrolle!«
Satire-Text »Stiftung Kirchentest«
Begrüßung und Eingangsvotum
Kinderlied 1: »Ich will auf meine Pauke hauen«
Kinderlied 2: »Gottes Liebe ist so wunderbar«
Kinderaktion: »Sich fallen lassen!«
Lied: »Schritte wagen im Vertrauen auf einen guten Weg«
Psalmlesung (Ps 23)
Lied: »Wo ein Mensch Vertrauen gibt«
Predigt

Lied: »Vertraut den neuen Wegen«
Infothek
Lied »May the Lord send angels«
Erzählpantomime der Kinder zu Matthäus 8 (Stillung des Sturmes)
Fürbittengebet
Vaterunser
Segen
Lied: »Ich trau auf dich, o Herr«
Brunch (12.00-13.30 Uhr)
Der Brunch mit warmen und kalten Buffet findet in der Kirche statt.

Vorbereitung

In der Christuskirche Witten wurden die Bänke durch Stühle ersetzt. Für den Gottesdienst werden in der Kirche Tische im 45-Grad-Winkel zum Altarraum/ Bühnenbereich aufgestellt; links und rechts vom Eingangsbereich stehen Büchertisch, Kühltheke sowie je zwei Tische für das warme und kalte Buffet. Auf den Tischen steht Kaffee bereit, dazu Tassen und in Servietten eingerolltes Besteck, Teelichter und selbsterstellte Blumenbestecke.

Für die Musik, Anspiele und Liederprojektionen sind bestimmte technische Voraussetzungen notwendig, u.a. mehrere Stand- und drei bis vier Funkmikros, Headsets für Anspiele, Laptop und Beamer, sowie ein Mischpult und Boxen für die Musik.

Als Dekoration werden neben selbstgebastelten Blumenbestecken kleine Zettel verteilt, auf denen Bibelverse zum Thema »Vertrauen« aufgeschrieben sind, daneben liegen auch »Checklisten« mit Kugelschreibern aus.

Die Lieder entstammen verschiedenen Liedersammlungen bzw. Gesangbüchern und werden mittels Beamer und Laptop auf eine Leinwand projiziert.

Material

Für das Anspiel »Achtung - Kontrolle!« zu Beginn werden acht Personen benötigt, die verschiedene Utensilien mit sich tragen bzw. prüfen. Benötigt werden ein Handzähler, ein großes (Küchen-)Thermometer, ein Brillenputz- oder Trockentuch, ein Zollstock, ein großer Schraubenschlüssel, ein Gummihammer, ein alter Teller, ein Helm und eine Bauarbeiterweste, sieben weiße oder graue Kittel und mehrere Klemmbretter mit Papier, Abtrennband und ein Bürostuhl sowie eine große und eine kleine Bibel. Als zusätzliche Tischdekoration werden kleine farbige Zettel (DIN A7) erstellt, auf denen Bibelverse und die »Checkliste« abgedruckt werden.

Muster »Checkliste« (DIN A7)

Ablauf

Vor Beginn Bildmeditation »Vertrauen« zur Einstimmung in das Thema

Begrüßung am Eingang
(Es werden Süßigkeiten verteilt, die sich beim Hineinbeißen als »sauer« erweisen und zeigen: »Kontrolle ist gut!?«)

Einstimmung
(Die Powerpoint-Meditation wird ab 10.45 Uhr gestartet, sie begrüßt die Teilnehmenden, stellt das Thema vor und führt mit einer Bildmeditation in das Thema ein. Parallel dazu stehen zwei Mitarbeitende an der Tür, begrüßen jeden Gast persönlich und verteilen Süßigkeiten, die sich beim Hineinbeißen als sauer erweisen. Auf Bemerkungen wird mit einem »Tja, Kontrolle ist eben besser« o.ä. reagiert. Ihnen gegenüber sitzt eine Mitarbeiterin auf einem Bürostuhl, umgeben von Abtrennband, mit Kittel, Weste und Handzähler. Jeder neue Gast wird kritisch gemustert und dabei auf den Handzähler gedrückt.)

Anspiel »Achtung - Kontrolle!«
(Alle anderen am Anspiel beteiligten Mitarbeitenden befinden sich im Eingangsbereich oder hinter der Bühne. Um 11.00 Uhr beginnt ein Mitarbeiter unter der Bühne, die in der Kirche über dem Altar in der Christuskirche aufgebaut ist, in sein Headset zu sprechen und »checkt« die Bühnenelemente. Langsam kriecht er unter der Bühne hervor, er trägt Helm, Sicherheitsweste und hat einen Schraubenschlüssel dabei. Nachdem er hervorgekommen ist, entschuldigt er sich bei den Gästen damit, dass noch einiges zu prüfen sei, seine Mitarbeiter würden auch jeden Moment kommen. Daraufhin treten die restlichen sieben Mitarbeitenden in den Kirchraum, bekleidet mit Kittel oder Weste und Klemmbrett und beginnen an verschiedenen Stellen Utensilien zu prüfen: die Kerzenlänge und Stuhlbeine werden mit einem Zollstock vermessen und notiert, ein anderer prüft die Musikinstrumente auf Tauglichkeit, in eine Kaffeetasse wird das große Thermometer gesteckt, die Temperatur des Kaffees notiert. Auch Brillen werden Gästen abgenommen und gesäubert. Nach drei Minuten ist der Spuk vorbei, alle Mitarbeitenden gehen in die Sakristei und ziehen sich um.)

Satire-Text »Stiftung Kirchentest«
(Ein Mitarbeiter geht im Anschluss zum Pult und stellt sich als Mitglied der
»Stiftung Kirchentest« vor, der die vorhergehende Aktion mit vorbereitet hat.
Der selbst verfasste Text nimmt auf aktuelle Themen in der Gemeinde und/
oder Kirche Bezug, aber greift auch bestimmte gesellschaftliche Tendenzen
auf und karikiert das übermäßige Kontrollverhalten in der Kirche wie
Kirchenordnung, Kirchengesetze, Friedhofsordnung, Verwaltungsordnung...)

Liebe Gäste von »GoBrunch«! Für alle, die es genau wissen wollen: Sie sind hier
im Gottesdienst »Vertrauen ist gut, Kontrolle ist besser« gelandet. Wir können
Ihnen garantieren, dass im Vorfeld dieser Veranstaltung alles getan wurde, um
einen reibungslosen Ablauf zu garantieren. An drei Abenden hat das gute
Dutzend Mitarbeiter für die Planung zusammengesessen. Die dabei verzehrten 16
Packungen Salzstangen sollten Ihnen versichern, wie intensiv über die Abläufe
nachgedacht wurde.

Auch in anderen Bereichen haben wir alles Notwendige getan. Denken wir nur
an die Verkündigung: Das Presbyterium hat sich noch einmal das Zeugnis von
Pfarrer ... zeigen lassen, zudem wurde die Predigt vorab ausgewählten
Testpersonen zu Gehör gebracht. Selbstverständlich legen wir nicht nur Wert auf
Rhetorik. Die Tischreihen sind - prüfen Sie es nach! - alle im selben Winkel aus-
gerichtet, unser Zivi konnte dabei noch auf sein Geodreieck aus Schulzeiten
zurückgreifen. Wir haben keine Mühen gescheut, ihm die Bedeutung sorgfältiger
Arbeit nahe zu bringen. All dies dürfen Sie jetzt genießen...

Begrüßung und Eingangsvotum
(Bei der offiziellen Begrüßung versucht der Pfarrer zunächst den Wochen-
spruch vorzulesen, wird dabei aber vom Mitarbeiter mit dem Helm und der
Weste unterbrochen und gefragt, ob seine Bibel überhaupt dem Standard ent-
spricht. Daraufhin wird die Bibel gemessen und als zu klein eingestuft, der
Mitarbeiter nimmt dem Pfarrer daraufhin die kleine Bibel weg und ersetzt sie
durch eine große, die nun zu verwenden sei. Erst jetzt wird der Wochenspruch
verlesen und das Thema des Gottesdienstes kurz vorgestellt.)
(Das Eingangsvotum greift das Thema ebenfalls auf und wird erweitert, z.B.
»Wir feiern diesen Gottesdienst im Namen Gottes, des Vaters, der uns ins
Leben rief und uns sein Vertrauen schenkt, und im Namen seines Sohnes,
Jesus Christus, durch den wir lernen, Gott und uns zu vertrauen, und im
Namen des Heiligen Geistes, der unter uns immer wieder neu Vertrauen stif-
tet.«)

Kinderlied 1 »Ich will auf meine Pauke hauen«

Kinderlied 2 »Gottes Liebe ist so wunderbar«
(Mitarbeitende übernehmen bei diesem Lied die bekannte Animation. Alle Gäste des Gottesdienstes stehen zum Lied auf.)

Kinderaktion Fallen lassen
(Die Leiterin der Kinderkirche ruft die Kinder zwischen 3 und 13 Jahren nach vorne zum Altarraum/ Bühnenbereich und erläutert das Thema »Vertrauen und Kontrolle«: sie weist darauf hin, wie wichtig Vertrauen ist, aber auch, wie viel Mut oft dazu gehört, anderen zu vertrauen. Vier Freiwillige stellen sich dann auf die Bühne mit dem Rücken zum Kirchraum; die anderen Kinder bilden eine Gasse und fassen sich an den Händen. Nacheinander lassen sich die Kinder rücklings nach hinten fallen und werden von den anderen Kinder aufgefangen. Das Vertrauen der Kinder wird mit Applaus »belohnt«.)

Lied »Schritte wagen im Vertrauen auf einen guten Weg«

Psalmlesung (Ps 23)
(Der Psalm wurde von einer Mitarbeiterin ausgesucht und wird auch von dieser als Gebet vorgelesen. Im Anschluss an die Ankündigung des nächsten Liedes laden Mitarbeiterinnen die Kinder zur Kinderkirche im Gemeindehaus ein. Alle Kinder zwischen 3 und 13 Jahren gehen während der folgenden ersten Strophe hinaus.)

Lied »Wo ein Mensch Vertrauen gibt«
(im Anschluss Beginn »Kinderkirche«)

Predigt
Wer wirbt um unser Vertrauen?
Z.B. »N.N. - Die Bank ihres Vertrauens« - Werbung - Versicherungen - Institutionen.

Was macht einen Menschen für uns vertrauenswürdig?
Z.B. gute Erfahrungen - »Zeugnisse« anderer.

Ist Gott vertrauenswürdig?

Psalm 23 »Und ob ich schon wandelte im finstern Tal, fürchte ich kein Unglück.«

Wie mache ich Erfahrungen mit dem »verlässlichen« Gott?
»Denn du bist bei mir, dein Stecken und Stab trösten mich.«

Lied »Vertraut den neuen Wegen« (EG 395, 1-4)
(Während des Liedes wird die Kollekte eingesammelt.)

Infothek
(Die Infothek (=Abkündigungen) wird von zwei Mitarbeitenden übernommen und durch eine Powerpoint-Präsentation im Hintergrund unterstützt. Aktuelle Termine werden bekannt gegeben, zugleich werden zwei Bücher vom Büchertisch, die das Thema des Gottesdienstes aufgreifen, vorgestellt und auf das anschließende gemeinsame Essen hingewiesen.)

Lied »May the Lord send angels«

Erzählpantomime der Kinder Stillung des Sturmes
(In der Kinderkirche wurde die Stillung des Sturmes aus Matthäus 8, 23-27 thematisiert und in eine Erzählpantomime umgesetzt. Während eine Mitarbeiterin die Geschichte in der Übersetzung der Guten Nachricht vorliest, spielen die Kinder die Geschichte auf der Bühne nach.)

Fürbittengebet
(Das Fürbittengebet wird frei formuliert, liturgisch formulierte Gebete werden nicht übernommen. Formal enthält das Gebet drei Bezugspunkte: die Bitte für den Einzelnen (Kranke, einsame Menschen...), für die Gemeinde und für die Welt. Dabei wird das jeweilige Thema mit dem Gebet verbunden, so orientiert sich z.B. das Thema »Vertrauen« an allen drei Bezugspunkten.)

Vaterunser

Segen
(Der Segen wird im Wechsel von zwei Mitarbeitenden gesprochen.)

»Der Herr sei vor dir, um dir den rechten Weg zu zeigen.
Der Herr sei neben dir, um dich in die Arme zu schließen und dich zu schützen.
Der Herr sei hinter dir, um dich aufzufangen, wenn du fällst, um dich aus der Schlinge zu ziehen.
Der Herr sei in dir, um dich zu trösten, wenn du traurig bist.
Der Herr sei um dich herum, um dich zu verteidigen, wenn andere über dich herfallen.
Der Herr sei über dir, um dich zu segnen.
So segne dich der gütige Gott.«
(In: Amt für missionarische Dienste (Hrsg.): Segensworte. Bielefeld, 2000, Abdruck mit freundlicher Genehmigung).

Lied »Ich trau auf dich, o Herr«

Ankündigung Brunch
(Das Brunch wird angekündigt, doch auch hier wird der Pfarrer/ die Pfarrerin vom Mitarbeiter mit Helm und Weste unterbrochen. Erst sei noch zu prüfen, ob

auch alles »seine Ordnung« habe. Von einem Tellerstapel wird ein vorher dort deponierter alter Teller genommen und mit einem Gummihammer zerschlagen. Damit ist das Büffet »eröffnet.«)

Kontakt:
Andreas Isenburg
Creative Kirche im Kirchenkreis Hattingen-Witten
Sandstraße 12
58455 Witten
02302-28222-36
isenburg@kirche-hawi.de
www.creative-kirche.de

Kapitel VI

Menschen in Bewegung setzen
Kirche auf Tour

"Von der Komm-Struktur zur Geh-Struktur" - fast schon ein geflügeltes Wort unter Kirchenmitarbeitern und Kirchenkritikern. Die Menschen sind heute mobil wie noch nie - also wird es auch die Kirche und bewegt sich aus den Kirchenmauern heraus, dorthin, wo das Leben unterwegs stattfindet: Auf die Campingplätze und Kreuzschiffe, auf die Urlaubsinseln und Bikertreffs, auf die Autobahnen und Flughäfen. Freizeitseelsorge und "Kirche Unterwegs" sind mittlerweile wichtige Arbeitsbereiche geworden, die die Menschen gerade auch in den so wichtigen Erholungs- und Ferienzeiten begleiten wollen - Zeiten, in denen viele Gemeindekirchen ziemlich leer bleiben.

Mit einer Segnung fängt jeder Urlaub gut an. Daher enthält diese Rubrik auch einen Gemeindegottesdienst zum Ferienbeginn, bei dem der schützende Reisesegen im Mittelpunkt steht. Hier beginnt Freizeitseelsorge schon vor Reiseantritt in der heimatlichen Gemeinde.

Gottesdienste finden heute genauso auf dem Deck eines eleganten Clubschiffs wie im Zelt statt; Motorrad- und Autofahrer machen in Autobahnkirchen Rast vom Geschwindigkeitsrausch und dem Reisestress. Für viele gehört es mit zum Erholungswert des Urlaubs, wieder mehr Zeit zum Nachdenken über Gott zu haben, die sonst inmitten des Alltagsgrau mit all seinen Anforderungen nicht vorhanden ist.

Eine schöne Umgebung mit ihren besonderen Landschaften und Menschen inspiriert zu schönen Gottesdiensten: Ein Gottesdienst in der Inselkirche oder auf dem Schiff wird vom Meer mit seinen Schätzen und Geheimnissen geprägt. Eine besonders stimmungsvolle, fast meditative Atmosphäre entsteht, die noch beim Lesen nachvollziehbar ist. Lesen Sie selbst und schmekken Sie das Salz auf der Zunge!

Ganz anders geht es zu beim Biker-Gottesdienst: fröhlich, laut, mit viel rockiger Musik. Eine Zielgruppe, die sich ganz über ein Hobby definiert, wird in ihrer Sprache, in ganz eigenen Bildern angesprochen. Prediger dürfen hier auch einmal provozieren ("Steck dir Gott doch an den Helm!"), verstehen sich aber nicht als Moralapostel, sondern zählen sich meist selbst zugehörig zur Gruppe der Motorradversessenen und Rockmusikliebhaber.

Pfarrer in der Kur- und Urlaubsseelsorge sind meist auch als Urlauber mit ihren Familien vor Ort und verbinden Ferien mit einem seelsorgerlichen Auftrag. So erhält die Freizeitseelsorge eine ganz eigene Glaubwürdigkeit und Authentizität.

Gottesdienste für Motorradfahrer

»BIKERs CHURCH Westfalen«
- Gottesdienst für Biker & Friends

»BIKERs CHURCH« ist eines der vielfältigen Angebote des Arbeitsbereichs »Kirche Unterwegs« der Evangelischen Kirche von Westfalen. Sie versucht, eine Zielgruppe zu erreichen, die sich über ein gemeinsames Hobby identifiziert: Das Motorradfahren. Bei diesem gemeinsamen Nenner setzt »BIKERs CHURCH« an: Sie bietet Gottesdienste und seelsorgerliche Kontakte an und begleitet Meetings und Festivals für Motorradfreaks, für die christlichen und für solche, die vielfach mit Gott eher »nichts am Helm« haben.

Solche Treffen geben vielen Menschen die Möglichkeit zum Auftanken im doppelten Sinne: Hier ist Gelegenheit, nicht nur zum Feiern und Fachsimpeln, sondern auch zum Gespräch, zum Aufnehmen von neuem, geistigem und geistlichem Kraftstoff, zum Innehalten inmitten von rastloser Mobilität und zur Hinwendung zu Gott. Über diese Events hinaus existieren bereits eine »Biker Bibel« (NT-Bibeltext mit szenetypischen Sonderseiten), ein Info-Rundbrief »BIKERs Good NEWS« und vieles mehr, das von gezielter, missionarischer Arbeit zeugt. Dazu gehören auch regionale christliche Biker-Gruppen, die es inzwischen bundesweit gibt.

Die christliche Motorradfahrerarbeit in Deutschland (GCM = Gemeinschaft Christlicher Motorradfahrer/-innen) hat ihre Wurzeln in den 60er Jahren, als das Motorradfahren aufhörte, nur ein »billiges« Fahrzeug zu sein, sondern mehr und mehr zum Hobby wurde: Motorradfahrende Pastoren öffneten sich für eine Zielgruppe, zu der sie selber gehörten. »BIKERs CHURCH Westfalen« gibt es seit dem Jahr 2000: westfälische Pfarrerinnen und Pfarrer, die meistens selber Motorrad fahren, treffen sich zum Gedankenaustausch, verabreden praktische Dienste und Angebote und nehmen an Fortbildungen teil.

Und die Leute kommen - jedes Jahr mehr... Beim größten deutschen Motorradfahrer-Gottesdienst in Hamburg kommen jeweils mehr als 25.000 motorradfahrende Menschen zusammen und lassen die Innenstadt dröhnen.

Diese Form der Zielgruppenarbeit ist ein Merkmal für eine moderne, zukunftsorientierte, situationsbezogene und mit missionarischer Kompetenz ausgestatteten Kirche, die sich aufmacht, den Menschen dort zu begegnen, wo sie sind. Weg von der Komm-Struktur - hin zur Geh-Struktur! Inzwischen gibt es an manchen Orten langjährige Traditionen. Biker-Gottesdienste finden überall und zu unterschiedlichen Anlässen statt: Mitten in der City und draußen auf dem Land, im Grünen und an Talsperren, auf Berggipfeln und in Biker-Szenelokalen, zum Abschluss von Festivals, als Gedenken für verstorbene Motorradfahrer/-innen, zum Saisonauftakt (»Anlassen«) und zum Abschluss der Saison (»Ablassen«), anlässlich der großen Feiertage, im Rahmen von ausgearbeiteten Touren, Missionsseminaren und Ferienfreizeiten. Es gibt christliche Motorradfahrer-Stammtische (»Pray & Ride«), regelmäßige Hauskreistreffen und Begegnungen in Kirchengemeinden und Gemeinde-zentren.

Die Arbeitsgemeinschaft »BIKERs CHURCH Westfalen« möchte für die Zielgruppe ein fairer Gesprächspartner und ein vertrauensvoller Begleiter sein; einige Pfarrer/ -innen arbeiten in der Notfall-Seelsorge mit, bieten selber Gottesdienste, seelsorgerlichen Beistand und Gespräche an, sind hier und da mit Info-Tischen auf Bikertreffen und Motorradmessen vertreten und suchen Kontakt zu eben jenen, die das gleiche Hobby haben. Ganz frei nach Paulus, der den Juden ein Jude und den Heiden eine Heide wurde...

»Mit Gott nix am Hut,... ähm - Helm?«

Hinführung zum Gottesdienst mit Musik und Moderation
Song: »Unchain my heart«
Song: »Eve of destruction«
Song: »Walking in Memphis«
Song: »Knock, knock, knocking on heaven's door«
Gottesdienst
Begrüßung
Song: »Hope of Deliverance«
Gottesdiensteröffnung
Song: »Saint of Me«
Biker-Psalm
Gemeinsames Lied: »Da berühren sich Himmel und Erde«
Predigt: »Mit Gott nix am Hut Helm?« (zu 1. Tess 5, 5.8-10)
Gemeinsames Lied: »Amazing Grace«
Gebet
Gemeinsames Lied: »Vater unser, Vater im Himmel«
Segen
Lied: »With A Little Help from my Friends«

Ablauf

Hinführung zum Gottesdienst mit Musik und Moderation

Song »Unchain My Heart«

Sprecher Einen schönen guten Morgen zusammen. Wir hoffen, wir haben euch mit »Unchain My Heart« von Joe Cocker am noch relativ frühen Sonntagmorgen nicht zu unsanft geweckt. Wir, das sind die Musiker, Sänger und Sängerinnen von der Rock-Pop-Cover-Band »Just 4 Fun?!« aus Bochum, die seit knapp zehn Jahren zusammenspielen.

Für den heutigen Sonntagmorgen haben wir uns ein Programm mit Songs aus den »good old times« vorgenommen, die ihr bestimmt alle kennt. Da die Texte der Songs sämtlich auf Englisch sind und das nicht jedermanns Sache ist, wollen wir zu den Texten der Songs auch immer einige Worte verlieren, um sie verständlicher für euch zu machen.

Angefangen haben wir mit »Unchain My Heart«. Dieser Song handelt von einer beendeten Beziehung, die den Sänger doch noch irgendwie gefangen hält, so dass er bittet: Nimm die Ketten von meinem Herzen, mach mich endlich frei. Befreit und mit Freude in einen neuen Tag zu gehen, sich ein Konzert anzuhören oder an einem Gottesdienst teilzunehmen ist sicherlich eine gute Sache. Darum fangen wir auch grundsätzlich immer mit »Unchain My Heart« an.

Der nächste Song handelt von all dem unsäglichen Mist, der so tagtäglich von angeblich allwissenden Politikern, von dumm-dreisten Besserwissern und unbelehrbaren Scheinheiligen verzapft wird. Solche Leute bringen uns alle an den Rand des Untergangs, an den Vorabend des Weltuntergangs, an den »Eve of Destruction« von Barry McGuire.

Song »Eve of Destruction«

Sprecher Der Song »Eve of Destruction« mit seinen Berichten von platter Zerstörung, von unglaublichem Hass und Menschenverachtung zeichnet ein durchweg negatives Bild. In dem nächsten Song geht es etwas hoffnungsvoller zu. Da fährt einer - vielleicht mit seiner Harley - nach Memphis/ Tennessee. Geht da natürlich erst mal nach Graceland, um Elvis Presley seine Referenz zu erweisen, besucht dann einen Gottesdienst und lernt eine nette Musikerin kennen, mit der er gemeinsam musiziert und vielleicht auch noch was anderes macht... Schließlich fährt er voller Wehmut mit schönen Erinnerungen wieder nach Hause. Den Song von Marc Cohn kennt ihr alle.

Song »Walking in Memphis«

Sprecher Der nächste Song stammt von Eric Clapton und Bob Dylan. Obwohl er sicher zu den meistgespielten Songs überhaupt gehört, weiß wohl kaum jemand, dass es sich bei diesem Lied um ein ganz eindringliches Gebet gegen Gewalt und für Frieden und Verständigung handelt. Im Text heißt es u.a. sinngemäß: Komm, nimm mir die Knarre weg! Ich will nie wieder schießen! Hör auf, mir von Orden und Kriegshelden zu erzählen! Ich will den Scheiß nicht mehr hören! Denk lieber an die vielen Kinder, die oft unschuldig umkommen... Schon vor Gottesdienstbeginn also ein Friedensgebet von Clapton und Dylan mit dem Titel: »Knock, knock, knocking on Heaven's Door«.

Song »Knock, knock, knocking on Heaven's Door«

Gottesdienst

Begrüßung
Heute ist »BIKERs CHURCH Westfalen« wieder bei euch. Wir freuen uns auf diese Zeit mit euch am Sonntagmorgen - auch wenn schon etliche abreisen. Möge Gott sie auf ihrem Weg nach Hause behüten. Ich bin mir nicht sicher, ob all die Rock- und Popgrößen, von denen wir eben Songs gehört haben und von denen wir noch einiges hören werden, in den Himmel kommen. Aber über eines bin ich mir ziemlich sicher: Der Sound, den wir alle vernehmen werden, wenn wir mal den Lobgesang rund um den Thron Gottes hören - so ähnlich wie die Musik von »Just 4 Fun?!« wird es im Himmel wohl klingen... Herzlich willkommen zu dieser musikalischen Stunde und zu unserem Gottesdienst, zu dem sich Biker & Friends, Motorradfahrer und Fußgänger, Auto- und Radfahrer versammelt haben.

Sprecher Wir haben euch mit unseren Songs schon ein bisschen auf den Gottesdienst eingestimmt. Mit der gleichen Musik soll es nun auch im Gottesdienst weitergehen. Für die Zeit, die unser Pastor braucht, um den Talar anzuziehen, haben wir euch einen geradezu furchtbar frommen Song mitgebracht, den ihr alle so gut kennt, dass ihr den Refrain mitsingen könnt. Der Song handelt von der Hoffnung auf Erlösung und davon, nach Fehlern immer wieder neu anfangen zu können: »Hope of Deliverance« von Paul McCartney.

Song »Hope of Deliverance«

Gottesdiensteröffnung

Im Namen des Vaters...
Und damit ihr gleich wisst, um was es heute geht, hören wir mal auf Mick Jagger, der sich in einem seiner Songs mit Gott auseinandersetzt und ihm vorhält: »Du machst aus mir keinen Heiligen...«

Song »Saint of Me« (Rolling Stones)

Biker-Psalm
(drei SprecherInnen im Wechsel)

Dir, Gott, will ich vertrauen! Wenn ich auf meine Maschine steige, erinnere ich mich daran, dass ich in deiner Hand bin. Du bist die Power meines Lebens! Du gibst mir Speed für den Weg, der vor mir liegt! Du hast ein Ziel für mich, für dass es sich zu leben lohnt!

Um mich herum sind zu viele, die nichts von dir wissen wollen: »Glück gehabt«, sagen die einen - »Pech gehabt«, sagen die anderen. So denke auch ich hier und da - leider!

Aber ich weiß: Wer auf der Straße immer nur den eigenen Vorteil sucht, den anderen schneidet und bedrängt - wer sich immer und überall auf Kosten anderer durchsetzen will, der hat irgendwann ausgespielt: Du lässt dich nicht dauernd auf die Schippe nehmen, Gott! Irgendwann spielst du nicht mehr mit.

Was ich brauche, weißt du ganz genau, Herr - besser als ich selbst. Du kannst sie mir geben: Die Gelassenheit, meine Touren wirklich zu genießen. Du kannst sie mir nehmen: Die Angst, die mich lähmt, wenn ich handeln oder helfen soll. Du kannst sie mir schenken: Die Aufmerksamkeit anderen gegenüber. Du kannst sie mir zuteil werden lassen: Die Liebe, die mir verzeihen hilft - so, wie du mir vergibst.

Du freust dich mit mir, wenn ich Gas gebe und wenn der Fahrtwind mich die Freiheit erahnen lässt. Ich finde es gut und es beruhigt mich auch ein wenig, dass du mit mir auf die Bremse trittst, wenn es nötig ist.

Ich bin gewiss, dass du mich bewahren kannst, Herr, vor Unfall und Gefahr, vor Unachtsamkeit und Übermut. Bei dir ist unser aller Leben in guten Händen. Du lässt mich nicht zur Hölle fahren. Du bist und bleibst der treue Gott. Ich mache mich auf den Weg. Du, Gott, bist bei mir. Amen.
(Psalm 16: für MotoradfahrerInnen nachempfunden von Michael Bülow)

Sprecher Wo Menschen sich im Namen Gottes versammeln - in Gottesdiensten oder Andachten, zum Gebet oder weil sie »über Gott und die Welt« reden wollen - da kann es geschehen, was das nächste Lied ausdrückt: »Da berühren sich Himmel und Erde!« Ihr findet die Verse auf unserem Liedblatt und wer mag, singt, klatscht, swingt einfach mit.

Gemeinsames Lied »Da berühren sich Himmel und Erde«

Predigt »Mit Gott nix am Hut,... ähm - Helm?«

»Moppedfahren ist geil, aber Kirche ist Kacke und mit Gott hab' ich sowieso nix am Hut!«
(Anmerkung: Das Wort »Mopped« - mit doppeltem »pp« ist in der Bikersprache »terminus technicus« und wird auch so gesprochen - es meint nicht das (kleine) Moped »richtige« Motorräder!)

So oder ähnlich klingt es manchmal, wenn ich mit Leuten ins Gespräch komme. Zugegeben, nur wenige reagieren wirklich so schroff. Aber ich habe den Verdacht, dass manche wohl so denken...

Aber was ist dann plötzlich los? Kaum ist die heile Welt in Gefahr, kaum stimmt der eigene Lebensansatz mit Karriere und Erfolgsgarantie nicht mehr, kaum zerbrechen Liebe und Partnerschaft, treten Unfall, Krankheit oder gar Tod erschreckend dicht und oft ohne sinnvolle Antwort an mich heran (und gerade Motorradfahrer kennen das!), schon sind sie wieder da: die Fragen nach dem Warum und Wozu, die Frage nach Sinn und Ziel, die Frage nach Gott.

Es stimmt ja nicht: Wir sind ja gar nicht »gottlos«! Genau betrachtet müssen wir zugeben: Wir werden Gott nicht los! An bestimmten Schaltstellen unseres Lebens scheint sich Gott selbst ins Gespräch zu bringen. Wir haben es nur verlernt, ihn auch sonst, in anderen Lebenssituationen und Zusammenhängen wahrzunehmen. Wir verdrängen Gott, regeln unsere Sachen lieber ohne ihn, schieben dann aber Gott die Sache in die Schuhe, wenn's mal nicht so klappt, wie wir uns das gedacht haben.

Ganz schön clever: Gott als Sündenbock für das, was nur wir selbst oder andere verantworten müssen. Gott als Lückenbüßer, wenn wir nicht mehr weiterwissen oder keine Erklärung parat haben. Gott als Klage-Adresse, auch wenn wir ihn sonst aus unserem Leben ausklammern und ihn nur einen alten Mann sein lassen! Und wenn's besonders dicke kommt, dann zerren wir Gott nur allzu gerne vor die Schranken unserer Gerechtigkeit, weil unser scheinbares Recht auf Glück und Unversehrtheit infrage gestellt ist.

Drei Anmerkungen dazu: Gott ist nicht der Notnagel, an den wir unsere Fragen hängen können. Gott hat wo ganz anders gehangen: Mit Nägeln am Kreuz - das ist wahrlich was ganz anderes!

Gott ist mehr als nur der Krisenmanager, der die Karre aus dem Dreck zieht, wo wir sie selbst reinfahren! Er könnte natürlich auch mal wieder ein Wunder geschehen lassen - aber ob das glaubwürdiger wäre? Ich bin nicht sicher! Und manche würden es wahrscheinlich nicht einmal bemerken!

Und schließlich: Gott will doch nicht nur in Not und Krankheit, an der Grenze zwischen Leben und Tod oder wenn mal wieder »Matthäi am Letzten« ist, gefragt, angeschrieen oder mit Vorwürfen zugepflastert werden! Das wäre ja ein schöner Herrgott, wenn er sich damit zufrieden gäbe. Aber was dann?!

»Moppedfahren ist geil, aber mit Gott habe ich nix am Hut!« In der Bibel gibt es einen kleinen Text, den der Apostel Paulus in einem Brief an die Gemeinde in Tessalonike in Griechenland geschrieben hat. Und obwohl ich mir sicher bin, dass er noch nix von Mopped, Bikerszene oder gar Motorradfreaks wissen konnte, klingt es so, als würde Paulus ahnen, was Motorradfahrer heute brauchen könnten. Er schreibt:

Lesung (1. Tess 5, 5.8-10)

»Als Christen gehören wir nicht zur Nacht mit ihrer Finsternis. Wir haben uns für den Tag entschieden! Dazu brauchen wir den Glauben und die Liebe - wie einen Brustpanzer! Und die Hoffnung auf Erlösung wird uns wie ein Helm schützen. Denn Christus hat sein Leben für uns hingegeben, damit wir - ganz gleich, ob wir nun leben oder schon gestorben sind - mit ihm ewig leben.«

Gott hat ein Herz für Motorradfahrer - wer hätte das gedacht!!! Mich jedenfalls erinnert der »Brustpanzer« auch daran, dass ich als Motorradfahrer einiges für meine eigene Sicherheit tun kann und zu tun habe. Und so, wie ich mich mit entsprechender Schutzkleidung und Protektoren wie mit einem »Brustpanzer« umgebe, so möchte auch Gott in meinem Leben um mich sein - mir das Vertrauen in ihn und die Liebe zu den Menschen schenken.

So kann ich leben! So kann ich glauben und anfangen, die Welt zu verstehen. So kann ich lieben - mich selbst und die ganze, gute Schöpfung Gottes. Der »Brustpanzer des Glaubens und der Liebe« bewahrt mich davor, mich selbst zum Maß aller Dinge zu machen. Gott ist der Herr der Dinge - im Glauben und in der Liebe zu meinen nahen und fernen Nächsten begegne ich ihm - er hat es gesagt!

Und meinen Helm - den trage ich ja, damit ich gerade im Ernstfall geschützt - im wahrsten Sinne des Wortes - »behütet« bin. Genauso will auch Gott mich behüten: dass meine Seele - mein Glauben an ihn und meine Liebe zu den Menschen - keinen Schaden nehme. Er bewahrt mich vor der Hoffnungslosigkeit und befreit mich von der egoistischen Sorge um mich selbst. Gott will mir stattdessen eine Gewissheit schenken, die sich in Freude und Fröhlichkeit genauso wie in der Nächstenliebe bewährt, und die auch durch Leid und Schmerz hindurchtragen kann.

Mit Gott leben - das ist so ungewöhnlich nicht - schon gar nicht für uns Motorradfahrer! Wir tun es sowieso, allzu oft nur eben unbewusst. Wenn ich aber anfange, Gott bewusst in mein Leben einzubeziehen - in meinen vielleicht manchmal unerfreulichen Alltag genauso wie in mein Motorradhobby - dann verliere ich nicht die Freude am Leben oder gar an meinem Mopped: Gott, der Vater Jesu Christi, ist kein Miesmacher, sondern die Menschenfreundlichkeit in Person! Jesus hat es uns gezeigt!

Frage dich doch mal selber: Was riskiere ich eigentlich, wenn ich Gott in meinem Leben die Hauptrolle spielen lasse? Und welches Risiko ist größer: So zu tun und so zu leben, als gäbe es keinen Gott, oder davon auszugehen, dass Gott wirklich da ist und dass er mich liebt? Oder ist es unter deiner Würde zuzugeben, dass im Leben längst nicht alles machbar, bezahlbar und einklagbar ist? Schau doch mal hinein in dein Leben und frage dich: Was könnte sich bei mir - und im Zusammenleben mit anderen - ändern, wenn ich mich mit dem »Brustpanzer des Glaubens und der Liebe« umhüllen, und mich mit dem »Helm der Hoffnung« behütet sein lasse, so wie es der olle Paulus schon vor 2000 Jahren geschrieben hat?

Stell dir vor, du würdest Gott mal für seine Treue und Liebe danken und alle würden mitmachen. Stell dir das mal vor! Du hast Sorge, dich zu blamieren? Trau dich ruhig, Christ zu sein - was sich andere erlauben, ist auch für dich gut! Unser manchmal leider auch gefährliches Hobby lässt mich erkennen: Die Art und Weise, mit meinem Motorrad umzugehen, habe ich selbst in der Hand. Ich selber bin aber - nicht nur auf dem Motorrad - in Gottes Hand!

Mit Gott leben, das bedeutet: Ich gewinne einen Freund! Einen, dem ich trauen, auf den ich mich verlassen kann. Einen, der mich umhüllen möchte mit seiner Liebe und Treue, mit Zuversicht und Barmherzigkeit, mit Umsicht und Weitblick; der mich behütet, gerade dann, wenn alles unter mir wegzubrechen droht. Der gute alte Gott - er hat eine Menge mit mir am Hut! Es ist schon so: Nicht nur wir werden Gott nicht los, auch er lässt uns nicht los! Gott ist eben treu! Gott sei Dank!

Vielleicht wäre das ja ein Grund, dich mal hinreißen zu lassen und zu sagen: »Moppedfahren ist geil - und auch wenn's bei Kirchens manchmal nicht ganz so gut klappt: Mit Gott hab' ich was am Hut - am Helm!« Übrigens: Wenn's mit Gott klappt, dann klappt's auch oft mit seinem Bodenpersonal! Gott hat jedenfalls einiges mit uns »am Hut« - in der Bibel kannst du es nachlesen - z.B. in dem Vers im Johannes-Evangelium, der die Summe des ganzen christlichen Glaubens beinhaltet: »So sehr hat Gott die Welt geliebt, dass er seinen eigenen Sohn gab, damit alle, die ihm vertrauen, nicht verloren gehen, sondern Leben in alle Ewigkeit haben.«

Mein Wunsch für dich, der dich auf deinem Heimweg begleiten möge: Steck dir Gott doch an den Hut - an den Helm! Dann ist er wenigstens bei dir! Und nun begleite, schütze und behüte dich Gott, wo immer du unterwegs bist! Amen.

Sprecher Zu dem nächsten Song will ich euch eine wahre Geschichte erzählen, die ich Anfang Mai diesen Jahres erlebt habe: Ich war unterwegs nach Koblenz. Stau auf der A3 zwischen Autobahndreieck Heumar und Köln-Königsforst. Grund: Unfall. Als ich der Unfallstelle im Stau näher kam, sah ich schon von weitem: Ein Motorrad war auf einen Kleinwagen aufgefahren und hatte sich fast bis an den Fahrersitz von hinten in den PKW hineingebohrt. Mein erster Gedanke: Das hat auf dem Motorrad keiner überlebt. Als ich dann näher herankam, sah ich an der Mittleitplanke in ziemlich zerschundenen Lederanzügen eine Frau und einen Mann stehen, die offenbar weitgehend unverletzt den Unfall überstanden hatten. Man kann es sich leicht machen und hier einfach von Glück reden. Man kann aber auch an eine schützende Hand glauben, die eingegriffen hatte. Von dieser schützenden Hand und deren grenzenloser Gnade handelt der nächste Song, in dessen Text es sinngemäß u.a. heißt: So manches Mal hätte es schief gehen müssen, so manches Mal hätten wir auf der Strecke bleiben können, aber wir sind haarscharf davon gekommen, weil grenzenlose Gnade hinter uns steht. Wir singen zusammen mit der Band den alten Gospelsong »Amazing Grace«.

Gemeinsames Lied »Amazing Grace«

Gebet
Barmherziger Gott, himmlischer Vater. Wir danken dir, dass du dich auf unsere Seite stellst; dass du da bist, wenn wir nach dir fragen und zu dir rufen. Hilf uns, dass wir dich nicht aus unserem Leben verdrängen und lass uns auch auf dem Motorrad, wenn wir unterwegs sind, deine Liebe und Freundlichkeit spüren.

Jesus Christus, Bruder und Herr. Du hast uns gezeigt, dass Menschenfreundlichkeit zum Wesen deines Vaters gehört. Lass uns auch miteinander in Liebe umgehen, im Straßenverkehr zur Vergebung bereit sein und verantwortlich mit unserem eigenen und dem Leben anderer umgehen.

Guter Heiliger Geist, Deine Kraft ist es, die uns das Leben schenkt und uns auf unseren Wegen geleitet. Schenke uns die Gewissheit, dass wir nie und nirgends alleine sein müssen und behüte uns auf unseren Wegen. Nimm alle Menschen in Pflicht, Leben zu achten, Übermut zu dämmen, Rücksichtslosigkeit abzubauen und Umsicht walten zu lassen. Wir bitten dich, Gott, dass der Brustpanzer des Glaubens und der Liebe und der Helm der Hoffnung um uns sei. Amen.

Sprecher Den folgenden Song könnt ihr nehmen, wie ihr wollt: Ihr könnt ihn betend mitsingen oder singend mitbeten - das Vaterunser, das Gebet, das uns Jesus gelehrt hat und das die Welt umspannt:
Gemeinsames Lied: »Vater unser, Vater im Himmel«

Segen
Der Herr segne und behüte dich...

Sprecher Mit Joe Cocker haben wir begonnen - ein weiterer Song von ihm leitet über zum Konzert. Vielleicht ist es euch so gegangen wie mir: Natürlich habe ich J.C., Joe Cocker, hier nicht gesehen; aber ich habe ihn gespürt - in den Texten und in der Musik. So soll es euch auch mit unserem Gottesdienst gehen: Natürlich habt ihr J.C., Jesus Christus, hier nicht gesehen; aber vielleicht habt ihr ihn gespürt und erfahren, dass er gegenwärtig ist: hier im Gottesdienst und wenn ihr nach Hause fahrt.

Auf langen Strecken allein unterwegs zu sein, kann bei unvorhergesehenen Schwierigkeiten höchst unangenehm werden. Da ist es besser, wenn man mit Freunden unterwegs ist, die einem helfen und beistehen können. Genauso ist es auch auf unserem Weg durch unser Leben. Auch da brauchen wir Freunde, die wie Meilensteine die Entfernung vom Ziel angeben, die wie Wegweiser uns Richtungen anzeigen, die wie Warnschilder vor Gefahren warnen, die als Hinweisschilder Möglichkeiten eröffnen und bei denen wir auch wie auf einem Rastplatz einmal Pause machen können.

Ohne Freunde und Partner und ohne deren Hilfe werden wir es allein auf uns gestellt sehr schwer haben und wahrscheinlich nicht weit kommen. Wenn sich unterwegs die Freunde aber für andere Wege entscheiden, umkehren oder keine Lust zum Weitergehen mehr haben und wir dann allein bleiben, bleibt ein Freund, der von sich gesagt hat: Denn siehe, ich bin bei dir alle Tage - bis an das Ende der Welt. Es gibt dazu zum Schluss des Gottesdienstes einen Song von Joe Cocker, der dazu passt.

Lied »With a little Help from my Friends«

Kontakt:
Michael Bülow
BIKERs CHURCH Westfalen
Postfach 10 10 51
44010 Dortmund
0231-540960
info@church-mobil.de
www.church-mobil.de

Musikalische Gestaltung:
»JUST - 4 - FUN?!«
c/o Kurt Mittag
Herner Straße 372
44807 Bochum
0234-593181
www.just-4-fun-bochum.de
post@just-4-fun-bochum.de

Gemeinschaft Christlicher Motorradfahrer/-innen in Deutschland (GCM)
c/o Michael Aschermann
Hauffstraße 99
72793 Pfullingen
07121-780
ansprechpartner@kradapostel.de
www.kradapostel.de

Gottesdienste für Menschen, die verreisen

Kreative Kirche in Oelde/ Westfalen

Die Evangelische Kirchengemeinde in Oelde bietet alle zwei Monate am Sonntagabend eine Alternative zum Traditionsgottesdienst an. In dieser »Kreativen Kirche« wird Gottesdienst liturgisch etwas offener gefeiert, jedoch ausgehend von der biblischen Botschaft in einer angemessenen und ansprechenden Form. Durch Einbeziehen von wiedererkennbaren liturgischen Formen soll ein Abgleiten in bloße Showeffekte vermieden werden. Eingeladen zu dem Gottesdienst sind jeweils alle Altersgruppen, was auf durchweg positive Resonanz stößt. Im Altarraum steht ein Stehpult, von dem aus geredet wird; die Kanzel wird nicht benutzt. Keiner der Aktiven ist besonders gekleidet, auch der Pastor trägt keinen Talar. Vorbereitet wird der Gottesdienst jeweils in einem Team von vier Personen, die auch alle den Gottesdienst in der Durchführung mitgestalten

Der Gottesdienst wurde kurz vor Ferienbeginn gefeiert und ist daher ganz bewusst auch als Reisesegen gestaltet, der die Teilnehmer in die Ferien mit ihrem häufigen Reisestress und darüber hinaus begleiten soll. Wir wollten in dem Gottesdienst von einer anderen Welt erzählen, in der nicht Mobilität den Takt angibt. Wir meinen jedoch keine Traumwelt, sondern die Möglichkeit, in dieser Welt das Leben in seiner Vielfältigkeit zu erleben. Weil die Segnung hier so zentral ist, gibt es sowohl einen Segen zum Leben wie auch einen Reisesegen, der noch vor dem Vaterunser erfolgt.

»Nicht unter die Räder geraten«

Beginn des Gottesdienstes mit Einsingen
Eingang
Lied: »Geh aus, mein Herz«
Psalm 23
Gebet
Lied: »Wem Gott will rechte Gunst erweisen«
Sprechmotette: »Mo-bi-li-tät«
Lied: »Dass du mich einstimmen lässt«
Erzähltes Evangelium (Mk 4, 35-41):
Liedvortrag des Chores: »Auf dem Weg«
Aktion: Holzscheibe verteilen
Meditation: »Wo wären wir heute ohne Räder?«

Lied: »Ich möchte mit einem Zirkus«
Predigt-Zusammenfassung
Lied: »Laudato si«
Fürbittengebet
Segen mit Handlung
Vaterunser
Lied: »Mögen deine Wege«
Zum Abschluss
Chor »Have a nice day«

Benötigte Materialien/ Vorbereitung

Kleine Holzräder, ca. 5 cm Durchmesser, zum Verteilen (gibt's z.B. im Baumarkt)

Ablauf

Beginn des Gottesdienstes mit Einsingen

Eingang
Wir feiern den Gottesdienst im Namen Gottes, die Quelle des Lebens,
im Namen Jesu Christi, der uns belebt,
im Namen des Heiligen Geistes, der uns erneuert und bewegt

Lied »Geh aus, mein Herz« (EG 503)

Psalm 23
(Frei vorgetragen)

Gebet
Gott, ständig sind wir unterwegs. Wir bewegen uns von einem Ort zum anderen. Gerade in diesen Tagen kreisen unsere Gedanken um das Unterwegssein. Wir denken an Urlaub, an fremde Städte und unbekannte Gegenden, die wir entdecken wollen. Die Wege dorthin sind oft lang und manchmal auch ziemlich anstrengend. Bevor wir all diese Wege gehen, rufst du uns jetzt zusammen. Du willst bei uns sein und gehst unsere Wege mit. Begleite uns mit deinem Segen. Amen.

Lied »Wem Gott will rechte Gunst erweisen« (Die Mundorgel, 163)

Sprechmotette »Mo-bi-li-tät«

(Vier Personen stehen als Quadrat hinter und nebeneinander im Altarraum. Zu Beginn eines jeden Abschnitts drehen sie sich beim Wort »Mo-bi-li-tät« entweder zu einander oder von einander weg. Eine fünfte Person rezitiert in meditativer Weise die Verse von Psalm 23.)

1. Mo-bi-li-tät

Mobilität ist jung und dynamisch
zeigt Flexibilität
bedeutet Weltoffenheit
bricht auf zu neuen Ufern
Mobilität schneidet alte Zöpfe ab
sucht die Herausforderung
macht stark
eröffnet neue Horizonte
Mobilität hält jung
hält fit
ist grenzüberschreitend
bringt die Welt zusammen.

Psalmist: Der Herr ist mein Hirte... mir wird nichts mangeln... mir wird nichts mangeln.

2. Mo-bi-li-tät

Mobilität bedeutet Abschied nehmen
heißt: Vertrautes zurücklassen
ist anstrengend und kostet Kraft
Mobilität entwurzelt
Mobilität stinkt
zerreißt
verwirrt
tötet
macht heimatlos
und traurig
macht krank
macht einsam
löst Heimweh aus.

Psalmist: ...und ob ich schon wanderte im finsteren Tal... und ob ich schon wanderte im finsteren Tal.

3. Mo-bi-li-tät

Mobilität verhindert Kontinuität
macht Arbeit und Mühe
hetzt mich
zwingt zu Wiederholungen
Mobilität bringt Unruhe
macht Angst
verfremdet
verzettelt
Mobilität kann Flucht sein
überfordert
stellt mich in Frage.

Psalmist: ...fürchte ich kein Unglück ...fürchte ich kein Unglück.

4. Mo-bi-li-tät

Mobilität stellt mich in Frage
ist Aufbruch und Auszug
eröffnet neue Horizonte
kann zum Segen werden
Mobilität fordert heraus
lässt über Schatten springen
beflügelt die Fantasie
führt zu Neuanfängen
Mobilität lässt uns von anderen lernen
Macht lebendig und glücklich
stiftet neue Gemeinschaft.

Psalmist: ...du führest mich auf rechter Straße... du führest mich auf rechter Straße.

5. Mo-bi-li-tät

Und Gott?
bindet sich nicht an Orte
Gott ist vor uns
Gottes Spuren sind erkennbar
Gott verlässt mich nicht
Und Gott?
Gottes Geist weht, wo er will

befreit
will leben
begeistert
Und Gott?
Schenkt Glauben
weckt Tote auf
geht mit ist Heimat auf dem Weg.

Psalmist: ...Gutes und Barmherzigkeit werden mir folgen mein Leben lang
...Gutes und Barmherzigkeit werden mir folgen mein Leben lang.
(Idee aus: Zeitschrift für Gottesdienst und Predigt 2/2003. Gütersloher Verlagshaus)

Lied »Dass du mich einstimmen lässt« (Lebenslieder, 5)

Erzähltes Evangelium (Mk 4, 35-41):
»Am Abend dieses Tages sagte er zu ihnen: Wir wollen ans andere Ufer hinüberfahren. Sie schickten die Leute fort und fuhren mit ihm in dem Boot, in dem
er saß, weg; einige andere Boote begleiteten ihn. Plötzlich erhob sich ein heftiger Wirbelsturm, und die Wellen schlugen in das Boot, sodass es sich mit Wasser
zu füllen begann. Er aber lag hinten im Boot auf einem Kissen und schlief. Sie
weckten ihn und riefen: Meister, kümmert es dich nicht, dass wir zugrunde
gehen? Da stand er auf, drohte dem Wind und sagte zu dem See: Schweig, sei
still! Und der Wind legte sich und es trat völlige Stille ein. Er sagte zu ihnen:
Warum habt ihr solche Angst? Habt ihr noch keinen Glauben? Da ergriff sie große
Furcht und sie sagten zueinander: Was ist das für ein Mensch, dass ihm sogar
der Wind und der See gehorchen?«

Liedvortrag des Chores »Auf dem Weg«

Aktion Holzscheibe verteilen
*(Es werden in der Kirche Holzräder mit ca. 5 cm Durchmesser, 1 cm Stärke
verteilt.)*

Meditation »Wo wären wir heute ohne Räder?«
Ein Rad ist Symbol für Bewegung. Wo wären wir heute ohne Räder? Räder haben
uns Menschen beweglicher gemacht. Wir sind nicht nur auf unsere Füße angewiesen, nicht mehr nur auf den Rücken der Pferde und Esel.

Räder lassen uns auch größere Wegstrecken schnell zurücklegen und manchmal
bekommen unsere Träume Räder, kommen unsere Träume und Sehnsüchte ins
Leben, werden lebendige Wirklichkeit.

Auf Rädern erreichen wir Traumstrände, Landstriche, die Berge und das Meer, die Arbeit und die Schule.

Auf Rädern erreichen wir Menschen, entdecken wir uns selbst.

Wir laden Sie ein, das Rad, das wir jetzt verteilen, zu ertasten und zu begreifen. Lassen Sie Ihre Gedanken kreisen um die Räder, die Ihr Leben bewegen.

Wie oft merken wir es selbst: Ein Rad ist zu wenig, vier Räder sind besser, standfester, bequemer und schneller

Das ist wie bei uns Menschen: Ein Mensch alleine ist verloren. Was kann ein Einzelgänger erreichen? Was ist ein Mensch ohne Freunde, ohne Familie, ohne Nachbarn, ohne Kollegen, ohne geträumte, ohne gelebte Träume?

Allein sind wir einsam, einsam sind wir klein, aber gemeinsam können wir uns stärken und heilen.

Gemeinsam können wir uns auf den Weg machen und etwas bewegen.

Auf Rädern sind wir unterwegs, unterwegs sind wir im Leben. Auch wenn wir uns die Wege aussuchen können, wenn uns alle Wege offen stehen, sind wir nicht sicher vor Umwegen und Stolpersteinen.

Darum sind wir mit offenen Augen unterwegs, sind wir offen für den Augenblick, entdecken wir auch die kleinen Dinge in der großen Schöpfung, am Wegrand des Lebens, entdecken wir das Lächeln des Tages und wir begegnen der Freundlichkeit Gottes.

Und auf allen unseren Wegen gehen wir mit der Sicherheit und dem Vertrauen darauf, dass Gott bei uns ist und bei uns bleibt. Was immer der Weg auch bringen mag, wohin uns der Weg auch führt.

Lied »Ich möcht mit einem Zirkus ziehn« (Mein Liederbuch für heute und morgen, B 94)

Predigt-Zusammenfassung
(Es ist eine Einladung Jesu: »Kommt, lasst uns hinüberfahren.«)

Menschliche Ursehnsucht: sich für immer einzurichten. Impuls: »Verweile noch, du bist so schön.«

Aufbruch heißt Abbruch des Alten.

Angst, Vertrautes zurücklassen zu müssen, gleichzeitig: Verheißung von Neuem, nie Dagewesenem.

Leben, das sich nicht wandelt, wird alt und stickig. Impuls: »Jedem Anfang wohnt ein Zauber inne.«

Die Jünger und genauso wir machen die Erfahrung: Jesus schläft.

Wir müssen nicht in den Urlaub fahren, um den Segen Gottes zu erfahren.

Nur mit dem Vertrauen können wir die Freundlichkeit Gottes entdecken: »Kommt, lasst uns hinüberfahren.

Lied »Laudato si« (EG 515)

Fürbittengebet

Segen mit Handlung
Wohin immer ihr unterwegs seid, geht mit dem Segen Gottes, im Urlaub, in der Familie, auf der Arbeit, zu Hause, in der Freizeit.

»Möge dein Weg dir freundlich entgegen kommen, möge der Wind dir den Rücken stärken, möge die Sonne warm auf dein Gesicht scheinen und der Regen sanft auf alle Felder fallen. Hab unter dem Kopf ein weiches Kissen, habe Kleidung und das täglich Brot, und bis wir uns wiedersehen, halte Gott dich schützend in seiner Hand.«

Segen verbindet verbindet unser Leben mit Gott. Wir sind getauft, eingetaucht in neue Lebenszusammenhänge. Wir gehören zu Gott, Gott gehört zu uns. Unverlierbar. »Ich will dich segnen und du sollst ein Segen sein«, sagt Gott. Wir können uns gegenseitig zum Segen werden.
(Mehrere Schalen mit Wasser werden herumgereicht. Einladung, einen Finger mit Wasser zu benetzen und sich gegenseitig mit einem Kreuzzeichen auf der Stirn zu segnen mit den Worten: »Du sollst ein Segen sein.« Dazu spielt ruhige Musik.)

Vaterunser
(Alle fassen sich an den Händen)

Lied »Mögen sich die Wege« (Gemeinsam unterwegs; Liederbuch vom ÖKT; 158)

Zum Abschluss
A Der Herr sei vor dir,
B um dir den rechten Weg zu zeigen.

A Der Herr sei neben dir,
B um dich in die Arme zu schließen und zu schützen.
A Der Herr sei hinter dir,
B um dich zu bewahren vor der Heimtücke böser Menschen.
A Der Herr sei unter dir,
B um dich aufzufangen, wenn du fällst.
A Der Herr sei in dir,
B um dich zu trösten, wenn du traurig bist.
A Der Herr sei um dich herum,
B um dich zu verteidigen, wenn andere über dich herfallen.
A Der Herr sei mit dir, um dich zu segnen.
B So segne dich der gütige Gott.

Chor »Have a nice day«

Kontakt:
Hartmut Suppliet
Albrecht-Dürer-Straße 6
59302 Oelde
02522-4671

Gottesdienste für Urlauber und Kurgäste

Familiengottesdienste in der Inselkirche auf Langeoog

In vielen deutschen Urlaubsorten gibt es heute eine umfassende seelsorgerliche Betreuung speziell für Ferien- und Kurgäste. So auch auf der Insel Langeoog. Zusätzlich zum Inselpfarrer ist dort das ganze Jahr über eine Kurpastorin bzw. ein Kurpastor im Einsatz. Dabei handelt es sich um Pfarrerinnen und Pfarrer auch aus anderen Landeskirchen, die für ca. drei Wochen Gottesdienste und Vorträge besonders für Kur- und Urlaubsgäste anbieten. Die Hälfte dieser Zeit gilt als Sonderurlaub, die andere Hälfte muss vom Jahresurlaub bestritten werden; dafür erhalten die KurpastorInnen vor Ort Vergünstigungen (z.B. Dienstwohnung). So bietet der Kurpastorendienst die Möglichkeit, die Arbeit an einer besonderen (und besonders ansprechbaren) Zielgruppe mit einem Ferienaufenthalt zu verbinden.

In der Inselkirche Langeoog finden jeden Sonntag zwei Gottesdienste statt: Der Predigtgottesdienst um 9.30 Uhr und der »Familien-Gottesdienst für Kinder und ihre BegleiterInnen« (so der offizielle Titel) um 11.00 Uhr; die Gottesdienste werden im Wechsel von Inselpfarrer und Kurpastorin bzw. Kurpastor geleitet. Während der Saison werden beide Gottesdienste hauptsächlich von Urlaubsgästen besucht. Am Familiengottesdienst nehmen regelmäßig an die 100 Menschen teil, meist Familien mit jüngeren Kindern, aber auch vereinzelt Konfirmand(inn)en, Jugendliche und ältere Erwachsene. Dies stellt vor die Aufgabe, den Gottesdienst so zu gestalten, dass er für jüngere Kinder ansprechend ist, ohne die Älteren zu unterfordern.

Ausgangspunkt des Gottesdienstes war die Urlaubserfahrung, dass der Strand immer wieder neu durch seine Fülle und Vielfalt begeistert: Muscheln jeder Form, Farbe und Größe, Schneckenhäuser, Krebse, Steine, Treibgut und vieles mehr ziehen die Aufmerksamkeit auf sich, werden bewundert und gesammelt. Das geht nicht nur Kindern so, sondern Menschen jeden Alters lassen sich von solchen Strandfunden ansprechen. Aus dieser Beobachtung erwuchs die Idee, die Faszination des Strandes transparent zu machen für das Lob des Schöpfers - und nicht nur für die Schönheit der Schöpfung im Allgemeinen, sondern auch für Gottes Nähe in Jesus Christus.

»Strandfunde erzählen vom Reich Gottes«

Eröffnung und Anrufung
Orgelvorspiel
Voten
Psalmgebet (Ps 104, 24-28.31)
Lied: »Laudato si«
1. Strandfund: Auster
Hinführung
Schriftlesung (Mt 13, 44-46)
Auslegung
Lied: »Du meine Seele, singe«
2. Strandfund: Krebspanzer
Hinführung
Schriftlesung (Lk 19, 1-10)
Auslegung
Lied: »Meine engen Grenzen«
3. Strandfund: Eier der Wellhornschnecke
Hinführung
Schriftlesung (Mk 10, 42-45)
Auslegung
Lied: »Das sollt ihr, Jesu Jünger, nie vergessen«
Abschluss:
Aufschreiben und Verlesen von Fürbitten, Klage- und Dankgebeten
Vaterunser
Lied: »Laudato si«
Sendung und Segen
Orgelnachspiel

Benötigte Materialien/ Vorbereitung

Der Boden des Altarraums ist dekoriert mit einer Fülle von Strandfunden; darunter insbesondere Austernschalen, leere Krebspanzer sowie Wellhornschneckenhäuser und deren leere Ei-Ballen.

Am Eingang bekommt jedes Mitglied der Gottesdienstgemeinde drei Gebetszettel und einen Stift. Auf den ersten Zettel ist auf die Vorderseite das Foto einer Auster kopiert, auf der Rückseite steht: »Gott, ich lobe Dich/ danke Dir für...«. Auf dem zweiten Zettel ist das Bild einer Strandkrabbe und der Satzanfang »Christus, erlöse mich von...« abgedruckt; auf dem dritten Zettel das Foto einer Wellhornschnecke und ihrer Eier sowie der Satzanfang »Gott, ich bitte dich für folgende(n) Menschen, dass...«.

Ablauf

Orgelvorspiel

Eröffnung und Anrufung

Im Namen des Vaters...
Liebe Gottesdienstgemeinde, herzlich willkommen in der Inselkirche Langeoog. Ganz besonders begrüße ich die Kinder, die mit ihren Begleiterinnen und Begleitern hierher zum Familiengottesdienst gekommen sind. »Strandfunde erzählen vom Reich Gottes« ist dieser Gottesdienst überschrieben. Ganz gleich, ob wir zum ersten Mal auf Langeoog sind, ob wir Dauergäste sind oder Insulaner - wir alle sind wohl immer wieder angerührt vom Meer und vom Strand, vom Wind und der Weite des Horizonts hier an der See. Ich nehme auch an, dass zumindest die Urlauber unter uns in den letzten Tagen schon einiges an Strandfunden gesammelt haben. Meine Familie und ich jedenfalls sind immer aufs Neue begeistert von dem, was wir alles finden: Muscheln und Steine, Krebse und Schneckenhäuser, Treibholz und vieles andere mehr.

Unerschöpflich scheint die Vielfalt des Strandes; und recht betrachtet ist die See nichts anderes als ein gewaltiges Loblied Gottes, erzählt die Weite und Schönheit des Meeres etwas von der unermesslichen Schönheit und Güte Gottes. Einige von unseren Strandfunden habe ich heute mitgebracht, damit sie uns ausführlicher von Gott und seinem Reich erzählen. Aber zuvor lasst uns ein biblisches Loblied auf Gottes Schöpfung hören, aus Psalm 104:

Psalmgebet (Ps 104, 24-28.31)
»Herr, wie zahlreich sind deine Werke! / Mit Weisheit hast du sie alle gemacht, / die Erde ist voll von deinen Geschöpfen.

Da ist das Meer, so groß und weit, / darin ein Gewimmel ohne Zahl: kleine und große Tiere.

Dort ziehen die Schiffe dahin, / auch der Levíatan, den du geformt hast, um mit ihm zu spielen.

Sie alle warten auf dich, / dass du ihnen Speise gibst zur rechten Zeit.

Gibst du ihnen, dann sammeln sie ein; / öffnest du deine Hand, werden sie satt an Gutem.

Ewig währe die Herrlichkeit des Herrn; / der Herr freue sich seiner Werke.«

Lied »Laudato si« (EG 515, 1+5+6)

1. Strandfund Auster
(Pastor lässt Austern durch die Reihen geben.)

Hinführung

Die Austern, deren Schalen gerade durch die Reihen gehen, sind in mehrerer Hinsicht ziemlich wertvoll. Für Feinschmecker sind sie ein besonderer Leckerbissen. Aber auch ganz materiell können sie wertvoll sein: Verwandte unserer einheimischen Austern sind es, die die Perlen wachsen lassen, Sinnbild für Luxus und Schönheit.

Von der ägyptischen Königin Kleopatra wird erzählt, sie habe sich in Essig aufgelöste Perlen zu trinken reichen lassen. Und auch wir spüren etwas von dem geheimnisvollen Zauber der Perlen, wenn wir unsere Strandburgen mit perlmuttglänzenden Muschelschalen dekorieren oder Knöpfe und Haarschmuck aus Perlmutt tragen. Auch in der Bibel werden die Schönheit und der Wert der Perlen mehrfach erwähnt; im Matthäus-Evangelium ist die Perle ein Gleichnis für das Reich Gottes:

Schriftlesung (Mt 13, 44-46)

»Mit dem Himmelreich ist es wie mit einem Schatz, der in einem Acker vergraben war. Ein Mann entdeckte ihn, grub ihn aber wieder ein. Und in seiner Freude verkaufte er alles, was er besaß, und kaufte den Acker. Auch ist es mit dem Himmelreich wie mit einem Kaufmann, der schöne Perlen suchte. Als er eine besonders wertvolle Perle fand, verkaufte er alles, was er besaß, und kaufte sie.«

Auslegung

Wer von uns hat nicht schon einmal davon geträumt, einen Schatz zu finden? Die beiden Gleichnisse Jesu sprechen mein Herz an: Abenteuerstimmung kommt auf, ich segle in Gedanken zur Schatzinsel und sehe funkelndes Gold und geheimnisvoll schimmernde Perlen vor meinen Augen. Gleichzeitig sprechen diese beiden Gleichnisse meinen Verstand an: Was die Männer hier tun, ist durchaus geschäftsmäßig-nüchtern. Sie sehen einen Handel, der sich lohnt, und machen Geld flüssig, das sie investieren können. Sie setzen Kapital ein und erwirtschaften einen Gewinn.

Offenbar ist das Reich Gottes etwas für jeden Menschen und für den gesamten Menschen, ist etwas für Kopf und Herz. »Bist du ein nüchterner Rechner?«, fragt Jesus. Dann investiere dein Leben in das Reich Gottes, das so wertvoll ist wie der größte Schatz. Oder bist du ein Romantiker? Dann suche ebenfalls nach dem Reich Gottes, das so schön und geheimnisvoll ist wie die schönste Perle. Die Gleichnisse vom Schatz und von der Perle laden ein: Ganz gleich, wer du bist, lass dich auf Gottes Reich ein - es lohnt sich auf jeden Fall!

Was das Besondere am Reich Gottes ist, warum es sich lohnt, dieser Einladung zu folgen, davon werden die anderen Strandfunde gleich mehr erzählen. Aber lasst uns zuvor das nächste Lied singen:

Lied »Du meine Seele, singe« (EG 302, 1-3)

2. Strandfund Krebspanzer
(Pastor lässt Krebspanzer durch die Reihen geben.)

Hinführung
Der zweite Strandfund, der uns heute etwas mehr vom Reich Gottes erzählen soll, ist der Krebspanzer, den jetzt einige von euch in Händen halten. Die Strandkrabbe, von der diese Schalen stammen, ist ein wendiger Räuber, der zugleich durch seinen Panzer gut vor Feinden geschützt ist. Aber einen Nachteil hat der Panzer: Er kann nicht mitwachsen; darum muss die Strandkrabbe ihn abwerfen, wenn sie wachsen will.

Vielleicht habt ihr etwas Ähnliches schon bei den Einsiedlerkrebsen im Aquarium im Haus der Insel gesehen. Bei ihnen ist nur der Vorderkörper gepanzert; ihren Hinterleib verstecken sie in leeren Schneckenhäusern. Wenn sie größer werden, müssen sie in ein neues Schneckenhaus umziehen. Während des Wohnungswechsels müssen sie es einen Moment lang riskieren, ihr Hinterteil ungeschützt zu lassen. So ist der leere Krebspanzer für mich ein Sinnbild dafür, dass man bisherige Sicherheiten aufgeben muss, wenn man sich weiter entwickeln will. Auch die Bibel erzählt von einem Menschen, der dies erfahren hat, bei Lukas im 19. Kapitel.

Schriftlesung (Lk 19, 1-10)
»Dann kam er nach Jericho und ging durch die Stadt. Dort wohnte ein Mann namens Zachäus; er war der oberste Zollpächter und war sehr reich. Er wollte gern sehen, wer dieser Jesus sei, doch die Menschenmenge versperrte ihm die Sicht; denn er war klein. Darum lief er voraus und stieg auf einen Maulbeerfeigenbaum, um Jesus zu sehen, der dort vorbeikommen musste. Als Jesus an die Stelle kam, schaute er hinauf und sagte zu ihm: Zachäus, komm schnell herunter! Denn ich muss heute in deinem Haus zu Gast sein. Da stieg er schnell herunter und nahm Jesus freudig bei sich auf. Als die Leute das sahen, empörten sie sich und sagten: Er ist bei einem Sünder eingekehrt. Zachäus aber wandte sich an den Herrn und sagte: Herr, die Hälfte meines Vermögens will ich den Armen geben, und wenn ich von jemand zu viel gefordert habe, gebe ich ihm das Vierfache zurück. Da sagte Jesus zu ihm: Heute ist diesem Haus das Heil geschenkt worden, weil auch dieser Mann ein Sohn Abrahams ist. Denn der Menschensohn ist gekommen, um zu suchen und zu retten, was verloren ist.«

Auslegung

Wie eine Strandkrabbe war Zachäus, bevor er Jesus traf: ein wendiger Räuber, gut geschützt durch den Panzer seines Egoismus und seines Reichtums; und gleichzeitig - wie eine Strandkrabbe - fest eingesperrt in diesen Panzer, unfähig zu wachsen und sich weiter zu entwickeln. Jesus befreit ihn nun aus seinem Panzer. Zachäus erfährt: Seine Schuld muss ihn nicht auf alle Ewigkeit fesseln. Jesus macht ihn frei für einen neuen Anfang, macht Zachäus frei für Gott - und frei für seine Mitmenschen. So erzählt der Krebspanzer, was das Schöne am Reich Gottes ist: Menschen werden frei.

Lied »Meine engen Grenzen« (EG 600, 1-4)

3. Strandfund Eier der Wellhornschnecke
(Pastor lässt Häuser und Ei-Ballen der Wellhornschnecke herumgeben.)

Hinführung

Was jetzt durch die Reihen geht, sind Wellhornschnecken: die Häuser der erwachsenen Exemplare und die leeren Eierschalen. In diesen Ballen können bis zu 100 Eiern zusammen sein; aber, so habe ich gelesen, nur zehn davon sind befruchtet, und die ernähren sich von den anderen, unbefruchteten Eiern. Bei den Wellhornschnecken ist das instinkthaft durch die Schöpfung vorgegeben. Aber es erinnert mich daran, wie auch wir Menschen manchmal miteinander umgehen - heute wie zur Zeit Jesu.

Schriftlesung (Mk 10, 42-45)

»Da rief Jesus sie zu sich und sagte: Ihr wisst, dass die, die als Herrscher gelten, ihre Völker unterdrücken und die Mächtigen ihre Macht über die Menschen missbrauchen. Bei euch aber soll es nicht so sein, sondern wer bei euch groß sein will, der soll euer Diener sein, und wer bei euch der Erste sein will, soll der Sklave aller sein. Denn auch der Menschensohn ist nicht gekommen, um sich dienen zu lassen, sondern um zu dienen und sein Leben hinzugeben als Lösegeld für viele.«

Auslegung

Gottes Reich sprengt den Panzer der Selbstbehauptung. Darum werde ich dann frei, den Anderen zu lieben wie mich selbst. Das kann Rücksichtnahme im familiären Miteinander bedeuten oder verantwortlichen Umgang mit der Macht, die mir gegeben ist als Elternteil, als Lehrer, als Vorgesetzte - dass ich meine Macht dafür einsetze, dass die mir anvertrauten Menschen wachsen und selbständiger werden. Das kann eine Absage an die Ellenbogengesellschaft sein: dass Arbeitslose und Arme nicht ausgegrenzt werden, sondern dass der vorhandene Reichtum für alle reicht. Das kann den Einsatz für gerechte Strukturen weltweit bedeuten: dass die reichen Länder nicht auf Kosten der armen leben.

Wellhornschnecken leben, wie sie leben, und können nicht anders - wir Menschen schon. Wir können anders leben als bisher. Wir können das, weil Jesus das Reich Gottes nahe gebracht hat; das Reich Gottes, das so schön und kostbar ist wie eine Perle, das den Panzer der Schuld und des Egoismus sprengt, das uns frei macht, für andere da zu sein.

Lied »Das sollt ihr, Jesu Jünger, nie vergessen« (EG 221, 1-3)

Schlussgebet
Am Eingang habt ihr alle drei Zettel mit Bildern von Strandfunden bekommen. Ich möchte euch jetzt bitten, diese Zettel zur Hand zu nehmen und eure Gebete darauf zu schreiben.

Die Auster steht für Lob und Dank: für alles Schöne, über das ihr euch freut wie über einen Schatz. Der Krebspanzer steht für eure Klagen: für alles, was euch das Leben eng macht, was euch belastet, worunter ihr leidet. Die Wellhornschnecke schließlich steht für eure Fürbitten: für andere Menschen, die euch wichtig sind, an die ihr denkt, für die ihr Gott um etwas bitten wollt.

Schreibt eure Gebete jetzt auf die Zettel und bringt sie dann nach vorn, legt sie zu den anderen Strandfunden im Altarraum. Ich werde dann - stellvertretend für alle Gebete - drei Zettel von jeder Sorte vorlesen und bitte euch, diese Gebete dann jeweils mit dem Liedruf »Kyrie eleison« aufzunehmen.
(Die Gemeinde schreibt Gebete auf die Zettel und bringt sie zum Altar.)

Verlesen von Fürbitten, Klage- und Dankgebeten:
(Meditative Orgelmusik, drei Lob- und Dankgebete (»Austern«) werden vorgelesen.)

Liedruf »Kyrie, eleison« (EG 178.9)
(Drei Klagen (»Krebspanzer«) werden vorgelesen.)

Liedruf »Kyrie, eleison« (EG 178.9)
(Drei Fürbitten (»Wellhornschnecken«) werden vorgelesen.)

Liedruf »Kyrie, eleison« (EG 178.9)
Viele Zettel bleiben ungelesen. Einiges lässt sich vielleicht auch gar nicht niederschreiben, vielleicht nicht einmal in Worte fassen. Alles, was ungesagt geblieben ist, uns aber dennoch bewegt, wollen wir in die Worte kleiden, die Jesus und zu beten gelehrt hat:

Vaterunser

Lied »Laudato si« (EG 515, 9)

Sendung und Segen

Und nun geht hin im Frieden des Herrn.

Ich wünsche dir den Frieden der Meeresdünung, den Frieden der sanften Brise, den Frieden der schweigsamen Erde, den Frieden der klaren Sternennacht, ich wünsche dir den Frieden Jesu Christi, der unser Friede ist für alle Zeit.

So segne und behüte euch der allmächtige und barmherzige Gott, Vater, Sohn und Heiliger Geist. Amen.

Orgelnachspiel

Variationsmöglichkeit

Zusätzlich zu den drei bisherigen Strandfunden ließe sich noch der Segensteil mit Hilfe einer Jakobsmuschel (etwa aus dem »Segenskoffer« des Amtes für Öffentlichkeitsarbeit der Nordelbischen Landeskirche, dort auch weitere Erklärungen) und einer biblischen Segensgeschichte (z.B. Gen 12, 1 ff) akzentuieren; auch könnten alle Gottesdienstteilnehmenden zum Ausgang ein Bild einer Jakobsmuschel mit einem aufgedruckten Segenswunsch (oder einem anderen »guten Wort« der Bibel) bekommen.

Kontakt:
Harald Becker
Langobardenstr. 29
59269 Beckum
02521-950738
beckerhsfl@aol.com

Gottesdienste für Kreuzfahrer

Kreuzfahrergottesdienst auf der MS Astor

Die MS Astor ist ein klassisches 4- Sterne- Schiff mit 500 deutschsprachigen Gästen. Die meisten Gäste sind über 50 Jahre alt. Etliche von ihnen sind alleinreisend, finden aber in der Regel schnell Kontakte zu anderen Gästen und werden zudem vom Personal freundlich betreut. Geldsorgen muss sich kaum ein Gast machen. Unter den Passagieren sind einige, denen eine Lebensversicherung ausbezahlt wurde. Das kann dann bedeuten, dass ihr Partner in der letzten Zeit gestorben ist. Andere wissen um eine schwere eigene Krankheit und wollen sich noch einen Lebenstraum erfüllen. Viele der langjährigen Stammgäste haben schon etliche Weltreisen hinter sich gebracht. Einige Kreuzfahrer verbringen einen erheblichen Teil des Jahres auf diesem oder einem anderen Schiff. Es ist nicht selbstverständlich, dass die Reederei einen Bordpfarrer einsetzt. Bei den Kreuzfahrtschiffen, die von den Gästen nur für ein bis zwei Wochen gebucht werden, spart man sich oft diese Kosten.

Die Gottesdienste finden auf den meisten Schiffen nicht in einer Kirche statt. Werktags ist auf der MS Astor der stimmungsvolle, maritim ausgestattete »Captain's Club« dafür vorgesehen. Das ist eine Cocktailbar, in der die Gäste an Tischchen in Sesseln oder auch direkt an der Bar sitzen. Im kleinen Bühnenbereich dieses Raumes befindet sich ein Flügel, der gut am Boden verschraubt ist und auch bei Seegang an seinem Ort bleibt. Besonders gut besucht waren die Freiluftgottesdienste an Deck, bei denen die jeweils über 100 teilnehmenden Gäste auf Liegestühlen saßen.

Andachten und Gottesdienste für die Gäste finden an jedem »Seetag« statt. An »Landtagen« verlassen die Gäste das Schiff schon am Morgen und kommen erst nachmittags oder abends zurück. So konnte der Ostergottesdienst z.B. erst am Ostermontag stattfinden, weil die MS Astor am Ostersonntag in Bombay im Hafen lag und kaum jemand an Bord war. Die Termine werden also von der Kreuzfahrtdirektion ins Tagesprogramm eingepasst. Das bedeutet, dass auch die Länge (besser gesagt: die Kürze) mitunter vorgegeben ist, weil nach 15 Minuten ein wichtiger anderer Programmtermin Vorrang hat.

»Eine Muschel in meiner Hand«

Begrüßung
Kreuzfahrerlied »Kreuzfahrt, das ist unser Leben«
Lesung (Ps 36, 6-12):
Lied »Lobe den Herren, den mächtigen König der Ehren«
Meditative Musik »Meer«
Muschel-Meditation
Ansprache
Lied »Nun danket alle Gott«
Fürbitten
Meditative Musik: »Largo«
Lied: »Laudate omnes gentes«
Vaterunser
Spiritual: »He's got the whole world in his hands«
Segen

Ablauf

Begrüßung
(Beim Eingang werden die Gäste begrüßt und jedeR BesucherIn sucht von einem großen Tablett eine Muschel aus, »die zu Ihnen passt!«. Zudem bekommt jedeR eine leere Pappkarte (Gebetskarte), einen Stift und ein Liedblatt.)

Herzlich willkommen zu unserer Andacht. »Eine Muschel in meiner Hand« soll das Thema sein. Gemeinsam wollen wir nach Antworten suchen, wer wir sind und wer jede und jeder Einzelne vor Gott ist. Schön, dass K. G. mit seinem Gesang und G. L. am Flügel uns musikalisch unterstützen. Schön auch, wenn Sie sich wie bei den vergangenen Gottesdiensten am Gesang beteiligen - auch, wenn Sie vielleicht keine chorreife Stimme haben.

Wir feiern diese Andacht im Namen des Vaters und des Sohnes und des Heiligen Geistes.

Kreuzfahrerlied »Kreuzfahrt, das ist unser Leben« (Hubert Janssen)

Lesung (Ps 36, 6-12):
»Herr, deine Güte reicht, so weit der Himmel ist, und deine Wahrheit, so weit die Wolken gehen. Deine Gerechtigkeit steht wie die Berge Gottes und dein Recht wie die große Tiefe. Herr, du hilfst Menschen und Tieren. Wie köstlich ist deine Güte, Gott, dass Menschenkinder unter dem Schatten deiner Flügel Zuflucht

haben! Sie werden satt von den reichen Gütern deines Hauses, und du tränkst sie mit Wonne wie mit einem Strom. Denn bei dir ist die Quelle des Lebens, und in deinem Lichte sehen wir das Licht. Breite deine Güte über die, die dich kennen. Lass mich nicht kommen unter den Fuß der Stolzen, und die Hand der Gottlosen vertreibe mich nicht! Amen.«

Lied »Lobe den Herren, den mächtigen König der Ehren«

Meditative Musik »Meer« (Martin Buntrock, GBMusic)

Muschel-Meditation

Sie haben sich beim Hereinkommen eine Muschel ausgesucht, die zu Ihnen passt. Sie dürfen diese Muschel nachher als Andenken an diese Andacht mit nach Hause nehmen.

Nun haben Sie Zeit, sich mit Ihrer Muschel zu beschäftigen. Vielleicht entdecke Sie Ähnlichkeiten zwischen sich selbst und dieser Muschel, die Sie ausgesucht haben. Vielleicht entdecken Sie aber auch Gegensätze zwischen Ihrer eigenen Person und Ihrer Muschel. Schauen Sie einmal, wie bunt oder blass Ihre Muschel ist; wie hell oder dunkel; wie groß oder klein; wie offen oder verschlossen; wie perfekt oder angestoßen; wie heil oder gesprungen. Gehen Sie einmal mit dem Finger darüber und fühlen Sie, wie glatt oder stumpf sie ist. Nehmen Sie Kontakt zu dieser Muschel auf: Was mag sie wohl erlebt haben? Wo kommt sie her? Was könnte sie Ihnen erzählen?

Während der nun folgenden Musik haben Sie Zeit, Ihre Muschelschale anzuschauen, zu befühlen, über sie und über sich selbst nachzudenken. Nehmen Sie meine vielen Fragen nur als Anregung und gehen Sie ruhig Ihren eigenen Gedanken nach. Vielleicht ist für Sie etwas ganz Anderes wichtig...
(Zwei Minuten Musik)

Nun möchte ich Sie einladen, zu zweit oder dritt mit Ihren Nachbarn am Tisch ein wenig von Ihren Gedanken auszutauschen. Was und wie viel Sie von sich preisgeben möchten, das bleibt ganz Ihnen selbst überlassen...
(Drei Minuten Musik)

Möchte die Eine oder der Andere einen Gedanken mitteilen, der Ihnen wichtig geworden ist?
(Einige GottesdienstbesucherInnen erzählen von ihren Gedanken.)

Ansprache

Ich selbst habe mir natürlich auch einige Gedanken über diese Muschelschalen gemacht. Sie wissen sicherlich, dass dies ja nur die Gehäuse sind. Die lebendige Muschel lebt in dem Schneckenhaus oder zwischen zwei zusammengeklappten Halbschalen, die genau aufeinander passen. Zwei Schalen sind mit einem starken Gelenk verbunden, das die Muschel öffnen und schließen kann. Wenn genügend Wasser da ist und keine Gefahr zu drohen scheint, dann öffnet die Muschel die beiden Schalenhälften. So kann das Wasser hereinströmen und bringt Nahrung und Sauerstoff mit. Wenn die Ebbe kommt und die Muschel auf dem Trockenen liegt, schließt sie sich ein. Eine Weile kann sie so aushalten, aber dann braucht sie wieder die Gelegenheit, sich öffnen zu können.

Obwohl sie so primitiv wirkt und weder Augen noch Ohren hat, verfügt sie über ein sehr feines Gespür. Manche Muschel gräbt sich selbst in den Sand ein und steckt nur einen langen Rüssel zur Oberfläche. Schon wenn eine Möwe über den Sand läuft, spürt sie die Erschütterung und zieht schnell den Rüssel ein. Nach einer Weile öffnet sie sich dann wieder, weil sie die Verbindung zur Umwelt, zum Wasser braucht. Daraus zieht sie ihre Kraft und ihr Wachstum, ihr Leben. Die eher schneckenartige Muschel verhält sich ähnlich: Wenn Gefahr droht oder zu wenig Feuchtigkeit zur Verfügung steht, kann sie sich in den hinteren, unzugänglichen Teil ihres Hauses zurückziehen und oft sogar einen Deckel davor ziehen.

Wenn ich mich selbst nun mit einer Muschel vergleiche, dann merke ich, dass ich auch Schutz brauche. Ich möchte nicht verletzt werden und lege mir eine harte Schale zu oder ein Schneckenhaus, in das ich mich zurückziehen kann. Ich verkrieche mich, wenn ich Angst habe. Manchmal verschließe ich mich, wenn ich mich unsicher fühle. Wenn ich das Gefühl habe, jemand oder etwas bedroht mich, dann lasse ich niemand an mich heran. Es ist ganz wichtig, sich abschotten zu können, um nicht schutzlos ausgeliefert zu sein. Auf der anderen Seite spüre ich aber auch, wie wichtig es für mich ist, meine harte Schale immer wieder zu öffnen. Damit gehe ich ein Risiko ein. Ich bin dann seelisch verletzbar. Aber wenn ich mich nur verschließe, entgeht mir viel vom Leben. Dann wird es unter der Schale immer muffiger. Es findet sich dann immer weniger Frische, und meine Lebensfreude lässt nach.

Wenn ich mich öffne, vertraue ich auf mein Gespür für Gefahren. Ich kann mich ja jederzeit wieder mehr verschließen, wenn es sein muss.

So möchte ich mir und jeder und jedem von Ihnen den Mut wünschen, dass wir uns immer wieder öffnen - anderen Menschen gegenüber und auch Gott gegenüber. Mitunter passiert es ja, dass jemand sich in sein Schneckenhaus zurükkzieht und es für den Rest des Lebens zusperrt, weil Gott oder die Kirche ihn enttäuscht haben. Da hat es einmal ein schreckliches Ereignis gegeben, bei dem ich mich von Gott verlassen gefühlt habe. Mein Gebet ist nicht erhört worden, oder ein ungerechter Schicksalsschlag hat mich getroffen. Dann ist es wohl verständlich, wenn ich mit Gott nichts mehr zu tun haben möchte und mich von ihm abschotte. Doch gleichzeitig geht mir damit wohl auch etwas verloren: ein Stück Geborgenheit, Trost und Lebenssinn. Deshalb mache ich auch Gott gegenüber immer wieder mal einen Versuch, mich zu öffnen. Ich erhoffe mir davon ein Stück neue Lebendigkeit.

Aber wem sage ich das: Sie sind hierher in die Andacht gekommen! Und das bedeutet ja wohl, dass Sie ohnehin ein offenes Ohr und ein offenes Herz für Gott haben - oder, dass Sie es gerade hier auf dieser Schiffsreise probieren, sich wieder ein wenig für die Kapitel »Gott« und »Glaube« zu öffnen - bei allen Vorbehalten, aller Vorsicht und allen Zweifeln, die Sie ruhig haben dürfen.

Ich komme noch einmal mit meinen Gedanken zu den Muscheln zurück: All die Muscheln, die ich mitgebracht habe, sind ja sehr verschieden. Es ist schwer oder sogar unmöglich, die Schönste davon herauszufinden. Alle diese Muscheln waren es jemandem wert, sie aufzuheben. An jeder dieser Muscheln hat sich jemand gefreut, und jedeR hier im Raum hat sich eine andere daraus ausgesucht. So wie die Muscheln sind auch wir ganz unterschiedlich: Der Eine hält sich für groß, ein Anderer hält sich für ein kleines Licht. Die Eine ist ein bunter Paradiesvogel, eine Andere eher eine graue Maus. Jemand findet sich alt - jemand anders fühlt sich jung. Ich kann ein perfektes Aussehen haben oder mich angeschlagen fühlen. Vielleicht bin ich eher offen und unkompliziert oder aber auch liebenswürdig verdreht. Vielleicht bin ich rund und glatt oder ich habe eine raue Schale mit Ecken und Kanten. Der Eine zeigt sich als seltenes Original, das sich von allen Anderen unterscheidet. Ein Anderer ist lieber angepasst und fällt nicht gern aus dem Rahmen. Vielleicht hört man von mir viel (so wie manche Muscheln das Rauschen des Meeres in sich tragen) oder ich bin eher zurückhaltend und still. Die Eine ist ziemlich robust - die Andere ganz zart und zerbrechlich. Bei aller Unterschiedlichkeit und Verschiedenheit hat JedeR sein Lebensrecht; alle sind wir von Gott erschaffen wie diese verschiedenen Muscheln; alle sind wir von Gott geliebt und angenommen und damit auch liebenswert. Und das heißt: JedeR von uns soll und darf sich selbst mögen.

Kennen Sie übrigens die drei wichtigsten Gebote? Sie stehen im Lukasevangelium Kapitel 10: »Du sollst den Herrn, deinen Gott, lieben von ganzem Herzen, von ganzer Seele, von allen Kräften und von ganzem Gemüt, und deinen Nächsten wie dich selbst«.

Haben Sie mitgezählt? Drei Gebote stehen da nebeneinander: Erstens soll ich Gott lieben. Zweitens soll ich meinen Nächsten lieben. Drittens soll ich mich selbst lieben. Mich selbst? Ja, auch das hat Jesus als genauso wichtig bezeichnet wie die beiden anderen Punkte. Es gibt dazwischen wohl auch einen Zusammenhang: Wenn ich mich so nehme, wie ich bin und mit mir selbst in Frieden lebe, dann kann ich auch Andere leichter so sein lassen, wie sie sind.

Dann kann ich sie selbst dann akzeptieren, wenn sie in vielen Punkten ganz anders sind als ich selbst. Wenn Sie zu Hause einmal mit sich selbst auf Kriegsfuß stehen, dann nehmen Sie vielleicht einmal Ihre Muschel zur Hand und lassen sich von ihr sagen: »So wie du bist, bist du geliebt und angenommen und aufgehoben bei Gott. Du darfst ruhig auch selbst nett zu dir sein.«

Lied »Nun danket alle Gott« (EG 321)

Fürbitten
Nun lade ich Sie ein, einen Dank und/ oder eine Fürbitte auf das Kärtchen zu schreiben. Diese Kärtchen werde ich dann nach der Musik einsammeln und als unser gemeinsames Gebet vorlesen.

Meditative Musik »Largo« (aus der Oper »Xerxes« von G. F. Händel)
(nach drei Minuten: Einsammeln der ausgefüllten Karten)

Lied: »Laudate omnes gentes« (EG 181.6)
(Vorlesen der Gebetskarten; nach den Bitten immer wieder das Lied)

Vaterunser

Spiritual »He's got the hole world in his hands«
(Liedvortrag eines Künstlers)

Segen
Gott sei immer vor dir, um dir einen Weg zu zeigen.
Gott sei immer hinter dir, um dich zu schützen vor allem Bösen.
Gott sei immer neben dir, um dich zu begleiten durch alle Tage deines Lebens.
Gott sei immer unter dir, um dich zu tragen und dich aufzufangen, wenn du fällst.
Gott sei immer um dich herum, um dich einzuhüllen in seine Liebe.
Gott sei immer in dir, um dich zu trösten, wenn du traurig bist.
Gott sei immer über dir, um dich zu segnen.
So segne und behüte dich der barmherzige Gott, der Vater, der Sohn, der Heilige Geist. Amen.

Anmerkungen

Da die Menschen nicht zum Pfarrer in die Kirche kommen, sondern der Pfarrer in die »weltanschaulich neutralen« Aufenthaltsräume des Schiffes geht, scheint die Hemmschwelle niedriger zu sein, sich einmal eine Andacht anzuschauen, denn dort hat man wohl weniger die Befürchtung, ungewollt vereinnahmt zu werden. Da der Andachtsraum zur Galerie hin große Glasscheiben hatte, wurden auch Gäste neugierig, die eigentlich nur vorbeilaufen wollten.

Die Künstler, die meist nach zwei Wochen ausgewechselt wurden, waren fast alle bereit, in Gottesdiensten musikalisch mitzuwirken. Unter ihnen waren etliche, die längst aus der Kirche ausgetreten waren. Auf verschiedenen Reiseabschnitten meldeten sich auch Kreuzfahrtgäste, die gern einen Lektoren- oder Küsterdienst übernehmen wollten oder selbstgeschriebene Gedichte zur Verfügung stellten. Zwei philippinische Crewmitglieder brachten zu jedem Gottesdienst einen als Altar dekorierten Tisch mit Kreuz und Kerzenständern sowie das Kanzelpult an den entsprechenden Ort und stellten die Sessel und Stühle in die richtige Richtung. Kerzen und Oblaten musste ich allerdings selbst in ausreichender Zahl mitbringen, denn unterwegs gab es kaum Läden, in denen ich Nachschub hätte besorgen können.

Während der Freiluftgottesdienste fanden manche GottesdienstteilnehmerInnen es nicht ganz passend, wenn sich andere Gäste in unmittelbarer Nähe mit Bikini oder Badehose bekleidet zum Sonnen hinlegten, weil sie ja »nicht am Gottesdienst teilnehmen wollten«. Nicht immer konnte ich sie überzeugen, dass man sich in dieser Stunde vielleicht auf ein anderes Sonnendeck legen könne.

Kontakt:
Hartwig Burgdörfer
Nordring 43 44787 Bochum
burgdoerfer@gmx.de

Namensregister

Verzeichnis der Bibelstellen

Stichwortverzeichnis

Ortsverzeichnis nach Postleitzahlen